हिंदी-आधुनिकता
एक पुनर्विचार

हिंदी-आधुनिकता

एक पुनर्विचार

खण्ड १

सम्पादक
अभय कुमार दुबे

अखिल भारतीय उच्च अध्ययन
संस्थान (एआईआईएस), शिमला

वाणी प्रकाशन
नयी दिल्ली

हिंदी-आधुनिकता : एक पुनर्विचार

(तीन खण्ड)

सम्पादक : अभय कुमार दुबे

इंडियन इंस्टीट्यूट ऑफ़ एडवांस्ड स्टडी
राष्ट्रपति निवास,
शिमला-१७१ ००५ (हिमाचल प्रदेश)

और

वाणी प्रकाशन
४६९५, २१-ए, दरियागंज,
नयी दिल्ली-११० ००२

प्रथम संस्करण २०१४
आवृत्ति संस्करण २०१५

ISBN : 978-93-5072-622-8

तीनों खण्डों का मूल्य : ₹ ४०००

हर्ष प्रिंटर्स, दिल्ली-११० ०९३ में मुद्रित

वाणी प्रकाशन का लोगो मक़बूल फ़िदा हुसेन की कूची से

अनुक्रम

दूसरा खण्ड

तीसरा खण्ड

▣ प्राक्कथन

पीटर रोनॅल्ड डिसूज़ा

निदेशक

भारतीय उच्च अध्ययन संस्थान,

शिमला

तीन खंडों का यह ग्रंथ एक नए ढंग का प्रकाशन है। इसके पन्नों पर शिमला के उच्च अध्ययन संस्थान (आईआईएएस) में 'हिंदी की आधुनिकता' पर हफ़्ते भर चली कार्यशाला की समग्र कार्यवाही का ब्योरा प्रतिलेखन और सम्पादन की प्रक्रियाओं से गुज़रने के बाद दर्ज किया गया है। इस कार्यशाला में नए और स्थापित विद्वानों, साहित्यकारों, समाज-विज्ञानियों और अन्य बुद्धिजीवियों की शिरकत थी। यह दस्तावेज़ चर्चा में पेश किए गए तर्कों, परिकल्पनाओं के शुरुआती रूपों और विश्लेषण की आरम्भिक रूपरेखाओं से बना है। इसे एक निश्चित विषय-वस्तु के धागों से बँधे संकलन की शक्ल में प्रस्तुत करना एक जटिल बहस के नुक़्तों को खुली बहस में लाने का एक नायाब तरीका कहा जाएगा। चोलों के नृत्यरत नटराज की कांस्य प्रतिमा की तरह सुघड़ तर्क-युक्तियों का एक अपना विशिष्ट सौंदर्य होता है, लेकिन बनने की प्रक्रिया में उभरते हुए अर्ध-निर्मित विचार भी बर्निनी द्वारा रचित अपोलो और दाफ़्ने के अधूरे शिल्प की तरह होते हैं। उनमें न केवल वक्ता के आशयों का अनुमान लगाने और विकसित होते हुए तर्क का रोमांच होता है, बल्कि खुद वक्ता के लिए भी कई रास्तों और दिशाओं में जाने की संभावना मौजूद रहती है। किसी अकादमीय रचना के तौर पर संहिताबद्ध होने से पहले खुली चर्चा के लिए रखा गया विचार कई तरह के आशयों से लबरेज़ होता है। इससे विचार को अर्थ-बहुल होने में मदद मिलती है और उसमें अंतर्दृष्टि का विचारोत्तेजन पैदा होता है। इन्हीं संभावनाओं के कारण हफ़्ते भर चले इस वैचारिक संवाद की प्रतिअंकित सामग्री बौद्धिक सम्पदा के अमूल्य कोष की तरह है।

लेकिन यह सम्पादित प्रतिलेखन महज विचारों का ख़ज़ाना नहीं है। यह हमारे दौर का बौद्धिक रोज़नामचा भी है। जब हिंदी-जगत के बुद्धिजीवी अपनी दुनिया के बारे में चिंतन-

मनन करने के लिए शिमला के संस्थान में हफ़्ते भर के लिए जुटते हैं तो वह एक संदेश भी होता है। वह असल में इस घटना की सूचना होती है कि हिंदी के आत्मबोध में एक बदलाव घटित हो रहा है। और, वह एक ऐसे मुकाम की ओर बढ़ रही है जिसके भूगोल को जानना-समझना अभी बाकी है। इस लिहाज़ से हफ़्ते भर चले इस विचार-विमर्श को हिंदी आधुनिकता के बौद्धिक इतिहास में एक ऐसा क्षण माना जा सकता है जब उसका आत्मवृत्त एक निश्चित स्वायत्तता हासिल करता नज़र आता है (इसे आत्म-विश्वास कहना 'पॉलिटिकल करेक्टनेस' के लिहाज़ से ठीक नहीं होगा)। ऐसे में इस स्वायत्तता के स्रोतों और बदलाव की वज़हों की पड़ताल करना एक जरूरी काम बन जाता है। हफ़्ते भर चले इस संवाद की यह एक बड़ी उपलब्धि थी कि उसमें इस मुद्दे को कई कोणों से जाँचने, परखने और चुनौती देने का काम किया गया। इस अर्थ में यह पाण्डुलिपि हिंदी की आधुनिकता का बौद्धिक रोज़नामचा होने के साथ-साथ भविष्य के अन्वेषण के लिए विचारों का एक जख़ीरा भी है।

टोका-टाकी और हस्तक्षेप के खाँटी भारतीय अंदाज़ में संपन्न हुई इस विस्तृत बातचीत का तीसरा अहम पहलू यह है कि इसका आयोजन शिमला के उच्च अध्ययन संस्थान में हुआ। ऐसा होना कोई संयोग नहीं था। दरअसल, उच्च अध्ययन संस्थान की स्थापना एक ऐसी संस्था के रूप में ही हुई है जिसका काम ऐसी चर्चाओं को आमंत्रण और प्रोत्साहन देना है जहाँ विद्वत्जन किसी भी तरह की बंदिशों और सत्ता के दबावों से मुक्त होकर चिंतन कर सकें। इस आग्रह ने संस्थान को एक ऐसी जगह में विकसित कर दिया है जिसमें कुटिया, आश्रम और मैदान तीनों एक साथ मौजूद हैं। सेमिनार कक्ष की संहिताओं के तहत यहाँ बौद्धिक जद्दोज़हद चलती है। बुद्धिजीवियों के लिए कुछ नियम तो ज़रूर हैं, लेकिन उन्हें न्यूनतम रखा गया है। हफ़्ते भर की यह चर्चा उस विडम्बना को भी रेखांकित करती है जो भारत के लिए रोज़मर्रा की चीज़ बन गई है : नए गणतंत्र की कुछ सबसे बेहतरीन चर्चाओं में शुमार किए जा सकने वाले इस वर्कशॉप की मेज़बानी औपनिवेशिक शासन की उस शाही इमारत में होना जिसे पत्थरों पर उकेरे गए मैकाले के मिनट्स की तरह भी देखा जा सकता है। हिंदी की आधुनिकता के इस शिविर में सहयोगी बन कर आईआईएएस ने एक तरह से नए गणतंत्र के बौद्धिक संधान का ही समर्थन किया है। बात को थोड़ा आगे बढ़ाएँ तो इस चर्चा में सहयोगी होना उस नुक़सान की भरपाई करना भी था, क्योंकि कभी इसी वाइसरीगल लॉज़ में आयोजित की गई एक मीटिंग के ज़रिये एक भाषा उपमहाद्वीप के विभाजन की प्रक्रिया में हिंदी और उर्दू के फ़िरक़ों में बाँट दी गई थी। इस दृष्टि से भी यह एक अहम चर्चा थी।

अब थोड़ी बात इस चर्चा की विषय-वस्तु पर। चर्चा के दौरान जिन विषयों पर बात की गई वे तो इस पुस्तक-त्रयी में संकलित हैं ही, लेकिन प्राक्कथन के बतौर मैं किताब के शीर्षक 'हिंदी की आधुनिकता : एक पुनर्विचार' के महत्त्व पर दो शब्द कहना चाहूँगा। हिंदी की आधुनिकता एक ऐसा पद है जो आधुनिकता के एक विशिष्ट रूप को इंगित करता है। हिंदी की तरफ़ से देखने पर यहाँ इशारा मिलता है कि आधुनिकता की कई किस्में हैं और इस संधान में हमारा ताल्लुक हिंदी की आधुनिकता से है। लेकिन अगर ख़ुद आधुनिकता की दिशा से

देखें तो इसका शीर्षक यह बताता है कि आधुनिकता को हिंदी का योगदान क्या है और वह किस तरह हिंदी की बिंदी से सँवारी गई है।

इस लिहाज़ से यह पुस्तक-त्रयी आधुनिकता की बहुलताओं, वैकल्पिक आधुनिकताओं तथा आधुनिकता के विभिन्न मार्गों से जुड़ी बहस में अहम योगदान करती है। आधुनिकता की इस जिरह में भारत केवल इसलिए महत्त्वपूर्ण पक्ष नहीं है क्योंकि वह खुद एक बहुलतावादी समाज है, या कि वह बहुस्तरीय बदलावों से गुजर रहा है। इस बहस में उसकी भागीदारी इस बात से तय होती है कि उसका अपना जनपद आधुनिकता का तलबगार है। सन् 2020 में भारत प्रतिशत और संख्या के लिहाज़ से दुनिया का सबसे युवा देश होगा। और इस देश के युवा वर्ग में आधुनिकता की सजावटी अभिव्यक्तियों और प्रतिदानों को पाने की गहरी लालसा है। इसे खान-पान, स्ट्रीट फूड, फैशन, संगीत और हेअर स्टाइल में आ रहे बदलावों में देखा जा सकता है। आज के युवा सस्ते हेअरड्रैसिंग सैलूनों में तो फेशियल करा ही सकते हैं, उनके पास यूनिसेक्स सैलून के विकल्प भी मौजूद हैं जहाँ अगर चेहरे को सुदर्शन बनाने की क्रिया के बाद भूख लग आए तो मॉल में पनीर पिज्जा का लुत्फ़ भी उठाया जा सकता है और साथ ही दोस्तों को एसएमएस भेजे जा सकते हैं कि जींस किस ब्रांड की खरीदी जाए। अगर किसी को इस भारतीय आधुनिकता के बारे में संशय हो तो वह रजनीकांत के जापानी प्रशंसकों के क्लब 'रास्कल' से बहस कर सकता है। सच यही है कि सार्वजनिक जीवन में घटित हो रही इस आधुनिकता से नज़र नहीं बचाई जा सकती। हम बुद्धिजीवियों और विद्वानों से उम्मीद की जाती है कि हम आधुनिकता के विभिन्न फलकों की प्रस्तुति करेंगे। हिंदी की आधुनिकता तमिल आधुनिकता और गुजराती आधुनिकता के साथ ही नहीं, भारतीय और अमेरिकी आधुनिकता के साथ भी बहुत कुछ साझा करती है। निस्संदेह आधुनिकता का एक व्याकरण हिंदी के मैदान और पठारों में गढ़ा जा रहा है। यह एक ऐसी गढ़ंत है जो हमसे तसदीक़ की माँग करती है। सिर्फ़ इसका विवरण देने से काम नहीं चलेगा क्योंकि आधुनिकता का आईएसआई चिह्न हासिल करने के लिए उसे प्रमाणित करना भी ज़रूरी है। अभी एक दिन मैंने किसी को भोजपुरी में कहते सुना कि वे 'मॉर्निंग वॉक' पर जा रहे हैं। इसलिए हिंदी की आधुनिकता से सरोकार रखने वाले किसी भी व्यक्ति को अब इस आधुनिकता का निर्माण करने वाले सारे तत्त्वों, उनके औचित्य और असर के बारे में सोचना होगा। यह किताब ठीक यही काम करती है, और यही इसका विलक्षण योगदान है।

भूमिका

अभय कुमार दुबे

हिंदी की आधुनिकता पर पुनर्विचार का संबंध उसके भाषाशास्त्रीय आधुनिकीकरण से न हो कर यह पता लगाने से है कि इस भाषा का सामाजिक, राजनीतिक, भौगोलिक, सांस्कृतिक और वैचारिक विन्यास पिछले पचास सालों में किस तरह बदला है। आज की हिंदी केवल ऊँची जातियों के शिक्षित पुरुषों की साहित्यिक-परिनिष्ठित भाषा नहीं रह गई है जिसे उसके साहित्यालोचक बुद्धिजीवी अनगिनत गोष्ठियों और सम्मेलनों में एक शफ़्फ़ाक किस्म की गरिमा के साथ बोलते रहे हैं। न ही इसे दूरदर्शन, आकाशवाणी और सरकार के राजभाषा विभागों में गढ़ी जाने वाली भाषा में सीमित किया जा सकता है जिसे आज़ाद भारत की वैकासिक और शैक्षिक अस्मिता व्यक्त करने की ज़िम्मेदारी थमायी गई थी। इसका विकास बहुत तेज़ी से कई दिशाओं में हुआ है। इस त्वरित और बहुमुखी विकास के कारण यह उस भाषायी अभिजन द्वारा निर्धारित संहिताओं से परे चली गई है जिसने बीसवीं सदी के मध्य में इसे अपनी आत्मछवि के आईने में रचने की परियोजना चलाई थी।

आज की हिंदी विविध उद्देश्यों को पूरा कर सकने वाली और समाज के विविध तबकों की बौद्धिक व रचनात्मक आवश्यकताओं को व्यक्त कर सकने वाली एक ऐसी संभावनाशील भाषा है जो अपनी प्रचुर आंतरिक बहुलता और विभिन्न प्रभावों को जज़्ब करने की क्षमता के लिए जानी जाती है। देशी जड़ों वाली एक मात्र अखिल भारतीय सम्पर्क भाषा के रूप में हिंदी की ग्राहकता में उल्लेखनीय उछाल आया है, और वह अंग्रेजी की तत्संबंधित दावेदारियों को गंभीर चुनौती देने की स्थिति में है। ज़ाहिर है कि हिंदी वह नहीं रह गई है जो वह थी। मात्रात्मक और गुणात्मक तब्दीलियों का यह सिलसिला लगातार जारी है। इन्हीं सब कारणों से हिंदी की प्रचलित जीवनी पर पड़ी तारीख बहुत पुरानी लगने लगी है। यह भाषा अपने नए जीवनीकारों की तलाश कर रही है।

२३ सितम्बर से २९ सितम्बर, २००९ के बीच शिमला के भारतीय उच्च अध्ययन संस्थान में हुई इस बौद्धिक कवायद का आयोजन मुख्यत: तीन मक़सदों के लिए किया गया था। इनमें

पहली उम्मीद तो यह थी कि इसके ज़रिए हिंदी के साथ समाज-विज्ञान की नज़दीकियाँ बढ़ेंगी। हिंदी पर काम करने वाले समाज-वैज्ञानिकों ने अभी तक इस भाषा के भीतर पनप रहे जीवंत संसार से हाथ भर दूर का नाता ही रखा है। पश्चिम द्वारा थमाये गए कुछ सैद्धांतिक औज़ारों का इस्तेमाल करके या उसी महफ़िल से लाए गए कुछ चिराग़ों की रोशनी में हिंदी के इतिहास को फिट करने के अलावा उन्होंने कुछ खास नहीं किया। हमारा विचार था कि यह वर्कशॉप हिंदी से संबंधित समाज-वैज्ञानिक विमर्श को विस्तार और गहराई प्रदान करेगा। दूसरी उम्मीद यह थी कि हिंदी की अपनी दुनिया (जिस पर रचनात्मक साहित्य और पत्रकारिता के भाषिक आग्रह छाये हुए हैं) में उन प्रश्नों पर दोबारा ग़ौर करने की ज़रूरत का एहसास पैदा हो जिन्हें आज से चालीस-पैंतालीस साल पहले अंतिम रूप से तय मान लिया गया था। चूँकि हिंदी का मसला अब केवल लिखने, छपने और बोलने तक सीमित न रह कर नए-पुराने मीडिया के गर्भ से निकले एकदम नए किस्म के आचरणों या प्रैक्टिसिज़ से भी जुड़ गया है, इसलिए तीसरी उम्मीद यह थी कि कुछ नई कसौटियों और मानकों की आवश्यकता उभरेगी जिनके बिना हवाओं में गूँजती-दिखती हिंदी की समझ नहीं बनाई जा सकती। कुल मिला कर हिंदी के इतिहास और वर्तमान पर अनुसंधान के नए-नए रास्ते खुलेंगे।

इस अध्ययन-सप्ताह के सहभागियों पर नज़र डालने से स्पष्ट हो जाता है कि इन संभावनाओं को ध्यान में रख कर ही उन्हें शिमला में जमा किया गया था। वर्कशॉप की शुरुआत इतिहासकार सुधीर चंद्र द्वारा दिए गए बीज-वक्तव्य से हुई जिसमें उन्होंने हिंदी की किसी पृथक आधुनिकता के आग्रह पर सवालिया निशान लगाया। दलित-विमर्श और स्त्री-विमर्श हिंदी की अपेक्षाकृत दो नई धाराएँ हैं जिन्होंने इस भाषा की आधुनिकता के स्थापित रूपों को प्रश्नांकित करने की भूमिका निभाई है। दलितों और स्त्रियों द्वारा पैदा की गई बेचैनियों को स्वर देने का काम ओमप्रकाश वाल्मीकि, अजय नावरिया, विमल थोराट, अनामिका, सविता सिंह और रोहिणी अग्रवाल ने किया। स्त्री-विमर्श में आनुषंगिक भूमिका निभाते हुए चौधरी मुहम्मद नईम ने बरास्ते उर्दू यह सवाल पूछा कि क्या स्त्रियों की ज़ुबान मर्दों के मुक़ाबले अधिक मुहावरेदार होती है।

हिंदी को ज्ञान की भाषा बनाने के उद्यम से जुड़ी समस्याओं और ऐतिहासिक उलझनों की पड़ताल आदित्य निगम और पंकज पुष्कर ने की। बद्रीनारायण ने हिंदी साहित्य के भीतर आधुनिकतावादी और देशज प्रभावों के बीच चल रही जद्दोज़हद का खुलासा किया। दूसरी तरफ़ राजीव रंजन गिरि ने हिंदी और जनपदीय भाषाओं के समस्याग्रस्त रिश्तों को कुरेदा। तीसरी तरफ़ सुधीश पचौरी ने हिंदी पर पड़ रहे अंग्रेज़ी के प्रभाव की क्षतिपूर्ति के सिद्धांत की रोशनी में विशद व्याख्या की।

नवीन चंद्र ने साठ के दशक में चले अंग्रेज़ी विरोधी आंदोलन के पेचीदगियों का आख्यान प्रस्तुत किया। अभय कुमार दुबे ने हिंदी को सम्पर्क-भाषा बनाने के संदर्भ में ग़ैर-हिंदीभाषियों के हिंदी संबंधी विचारों का विश्लेषण पेश किया। वैभव सिंह ने सरकारी हिंदी बनाने की परियोजना के विफल परिणामों को रेखांकित किया। अमरेंद्र कुमार शर्मा ने बताया कि

आपातकाल के राजनीतिक संकट ने हिंदी के साहित्यिक और पत्रकारीय बुद्धिजीवियों की लोकतंत्र के प्रति निष्ठाओं को किस तरह संकटग्रस्त किया।

स्त्री और दलित विमर्श के उभार से पहले हिंदी की दुनिया राष्ट्रवादी और मार्क्सवादी विमर्श से निर्देशित होती रही है। इन दोनों विमर्शों की प्रभुत्वशाली भूमिका की आंतरिक जाँच-पड़ताल का काम सदन झा, प्रमोद कुमार, अपूर्वानंद और संजीव कुमार ने किया। शीबा असलम फ़हमी की प्रस्तुति में हिंदी और बहुसंख्यकवादी विमर्श के बीच संबंधों की संरचनात्मक प्रकृति का उद्घाटन किया गया। अविनाश कुमार ने राधेश्याम कथावाचक पर किए गए अनुसंधान के ज़रिए दिखाया कि साहित्य के रूप में परिभाषित होने वाली सामग्री कैसे वाचिक और लोकप्रिय के ऊपर प्रतिष्ठित हो जाती है।

रविकांत ने सिनेमा और भाषा के बीच संबंधों के इतिहास को उकेरा, प्रमोद कुमार ने मीडिया में हाशियाग्रस्त समुदायों की भागीदारी का प्रश्न उठाया, राकेश कुमार सिंह ने चिट्ठाकारी (ब्लॉगिंग) के हिंदी संबंधी अध्याय की जानकारी दी और विनीत कुमार ने उस विशिष्ट प्रक्रिया को रेखांकित किया जिसके तहत टीवी की हिंदी बन रही है।

एक बीज-वक्तव्य और २६ प्रस्तुतियों पर सात दिन तक अहर्निश चले बहस-मुबाहिसे के एक-एक शब्द को टेप किया गया। करीब एक हज़ार पृष्ठों में फैले इस टेक्स्ट को सम्पादित करने की स्वाभाविक दिक़्क़तों के बावजूद पूरी कोशिश की गई कि मुद्रित पाठ को हर तरह से पठनीय बनाकर, उसमें से दोहराव और अस्पष्टताएँ निकाल कर और उनके मानीखेज़ कथनों को उभार कर पेश करने की योजना पर अमल किया। वर्कशॉप की बहस को इस शैली में प्रस्तुत करने का यह उदाहरण हिंदी के लिए संभवतः पूरी तरह से नया है। आशा है कि यह पाठकों को विचारोत्तेजक लगेगा और इसके माध्यम से वे लक्ष्य वेधे जा सकेंगे जिन्हें ध्यान में रख कर इस अध्ययन-सप्ताह का आयोजन किया गया था।

▣ शुरुआत

चौधरी मुहम्मद नईम

अभय कुमार दुबे, तमाम विद्वान मेहमान, अजीज़ साथी
और इन्स्टीट्यूट के दोस्तो—

मुझे यह बहुत ही ख़ुशगवार ज़िम्मेदारी दी गई है कि मैं आप लोगों का यहाँ स्वागत करूँ। हमारे इन्स्टीट्यूट के डायरेक्टर प्रोफ़ेसर पीटर डिसूज़ा इस वक़्त मुल्क के बाहर हैं। शायद वे आज शाम तक पहुँच जाएँ, तो फिर बाक़ायदा आपका वेलकम करेंगे। मुझे उन्होंने हुक्म दिया है कि मैं आपका फ़ॉरमल वेलकम यहाँ करूँ। मुझे इससे बहुत ख़ुशी है, क्योंकि इस तरह से मुझे भी अपनी कुछ बात कहने का मौक़ा मिल जाएगा। अगर पीटर डिसूज़ा साहब होते तो वे कुछ और बातें इन्स्टीट्यूट के ताल्लुक़ से कहते, लेकिन मैं इतना ज़रूर कहना चाहूँगा कि इन्स्टीट्यूट का एक बड़ा इतिहास रहा है सेमिनार कराने का। ख़ासतौर पर जब यह संस्थान क़ायम हुआ था तब यहाँ बाज़ बेहद अहम सेमिनार हुए थे, जिनकी कार्यवाही इंडियन लिटरेचर के ताल्लुक़ से मुझे याद है। एक सेमिनार साहित्य के ताल्लुक़ से और एक सेमिनार इंडियन मुस्लिम्स के ताल्लुक़ से हुआ था। ये बड़े सेमिनल सेमिनार थे। उनकी कार्यवाहियाँ छपीं और नतीजतन सोच की बड़ी धाराएँ निकलीं। कई लोगों ने फिर उससे बढ़ कर काम किया। मुझे उम्मीद है कि ऐसी ही अहम यह आपकी मिनी कान्फ्रेंस या वर्कशॉप भी होगी। अपनी तरफ़ से मैं यह कहना चाहूँगा कि मुझे बेहद ख़ुशी हुई जब मुझे मालूम हुआ कि यहाँ आप लोगों की बातचीत सुनने का, आपके पेपर्स सुनने का मौक़ा मुझे मिलेगा। मेरे लिए यह सीखने का एक बेहद अहम क्षण होगा। वर्ना हम उर्दूवाले जो हैं, वे अपनी-अपनी दुनिया में बंद बैठे रहते हैं। उन्हें बहुत कम मौक़ा मिलता है कि वे सड़क के उस पार हिंदीवालों से भी कुछ बातें करें या उनकी बातें सुनें। मेरे लिए तो यह बहुत ही एक्साइटिंग मौक़ा है, ख़ासतौर पर जब मैंने बहुत से नाम देखे जो मेरे लिए नए थे, तो मुझे लगा कि यह तो बड़ा अच्छा अवसर है कि नए लोगों से मुलाक़ात होगी और नए लोगों की बातें सुनने का मौक़ा मिलेगा।

दुबे साहब, आप लोगों ने जिस तरीक़े से अपने सेशंस प्लैन किए हैं, वे भी मुझे बहुत अच्छे लगे। आपने न सिर्फ़ पेपर रखे, बल्कि रचनाकार लोगों को भी बुलाया है। उनकी रचना के साथ उनको सुनने का मौक़ा मिलेगा और उसके बाद उसके ऊपर जो गुफ़्तगू होगी वो भी

> **ये बात ... मुझे बड़ी विचारोत्तेजक लगी, कि हिंदी का जन्म आधुनिकता के गर्भ से हुआ है, क्योंकि यही क्षण वह भी है जब भारतीयता भी जन्म लेती है। ... उर्दू के ताल्लुक़ से मैं जानता हूँ कि आधुनिकता के लिहाज़ से एक नई ज़ुबान बनाने का आग्रह था, एक आसान ज़ुबान बनाने का, जो रिफ़ॉर्म की चीज़ों को पेश कर सके और साथ ही साथ उसमें एक मुसलिमनेस भी पैदा हो जाए, उससे लिंक हो जाए।**

अच्छी चीज़ होगी। आपका जो प्रस्ताव है, उसमें एक लाइन ने मुझे ख़ास चौंकाया और उत्सुक भी किया। वो लाइन यह थी कि *आधुनिकता के गर्भ से जन्म लेने के कारण हिंदी को उन भाषाओं के मुक़ाबले विशेष सुविधा है जिनके कंधों पर आधुनिकता के पहले वाले वक़्तों का बोझ है, इसलिए हिंदी आधुनिक विचारों के साथ अलग तरह का सुलूक करते हुए दिखती है*। यह बात जो आपने कही, मुझे बड़ी चौंकाने वाली लगी, विचारोत्तेजक लगी कि हिंदी का जन्म आधुनिकता के गर्भ से हुआ, क्योंकि यही क्षण वह भी है जब भारतीयता भी जन्म लेती है। एक तरह से उर्दू के ताल्लुक़ से मैं जानता हूँ कि आधुनिकता के लिहाज़ से एक नई ज़ुबान बनाने का आग्रह था, एक आसान ज़ुबान बनाने का, जो रिफ़ॉर्म की चीज़ों को पेश कर सके और साथ ही साथ उसमें एक मुसलिमनेस भी पैदा हो जाए, उससे लिंक हो जाए। यह चीज़ भी मुझे बहुत दिलचस्प लगी।

मैं बस एक बात और ज़रूर कहना चाहूँगा कि आप हम लोगों को, जो यहाँ शरीक़ हैं, जो यहाँ हैं मौजूद, उनको भी बातचीत का मौक़ा दें अपनी गुफ़्तगू के दौरान। ज़्यादा से ज़्यादा मौक़ा दें आपस में गुफ़्तगू करने का, और प्रश्नोत्तर का। इससे आपकी जो मीटिंग है वाक़ई में काफ़ी कामयाब होगी। इसके अलावा मुझे कुछ नहीं कहना। मैं दोबारा पीटर डिसूज़ा साहब की तरफ़ से आप सब लोगों का शुक्रिया अदा करता हूँ कि आप लोग तकलीफ़ उठा कर यहाँ आए। मुझे उम्मीद है कि आप एक अच्छी कान्फ्रेंस करके वापस जाएँगे।

अब मैं दुबेजी से कहता हूँ कि वे कार्यवाही सँभाल लें।

प्रस्तावना

अभय कुमार दुबे

दोस्तो,

मैं 'हिंदी की आधुनिकता : एक पुनर्विचार' विषय पर होने वाले हिंदी अध्ययन-सप्ताह के मौक़े की शुरुआत में अपने साथी संयोजक बद्री नारायण की तरफ़ से आप सब लोगों का स्वागत करता हूँ। बद्री नारायण कुछ विशेष आकस्मिकताओं के कारण नहीं आ पाए हैं, और जहाँ तक उनके द्वारा दी गई सूचना का सवाल है, वे २५ तारीख को प्रगट होंगे हम लोगों के बीच में।

वैसे तो इस अध्ययन-सप्ताह की जो विषयवस्तु है, वह एक डेढ़ पेज के एक छोटे से नोट के रूप में आप सब लोगों के पास एक लंबे अरसे से है। मुझे यक़ीन है कि सभी ने उसे ठीक से पढ़ लिया होगा, लेकिन यहाँ पर हिंदी-आधुनिकता की अवधारणा से जुड़ी कुछ बातों को, जो कि उस नोट के अलावा मेरे दिमाग़ में हैं, बहुत संक्षेप में मैं आप लोगों के सामने रखूँगा ताकि मामला और साफ़ हो सके। इससे यह भी साफ़ हो जायेगा कि 'हिंदी और आधुनिकता' कहने के बजाय मैं 'हिंदी की आधुनिकता' क्यों कहना चाहता हूँ और क्यों आप लोगों से आग्रह कर रहा हूँ कि आप लोग 'हिंदी और आधुनिकता' के बजाय 'हिंदी की आधुनिकता' पर ग़ौर करें।

जैसा कि हम जानते हैं कि विचार के रूप में आधुनिकता का चरित्र सार्वभौम है। लेकिन, उसकी सार्वभौमिकता अपना ज़मीनी यथार्थ आंचलिकता या क्षेत्रीयता या विविध सांस्कृतिक क्षेत्रों के साथ हुई अन्योन्य क्रिया के ज़रिए हासिल करती है, और इस आंचलिकता या क्षेत्रीयता की रचना में भाषा का महत्त्व सर्वोपरि होता है। सार्वभौम होने की प्रक्रिया में आधुनिकता आधुनिकताओं में बदलती है। लेकिन, सवाल यह है कि क्या इसीलिए हमें आधुनिकता की किसी किस्म को भाषा के साथ जोड़ कर समझने की कोशिश करनी चाहिए? इस सवाल का जवाब खोजने की कोशिश हमें भाषा और यथार्थ के अंत:संबंधों पर ग़ौर करने की तरफ़ ले जाती है। हम जानते हैं कि बीसवीं सदी के पहले हिस्से को एक भाषायी क्रांति करने का श्रेय जाता है जिसे 'लैंग्वेज़-टर्न' या 'भाषायी मोड़' भी कहा गया है। इस 'भाषायी मोड़' से पहले भाषा का काम यथार्थ के महज़ निरूपण तक सीमित था, यानी हक़ीक़त आगे रहती थी और भाषा उसके पीछे। लेकिन फर्दिनांद सास्युर ने इस समीकरण से परे जा कर यथार्थ और भाषा का रिश्ता बदलने का प्रस्ताव किया। उन्होंने स्थापित किया कि भाषा यथार्थ को निरूपित नहीं

करती, बल्कि उसे गढ़ती है। सास्युर के बाद भाषा यथार्थ के पीछे रहने के बजाय उसके आगे आ गई। हम जानते हैं कि सास्युर की विरासत को किस तरह लुडविग विट्गेंस्टाइन और ज़ाक देरिदा ने आगे बढ़ाया। हम यह भी जानते हैं कि इसके बाद भाषा, तात्पर्य, वस्तु और ज्ञान के बीच का संबंध किस तरह पेचीदा होता चला गया, और किस तरह सास्युर द्वारा पेश इस रैडिकल प्रतिमान ने हमारी-आपकी सामाजिक और व्यक्तिगत इयत्ताओं के ज्ञान को उत्तरोत्तर जटिल और संकुल बना दिया।

आधुनिकता की सार्वभौमिकता अपना ज़मीनी यथार्थ विविध सांस्कृतिक क्षेत्रों के साथ अन्योन्य क्रिया के ज़रिए हासिल करती है जिनकी रचना में भाषा का महत्त्व सर्वोपरि होता है। ... क्या इसीलिए हमें आधुनिकता की किसी किस्म को भाषा के साथ जोड़ कर समझने की कोशिश करनी चाहिए? इसका जवाब खोजने की कोशिश हमें भाषा और यथार्थ के अंत:संबंधों पर ग़ौर करने की तरफ़ ले जाती है।

इसी तर्ज़ पर मैं समझता हूँ कि भारत की विविध आधुनिकताओं के यथार्थ की रचना करने में भारत की भाषाओं की बहुत बड़ी भूमिका है। हिंदी के बारे में तो मेरी मान्यता रही है कि उसके वर्तमान स्वरूप का जन्म ही भारतीय आधुनिकता के गर्भ से हुआ है। इसलिए उसके लिए तो यह सहज स्वाभाविक है कि वह अपने आधुनिक यथार्थ का अलग तरह से सृजन करे। हिंदी ने यह कैसे किया है, यह इस अध्ययन-सप्ताह में हमारी चिंता का विषय होगा। यहाँ मैं एक उदाहरण देना चाहूँगा। आमतौर पर मेरी राजनीतिक और वैचारिक शिक्षा-दीक्षा मार्क्सवादियों के सान्निध्य में हुई है। इसलिए मैं हिंदी की मार्क्सवादी दुनिया को गहरी दिलचस्पी से देखता रहा हूँ। ज़्यादा नहीं, पर इतना तो मैं कह ही सकता हूँ कि हिंदी का मार्क्सवाद न तो कम्युनिस्ट पार्टियों के प्रतिष्ठानमूलक मार्क्सवाद जैसा है, न ही किताबी है जैसा क्लासिक्स में मिलता है, न ही उसे सोवियत या चीनी मार्क्सवाद कह सकते हैं। इसी तरह से अन्य विचार-घटकों की स्थिति है। ख़ुशकिस्मती से हमारे साथ इस समय हिंदी में नारीवाद को विचार की तरह बरतने वाली कई विदुषियाँ हैं। दलित-लेखन के प्रमुख हस्ताक्षर हमारे बीच मौजूद हैं जिनसे भारतीय उदारतावाद के रैडिकल रूपों की जाँच-पड़ताल की जा सकती है। इसके अलावा इस अध्ययन-सप्ताह में हम सिर्फ़ आधुनिक विचारों पर ही नहीं, बल्कि आधुनिक प्रैक्टिसिज़ पर भी ग़ौर करेंगे जो हर तरह के मीडिया, फ़िल्म और इंटरनेट से जुड़ी हैं। ज़ाहिर है कि विचार और आचरण की यह दुनिया अंतर्गुम्फित है। आधुनिकता के यथार्थ को गढ़ने की प्रक्रिया में हिंदी स्वयं अपने यथार्थ को भी बदल रही है।

मित्रो, आमतौर से होता यह है कि हिंदी पर होने वाले ज़्यादातर विचार-विमर्श या तो उन्नीसवीं सदी से संबंधित इस भाषा के इतिहास संबंधी विवादों में उलझ जाते हैं, या हिंदी की स्थिति और भविष्य पर उच्छ्वासों तक सीमित रह जाते हैं। लेकिन इस अध्ययन-सप्ताह में हम इस चक्कर में नहीं फँसने वाले हैं। हम सभी स्थितियों से सूचित रहेंगे, लेकिन हमारी विचार-भूमि हिंदी का स्वातंत्र्योत्तर या कहिए तो उत्तर-औपनिवेशिक यथार्थ रहेगा।

आधुनिक राज्य और उसकी प्रक्रियाएँ सामाजिक आधुनिकीकरण की शायद सबसे ताक़तवर वाहक होती हैं, पर वह राज्य अपने सुसंगतीकरण और लोकतांत्रिक वैधता के लिए भाषा पर निर्भर रहता है। सेकुलर आग्रहों के तहत वह धर्म से नाता तोड़ने के बारे में सोच सकता है, पर भाषा के बारे में वह नहीं कह सकता कि हम भाषाओं की दुनिया से कोई नाता नहीं रखेंगे, उसमें हस्तक्षेप नहीं करेंगे।

दोस्तो, जब मैं यह सब बातें बोल रहा हूँ तो इसलिए नहीं कि यह कोई नई प्रस्थापनाएँ हैं या इन्हें मैंने कोई ख़ासतौर से खोज निकाला है या आपके लिए ज़रूरी है कि आप मेरी बोली गई बातों के इर्द-गिर्द ही सारा विचार-विमर्श करें और इस अध्ययन-सप्ताह में उन्हीं बातों को मानकर चलें, ऐसे कोई बात नहीं है। मैं मानता हूँ कि यह दानिशमंदों की महफ़िल है। यहाँ पर सब लोग इन बातों को पहले से ही जानते हैं। मैंने तो यह बातें सिर्फ़ इसलिए कही हैं कि बहस व्यवस्थित हो सके और एजेंडे में नए सिरे से यह बातें आपके सामने आ सकें।

मेरे वक्तव्य के बाद प्रोफ़ेसर सुधीर चंद्र अपना बीज वक्तव्य देंगे। मेरी ख़ुशकिस्मती है कि सुधीरजी मेरे आग्रह का मान रखते हुए आज हम लोगों के बीच मौजूद हैं। जब मैं सुधीरजी को जानता भी नहीं था, उसी समय मैंने उनकी पुस्तक *द ऑप्रेसिव प्रज़ेंट : लिटरेचर एंड कांशसनेस इन कोलोनियल इंडिया* पढ़ी थी, और मैं समझता हूँ कि यह किताब भारतीय समाज-विज्ञान का एक शाहकार है। हिंदी की दुनिया का दुर्भाग्य है कि उसका हिंदी तर्जुमा आज तक हम लोगों के बीच मौजूद नहीं है। प्रोफ़ेसर सुधीर चंद्र के वक्तव्य के बाद फिर सत्रों का सिलसिला शुरू होगा। हर साथी को चालीस मिनट तक अपनी बात कहने का समय मिलेगा। यह उसकी इच्छा के ऊपर है कि वह अपनी तैयार प्रस्तुति पढ़ता है या अपने मन से बोलता है। मैं तो चाहूँगा कि हमारे वर्कशॉप का रूप जितना अनौपचारिक रहे, जितना संवादपरक रहे, जितनी उसके अंदर बहस हो, उतना ही बेहतर है। चालीस मिनट की प्रस्तुति के बाद एक घण्टे का समय होगा उसके ऊपर बहस का जिसमें हम सभी लोग, जो चाहे वे शिमला के साथी हों या शिमला के बाहर से, ख़ासतौर से इस वर्कशॉप में आये हुए साथी हों, वे सभी लोग हस्तक्षेप करेंगे, बोलेंगे, सभी को अपने प्रश्न पूछने का, अवलोकन पेश करने का, टिप्पणियाँ, आलोचना करने का, और यहाँ तक कि उस विषय पर अपनी स्वतंत्र प्रस्थापना पेश करने का भी मौक़ा मिलेगा।

दोस्तो, इस सेमिनार रूम में आप देख ही रहे होंगे कि इसकी छत काफ़ी ऊँची है। ज़ाहिर है कि यह कक्ष विचारों की ज़्यादा ऊँचाई और ज़्यादा गहराई की माँग करता है। दिल्ली में इतनी ऊँची सीलिंग वाले सेमिनार रूम आप लोगों को नहीं मिलेंगे। हम लोग इसका, इस स्पेस का फ़ायदा उठा सकते हैं। यहाँ पर ऊँची सीलिंग से मुझे लग रहा है कि न तो यहाँ कोई राजनीतिक करेक्टनेस का फ़िल्टर है, न ही कोई आइडियॉलजी का फ़िल्टर है, न ही हमारी सांगठनिक प्रतिबद्धताओं का फ़िल्टर है। हम उन सबकी तरफ़ से बेपरवाह होकर बात कर

सकते हैं। बिना इसकी चिंता किये हुए कि अगर यहाँ कोई दलित बुद्धिजीवी मौजूद है तो हम दलित प्रस्थापनाओं की आलोचना से हिचकें, या कोई नारीवादी बुद्धिजीवी मौजूद है तो कोई ऐसी बात न कहें जो नारीवादियों को नागवार गुज़रे या कुछ मुसलमान मौजूद हैं तो कुछ ऐसी बात न कहें जो इसलाम और मुसलमानों के ख़िलाफ़ जाए। यह तो विचारों का कारखाना है, और हम सब लोग यहाँ पर विचारों के मिस्त्री हैं। अपना जितना भी बौद्धिक कौशल हम लोगों के पास है, मेरी अपील है कि हम लोग उस सबका जम कर इस्तेमाल करें।

> **इस सेमिनार रूम की छत काफ़ी ऊँची है। यह कक्ष विचारों की ऊँचाई और गहराई की माँग करता है। हम लोग इसका, इस स्पेस का फ़ायदा उठा सकते हैं। न तो यहाँ पॉलिटिकल करेक्टनेस का फ़िल्टर है, न आइडियॉलजी का और न ही हमारी सांगठनिक प्रतिबद्धताओं का। ... यह तो विचारों का कारखाना है और हम सब लोग यहाँ पर विचारों के मिस्त्री हैं।**

दोस्तो, जितनी भी यहाँ बहस होगी उस सबको रिकॉर्ड किया जा रहा है और बाद में कोशिश होगी कि उस कोशिश को लिपिबद्ध किया जाये और वर्कशॉप के फ़ॉर्म में ही इसका पूरा एक संकलन प्रकाशित हो। हिंदी में यह एक अनूठी बात होगी। वैसे आमतौर पर होता यह है कि हम लोग तैयारशुदा पर्चे इकट्ठे कर लेते हैं और उन पर्चों के संकलन सेमिनार के बाद छप जाते हैं। लेकिन मेरी अपनी कल्पना यह है कि हम लोग जवाब-सवाल के रूप में ही इसको छापें। पाठकों के पास यह इसी रूप में जाए कि इस तरह की बहस हुई, इस तरह की वैचारिक जद्दोज़हद हुई और इसमें से क्या निकला। मैंने आप सबको निमंत्रित करने, फोन करने और ई-मेल करने में काफ़ी वक़्त ख़र्च किया है। एक दो साथी ऐसे भी थे जिन्होंने पहले आने के लिए हाँ की। मैं बहुत चाहता था कि वे हम लोगों के बीच में हों क्योंकि मैं उन लोगों को अपना ज़हीन साथी मानता था लेकिन उन्होंने बाद में ऐन मौक़े पर कह दिया कि हिंदी की दुनिया में कोई नया विचार संभव ही नहीं है। ऐसा कह कर वे लोग इस कार्यक्रम में नहीं आए। मुझे उम्मीद है कि हम लोग कुछ इस तरह से यहाँ विचार-विमर्श करेंगे कि इस तरह की तमाम बातें ग़लत साबित हों। धन्यवाद।

अब मैं प्रोफ़ेसर सुधीर चंद्र से आग्रह करूँगा कि वे बीज-वक्तव्य दें।

◙ बीज-वक्तव्य

सुधीर चंद्र ◙ आधुनिकता का द्वैध और हिंदी

नईम साहब, अभय और दूसरे मित्र—

ये मेरी ख़ुशकिस्मती है कि अभय ने मुझे इस लायक़ समझा। पिछले महीने जब इन्होंने फ़ोन किया और कहा कि तुमको इसमें आना होगा और बोलना होगा और शर्त यह होगी कि सातों दिन तुम हमारे साथ रहोगे, तो मैंने कहा कि भाई अभय यह तो नेकी और पूछ-पूछ है। सातों दिन कहने पर तुम ज़ोर दे रहे हो। अगर तुम न कहते तो मैं कहता कि इजाज़त दो मैं सातों दिन रह सकूँ। और उसकी ख़ास वजह है कि मैं क्यों सातों दिन रहना चाहता हूँ।

जब अभय ने मुझसे यहाँ बोलने के लिए कहा तब बीज-वक्तव्य की कोई बात नहीं थी। और आप देख ही लेंगे कि बीज-वक्तव्य का कोई विशेष अर्थ नहीं बनता है। हम लोग बातचीत के लिए इकट्ठे हुए हैं और मुझे लगता है कि हर वक्तव्य ही बीज-वक्तव्य है। तो मैं उस भ्रम में आप लोगों के समक्ष नहीं बोल रहा हूँ। ये सात दिन रहने की जो इच्छा है, इसके पीछे एक विशेष कारण है। भले ही मैंने फ़ौरन इनकी बात मान ली हो और कहा हो कि ज़रूर बोलूँगा, लेकिन जब इनका निमंत्रण पत्र आया और जो प्रारूप इस वर्कशॉप का मैंने पढ़ा, तो ये आया मन में कि मुझे कुछ कहना है इस कार्यशाला के बारे में। लेकिन साथ ही बहुत कुछ है जो मुझे सीखना है। कहना उस हिस्से को लेकर है जिसमें अभय ने कुछ कहा है। ज़ाहिर है कि अनजाने में ही कहा है। चूँकि ये बहुत उत्साह से बोलते हैं, और कभी-कभी अपने उत्साह में ऐसी बात कह जाते हैं, जिसके बारे में बाद में कहना चाहेंगे कि यह मेरा मतलब नहीं था। इसी उत्साह के अतिरेक में उन्होंने उन्नीसवीं सदी को बिल्कुल ख़ारिज़ कर दिया।

मैं उस उन्नीसवीं सदी पर बहुत ज़ोर देना चाहूँगा और याद दिलाना चाहूँगा अभय को कि जिस आधुनिकता के गर्भ से हिंदी के उत्पन्न होने की बात ये कर रहे हैं, वह तो भइया उन्नीसवीं सदी में ही है। तो ये तो संभव है नहीं कि आधुनिकता के गर्भ से पैदा करवा दो हिंदी को और उन्नीसवीं सदी को भूल जाओ। अगर वास्तव में उस क्षण की बात करनी है, तो उस क्षण से हम अपने को अलग नहीं कर पायेंगे।

मुझे लगा कि कम से कम उस क्षण की बात मैं भले ही एक मुक़म्मल न सही, लेकिन थोड़े बहुत जानकार की हैसियत से कर सकता हूँ। लेकिन आज़ादी तक, मोटा-मोटी। उसके

> **वह कौन सी हिंदी है जिसके जन्म के क्षण को हम निर्धारित कर सकते हैं? ... क्या वह भाषा अपने जन्म के क्षण में ही इस तरह से विकसित होकर आती है कि अपने सारे गुण, अपनी सारी शक्ति, अपनी सारी ऊर्जा, समस्त स्वरूप ले कर खुद को उद्घाटित करती है। ... हिंदी जिस क्षण में पैदा होती बताई गई है, वह क्षण कोई एक क्षण नहीं है, वह क्षण एक लंबा समय है। संभव है कि वह क्षण अभी चल रहा हो।**

बाद की जो बातें हैं, उनके बारे में मैं ज़्यादा से ज़्यादा, एक जिसको इंटेलिजेंट परसन कहते हैं, चाहे तो इंटेलिजेंट भी निकाल दीजिए, एक ले परसन की हैसियत से ही मैं बात कर पाऊँगा। इन मसलों पर तो ले परसन की राय भी बिलकुल महत्त्वहीन नहीं होती। तो पोस्ट फोर्टी सेवन पर जो भी बात होगी वह शायद इनडायरेक्ट तरीक़े से लागू होगी। अगर मेरे पास समय हुआ तो मैं निर्मल के सहारे और निर्मल के उदाहरण से पोस्ट फोर्टी सेवन की बात कहना चाहूँगा। अगर समय नहीं हुआ तो मैं ये मान कर चलूँगा कि जो मैं १९४७ के पहले पर बात कह रहा हूँ वह न्यूनाधिक लागू होती है सैंतालीस के बाद पर भी।

पहला और बुनियादी सवाल है दो प्रमुख शब्दों को लेकर। एक शब्द है हिंदी और दूसरा शब्द है आधुनिकता। मैं नाम के माहात्म्य से शुरू करना चाहूँगा। आप सब जानते हैं नाम की महिमा अपरंपार है। एक बार नाम दे दो तो उस वस्तु का, उस व्यक्ति का अस्तित्व हो या न हो, वह वस्तु या व्यक्ति अस्तित्व में आ जाती या आ जाता है। हमारे ज़ेहन में, जो पूरी तरह से मुक़म्मल नहीं है, जो बनने की प्रक्रिया में है, उसका भी एक लगभग निश्चित, स्थिर रूप हमारे सामने आ जाता है। हम नाम़ दे देते हैं, तो जब हम हिंदी नाम दे देते हैं या आधुनिकता नाम दे देते हैं, तो हमारे मन में पूरी एक छवि बनती है, एक अवधारणा बनती है कि हिंदी यह है, आधुनिकता यह है और फिर यह भी प्रश्न मन में उठने लगता है कि हिंदी अगर यह है तो हिंदी से अलग क्या है। अगर हिंदी एक विशेष क्षण में पैदा हुई और उस विशेष क्षण में उसकी उत्पत्ति के कारण उसको एक विशेष ऊर्जा, एक विशेष गुण प्राप्त हुआ, तो वह हिंदी किन भाषाओं से भिन्न थी इस लिहाज़ से। जब हम आधुनिकता की बात करते हैं, जिसके गर्भ से ये हिंदी पैदा हुई, तो वह कौन सी आधुनिकता है।

यहाँ मैं अभय से बिल्कुल सहमत हूँ कि हमें पहले बात को खोलना होगा। यह पुनर्विचार तभी संभव है कि जिस चीज़ पर बात करने जा रहे हैं, जो स्थापनाएँ हमें दे दी गई हैं, उन स्थापनाओं को और इस विषय को खोलने की कोशिश करें। फिर खोलने के बाद देखें कि वह हमें कहाँ ले जाता है। यह देखने की बात सात दिन में होगी। तो, मैं एक बार फिर वही अंश पढ़ना चाहूँगा जो नईम साहब ने भी दोहराया था : आधुनिकता के गर्भ से जन्म लेने के कारण हिंदी को उन भाषाओं के मुक़ाबले कुछ विशेष सुविधा है जिनके कंधों पर आधुनिकता से पहले वाले वक़्तों का बोझ भी है। अब सवाल उठता है कि वे कौन सी भाषाएँ हैं। ज़ाहिर है कि वे भाषाएँ भारतीय भाषाएँ होंगी। अंग्रेज़ी अगर कोई बोझ लेकर यहाँ आती है, फ्रेंच कोई बोझ लेकर यहाँ आती है, तो उससे तो हमें ख़ास कोई फ़र्क़ पड़ता नहीं। वे कौन सी

भारतीय भाषाएँ हैं जिनके कंधों पर वह बोझ है जिससे हिंदी मुक्त है। यह प्रस्थापना मुझको कहीं बहुत गंभीर रूप से त्रुटिपूर्ण लगती है। इसलिए मैं सिर्फ़ इसको खोलना ही नहीं चाहता, इस पर सवालिया निशान भी लगाना चाहता हूँ।

पहले तो यह कि क्या हम कह सकते हैं कि हिंदी का जन्म इस गर्भ से हुआ और इसीलिए मैंने नाम की महिमा से अपनी बात शुरू की। वह कौन सी हिंदी है जिसके जन्म के क्षण को हम निर्धारित कर सकते हैं ? और, मान लीजिए हम किसी भाषा के जन्म के क्षण को निर्धारित कर भी सकें, जो कि असंभव है, लेकिन मान लीजिए हम उस क्षण को निर्धारित कर भी लें, तो क्या वह भाषा अपने जन्म के क्षण में ही इस तरह से विकसित होकर आती है कि अपने सारे गुण, अपनी सारी शक्ति, अपनी सारी ऊर्जा, समस्त स्वरूप लेकर ख़ुद को उद्घाटित करती है। हमारे सामने वह स्वयं अपने को लिखे और स्वयं अपने लिखने की प्रक्रिया में उनका निर्माण भी करे, जिनके मार्फ़त वह लिखी जा रही है। तो हिंदी इस तरह से तो पैदा नहीं होती। हिंदी जिस क्षण में पैदा होती बताई गई है, वह क्षण कोई एक क्षण नहीं है, वह क्षण एक लंबा समय है। संभव है कि वह क्षण अभी चल रहा हो।

तो, अब हम प्रक्रिया की बात कर रहे हैं। जिस क्षण में हिंदी पैदा होती है उस क्षण में क्या और कोई भाषाएँ नहीं हैं जिनके साथ हिंदी का गर्भ-नाल का संबंध हो ? क्या वह गर्भ-नाल उस क्षण में टूट नहीं जाती या तोड़ नहीं दी जाती ? जिस क्षण में हिंदी, जो भी आप चाहें वह हिंदी, उसको लेकर एक अलग बहस हो सकती है, लेकिन अगर हम मान लें कि ये हिंदी है तो उस हिंदी का जन्म, उस हिंदी का विकास एक ऐसे क्षण में होता है जहाँ इस हिंदी को बरतने वाले, इसमें लिखने वाले, इसे एक नया रूप देने वाले और इससे स्वयं निर्धारित होने वाले लगभग सब द्विभाषी हैं, बहुभाषी नहीं हैं, तो यह सिलसिला एक लंबे अर्से तक चलता है। ...... का अक्सर लोग इस्तेमाल कर लिया करते हैं, दूसरे पर अभियोग लगाने के लिए, दूसरे की बात को काटने के लिए। लेकिन मुझे लगता है कि ...... भी बड़ी इम्पॉर्टेंट चीज़ होती है। अभय ने अपने अनुभव की बात की। मैं अपने अनुभव की बात करना चाहूँगा कि लगभग अपनी उम्र के बारह साल तक या तेरह साल तक मैं खड़ी बोली नहीं बोल पाता था। मैं ब्रज बोलता था। और ब्रज से खड़ी बोली बोलना मेरे लिए थोड़ा मुश्किल था। आप सब तो अब तक समझ ही गए होंगे, मेरे बोलने से, संभव है मेरे पहले वाक्य से ही, आप समझ गए हों कि ये तो ब्रजभाषी है। तो मैं अंग्रेज़ी भी बोलूँ, तो मेरी ब्रज प्रकट हो जाती है। भले ही मैं लाख कोशिश करता रहूँ। पहले कोशिश करता था छुपाने की। अब कोशिश भी नहीं करता। तो मैं खड़ी बोली

अपनी उम्र के बारह साल तक या तेरह साल तक मैं खड़ी बोली नहीं बोल पाता था। मैं ब्रज बोलता था। ... मैं खड़ी बोली बोलूँ, अंग्रेज़ी बोलूँ, मेरी ब्रज तो आ ही जाती है। कोई और है जिसके लिए अवधी होगी। प्रताप नारायण मिश्र के लिए ब्रजवाणी थी या ब्रज थी। खड़ी बोली कौन सी उनकी भाषा थी ? भाई सोचिए, भारतेन्दु की जब हम बात करेंगे तो कितनी भाषाओं की बात करेंगे। हम सिर्फ़ उनको बोली कह कर तो नहीं टाल सकते।

बोलूँ, अंग्रेज़ी बोलूँ, मेरी ब्रज तो आ ही जाती है। कोई और है जिसके लिए अवधी होगी। प्रताप नारायण मिश्र के लिए ब्रजवाणी थी या ब्रज थी। खड़ी बोली कौन सी उनकी भाषा थी? और, भारतेन्दु के लिए? भाई सोचिए, भारतेन्दु की जब हम बात करेंगे तो कितनी भाषाओं की बात करेंगे। हम सिर्फ़ उनको बोली कह कर तो नहीं टाल सकते।

तो जिस हिंदी के जन्म की हम बात कर रहे हैं, उस हिंदी का जन्म जब होता है, वह जो एक लंबा क्षण है, वह क्षण, वह जन्म, इस सबसे प्रभावित हो रहा है, इससे निर्धारित हो रहा है। जो संवेदना भारतेन्दु, या मैं तो इससे पहले भी जाऊँगा, बात सिर्फ़ भारतेन्दु से हम शुरू नहीं कर सकते, तो फिर लल्लूजी लाल, सदल मिश्र, इंशाअल्लाह ख़ाँ, सभी से शुरू करनी होगी, लेकिन उस इतिहास में जाने की हमें कोई इस वक़्त ज़रूरत नहीं है। असल बात यह है कि हिंदी के जन्म की बात हम उस तरह नहीं कर सकते। हमें हिंदी की बात करनी होगी एक प्रक्रिया की स्थिति से, और उसके संदर्भ में जो प्रक्रिया अभी भी चल रही है। जब हम हिंदी की बात करते हैं तो हमारी मुराद क्या है? कौन सी हिंदी है? और अगर मान भी लें कि अब तक एक ऐसी हिंदी विकसित हो गई है जिसकी हम बात कर सकते हैं, तो मेरे हिसाब से फिर दूसरा बुनियादी सवाल यह पैदा होता है कि उस हिंदी में जिसको हम एक मान लेते हैं, सही या ग़लत, विश्लेषण के लिए हम एक मान लें, तो उस एक हिंदी में क्या विभिन्न प्रतिक्रियाएँ नहीं दिखाई दे रही हैं? और, उसी हिंदी में ये जो विभिन्न, प्रायः परस्पर विरोधी जो लक्षण दिखाई दे रहे हैं, उनका क्या होगा? क्या ऐसा नहीं है कि ये परस्पर विरोधी विपरीत लक्षण केवल हिंदी में नहीं, बल्कि उस व्यक्ति में भी हैं, जो हिंदी में लिख रहा है या हिंदी बोल रहा है? तो जो सबसे छोटा यूनिट हो सकता है, जो सबसे छोटी इकाई हो सकती है, भाषा को बरतने वाले की, व्यक्ति की, जब उस व्यक्ति के स्तर पर भी हमारे लिए यह कहना कठिन है कि इसमें एक ही तरह के गुण, एक ही तरह के लक्षण हमें दिखाई पड़ते हैं, परस्पर विपरीत लक्षण हमें दिखाई देते हैं, और मैं यहाँ जानबूझ कर सह-अस्तित्व का इस्तेमाल कर रहा हूँ, जहाँ उनका सह-अस्तित्व है, कोई अंतर्द्वंद्व ज़रूरी नहीं है। हो सकता है और नहीं भी हो सकता है, इन परस्पर विरोधी तत्त्वों के कारण। जब स्थिति ऐसी हो एक व्यक्ति तक को लेकर, तो भाषा के बारे में मुझे लगता है कि इस तरह का कोई सामान्यीकरण बड़ा मुश्किल होगा।

चलिए, हम यह मान भी लें कि आधुनिकता से हमारा जो अर्थ है वह ये है। जो भी अर्थ हो, हम उसको मानना चाहें। तो. फिर आधुनिकता को लेकर सवाल पैदा होगा कि आधुनिकता क्या है? आधुनिकता का व्यावहारिक स्वरूप क्या होता है? इस पर बात करना बहुत ज़रूरी है। लेकिन उस पर बात करते समय भी हमें इस बात का ध्यान रखना होगा कि इसके जो हिडिन एसम्शंस हैं, ज्ञान की जो निहित अवधारणाएँ हैं, ज्ञान की जो निहित स्थापनाएँ हैं, इस आधुनिकता की जो निहित स्थापनाएँ हैं, जिनके बारे में अब हम कम से कम अपने चेतन स्तर पर बहुत वाक़िफ़ नहीं हैं, उनको याद रखना तो दूर, उनसे वाक़िफ़ तक नहीं हैं, तो हमें सोचना होगा कि वे स्थापनाएँ हमारी इस व्यावहारिक आधुनिकता को प्रभावित करती हैं या नहीं। और

अगर करती हैं तो किस हद तक प्रभावित करती हैं।

मैं आपको एक क़िस्सा सुनाना चाहूँगा जो १९५९ या ६० का है। आज पचास साल हो गए उस बात को। मैं इलाहाबाद यूनिवर्सिटी के सर सुन्दर लाल हॉस्टल में रहा करता था और हम लोगों का एक फ्राइडे स्टडी सर्कल होता था जिसमें हम लोग अक्सर किसी को बुलाते थे। तो एक बार फ़िराक़ साहब को हम लोगों ने बुलाया। क्या रंगीन हस्ती थे फ़िराक़ साहब! क्या बात थी साहब। वे जो मुँह खोलें, पहला शब्द बोलें, तो आवाज़ का एक वज़न, क्या जादू, खनक उनकी आवाज़ की। लाल-लाल सुर्ख आँखें। बस वे आँखें ही आपको बिल्कुल मेस्मराइज़ कर दें। तो फ़िराक़ साहब हमारे यहाँ बोलने आए। सुबह दस बजे। आमतौर पर हमारे यहाँ जो अतिथि आता था, वह बस चाय का एक कप पी लेता था। फ़िराक़ साहब ने पहले तो हचक के नाश्ता किया हम लोगों के साथ। चाय पी। चेन स्मोकर थे। एक सिगरेट से दूसरी सिगरेट सुलगाते थे। स्मोक करें या न करें, सिगरेट जलती रहनी ज़रूरी थी, फ़िराक़ साहब के हाथ में या होंठों से लटकी रहती थी। उन्होंने कहा— *आई हैव डिसाइडिड टु टॉक एबाउट द मॉडर्नाइज़ेशन ऑफ़ दि इंडियन माइंड।* और, फिर वे शुरू हो गए— *मॉडर्नाइज़ेशन इज़ नथिंग टु डू विद जिओग्राफी, विद प्लेस, समथिंग वैरी डिफ़रेंट।* बस इतना एक्सप्लेन करके उन्होंने कुछ मिसालें देनी शुरू कीं। फ़िराक़ साहब का तो यह था कि अहं ज़बरदस्त था। शायद कारण भी था उस अहं का। जो क़िस्से हमारे ज़माने में चल रहे थे उन क़िस्सों को भी उन्होंने ओब्लीकली बता दिया कि वे सही हैं। मसलन, डॉ. अमरनाथ झा, जो वाइस चांसलर थे, कहा जाता था कि एक साल उन्होंने ड्रॉप कर दिया था, एमए का इम्तहान नहीं दिया था क्योंकि उन्हें डर था कि फ़िराक़ साहब के रहते वे फर्स्ट नहीं आएँगे। तो फ़िराक़ साहब ने ऑब्लीकली इस क़िस्से को भी सही बता दिया। और, इन्हीं चीज़ों के दौरान उन्होंने कहा— *एंड यू नो, माई नेबर फॉर द लास्ट ट्वेन्टी इयर्स हेज बीन दिस मेन काल्ड ईश्वरी प्रसाद, हू बिलांग टु दि डिपार्टमेंट ऑफ़ पॉलिटिकल साइंस बट राइट हिस्ट्री बुक्स। इन दीज़ ट्वेंटी इयर्स आई हैव नेवर टॉक टु हिम एक्सेप्ट वन्स। यू नो दिस मेन, दिस हिंदी पोयट काल्ड मैथिलीशरण गुप्त, दि राष्ट्रकवि। डांट गैट मी रांग। आई लाइक टु बी हिंदी पोइट, बट नॉट लाइक टु बी ए मैथिलीशरण गुप्त। यू नो मैथिलीशरण गुप्त लिव्ज़ इन नॉर्थ एवेन्यू, जवाहर लाल लिव्ज़ इन तीन मूर्ति जस्ट ए डिसस्टेंस ऑफ़ टू माइल्स। हेरिन मैकमिलन, द प्राइम मिनिस्टर ऑफ़ ब्रिटेन, लिव्ज़ थाउज़ेंड्स माइल्स अवे फ्रॉम नेहरू, बट नेहरू एंड मैकमिलन आर कंटेम्परेरीज़, नेहरू एंड मैथिलीशरण आर नॉट। बिकॉज़ मैथिलीशरण लिव्ज़ इन दि*

फ़िराक़ साहब का आधार क्या था मैथिलीशरण गुप्त को मध्ययुगीन बना देने का? क्या आधार था मैकमिलन को नेहरू का कंटेम्परेरी बना देने का? ब्रिटेन का प्राइममिनिस्टर है क्या इसलिए वह नेहरू का कंटेम्परेरी हो जाएगा? और ये *भारत भारती* जैसी रचनाएँ करता है, हम कौन थे क्या हो गए और क्या होंगे अभी, ... तो यह तो होगा ही पुनरुत्थानवादी। ... ज़ाहिर है कि आधुनिकता का ये जो वर्चस्व है वह पश्चिम के वर्चस्व से जुड़ा हुआ है।

मेडिवल एजिज़। इस टॉक का, इन बातों का ऐसा ज़बरदस्त प्रभाव न सिर्फ़ मेरे ऊपर पड़ा, बल्कि हम सबके ऊपर पड़ा, और सालों तक मेरे बौद्धिक विकास में, चीज़ों को समझने में इस टॉक का लगभग सेमिनल रोल रहा। बहुत देर बाद जा कर यह बात समझ में आई कि भाई फ़िराक़ साहब का आधार क्या था मैथिलीशरण गुप्त को मध्ययुगीन बना देने का? क्या आधार था मैकमिलन को नेहरू का कंटेम्परेरी बना देने का? ब्रिटेन का प्राइममिनिस्टर है क्या इसलिए वह नेहरू का कंटेम्परेरी हो जाएगा? और यह *भारत भारती* जैसी रचनाएँ करता है, हम कौन थे क्या हो गए और क्या होंगे अभी, यह अभी भी पुनरुत्थान के चक्कर में पड़ा है, तो यह तो होगा ही पुनरुत्थानवादी। मैं यह कह रहा हूँ ऐसी मान्यताएँ हैं, ऐसी स्थापनाएँ हैं आधुनिकता की। और ज़ाहिर है कि आधुनिकता का यह जो वर्चस्व है वह पश्चिम के वर्चस्व से जुड़ा हुआ है।

अभय ने उत्तर-औपनिवेशिकता की बात की। मैं प्रायः सोचा करता हूँ कि उत्तर-औपनिवेशिकता क्या है। हम इसको औपनिवेशिकता क्यों नहीं कह पाते। यह मैं कुछ उसी अंदाज़ में कह रहा हूँ अतिरिक्त उत्साह वाले अंदाज़ में। तो आप लोग इसे प्लीज टेक इट विद ए पिंच ऑफ़ साल्ट। लेकिन फिर भी इस पर ग़ौर करने की ज़रूरत है। मैं यह मानता हूँ कि जो भी परिभाषा हमारी हो, जो भी समझ हमारी हो आधुनिकता की, आधुनिकता का जो विपर्यय है, आधुनिकता का जो भी विलोम बनता है, वह विलोम भी कम या अधिक, हमारे अंदर विद्यमान रहता है। और उस विलोम को समझे बग़ैर, उस विपर्यय को समझे बग़ैर, हम सिर्फ़ आधुनिकता की बात करके, चाहे वह किसी भाषा की बात हो, चाहे किसी क्षेत्र की बात हो, चाहे वह किसी व्यक्ति की बात हो, मुझे लगता है कि कहीं हमारी समझ में कोई एक खोट रह जाएगी। क्यों मैं इस बात पर ज़ोर दे रहा हूँ कि इसके इतिहास को समझे बग़ैर हम इसके वर्तमान को नहीं समझ पाएँगे। हम नहीं समझ पाएँगे कि उत्तर-औपनिवेशिकता में उत्तर कमज़ोर पद है, औपनिवेशिकता असल पद या तत्त्व है। अगर हम यह न देख पाएँ तो किस तरह से यह आधुनिकता का जो बोध है हमने नैचुरलाइज़ कर लिया है, बग़ैर इसको प्रश्नांकित किए! और, इस बोध को, अपने इस आधुनिकता के बोध को, अगर हम सीरियसली रीएग्ज़ामिन करने को नहीं तैयार हैं, इस पर सोच-विचार करने को नहीं तैयार हैं, उन पूर्व-धारणाओं पर सोचने को नहीं तैयार हैं तो शायद कहीं कोई शुरुआती जो मूल हमारा होगा वही ग़लत हो जाएगा।

उन्नीसवीं सदी के दो बुद्धिजीवी और लेखक मेरे प्रिय हैं : एक बंकिम और दूसरे गोवर्धन राम त्रिपाठी। इनके बारे में बातें तो बहुत सी हो सकती हैं, पर यहाँ मैं सिर्फ़ एक बात दोनों के संदर्भ में कहना चाहूँगा। बंकिम को हम लोग प्रायः पुनरुत्थानवादी, हिंदुत्ववादी या नव-हिंदुत्ववादी कह कर डिसमिस कर देते हैं। बंकिम की जो संश्लिष्टता है, जिस संश्लिष्टता के कारण बंकिम एक प्रतिनिधि आधुनिक भारतीय बनते हैं, उस संश्लिष्टता को हम मिस कर देते हैं। तमाम तरीक़ों से यह बात की जा सकती है, लेकिन मैं उनमें नहीं जाना चाहता। सिर्फ़ एक इस संदर्भ में, जो एक चीज़ मुझे ज़रूरी लग रही है, वह कहना चाहता हूँ। बंकिम की एक

बड़ी बहस, सार्वजनिक बहस, रिवरेंड विलियम हेस्टिंग नाम के व्यक्ति से हुई। कलकत्ता के एक प्रसिद्ध ज़मींदार परिवार में एक श्राद्ध हुआ। अब आप समझ सकते हैं कि बंगाल के ज़मींदार, और वह भी बड़े ज़मींदार के घर में क्या भव्य श्राद्ध हुआ होगा। विलियम हेस्टिंग़ जैसे क्रिश्चियन मिशनरी को तो इससे अच्छा मौका नहीं मिल सकता था। उसने बिल्कुल ऐसी की तैसी कर दी हिंदू संस्कृति और हिंदू रीति-रिवाज़ों की। उसने *दि स्टेट्समेन* में लेखों की एक श्रृंखला लिख मारी। बंकिम ने उनका जवाब दिया। बंकिम के जवाब के डिटेल्स में मैं नहीं जाऊँगा। पर उन्होंने एक बुनियादी बात कही और वह यह थी— *फॉर देम देट इज़ वेस्टर्ननेस, नॉट जस्ट द क्रिश्चियन मिशनरीज, फॉर देम एवरीथिंग हैज़ टु पास्ट थ्रू द सीव ऑफ़ वेस्टर्न नॉलेज। इफ इट कैन नॉट पास्ट दिस लिटमस टेस्ट प्रोवाइडिड बाई द सीव ऑफ़ वेस्टर्न नॉलेज, देन इट इज़ सुपरस्टीशन, देन इट इज़ इगनोरेंस।* और, वही बंकिम, जो बर्दाश्त नहीं कर सकते थे कि वेस्टर्न एपिस्टिमिलॅजी के बेसिक एज़मशंस के आधार पर हमारा ज्ञान सही या ग़लत साबित किया जाए, वही बंकिम जब प्राचीन भारतीय दर्शन पर लिखते थे तो वेस्टर्न फ़िलासफ़ी से कंपेयर करके उसकी सच्चाई, उसकी प्रामाणिकता स्थापित करते थे। और तब उनके दिमाग़ में यह बात नहीं आती थी, जो एक बुनियादी स्थापना उन्होंने कर दी है, और इतनी बड़ी स्थापना कर दी है, कि राजनीतिक रूप से तो हो गए हम ग़ुलाम, लेकिन ज्ञान के क्षेत्र में बुद्धि के क्षेत्र में, संस्कृति के क्षेत्र में हम तुम्हारे ग़ुलाम नहीं होंगे, वही बंकिम अनजाने में यह करते थे।

वही बंकिम, जो बर्दाश्त नहीं कर सकते थे कि वेस्टर्न एपिस्टिमिलॅजी के बेसिक एज़मशंस के आधार पर हमारा ज्ञान सही या ग़लत साबित किया जाए, वही बंकिम जब प्राचीन भारतीय दर्शन पर लिखते थे तो वेस्टर्न फ़िलासफ़ी से कंपेयर करके उसकी सच्चाई, उसकी प्रामाणिकता स्थापित करते थे।

दूसरे मैं आपको गोवर्धन राम त्रिपाठी की डायरी में से सिर्फ़ एक दृष्टांत देना चाहूँगा। *सरस्वती चंद्र* के लेखक गोवर्धन राम त्रिपाठी के बारे में बहुत कुछ कहा जा सकता है, लेकिन सिर्फ़ इतना बताऊँगा कि वे अपनी संस्कृति, अपनी परम्परा को समझने के लिए उपनिषदों का अध्ययन कर रहे थे, महाभारत पढ़ रहे थे, रामायण पढ़ रहे थे। पढ़ते हुए एक दिन उन्होंने अपनी डायरी में लिखा उपनिषदों के बारे में— *दीज़ डेस आई एम स्टडींग उपनिषदाज़।* अब कौन से उपनिषद पढ़ रहे थे, यह उल्लेख उन्होंने नहीं किया। और यह लिखने के बाद गोवर्धन राम अपनी डायरी में लिखते हैं, किसी और के लिए नहीं, अपनी डायरी में अपने लिए लिख रहे हैं— *बट आल दिस इन ऑर्डर टू बी एक्सेप्टेबल हैज़ टु बी वेलिडेटिड इन टर्म्स ऑफ़ दि लैंग्वेज़ ऑफ़ मॉडर्न आईडियाज़।*

व्हाट इज़ दिस लैंग्वेज़ ऑफ़ माडर्न आईडियाज़? इसका जवाब देने की ज़रूरत ही नहीं है। *वी आल नो, वाट दिस लैंग्वेज़ ऑफ़ मॉडर्न आईडियाज़।*

तो जिस व्यावहारिक आधुनिकता की हम बात करते हैं, उस व्यावहारिक आधुनिकता के पीछे जो वर्चस्व होता है, जिस ज्ञान प्रणाली का, उस ज्ञान प्रणाली को भी समझ लेना चाहिए और अपने आपसे पूछ लेना चाहिए कि भाई ये कितनी आधुनिकता है और कितनी कुछ और। एक और बात मैं कहना चाहूँगा, और यह भी हिंदी के आधुनिकता के गर्भ से पैदा होने वाली बात से जुड़ जाती है, आज के ज़माने में जबकि लगभग सारे संसार में आधुनिकता के सवाल को लेकर यह बात हो रही है कि पश्चिम के प्रभाव में आने से पहले पश्चिम के साम्राज्यवाद का शिकार होने से पहले, हमारे यहाँ जो ज्ञान प्रणाली थी, हमारी जो संस्कृति थी, उसका स्वरूप क्या था। लैटिन अमेरिका में बहुत सीरियसली काम हो रहा है। हमारे यहाँ संजय सुब्रह्मण्यम, डेविड शुलमेन, नारायण राव, यह लोग इतना महत्त्वपूर्ण काम कर रहे हैं। अर्ली माडर्नटीज़ की बात जिस तरह सीरियस लेविल पर उठाई जा रही है, हम आधुनिकता के क्षण को सिर्फ़ पश्चिम के संपर्क से ही क्यों सीमित कर देना चाहते हैं। और इस संदर्भ में मैं एक बात कहना चाहूँगा। और वह यह है : यह असर है पश्चिम के सांस्कृतिक साम्राज्यवाद का या सांस्कृतिक उपनिवेशीकरण का, चाहे जो कह लीजिए। यह कितना प्रभावशाली हमारे यहाँ साबित हुआ! उसका एक उदाहरण इस बात से मिलता है कि उन्नीसवीं सदी में और लगभग उन्नीसवीं सदी के अंत तक, एक सीरियस ट्रेंड हमारे यहाँ था, दुर्भाग्य से मैं हिंदी के बारे में नहीं बात कर पाऊँगा, लेकिन मैं यह मानने को नहीं तैयार हूँ कि भारत के और हिस्सों में अगर यह चीज़ हो रही थी तो हिंदी में कुछ और स्थिति रही होगी। जनरल ट्रेंड यह था कि अंग्रेज़ों के आने के कारण हमारी जो अपनी आंतरिक विकास प्रक्रिया थी वह बाधित हो गई थी। इस तरह की बात करने वाले पुनरुत्थानवादी नहीं थे। मैं तीन नाम लेना चाहूँगा इस तरह की बात करने वालों के— महादेव गोविंद रानाडे, काशीनाथ त्र्यम्बक तैलंग, बहरामजी मलबारी।

बहरामजी मलबारी ने पॉपुलर लेविल पर अपने *इंडियन स्पेक्टेटर* में यह बात बार-बार कही। रानाडे ने अपनी *हिस्ट्री ऑफ़ दा मराठाज़* में सीरियली यह बात कही। और तैलंग ने एक लंबा पर्चा लिखा रानाडे की *हिस्ट्री ऑफ़ मराठाज़* को लेकर, जिसमें इस बात पर ज़ोर दिया था। इसके अलावा भी तैलंग ने लिखा कि हमारी अपनी एक विकास प्रक्रिया चल रही थी। एक बात और। आपको यह भी बड़ा दिलचस्प लगेगा कि रानाडे उस समय स्कॉलरशिप होल्डर थे, और एलेक्ज़ेंडर नाम का डायरेक्टर ऑफ़ पब्लिक इंस्ट्रक्शंस होता था बोम्बे प्रेसीडेंसी में। रानाडे ने अपना कोई टर्म पेपर लिखा जिसकी ख़बर एलेक्ज़ेंडर को मिल गई। इसमें कि रानाडे ने यही प्रतिपादन किया था। और, एलेक्ज़ेंडर ने रानाडे की स्कॉलरशिप तीन महीने के लिए बंद कर दी कि हमसे तुम स्कॉलरशिप लेते हो और हमारा विरोध करते हो। तो ऐसा नहीं है कि सिर्फ़ इंटलेक्चुअल हेजेमनी के ज़रिए ही ये लोग अपना वर्चस्व स्थापित कर रहे थे। और भी हथकंडे वक़्त-वक़्त पर, ज़रूरत पड़ने पर इस्तेमाल किए जाते थे। एक धारा चल रही थी वह लगभग ख़त्म हो गई, सूख गई। और जिस-जिस ने इस तरह की बात की वह पुनरुत्थानवादी, प्रतिक्रियावादी हो गया।

मैं निर्मल के सहारे, अपने सहारे भी बात कर सकता हूँ। और बात को अगर बढ़ाऊँ तो

आप सबको आमंत्रित कर सकता हूँ कि अपने, सिर्फ़ अपने को लेकर सोचें कि अगर आधुनिकता की बात चले और जो भी आपका अपना तसव्वुर हो आधुनिकता का, तो उस आधुनिकता के मयार पर आप ख़ुद कितने खरे उतरेंगे। औरों को तो छोड़ दीजिए। भाई, मैं तो, और यह तो अभय ने भी अपने प्रारम्भिक वक्तव्य में कहा कि कैसा टाइम है कि हिंदी में एक ही तरह की टैंडेंसी आपको दिखाई पड़ती है, तो अगर हिंदी में एक ही तरह की टैंडेंसी नहीं दिखाई पड़ रही है, एक व्यक्ति में ही एक तरह की टैंडेंसी नहीं दिखाई पड़ रही है तो इस सवाल को हमें और पेचीदा करके उठाना होगा। और, निर्मल की बात करें, तो एक तरफ़ निर्मल पर आरोप लगता है कि निर्मल की तो धूप भी यूरोपीय धूप है। वहाँ प्रेमी बैठ ही नहीं सकते हाथ में बीयर लिये बग़ैर, थोड़ा सम्भ्रांत होंगे तो वाइन आ जाएगी, बीयर की जगह। तो जिस आदमी की धूप भी देशी नहीं है, वही निर्मल वर्मा भारतीय जनता पार्टी की गोद में बैठा हुआ है। एक हद तक सही माना जाता है। मैं एक हद तक सही जोड़ रहा हूँ। और अगर यह बात है, तो दो रास्ते फिर बनते हैं। एक तो यह कि हम आधुनिकता की वह व्याख्या करें जो कि हमारे यहाँ कुछ लोगों ने की है। जहाँ हिंदुत्व, साम्प्रदायिकता क्विंटलसेंशियल आधुनिकता के प्रॉडक्ट बने। लेकिन, आधुनिकता की जो डेफ़िनेशन है वह तीन-चौथाई लोगों को मंजूर नहीं है। क्योंकि जो लोग इस तरह डिफ़ाइन करते हैं आधुनिकता को, ख़ुद हिंदुत्ववादी होने का चार्ज उन पर लग जाता है। और अगर वह नहीं है, अगर वह डेफिनेशन, वर्णन आधुनिकता का आपको स्वीकार नहीं है, तो फिर आपको यह मानना पड़ेगा कि कोई एक द्वैध है निर्मल के अंदर, और अगर वह द्वैध है जो आपको बिल्कुल स्पष्ट दिखाई पड़ता है और निर्मल वर्मा को अंत तक नहीं दिखाई पड़ा, इस तरह से उसका सामंजस्य उनके अंदर हो गया कि कभी उनको कोई विचलन नहीं हुआ, कोई परेशानी नहीं हुई। एक ही व्यक्ति में जिन्हें हम परस्पर विरोधी प्रवृत्तियाँ मानते हैं, अगर इतने आराम से शांतिपूर्वक सहवास कर सकती थीं, तो आधुनिकता का जो भी दूसरा रूप हमारे मन में बनता हो, उन दोनों की बात एक साथ किए बग़ैर हम बहुत अर्थपूर्ण तरीक़े से इस पुनर्विचार को आगे नहीं चला पाएँगे, ऐसा मेरा मानना है।

अभय ने कल मुझसे कुछ कहा था और कहा था कि आधा घंटा काफ़ी है नहीं तो एक घंटा बोल लेना। तो मैंने कहा मुझे कौन सा महाभारत करना है। इसलिए, अब बस इतना ही।

एक तरफ निर्मल पर आरोप लगता है कि निर्मल की तो धूप भी यूरोपीय धूप है। वहाँ प्रेमी बैठ ही नहीं सकते हाथ में बीयर लिये बग़ैर, थोड़ा सम्भ्रांत होंगे तो वाइन आ जाएगी, बीयर की जगह। तो जिस आदमी की धूप भी देशी नहीं है, वही निर्मल वर्मा भारतीय जनता पार्टी की गोद में बैठा हुआ है। एक हद तक सही माना जाता है। मैं 'एक हद तक सही' जोड़ रहा हूँ।

अध्यक्ष ◙ आदित्य निगम

ओमप्रकाश वाल्मीकि ◙ दलित लेखन की आधुनिकता और सांस्कृतिक विरासत

दलित शब्द का प्रयोग किसी और का दिया हुआ नहीं है, बल्कि दलितों ने स्वयं अपने लिए इस शब्द का चयन किया है। यह शब्द डॉ. आम्बेडकर के दलित-आंदोलन से निकला है। साहित्य के साथ जुड़कर इस शब्द की जो अभिव्यंजना प्रकट हुई है, वह अपने आप में दलितों के स्वाभिमान और उनके संघर्ष की प्रतीक बन गई है। इस शब्द की अभिव्यंजना में विरोध और नकार का भाव विद्यमान है। समता और स्वतंत्रता, बंधुता की इस लड़ाई में यह शब्द सामाजिक न्याय का उद्‌बोधक बनकर उभरा है।

दलित शब्द एक चिंगारी की तरह दबे-कुचले लोगों की अभिव्यक्ति के साथ जुड़ कर आज संघर्ष और अस्मिता का प्रतीक बन गया है। ग़ैर-दलित ही नहीं कुछ ऐसे दलित बुद्धिजीवी भी हैं, जिन्हें यह शब्द अपमानबोधक लगता है। लेकिन इस शब्द ने आज अपनी सार्थकता सिद्ध कर दी है, क्योंकि यह चेतना का संवाहक बनकर अपनी पहचान को स्थापित करने के लिए कटिबद्ध है। इस नाम को दलित समाज ने स्वीकृति प्रदान की है, तथा उन सभी सम्बोधनों का परित्याग किया है जो ग़ैर-दलितों ने ऐतिहासिक संदर्भों के साथ इस समाज को प्रदान किये थे, जिनमें से ज़्यादातर आज भी गाली की तरह प्रयोग किए जाते हैं।

आज ग़ैर-दलितों द्वारा दिए गए शब्द— चमार, भंगी, चुहड़ा, ढेड़, पेरिया, अंत्यज, हरिजन, डोम, डुमार उन्हें पीड़ा पहुँचाते हैं, जबकि दलित शब्द अस्मिता का द्योतक और जाति विरोधी लगता है। अर्जुन डांगले ने कहा है— दलित एक जाति नहीं बल्कि एक अनुभूति है जिसमें समाज के निचले स्तर के लोगों के अनुभव, उनकी ख़ुशियाँ और संघर्ष शामिल हैं। यह सामाजिक दृष्टिकोण से परिपक्व होती है जिसका संबंध नकार, विद्रोह और विज्ञान के प्रति प्रतिबद्धता से है और जिसकी अंतिम परिणति क्रांति में जाकर होती है।[१]

दलित शब्द को परिभाषित करते हुए मराठी के सुपरिचित लेखक और *अस्मितादर्श* के सम्पादक डॉ. गंगाधर पानतावणे कहते हैं— 'मेरे लिए दलित एक जाति नहीं है। वह व्यक्ति

जिसका इस देश की सामाजिक, आर्थिक परम्पराओं ने शोषण किया है, वह ईश्वर, पुनर्जन्म, आत्मा, अलगाव सिखाने वाली पवित्र पुस्तकों में, भाग्य और स्वर्ग में विश्वास नहीं करता है क्योंकि इन सबने उसे ग़ुलाम बनाया है। वह मानवता में विश्वास करता है, दलित परिवर्तन और क्रांति का एक प्रतीक है।'[१]

दलित-साहित्य का सर्वप्रथम आग़ाज़ मराठी में हुआ। डॉ. आम्बेडकर के मुक्ति आंदोलन ने दलितों में एक नई चेतना पैदा की, जिसके फलस्वरूप दलित-साहित्य की रचनात्मकता का उदय हुआ जो मानवीय सरोकारों की अभिव्यक्ति बना। ऐसा साहित्य जिसमें दलितों की वाणी, जो हज़ारों साल से मूक बनी सामाजिक, आर्थिक, धार्मिक, शैक्षणिक विद्वेष और नारकीय जीवन की दग्धताओं को वहन कर रही थी, मुखर होकर स्वाभिमान और अस्मिता की लड़ाई लड़ने के लिए सामने आकर खड़ी हो गई।

दलित-साहित्य केवल दलितों के अधिकार और उनके जीवन-मूल्यों तक ही सीमित नहीं है, बल्कि सामाजिक संदर्भों के साथ जुड़कर समूचे समाज की अस्मिता और मूल्यों की पहचान बना है, इसी तरह दलितों की वेदना का स्वर दलित-साहित्य की अंतर्धारा का पर्याय है। यह वेदना हज़ारों वर्षों की है। यह वेदना सिर्फ़ मैं की नहीं, समूचे समाज की वेदना है इसलिए सामाजिक यथार्थ दलित-साहित्य का प्रमुख स्वर है।

दलित-साहित्य का उद्‌भव मराठी साहित्य में एक साहित्यिक-सामाजिक विद्रोह के रूप में हुआ है, जिसके माध्यम से दलित-शोषित समाज का विद्रोह मुखरित हुआ है, जिसे अछूत कहकर सदियों तक मनुष्य जीवन की सभी आवश्यकताओं और सुविधाओं से वंचित रखा गया और जिसे केवल दुख, वेदना, ग़ुलामी, अपमान, आँसुओं से भरी ज़िंदगी बिताने के लिए विवश किया गया। हिंदू धर्म वर्ण-व्यवस्था ने जातियों के लिए कठघरों से निर्मित इस समाज-व्यवस्था में उसे वह स्थान दिया जो गाँवों, नगरों के अहातों से दूर था और जहाँ केवल अंधकार ही अंधकार था। उस अंधकार से निकाल कर उनके जीवन में रोशनी लाने का कार्य डॉ. आम्बेडकर ने किया।[२]

जिस कार्य को भक्तिकालीन संत भी नहीं कर पाए उसे डॉ. आम्बेडकर ने, दलितों में चेतना पैदा करके पूरा किया जिसके कारण दलितों में अपनी खोई हुई अस्मिता पहचानने और उसे पुनः जीवित करने की जद्दोज़हद शुरू हुई, जिसने उनकी सामर्थ्य का विकास किया और दलित-साहित्य की एक ऐसी धारा निर्मित हुई जिसने सिर्फ़ दलितों में ही नहीं, बल्कि समूचे भारतीय साहित्य के आत्मविश्लेषण की भावना बढ़ाने का मार्ग प्रशस्त किया, जो साहित्य की लम्बी आयु के लिए ज़रूरी माना जाता है।

दलित-साहित्य में व्यक्त होने वाले अनुभवों को दलितों ने हज़ारों साल से वहन किया है। दुख-दर्द की विभीषिका, दारुण व्यथा विश्व के किसी भी इतिहास में इतनी भयानक और त्रासद नहीं है। हज़ारों साल के इतिहास में दलित-जीवन किसी नरक से कम नहीं था जहाँ वे जानवरों से भी बदतर जीवन जीने के लिए बाध्य किये जाते रहे हैं। मानवीय हक़ों से उन्हें दूर रखा गया, दासत्व का यह जीवन दलितों की अवनति का कारण था। उनके विकास को जिस तरह अवरुद्ध

किया गया, वह वर्ण-व्यवस्था और उससे उपजी जाति व्यवस्था की देन था।

इस ऐतिहासिक तथ्य की पुष्टि डॉ. आम्बेडकर के उस भाषण से होती है, जो उन्होंने १४ अक्टूबर, १९५६ को धर्मांतरण के समय दिया था— विषमता और ज़ुल्मों पर आधारित पुराणपंथी धर्म त्याग करने से मुझे ऐसा प्रतीत हो रहा है, जैसे मैंने नरकतुल्य जीवन से छुटकारा पा लिया है और मेरा पुनर्जन्म हुआ है।[३]

दलित-साहित्य का यह विस्फोट विद्रोह की भावना और नकार के साथ हुआ जिसमें डॉ. आम्बेडकर के विचार-दर्शन, जीवन-संघर्ष से उपजी दलित चेतना एक चिंगारी के समान थी। डॉ. आम्बेडकर का यह मुक्ति-आंदोलन महाराष्ट्र में अपनी जड़ें जमा चुका था, इसीलिए दलित-साहित्य आंदोलन का विकास भी सर्वप्रथम मराठी में हुआ जो महाराष्ट्र की सीमा से बाहर निकलकर देश के अन्य राज्यों तक पहुँचा। साथ ही अंतर्राष्ट्रीय स्तर पर डॉ. आम्बेडकर के इस मुक्ति संघर्ष की अनुगूँज सुनाई पड़ने लगी। दलित-साहित्य को डॉ. आम्बेडकर के संघर्ष, आंदोलन से वैचारिक प्रगल्भता मिली। उसका यह विद्रोह दलित अस्मिता की स्थापना के लिए पूरे समाज और उस व्यवस्था से है जिसने दलित की पहचान को छिन्न-भिन्न किया था।

इसलिए कहा गया है— दलित-साहित्य केवल विद्रोह, प्रतिकार या प्रतिशोध नहीं है, या केवल नकार या निषेध नहीं है, बल्कि जो कुछ मंगल और शुभ है उन सबकी निर्मिति के लिए पूर्व परम्पराओं से विद्रोह है।[४]

एलेयनर ज़ेलयट लिखती हैं— आम्बेडकर का ज़ोर धर्म में समानता और राजनीति में सत्ता पर ही नहीं था, बल्कि शिक्षा, संस्कृति और रचनात्मकता पर भी था।[५]

डॉ. आम्बेडकर के धम्म परिवर्तन के बाद दलित-साहित्य आंदोलन में तेज़ी आई। महाराष्ट्र में दलित-साहित्य को तीव्रता प्रदान करने में *अस्मितादर्श* पत्रिका की भूमिका महत्त्वपूर्ण रही। अनेक कवि, लेखक, आलोचक, नाटककार, कलाकार साहित्यिक और सामाजिक परिदृश्य पर उभरे जिन्होंने साहित्य को समाज-सापेक्ष बनाने में अहम भूमिका निभाई। जिस समाज को दुत्कार कर जीवन की मानवीय धुरी से बाहर कर दिया गया था, जो हज़ारों साल से उपेक्षित जीवन जीने के लिए बाध्य था, वह समाज डॉ. आम्बेडकर के मुक्ति-संघर्ष से ऊर्जा पाकर उठ खड़ा हुआ और अपने होने का एहसास पूरी ताक़त के साथ कराया। आज भी ऐसे लोगों की कमी नहीं है जो दलित का नाम सुनते ही साँड़ की तरह बिगड़ जाते हैं और ऐसी टिप्पणियाँ करते हैं जिनका कोई औचित्य नहीं होता है।

मराठी दलित-साहित्य से प्रेरणा लेकर अन्य भारतीय भाषाओं— गुजराती, हिंदी, तेलुगू, कन्नड़, तमिल, मलयालम, बंगला, पंजाबी आदि भाषाओं में आज अनेक रचनाकार उभरे हैं जिन्होंने दलित चेतना का साहित्य सृजित किया है। उनकी रचनाशीलता ने साहित्य को गरिमा प्रदान की है। साहित्य की भूमिका बदली है। साहित्य को सत्यम, शिवम, सुंदरम के सामंती और ब्राह्मणवादी संकीर्ण दायरे से बाहर निकाला है, उसे वस्तुनिष्ठ बनाया है। सही अर्थों में साहित्य को समाज का प्रतिबिम्ब बनाया है, साहित्य को आनंद, मोक्ष, अर्थ और

प्रेमचंद की कहानी कफ़न ... में पिरोये गए शब्द कुनबा, चमार, प्रसव पीड़ा का दृश्य कितना यथार्थवादी है और कितना कल्पना-आधारित? शायद विद्वानों ने इन तथ्यों पर सोचने-समझने की ज़रूरत ही नहीं समझी, क्योंकि इन विद्वानों की सोच में दलित के लिए किंचित मात्र भी संवेदना का कोई अंश नहीं रहा है।

काम से जोड़कर देखने वाले विद्वानों को अपनी मान्यताओं पर पुनर्विचार करने की और यथार्थ से जुड़ने की स्थितियाँ पैदा की हैं, इसलिए दलित-साहित्य मानवीय सरोकारों का साहित्य बन सका है।

हज़ारों साल से साहित्य एक विशिष्ट जाति और वर्ण की बपौती बना हुआ था। यहाँ तक कि शिक्षण संस्थानों में भी ऐसे ही लोगों का वर्चस्व था जो मानव-मूल्यों को नकारते हैं। उनकी दृष्टि में मनुष्य की उच्चता और निम्नता का मापदण्ड उसका जन्मना है। तमाम चीज़ें इसी तथ्य से संचालित होती रही हैं। यहाँ तक कि हिंदी के महान से महान रचनाकार भी दलितों के लिए नकारात्मक शब्दों का इस्तेमाल करने में अपनी शान समझते थे, और पाठ्यक्रमों में भी ऐसी ही रचनाओं को तरजीह दी जाती थी जो दलितों को निकृष्ट सिद्ध करे। सबसे बड़ा उदाहरण है— प्रेमचंद की कहानी *कफ़न* जो दलितों को उसी रूप में चित्रित करती है जिस रूप में हिंदू समाज में उनके प्रति मानसिकता मौजूद है।

पिछले सत्तर वर्षों से हिंदी के विद्वान आलोचक और शिक्षक इस कहानी को कलात्मक, सर्वश्रेष्ठ और कालजयी कहानी कहते रहे हैं, लेकिन कभी किसी ने यह नहीं सोचा कि जब एक दलित इस कहानी को पढ़ता है तो उसकी प्रतिक्रिया क्या होगी? इस कहानी का आशय क्या है? कहानी में चित्रित पात्र या स्थितियाँ किस प्रकार के यथार्थ को प्रस्तुत कर रही हैं। कहानी में पिरोये गए शब्द कुनबा, चमार, प्रसव पीड़ा का दृश्य कितना यथार्थवादी है और कितना कल्पना-आधारित? शायद विद्वानों ने इन तथ्यों पर सोचने-समझने की ज़रूरत ही नहीं समझी, क्योंकि इन विद्वानों की सोच में दलित के लिए किंचित मात्र भी संवेदना का कोई अंश नहीं रहा है। पारिवारिक संस्कार और तुलसीदास जैसे महान कवियों की सीख उन्हें तटस्थ भाव से सोचने से रोकती है— *अधम जाति मैं विद्या पाये। भयउं जथा अहि दूध पियाये।।*

भारतीय समाज-व्यवस्था ने दलितों को अस्पृश्य, अंत्यज, चांडाल, डोम आदि कहकर सामाजिक जीवन से अलग-थलग रखा। उन्हें तरह-तरह के सामाजिक बंधनों में बाँधकर यातनाएँ दी गईं। ये यातनाएँ मनुष्य निर्मित थीं जिन्हें शास्त्रसम्मत बनाकर दैवी रूप दिया गया। उनके स्वाभिमान को छिन्न-भिन्न करके उनमें हीनताबोध भरने का काम बहुत बारीक़ी से किया गया। इस काम में साहित्य की भूमिका बहुत कारगर सिद्ध हुई। साहित्य ने दलितों को मानवीय गुणों से दूर धकेलने का काम किया। वर्ण-व्यवस्था और जाति-व्यवस्था की निर्मिति एक साज़िश के तहत की गई जिसके तहत सबसे पहले दलितों को शिक्षा से दूर किया गया ताकि ज्ञान के तमाम दरवाज़े बंद हो जाएँ। यहाँ तक कि सामाजिक न्यायप्रणाली में भी उच्चवर्णियों के विरुद्ध दास-शूद्रों की गवाही को प्रामाणिक मानने से इनकार किया गया।

सार्वजनिक स्थलों पर उनके प्रवेश पर प्रतिबंध लगाए गए। उन्हें गाँव से बाहर रहने को बाध्य किया गया। उनकी बस्तियाँ नदी-नालों के पार पश्चिमी दिशा की ओर रखी गईं। सार्वजनिक तालाबों, कुओं के पानी को इस्तेमाल करने पर पाबंदी लगाई गई। यहाँ तक कि उनके श्मशान घाट, मरघट भी अलग किये गए।

भारत की कुल आबादी का २० प्रतिशत (आँकड़ों में १६ प्रतिशत) हिस्सा दलितों का है, जो हज़ारों साल भारत की सामाजिक व्यवस्था में सबसे नीचे के पायदान पर रहे हैं और जिन्हें मूलभूत मानवीय अधिकारों से वंचित रखा गया है। वे सार्वजनिक स्थलों का उपयोग नहीं कर सकते थे। तालाबों, कुओं से पानी नहीं पी सकते थे। आज भी यह स्थिति मौजूद है। राजस्थान, हरियाणा में सार्वजनिक तालाबों से पानी लेने के लिए आज भी आंदोलन करने पड़ते हैं। डॉ. आम्बेडकर ने चवदार तालाब और महाड तालाब के लिए ऐतिहासिक आंदोलन किया था। जन्मना पारिवारिक पेशे को छोड़कर दूसरा पेशा अपनाने की आज़ादी दलितों को नहीं थी। यदि किसी ने पारम्परिक पेशा छोड़ने की कोशिश की भी तो उसे कठोर दंड भुगतना पड़ता था। न्यायपालिका भी दलितों की आज़ादी के ख़िलाफ़ थी। उन्हें बंधनों में बाँधकर रखना न्याय और शास्त्र-सम्मत लगता था। दलितों ने इस अन्याय के ख़िलाफ़ हमेशा अपना विरोध दर्ज किया। लेकिन इतिहास और साहित्य ने इस तरह की तमाम चिंताओं और संघर्ष की चेतना को अनदेखा करते हुए उसे कभी भी रेखांकित करने की कोशिश नहीं की क्योंकि उनके लिए यह ग़ैरज़रूरी मसला था।

दलित-विमर्श में जाति एक प्रमुख और प्राथमिक मुद्दा है जो भारतीय जीवन में रचे-बसे जातिगत दृष्टिकोण के उन तमाम सिद्धांतों, चाहे वे साहित्यिक अभिव्यक्ति से संबंधित हों या शिक्षा और राजनीति से, का वर्चस्व ध्वस्त करने के लिए प्रतिबद्ध है। अतीत ही नहीं, आज भी ग़ैर-दलित दलित-समस्याओं पर उस गम्भीरता से नहीं सोचता जितनी गंभीर ये समस्याएँ हैं। भारतीय जीवन में घटित होने वाले जातिगत उत्पीड़न उसे उद्वेलित नहीं करते। यहाँ यह भी कहना ज़रूरी लगता है कि तथाकथित मुख्यधारा के विद्वान आलोचक और समीक्षक दलित-साहित्य की रचनाओं को अविश्वास की दृष्टि से देखते हैं। दलित लेखकों द्वारा रेखांकित जातिगत उत्पीड़न उन्हें विश्वसनीय नहीं लगता। उन्हें यह अब अतिरेक लगता है। उनके लिए जातिगत संदर्भ अब प्रासंगिक नहीं रह गए हैं। उन्हें दलित रचनाएँ शिल्पहीन एवं कलाहीन लगती हैं। इस मुद्दे पर वे ज़ोरदार दलीलें देते हैं। जबकि होना यह चाहिए था कि वे दलित-लेखन की आंतरिकता से स्वयं को जोड़कर देखते, और इस नए पाठ के आशय से साक्षात्कार करते। प्रसिद्ध मराठी

आलोचक दलित-साहित्य को अविश्वास की दृष्टि से देखते हैं। ... जातिगत उत्पीड़न उन्हें विश्वसनीय नहीं लगता। उन्हें यह अब अतिरेक लगता है। उनके लिए जातिगत संदर्भ अब प्रासंगिक नहीं रह गए हैं। उन्हें दलित रचनाएँ शिल्पहीन एवं कलाहीन लगती हैं। इस मुद्दे पर वे ज़ोरदार दलीलें देते हैं। जबकि होना यह चाहिए था कि वे दलित-लेखन की आंतरिकता से स्वयं को जोड़कर देखते, और इस नए पाठ के आशय से साक्षात्कार करते।

लोकगीतकार और विद्वान प्रभाकर माण्डे ने इस संदर्भ में ऐसे विद्वानों के प्रश्नों का उत्तर देते हुए कहा है— दलित-साहित्य का विकास केवल एक ऐतिहासिक घटना नहीं है। इसलिए इसे केवल साहित्यिक परिप्रेक्ष्य में नहीं देखा जाना चाहिए। जब तक इस साहित्यिक शृंखला को सामाजिक दृष्टिकोण से समाज में घटित हो रहे बदलावों की पूरी पृष्ठभूमि के मद्देनज़र नहीं देखा जाएगा, इसके महत्त्व को नहीं समझा जा सकता है।[६]

हिंदी साहित्य में दलितों को हाशिये के लोग कहकर सम्बोधित किया जाता रहा है। ऐसा कहने के पीछे क्या तर्क है, मेरे लिए यह समझ पाना कठिन ही नहीं गहरे अवसाद का भी कारण बनता है। इस शब्द का प्रयोग करते समय विद्वानों की मंशा क्या है? मैं नहीं समझ पाया हूँ क्योंकि जिस मुख्यधारा का हिस्सा ये विद्वान और साहित्यिक लोग हैं, कम से कम उस मुख्यधारा से स्वयं को जोड़ने की मेरी कोई इच्छा नहीं है क्योंकि इस जन्नत की हक़ीक़त से हम वाक़िफ़ हैं। इस विषय में मैंने एक विस्तृत लेख लिखा है (देखें, मेरी पुस्तक *मुख्यधारा और दलित-साहित्य*)। मुख्यधारा की आधुनिकता आज क्या है? यदि उसे ठीक से जाँच लिया जाये तो स्थिति कुछ स्पष्ट होगी। मुख्यधारा के साहित्य के दस-बीस महान रचनाकारों की प्रमुख कृतियों को जब सामने रखकर बात की जाएगी तो जिसे आप हाशियाग्रस्त लेखन कह रहे हैं, वह हाशिये का नहीं बल्कि भारतीय जीवन की गहन आंतरिकता के भावबोध से भरा हुआ साहित्य दिखाई देगा और यही उसकी आधुनिकता भी होगी। आधुनिकता का सीधा संबंध समय की सुई से जुड़ता है जहाँ समाज में पसरी बैठी अतीत की हज़ारों साल पुरानी मान्यताएँ जीवन को संचालित कर रही होती हैं। उनसे मुक्त हुए बिना हमारा आधुनिकताबोध बेमानी है। हम दोहरी मानसिकता में जीते हैं। दलित-साहित्य इसीलिए हाशियाग्रस्त लेखन नहीं है, क्योंकि उसमें जीवन के प्रति एक वैज्ञानिक बोध है। यही उसका सामाजिक दृष्टिकोण है, जो उसे आधुनिक बनाता है।

इस संदर्भ में डॉ. गोविंद सिंह के लेख के उद्धरण से मैं अपनी बात को और अधिक स्पष्ट करना चाहता हूँ। वे कहते हैं— 'आधुनिक साहित्य और उसमें भी नई कविता में सबसे अधिक जिस चीज़ पर बल दिया गया है, वह है अस्मिता की खोज, अस्मिता की पहचान। अस्मिता का संकट और स्वातंत्र्यबोध जैसे मुहावरे नई कविता के सूत्र रहे हैं... आधुनिक कविता और उसमें भी विशेष रूप से नई कविता और उत्तरोत्तर समकालीन काव्य-परिदृश्य में समानांतर सत्ता अथवा स्वतंत्र सत्ता के रचनात्मक संघर्ष पर आग्रह दिखाई पड़ता है। लेकिन आश्चर्य यह है कि नई कविता और प्रगतिशील कहे जाने वाले कवियों के यहाँ भी यह स्वातंत्र्य बोध, स्त्री-अस्मिता को अपने में नहीं समा सका है। ऐसा नहीं है कि नई कविता में स्त्री पराधीनता, उत्पीड़न और यौन शोषण तथा अन्य स्त्री मुद्दों पर सामाजिक-सांस्कृतिक दृष्टि से विचार नहीं किया गया, लेकिन ये तमाम मुद्दे कम से कम नई कविता और समकालीन कवियों का रचना-स्वभाव नहीं बन सके, किसी अपवाद को छोड़कर ... शमशेर ने शायद स्त्री को केंद्र में रखकर सबसे ज़्यादा कविताएँ लिखी होंगी ... लेकिन उनकी कविताएँ पढ़ने के बाद एक भी स्त्री अथवा कवयित्री नहीं कह सकती कि वह हमारा कवि है।'[७]

जैसा कि मैंने ऊपर कहा कि हिंदी के महान कवियों की रचनाओं को सामने रख कर बात की जाये तो निष्कर्ष स्वयं सामने आ जाएँगे। आधुनिक हिंदी साहित्य के शीर्षस्थ कवियों नागार्जुन, त्रिलोचन, शमशेर, केदारनाथ अग्रवाल, मुक्तिबोध की रचनाओं में हज़ारों साल से इस देश की विकास यात्रा को अवरुद्ध कर देने वाली वर्ण-व्यवस्था और उससे उपजी जाति व्यवस्था का उनकी रचनाओं में कहीं मुखर विरोध सुनाई पड़ता है? इनमें से नागार्जुन की *हरिजन गाथा* या त्रिलोचन की *नगई महरा* जैसी इक्का-दुक्का कविताओं को अपवाद मानकर छोड़ दें तो कहीं भी उनका स्वर दलित पीड़ा के साथ स्वयं को नहीं जोड़ पाता है, लेकिन इनकी ये अपवाद कविताएँ भी आनुषांगिक सुख की तरह हैं।

हिंदी का साहित्य-जगत समय की विपरीत दिशा में चलता है। मुग़लकाल में जब देश पूरी तरह मुग़लों के अधीन हो चुका था, कवियों को जनचेतना के रूप में साहित्य के अपने उत्तरदायित्व के साथ सामने आना चाहिए था, लेकिन तब हम भक्ति रस में डूबे आत्मा और परमात्मा, शैव-वैष्णव, सगुण-निर्गुण के झगड़ों में उलझे हुए थे। हमारे पुष्टिमार्गी भक्त कवि मुग़लों से इनाम-इकराम ले रहे थे। जब देश की जनता अंग्रेज़ों के विरुद्ध स्वतंत्रता की लड़ाई लड़ रही थी, तब हमारे महान कवि छायावाद में डूबे प्रेम कविताएँ लिख रहे थे, यानी साहित्य आधुनिकता के साथ चल ही नहीं पाया। ऐसे मुख्यधारा के साहित्य के बरक़्स जब दलित-साहित्य को हाशियाग्रस्त कहकर सम्बोधित किया जाता है तो एक दलित होने के नाते मुझे गहरी पीड़ा का एहसास होता है, क्योंकि दलित-साहित्य ने दलित ही नहीं बल्कि समूचे मनुष्य मात्र की पक्षधरता का सवाल उठाया है। वह मानवीय स्वतंत्रता, बंधुता, समानता की लड़ाई लड़ने के लिए प्रतिबद्ध है इसीलिए उसकी आधुनिकता का सीधा अर्थ मनुष्यता के साथ जुड़ा है।

स्त्री और दलित की पीड़ा तो दूर की बात है, यशपाल और भीष्म साहनी को छोड़कर, क्योंकि वे भुक्तभोगी थे, निराला और महादेवी को भारत-विभाजन की विभीषिका, नरसंहार उद्वेलित नहीं कर सका। इलाहाबाद और बनारस के किस लेखक ने इतिहास की इस घटना को अपनी अभिव्यक्ति के केंद्र में रखा? यदि नहीं तो क्या यह सवाल ग़ैरज़रूरी है कि हिंदी साहित्य में इस घटना पर चुप्पी क्यों छायी रही?

सांस्कृतिक विरासत

एक दलित परिवार में जन्म लेकर जो अनुभव मेरे पास एकत्र हुए, उससे मुझे कभी नहीं लगा कि मैं एक हिंदू हूँ। लेकिन एक अजीब तरह की साज़िश के बीच मैं ही नहीं समूचा दलित समाज स्वयं को फँसा महसूस करता है क्योंकि वह एक वस्तु (कमोडिटी) के रूप में एक इस्तेमाल की चीज़ बनकर रह गया है। जब गिनती बढ़ाने के लिए सिर गिनने की ज़रूरत है, तब दलित हिंदू है। अन्यथा न मंदिर में एक दलित की पहचान के साथ आप प्रवेश पा सकते हैं, न सार्वजनिक कुओं, तालाबों के पानी का इस्तेमाल कर सकते हैं। स्कूलों में सरकारी अनुदान से चलने वाले मिड डे मील बनाने के लिए कोई दलित महिला नहीं रखी जाएगी। यदि रख भी लिया तो बच्चों को खाने नहीं दिया जाएगा। दलित बच्चों की पाँत अलग रखी

जायेगी। चाहे राजस्थान के नाथद्वारा का मंदिर हो, या उत्तराखंड का महासू मन्दिर, एक दलित ने यदि प्रवेश करने की कोशिश की तो उसे अपमानित ही नहीं पूरी प्रताड़ना और शारीरिक् पीड़ा से भी गुज़रना पड़ेगा। मैं स्वतंत्र भारत में पैदा हुआ, पला, बड़ा हुआ, इसीलिए मेरे बचपन के अनुभव उन सांस्कृतिक अंतर्द्वंद्वों का बयान हैं जिनसे हम आज भी गुज़र रहे हैं। मेरे बचपन से लेकर आज तक ग्रामीण भारत में कोई परिवर्तन नहीं आया है। यदि कोई परिवर्तन आया भी है तो वह बहुत सामान्य है। शहरी भारत तो ग्रामीण भारत का विस्तार भर है।

इस देश में हज़ारों साल से अस्पृश्यता, आदिवासी और स्त्रियों के लिए तुच्छतावाद सामाजिक जीवन की रग-रग में बसा हुआ है जिसे सामंतवाद की आधारभूमि के लिए धर्म और संस्कृति ने तैयार किया है। इसीलिए भारत में लोकतंत्र, वर्ण-व्यवस्था और मनुस्मृति, परस्पर विरोधी सत्ता, विचार और आचार-पद्धति एक साथ मौजूद हैं।

संदर्भ

१. अर्जुन डांगले, *दलित साहित्य, अतीत वर्तमान, और भविष्य, जहरीली रोटियाँ, आधुनिक मराठी साहित्य,* बम्बई, ओरिएंट लांगमैन, १९९२, पृष्ठ २३४-२३९

२. विमल थोराट, *मराठी दलित कविता और साठोत्तरी हिंदी कविता में सामाजिक और राजनीतिक चेतना,* हिंदी बुक सेंटर, नई दिल्ली, १९९६, पृष्ठ २८-२९

३. डॉ. आम्बेडकर, *नागपुर में हुए ऐतिहासिक धर्मांतरण के भाषण* (१४ अक्टूबर, १९५६ : पुस्तिका)

४. भालचंद्र फड़के, *दलित साहित्य, वेदना व विद्रोह,* श्री विद्या प्रकाशन, पुणे, १९७७, प्रथम संस्करण, पृष्ठ ७०

५. एलॅनोर ज़ेलियट, *फ्रॉम अनटचेबिल टु दलित,* मनोहर पब्लिकेशन, नई दिल्ली, १९९६, पृष्ठ २७२

६. प्रभाकर माण्डे, *दलित साहित्य निरालेपन,* धारा प्रकाशन, औरंगाबाद, १९७९

७. डॉ. गोविंद सिंह, *समकालीन कविता में स्त्री विमर्श के स्वर,* संवेद, वाराणसी, जुलाई-सितम्बर, अक्टूबर-दिसम्बर, २००८, संयुक्तांक, पृष्ठ १७०

८. बाबुराव बागुल, *दलित साहित्य, आज के क्रांतिविज्ञान,* द्वितीय संस्करण, २००४, दिशा प्रकाशन, विहितगाव, नासिक रोड, पृष्ठ ३०

९. कांचा ऐलया, *व्हाई आई एम नाट ए हिंदू,* साम्य प्रकाशन, कोलकाता, २००६, हिंदी अनुवाद, भूमिका

१०. ओमप्रकाश वाल्मीकि, *सफाई देवता,* राधाकृष्ण प्रकाशन, नई दिल्ली, २००८, पृष्ठ ५७, १९१०, जनगणना कमिश्नर की रिपोर्ट में कमिश्नर का वक्तव्य, भाग-१, पृष्ठ ११६

बाबुराव बागुल लिखते हैं— 'लोकतंत्र के महान समर्थक डॉ. आम्बेडकर ने इस संदर्भ में अपने विचार व्यक्त किये हैं। *स्टेट्स एंड मायनारिटीज़* पुस्तक में लोकतांत्रिक समाजवाद के मूलभूत तत्त्वों पर विस्तार से लिखा है। अस्पृश्यता के उन्मूलन के संघर्ष करने का अर्थ सामाजिक, आर्थिक, सांस्कृतिक, राजनीतिक और मानसिक परिवर्तन की लड़ाई था।'[८]

कांचा ऐलया अपनी चर्चित पुस्तक *व्हाई आई एम नाट ए हिंदू* में लिखते हैं—'अचानक हिंदुत्व शब्द हमारे कानों में प्रतिध्वनित होने लगा, दिन और रात, जैसे कि भारत में प्रत्येक व्यक्ति जो मुसलमान, ईसाई या सिक्ख नहीं है, वह हिंदू है। अचानक मुझे बताया गया कि मैं एक हिंदू हूँ। मुझे यह भी बताया गया कि मेरे माता-पिता, रिश्तेदार और वह जाति जिसमें हम पैदा हुए थे, सब के सब हिंदू हैं। इस बात ने मुझे चकरा दिया। वास्तव में, समूचा शहरी मध्यम वर्गीय सांस्कृतिक वातावरण— अख़बार, जो मैं पढ़ता हूँ, टीवी जो मैं देखता हूँ— सुबह और शाम मुझे अपमानित करता रहता है और मुझे बाध्य करता है यह घोषणा करने के लिए कि मैं एक हिंदू हूँ अन्यथा मैं सामाजिक तौर पर तिरस्कृत हूँ और मेरा परिवेश विकृत है। एक कुरुम्मा परिवार में पैदा होकर, मैं नहीं जानता कि हिंदू संस्कृति से मैं स्वयं कैसे संबंध बना सकता हूँ जो सभी प्रकार की विज्ञापन एजेंसियों द्वारा उछाला जा रहा है। सरकार और राज्य

स्वयं ऐसी बड़ी एजेंसियाँ बन गई हैं। इसके अलावा संघ परिवार प्रत्येक दिन हमें हिंदू कहकर प्रताड़ित करता है। दरअसल इस भगवा-तिलक संस्कृति की झलक ही हमारे लिए प्रताड़ना है।'[९]

कांचा ऐलया ने जो अनुभव व्यक्त किये हैं, वही सब हम बचपन से सुन रहे थे। मेरे गाँव में मंदिर के नाम पर दो शिवालय थे और एक माता का मंदिर। मैंने अपने परिवार या समाज के किसी व्यक्ति को शिवालय में दर्शनार्थ जाते कभी नहीं देखा। हाँ, माता के मंदिर में गाँव की स्त्रियाँ ज़रूर जाती थीं। उस माता के मंदिर में सूअर का बच्चा चढ़ाया जाता था। हमारी बस्ती में यदि कोई उच्च जाति का व्यक्ति किसी को ढूँढ़ने आ भी जाता तो चारपाई पर नहीं बैठता था, सिर्फ़ खड़ा रहता था और गाली देकर बात करता था। जो भी सम्पर्क बनता था सिर्फ़ काम से ही संबंध होता था। काम ख़त्म, संबंध ख़त्म। यही एकतरफ़ा रिवाज़ था जो आज भी जारी है।

दलितों और तथाकथित उच्च कहे जाने वाली जातियों के सामाजिक जीवन के विभिन्न अंतरों का सामाजिक-आर्थिक-सांस्कृतिक विश्लेषण अवश्य करना चाहिए। दैनिक जीवन के क्रियाकलापों के साथ-साथ उनके पारिवारिक रिश्तों, देवी-देवताओं, सामाजिक संरचना की समानता, विषमता के अनुभवों का विवरण सच्चाई के निकट होगा। वैसे भी समाज-विज्ञान के लिए यह पद्धति ज्यादा उपयोगी होती है।

१९१० की जनगणना तक अछूतों की गणना हिंदुओं में नहीं थी लेकिन बाद में हिंदुओं ने अपने हितों और राजनीतिक कारणों के तहत, एक सोची-समझी रणनीति के कारण उन्हें हिंदू लिखना शुरू कर दिया था। १९१० की जनगणना के कमिश्नर की रिपोर्ट में अछूतों के लक्षण इस तरह बताये गए हैं : 'जो ब्राह्मणों की प्रधानता नहीं मानते, जो किसी ब्राह्मण अथवा अन्य किसी माने हुए गुरु से मंत्र नहीं लेते, जो वेदों को प्रमाण नहीं मानते, जो हिंदू देवी-देवताओं को नहीं पूजते और जो हिंदू मंदिरों में नहीं जा सकते हैं।'[१०]

एक विशिष्ट तथ्य की ओर उन साहित्यकारों, समाजशास्त्रियों, विद्वानों का ध्यान आकर्षित करना चाहता हूँ, जो दलित समस्याओं का गंभीरता से अध्ययन करना चाहते हैं। उन्हें दलितों और तथाकथित उच्च कहे जाने वाली जातियों के सामाजिक जीवन के बीच के विभिन्न अंतरों का सामाजिक-आर्थिक-सांस्कृतिक विश्लेषण अवश्य करना चाहिए। इन विभिन्नताओं को जाने बग़ैर किसी भी निष्कर्ष पर पहुँचना भ्रामक तथ्यों को ही दर्शाता है। दैनिक जीवन के क्रियाकलापों के साथ-साथ उनके पारिवारिक रिश्तों, देवी-देवताओं, सामाजिक संरचना की समानता, विषमता के अनुभवों का विवरण सच्चाई के निकट होगा। वैसे भी समाज-विज्ञान के लिए यह पद्धति ज़्यादा उपयोगी होती है। जोतिबा फुले, डॉ. आम्बेडकर और पेरियार ने इसी पद्धति का उपयोग किया था। पश्चिमी पद्धति भारतीय समाज व्यवस्थाओं को समझने में सफल नहीं है। कांचा ऐलया इस पद्धति को इतिहास के विखंडन और पुनर्निर्माण के लिए सबसे अधिक प्रामाणिक मानते हैं।

ग्रामीण जीवन में दलित और ग़ैर-दलित जिसमें तथाकथित उच्चवर्णीय शामिल हैं, एक

साथ नहीं रह सकते हैं। ग्रामीण जीवन में दलित आज भी एक वस्तु की तरह हैं, ज़रूरत पड़ने पर सिर्फ़ इस्तेमाल के लिए हैं क्योंकि दोनों की सांस्कृतिक विरासत अलग है।

एक विशिष्ट तथ्य जो इस संस्कृति का अटूट हिस्सा लगता है कि एक उच्चवर्णीय व्यक्ति दलित को सुनाने का अभ्यस्त है, सुनने का नहीं। वह दलित को सिखाना तो चाहता है, लेकिन दलित को जानना नहीं चाहता है। यदि यही स्थिति रही तो जो बची-खुची संभावनाएँ हैं, वे भी समाप्त हो जाएँगी। यही स्थिति साहित्य के साथ भी है। हिंदी के आलोचक, लेखक, बुद्धिजीवी, दलित-साहित्य की आंतरिकता को समझने से पहले ही उस पर तलवार लेकर पिल पड़ते हैं। उसे अधकचरा, कमज़ोर, शिल्पहीन जैसे आरोपों से सुसज्जित कर अपनी साहित्यिक श्रेष्ठता का दम्भ भरने लगते हैं। दलित लेखकों की बात को ठीक से सुने बग़ैर या बिना पढ़े वक्तव्य देने का रिवाज हिंदी में स्थापित हो चुका है। इसकी चपेट में वे महान नाम भी आ चुके हैं जिन्हें हिंदी जगत सिर आँखों पर बैठाये हुए है।

एक और उल्लेखनीय बिंदु है दलित जीवन का जो आचरण से जुड़ा है। दलित समाज में नैतिकता का प्रश्न ईश्वरीय आदेश नहीं है। यह परिवार की आंतरिक सुख-शांति को बनाये रखने के लिए मान्य होता है।

बहस

आदित्य : शुक्रिया ओमप्रकाशजी, हमारे पास अभी काफ़ी वक़्त है बहस के लिए। हम लोग कम से कम एक घंटा या सवा घंटा बहस चला सकते हैं। मैं इससे पहले कि सवाल आमंत्रित करूँ। एक दो बातें अपनी तरफ़ से कहने की जुर्रत कर रहा हूँ। दरअसल १९९४ में पहली बार ओमप्रकाशजी को सुनने का मौक़ा मिला था मुझे गाँधी पीस फाउंडेशन में। 'दलित-साहित्य : दशा और दिशा' पर एक गोष्ठी में। मैं एक किनारे जाकर बैठा था चुपचाप सुनने के लिए। और मुझे यह कहने में कोई हिचक नहीं है कि दरअसल मेरे जैसे शख़्स के लिए वह अपने तरह का पहला मौक़ा था।

दरअसल, यह डिस्कोर्स हमारे लिए नया था। अपने आप में अचंभे की बात थी मेरे लिए कि जो चीज़ हमारे समाज का इतना गहरा हिस्सा रही है और इतने समय से जिसका असर चल रहा है, वह, ख़ासतौर से जो रेडिकल हल्कों से ताल्लुक़ रखने वाले लोग हैं, हम लोगों के लिए इतनी नई क्यों थी? इस सवाल से मेरा पहली बार सामना हुआ।

एक सवाल उस समय वाल्मीकिजी ने उठाया था, और आज जब वे पर्चा पढ़ रहे थे तो मुझे अनायास याद आया। आप ही की बातचीत में यह सवाल उठाया गया था कि दलित-साहित्य में सौंदर्यबोध और सौंदर्यशास्त्र की जगह क्या है। और हमारा साहित्य कुल मिलाकर क्या तल्ख़ी और क्या नारेबाज़ी तक ही सीमित रहेगा। यह एक अंदरूनी बातचीत थी, और

उसमें अलग अंदाज़ में एक सेल्फ़ क्रिटिसिज़्म वाले अंदाज़ में, सेल्फ़ रिफ़्लेक्शन वाले अंदाज़ में, इस सवाल को ओमप्रकाशजी ने वहाँ उठाया था और इस पर काफ़ी बहस हुई थी। मैंने दिमाग़ में जितने नोट्स लिये थे, वे सब मुझे आज याद आ रहे हैं। और, मुझे लग रहा है कि दरअसल आज आपने जो सवाल रखे हैं, उनमें फिर एक बार पूरा-पूरा मामला नए सिरे से हमारे सामने आता है। क्यों हज़ारों साल की जो परम्परा है, और उसके ख़िलाफ़ जो चलने वाले आंदोलन हैं, उसके ख़िलाफ़ उठने वाली जो आवाज़ें क्यों हमारे विमर्श का हिस्सा नहीं बन पातीं और क्यों हमारा साहित्य उससे अछूता रहता है। तो एक सवाल तो यह है, और इस सवाल से जुड़ता है जा कर वह सवाल जो कि ज़ाहिर है ओमप्रकाशजी ने यह सवाल सुधीर और अभय दोनों के वक्तव्यों के संदर्भ में भी रखा था।

वाल्मीकिजी ... की बातचीत में यह सवाल उठाया गया था कि दलित-साहित्य में सौंदर्यबोध और सौंदर्यशास्त्र की जगह क्या है? हमारा साहित्य कुल मिलाकर क्या तल्ख़ी और क्या नारेबाज़ी तक ही सीमित रहेगा? यह एक अंदरूनी बातचीत थी। उसमें एक सेल्फ़ क्रिटिसिज़्म वाले अंदाज़ में, सेल्फ़ रिफ़्लेक्शन वाले अंदाज़ में, इस सवाल को उठाया था और इस पर काफ़ी बहस हुई थी।

फिर हम जिस पहचान की बात कर रहे हैं, वह चाहे हिंदी-पहचान हो या बनी-बनाई हिंदी-पहचान हो, या अभी बनने की प्रक्रिया में कोई हिंदी-पहचान हो, सवाल यह है कि इन दोनों में ही दलित की जगह क्या है? और यह पहचान जो बन रही है उस बनने की प्रक्रिया में अगर दलित-पहचान की भूमिका नहीं है तो ज़ाहिर है कि उसके अंदर बहुत बड़ी परेशानी है। बहुत बड़ी दिक़्क़त है और अगर वह बनी-बनाई नहीं है, पकी-पकाई नहीं है, अभी सिर्फ़ बनने की प्रक्रिया में है तो वह वक़्त यही है। यह सवाल, ज़ाहिर है लाज़मी तौर पर उठेगा कि उस पहचान में दलित कहाँ है। और, ऐसा जब होता है तो जग ज़ाहिर है कि फिर प्रेमचंद से लेकर जितने और साहित्यकारों ने इन सवालों पर लिखा है, वे एक बार फिर माइक्रोस्कोप के नीचे आते हैं। तमाम तरह से उस पर बातचीत होगी। मेरे ख़याल से यह अपने आप में एक अच्छी बात है कि यह सवाल खुल कर एक बार सामने आ रहे हैं। एक बार जब नस्ल का सवाल सामने आया तो शेक्सपीयर से लेकर और तमाम अंग्रेज़ी साहित्य की दुबारा शिनाख़्त शुरू हुई। उस नज़रिये से दोबारा पूरे साहित्य को खँगाला गया। तो यह हमारे सामने कुछ नए सवाल हैं। ज़ाहिर है कि इसमें बहस होगी। इसमें नए सवाल खुलेंगे और हमारे लिए मसला सामने है कि जब हम इस तरह का पुनर्विवेचन शुरू करते हैं, तो उसमें क्या पैमाने हमारे सामने हैं, या हो सकते हैं, जिनके आधार पर हम पुनर्विवेचन करें। अगर वे पैमाने जो हमारे मौजूदा पैमाने हैं, वे इस पर कमतर साबित हो रहे हैं तो क्यों वह नए पैमाने की खोज हो सकती है। जिनके आधार पर आज की तारीख़ में हिंदी साहित्य पर और हिंदी भाषा पर, हिंदी पहचान पर एक नए सिरे से नज़र डाली जा सकती है। आख़िर में मेरा एक और सवाल है, जिसे मैं आख़िर में करूँगा, अभी छोड़े देता हूँ।

अभय : आदित्य ने अंत में जो पूछा कि दलित की जगह क्या है हिंदी साहित्य में और हिंदी की दुनिया में, मैं उसके बारे में बहुत संक्षेप में बात कहूँगा, हालाँकि बात मेरी लंबी है। मेरी मान्यता है कि दलित-विमर्श इस वक़्त हिंदी का विजेता विमर्श है। हिंदी साहित्य और हिंदी की दुनिया में दलित-विमर्श की जो हैसियत है, और हिंदी साहित्य के व्यवसाय की दुनिया में भी दलित-विमर्श की जो हैसियत है, उसका शायद मुक़ाबला हम, जो स्त्री-विमर्श है, उससे कर सकते हैं। स्त्री और दलित-विमर्श का तक़रीबन एक साथ ही हिंदी की दुनिया में उत्थान होता है। इस वक़्त अगर आप हिंदी के दो प्रमुख प्रकाशकों में से किसी से बात करें तो वे बताएँगे कि सबसे ज़्यादा बिकने वाली किताबें वे हैं जो कि दलित-विमर्श और स्त्री-विमर्श से संबंधित होती हैं या दलितों और स्त्रियों द्वारा लिखी हुई होती हैं। आज कोई स्त्री उपन्यासकार अगर किसी प्रकाशक को फ़ोन करती है और कहती है कि मैं एक अमुक उपन्यास लिखने जा रही हूँ तो उनको एक लाख रुपये से लेकर दो लाख तक की रॉयल्टी एडवांस मिल सकती है और अगर कोई दलित-साहित्यकार कहता है कि मैं अपनी आत्मकथा लिखने जा रहा हूँ या हमारा यह उपन्यास आने वाला है, यह कहानी आने वाली है तो उसके लिए न प्रकाशकों की कमी है और न पाठकों की। उसको हाथों-हाथ लिया जाता है। और हिंदी साहित्य की दुनिया में आज दलित-विमर्श उपेक्षित कोने में पड़ा हुआ या हाशियाग्रस्त विमर्श नहीं है। मैं यह नहीं कह रहा हूँ कि ऐसी स्थिति हमेशा से थी, लेकिन यह मौजूदा स्थिति है और आज जब हम विचार कर रहे हैं तो हमें इसे स्वीकार करना होगा।

दलित-विमर्श विजेता विमर्श किस तरह है, इसका सबसे बड़ा उदाहरण यह है कि जो ग़ैर-दलित-साहित्यकार हैं यानी जो दलित बिरादरी में पैदा नहीं हुए, जो जन्मना दलित नहीं हैं, उन्होंने भी दलित-विमर्श को केंद्र करके कहानियाँ लिखी हैं। बिल्कुल इस तरह से कि अगर आप उनका नाम हटा कर कोई दलित नाम लिख दें तो आपको लगे कि किसी दलित द्वारा लिखी गई कहानी ही है। उसका सबसे बड़ा उदाहरण उदय प्रकाश की लिखी हुई कहानी *मोहनदास* है। *मोहनदास* दलित-विमर्श की एक मुकम्मल मिसाल है, एक सटीक उदाहरण है। कोई भी दलित-साहित्यकार अगर यह कहानी लिखता, उसी शिल्प को अपनाता और उसकी सार वस्तु वही रहती तो वही लिखता जो कि *मोहनदास* में लिखा गया। मैं *मोहनदास* को एक श्रेष्ठ दलित कहानी मानता हूँ जो कि एक ग़ैर-दलित साहित्यकार द्वारा लिखी गई है। हालाँकि दलित-विमर्श विजेता की हैसियत प्राप्त कर चुका है, पर पता नहीं कि वाल्मीकिजी उसे विजेता मानते हैं या नहीं।

दलित-विमर्श इस वक़्त हिंदी का विजेता विमर्श है। दलित-विमर्श की जो हैसियत है, उसका शायद मुक़ाबला हम, जो स्त्री-विमर्श है, उससे कर सकते हैं। स्त्री और दलित-विमर्श का तक़रीबन एक साथ ही हिंदी की दुनिया में उत्थान होता है। इस वक़्त अगर आप हिंदी के दो प्रमुख प्रकाशकों में से किसी से बात करें तो वे बताएँगे कि सबसे ज़्यादा बिकने वाली किताबें वे हैं जो कि दलित-विमर्श और स्त्री-विमर्श से संबंधित होती हैं।

अंतर्विरोध यह है कि विजेता विमर्श

होने के बावजूद दलित-विमर्श आज भी बीसवीं सदी के दूसरे दशक में खड़ा हुआ है जब आम्बेडकर और गाँधी के बीच में गोलमेज कान्फ्रेंस को लेकर टकराव चल रहे थे। जब प्रथम मतदाता मंडल के सवाल को लेकर बहसें चल रही थीं। क्या दलित-विमर्श आज भी महात्मा फुले के ज़माने में है, पेरियार के ज़माने में है या दलित-विमर्श वहाँ से चलकर इक्कीसवीं सदी में आ गया है ? क्या भारतीय समाज में, व्यवस्था में, सामाजिक संरचना में, शहरों की संरचना में, गाँवों की संरचना में, अर्थव्यवस्था में, उपभोक्तावाद में, संस्कृति में किसी भी चीज़ में क्या कोई परिवर्तन नहीं हुआ है ? अगर वाल्मीकिजी की प्रस्तुति का पहला हिस्सा हम देखें तो हम पाएँगे जैसे कि दलित-विमर्श आज भी १९२० के ज़माने में खड़ा हुआ है और उसके अंदर कोई परिवर्तन नहीं हुआ है।

तो यह एक विचार करने वाली बात है कि क्या दुनिया रुकी हुई है ? मैं तो यह मानता हूँ कि जब आम्बेडकर गाँधी से टकरा रहे थे, उस वक़्त भी दुनिया बदल रही थी, उस वक़्त भी परिवर्तन जारी था। आम्बेडकर जब पैदा हुए होंगे और जब वे शिक्षा-दीक्षा के लिए विदेश गए और फिर वह एक रियासत के दीवान बने, उसके बाद आकर उन्होंने गाँधी से सार्वजनिक जीवन में संघर्ष करना शुरू किया, उस वक़्त भी दुनिया काफ़ी बदल चुकी थी। तभी वे गाँधी जी से संघर्ष कर पा रहे थे। तो दुनिया लगातार बदल रही है, और दलित-विमर्श भी उसी के हिसाब से बदल रहा है। लेकिन जब उस बदलते हुए दलित-विमर्श को सार्वजनिक मंच के ऊपर अभिव्यक्ति देने का, वाणी देने का प्रश्न आता है तब तमाम दलित बुद्धिजीवी पुरानी बात कहते हुए नज़र आते हैं। वह उस बदले हुए दलित-विमर्श को सूत्रबद्ध नहीं करते। मुझे बहुत इस बात पर ताज्जुब होता है। दलित-विमर्श में ज़बरदस्त परिवर्तन हुआ है। उसको नए सिरे से सूत्रबद्ध करने की ज़रूरत है।

हम पुनर्विचार का एजेंडा लेकर यहाँ आए हैं तो यह पुनर्विचार दलित-विमर्श पर भी लागू होता है। अब इस बदले हुए दलित-विमर्श का एक उदाहरण मैं आपके सामने पेश करूँगा। अपने पर्चे के दूसरे हिस्से में समाजवैज्ञानिकों को कुछ सुझाव दिए हैं वाल्मीकिजी ने। मैं उन सुझावों का स्वागत करता हूँ जिसमें उन्होंने कहा है कि दलित और ग़ैर-दलित जीवन में अंतर को चिह्नित किया जाए, अंतर की शिनाख़्त की जाए। मैंने दलित जीवन का समाजशास्त्रीय अध्ययन नहीं किया है, दलित-साहित्य का अनुशीलन मैंने ज़रूर ध्यान से किया है। अनुशीलन करते हुए जब मैं दलित-साहित्यकारों की कहानियाँ पढ़ता हूँ, चाहे वह मराठी की हों, चाहे हिंदी की हों, तो उनमें दलित-परिवार का एक रूप उभरता है। उन कहानियों में दलित-साहित्यकार जब

दुनिया लगातार बदल रही है, और दलित-विमर्श भी उसी के हिसाब से बदल रहा है। लेकिन जब उस बदलते हुए दलित-विमर्श को सार्वजनिक मंच के ऊपर अभिव्यक्ति देने का, वाणी देने का प्रश्न आता है तब तमाम दलित बुद्धिजीवी पुरानी बात कहते हुए नज़र आते हैं। वह उस बदले हुए दलित-विमर्श को सूत्रबद्ध नहीं करते। दलित-विमर्श में जबरदस्त परिवर्तन हुआ है। उसको नए सिरे से सूत्रबद्ध करने की ज़रूरत है।

दलित परिवार रचते हैं तो उन परिवारों में कोई अंतर्विरोध नहीं दिखता। वहाँ देखा जाए तो उन्हें शारीरिक कष्ट है, उनका शोषण हो रहा है, अत्याचार है, लेकिन जो भी है, वह उस परिवार से बाहर की शक्तियाँ हैं, उनके ज़रिए हो रहा है। उस परिवार के अंदर सब कुछ ठीक है उसमें कोई अंतर्विरोध नहीं है। उसमें गंगा बह रही है सुख और परस्पर प्रेम की, सौहार्द की। उस परिवार के भीतर सब कुछ एक है, उसमें कोई अंतर्विरोध नहीं है, किसी किस्म का विरोधाभास नहीं है। यह दलित फिक्शन है जहाँ पर चीज़ें गढ़ी जा रही हैं। यह दलित कल्पनाशीलता है, जहाँ एक दलित परिवार गढ़ा जा रहा है। दलित परिवार की दूसरी तस्वीर, एक पूरी तरह से दूसरा यथार्थ दलित आत्मकथाओं में मिलता है।

आत्मकथाओं में जो दलित परिवार हैं, वे दरअसल ग़ैरदलित-परिवार के ज़्यादा नज़दीक हैं। वहाँ पर जो दलित परिवार है उसमें बहुत अंतर्विरोध हैं, बहुत छटपटाहट है, बहुत बेचैनी है। वहाँ पर जो दलित प्रोटोगनिस्ट हैं, जो नायक हैं, उनको उस तरह की सुख-शांति नसीब नहीं है जो कि कहानियों के दलित नायक को नसीब है। तो यह दलित यथार्थ के दो हिस्से हैं। और इन दोनों के बीच में एक अंतर्विरोध है।

दलित आत्मकथाओं को जब आप पढ़ेंगे, तो ज़्यादातर पाएँगे कि वहाँ पर जो दलित-परिवार मौजूद हैं, वे दरअसल ग़ैरदलित-परिवार के ज़्यादा नज़दीक हैं। इसलिए कि वह आत्मकथा है, हालाँकि आत्मकथा भी गढ़ी ज़ाती है, उसमें भी बहुत सारा गढ़ंत होता है, फिर भी उपन्यास-कहानी के मुक़ाबले वहाँ पर इतनी आज़ादी नहीं होती है। वहाँ पर जो दलित परिवार है उसमें बहुत अंतर्विरोध हैं, बहुत छटपटाहट है, बहुत बेचैनी है। वहाँ पर जो दलित प्रोटोगनिस्ट हैं, जो नायक हैं, उनको उस तरह की सुख-शांति नसीब नहीं है जो कि कहानियों के दलित नायक को नसीब है। तो यह दलित यथार्थ के दो हिस्से हैं। एक आत्मकथा में मौजूद दलित है और दूसरा कहानियों में मौजूद है। और इन दोनों के बीच में एक अंतर्विरोध है। और एक ऐसा अंतर्विरोध है जिसका हल क्या हो सकता है? यह सवाल मैं आप लोगों के बीच रखूँगा।

मेरी समझ में उसका एक कारण हो सकता है। चूँकि दलित-विमर्श अपने आप में एक महागाथा है, एक महाआख्यान है, इसलिए वह हमेशा अपने से बाहर देखता है। वह अपने भीतर नहीं देखता। चूँकि अपने भीतर नहीं देखता इसलिए दलित नारीवाद जब अपना दावा लेकर आता है तो उसे भी दलित एकता को खंडित करने वाले विमर्श के रूप में लिया जाता है, उसका विरोध होता है। दरअसल, दलित-विमर्श के भीतर भी अपने छोटे-छोटे विमर्श हैं जिनको पराजित करके या जिनको ख़ामोश करके, ठंडे बस्ते में डालकर, या कोने में धकेल कर दलित-विमर्श विजेता बना है। इस चीज़ की तरफ़ भी ध्यान देने की ज़रूरत है।

जब मैं कहता हूँ कि दलित-विमर्श एक महाआख्यान है, तो इस महाआख्यान के कुछ लोगों की समझ में आने वाले और व्यावहारिकता से जुड़े हुए कुछ सूत्र भी होते हैं। ऐसा ही एक सूत्र आम्बेडकर ने दिया था। उन्होंने कहा था राजसत्ता चाबियों की चाबी होती है। स्टेट

पॉवर मास्टर की होती है। इसी फार्मूले को, इसी सूत्र को, इसी फिकरे को कांशीरामजी ने इस तरह पेश किया कि राजसत्ता गुरु किल्ली होती है। इसी फिकरे को वाल्मीकिजी आज हम लोगों के सामने कह रहे हैं कि जो हमें सिंहासन की तरफ़ ले जाएगा, हम उसके साथ हैं और हमें इसके अंदर कोई शक नहीं है। तो आम्बेडकर से लेकर दलित महाआख्यान तक यह सूत्र वाक्य है। लेकिन अब समस्या यह है कि जब आप इस सूत्र वाक्य को हटाते हैं, ज़रा उसकी परत कुरेदते हैं और उसके अंदर झाँककर देखते हैं तो एक दूसरा ही नज़ारा दिखाई पड़ता है। वहाँ हम देखते हैं कि वाल्मीकिजी जैसे साहित्यकार के साथ में उस दलित दुनिया के अंदर वह व्यवहार हो रहा है, उनकी वह आलोचना की जा रही है, जो आलोचना वाल्मीकिजी यहाँ अपने वक्तव्य में प्रेमचंद की कहानी *क़फ़न* की कर रहे हैं।

वाल्मीकिजी ने नब्बे के दशक में *इंडिया टुडे* के वार्षिक अंक में लिखी थी *शवयात्रा*। इस कहानी का मैं बड़ा प्रशंसक हूँ। अगर आप दलित लेखक संघ की किसी बैठक में बैठें और दलितों के किसी सेमिनार में बैठें, और वहाँ आकर यह मुद्दा छेड़ दें, या किसी तरह यह मुद्दा छिड़ जाए तो ज़रूर ऐसे स्वर मिल जाएँगे आपको कि जो यह कहते फिरेंगे कि ओमप्रकाश वाल्मीकि की *शवयात्रा* कहानी एक सवर्ण-प्रिय कहानी है, यह सवर्ण-प्रिय शब्द उन्हीं लोगों का है, यह मेरा अपना ईज़ाद किया हुआ शब्द नहीं है। रत्न कुमार साँभरिया का मैं एक लेख पढ़ रहा था, उस लेख में वाल्मीकिजी की कहानी की समानता *क़फ़न* के साथ दिखाई गई थी। *क़फ़न* के जिन दृश्यों का वर्णन, जिन शब्दों का वर्णन वाल्मीकिजी ने आपत्ति के साथ यहाँ पर किया है बिल्कुल ठीक ऐसी ही आपत्तियाँ दलित बुद्धिजीवी वाल्मीकिजी की कहानी के साथ करते हैं, *शवयात्रा* के साथ करते हैं।

मेरा कहना यह है कि दलित डिस्कोर्स के अंदर भी बहुत सारे अंतर्विरोध हैं। वह केवल एक फिकरे के अंदर नहीं निबटाया जा सकता है कि जो हमें सिंहासन की तरफ़ ले जा रहा है, हम उसके साथ हैं।

कौशिक : वाल्मीकिजी ने दलित-साहित्य के ओज को विस्तार से हम लोगों के सामने रखा। मैं भी अभिभूत हूँ उसके तमाम उन पक्षों को सुन कर। मैं यहाँ दो-तीन निवेदन करना चाहता हूँ कि जब हम सांस्कृतिक विरासत पर पुनर्विचार की बात करते हैं तो एक मुश्किल होती है। वे सारे प्रतीक जो दलितों की स्थितियों पर प्रश्नचिह्न लगाया करते हैं, उनके प्रतिरोध के दौरान दलित-साहित्य में या दलित-समाज में वही प्रतीक पुनः स्थापित होते हैं। चाहे मंदिर प्रवेश हो, घाट या स्नान के स्थानों की स्थितियाँ हों, अपमानसूचक शब्दों का उद्‌बोधन हो या बहुत सारी मध्ययुगीन परम्पराएँ। जिन परम्पराओं को लेकर प्रतिरोध आता है, ऐसा लगता है कि इन प्रतिरोधों की जो परिणति है वह कहीं उन्हीं छवियों में क़ैद होकर तो नहीं हो रही है। क्या दलित-विमर्श या दलित-साहित्य के ज़रिए उन प्रतिरोधों के बरक्स कोई दूसरे जो प्रतीक चिह्न, जिनको हम आधुनिकताबोधक प्रतीक चिह्न कह सकते हों, ऐसे आ रहे हैं? मन्दिर के अंदर न जाने देने के ख़िलाफ़ तो दलित अपना विरोध प्रकट कर रहे हैं, पर उसके समानांतर

हम कोई दूसरा मंदिर तो नहीं गढ़ना चाह रहे हैं जो हमारा दलितों का मंदिर है। इस आधुनिकताबोध पर पुनर्विचार होना चाहिए। दूसरा, दलित-साहित्य पर पढ़े गए इस पर्चे में दलित नारी की क्या स्थिति है? जब हम सांस्कृतिक विरासत की बात कर रहे हैं तो उस पक्ष को भी छूना चाहिए था कि दलित-साहित्य में दलित-स्त्री की जो स्थिति है वह स्थिति वैसी ही है जैसी सवर्ण समाज की स्त्रियों की है। या दलित समाज में स्त्रियों को कहीं और ऊँचे स्थान पर अंगीकार किया गया है जो सवर्ण समाज में नहीं है। थोड़ा इन दोनों प्रश्नों पर आप प्रकाश डालें।

अनामिका : दो तरह की बातें मुझे आपसे पूछनी हैं। मैंने आपको ध्यान से पढ़ा है, और पढ़ाती भी हूँ। मुझे लगता है कि यह जो नव-स्वतंत्र समूह हैं उनमें अतिरिक्त नैतिक तेज तो होता है, होना भी चाहिए, लेकिन उनकी सबलिमिटी का जो नोशन है वह भी अब नए सिरे से प्रश्नांकित होना चाहिए। जैसे दो तरह के आधार-वाक्य अगर हम लेकर चलें : एक तो वह जो कहता कि जाके पाँव न फटी बिवाई, सो का जाने पीर पराई। उसी के समानांतर एक यह भी आधार-वाक्य है कि वैष्णव जन तो तेने कहिए, जे पीर पराई जाणे रे।

पीर-पराई जानने की जो परम्परा है उसको डेनिग्रेट करना या हमदर्दी को डेनिग्रेट करना, क्या हमारे अस्मिता-आंदोलन में सहायक होगा? एस्थेटिक्स या एथिक्स दोनों मिलाकर पोइटिक्स बनता है। ठीक है, सर्वोच्छेदनवाद शुरू में तो ज़रूरी होता है। कोई जब सुन नहीं रहा तो चीख़ कर बोले बिना बात नहीं बनती। लेकिन जब कोई भी आंदोलन दूसरे या तीसरे चरण में पहुँचता है, तो क्या उसको इंटीग्रेटिड एप्रोच नहीं लेनी चाहिए? क्या हमदर्दी के दरवाज़े बंद कर देने चाहिए? सूरदास जैसा चरित्र प्रेमचंद ने दिया, वह धीरोदात्त नायक की तरह है। मुझे लगता है कि इधर जो थोड़े से धीरोदात्त नायक चरित्र बने हैं साहित्य में, उनमें वह भी है। तो उसको प्रश्नांकित करना क्यों ज़रूरी है, यह मेरी समझ में आना चाहिए। अभी समय है। दूसरी बात यह है कि समाज में हॉरिजॉन्टल स्थिति में कुछ लोग यहाँ हैं और कुछ लोग वहाँ। तो क्या हमारा एस्थेटिक्स या हमारी न्याय-चेतना कहती है कि एक दमन-चक्र का जवाब दूसरा दमन चक्र ही हो। इसको ऐसे पलट देना चाहिए, या हमारी न्याय-चेतना यह कहती है कि हमें ऐसा होना चाहिए। जो वर्टिकल है उसे हॉरिजॉन्टल होना चाहिए। चूंकि मैं अतिरिक्त नैतिक तेज के साथ नव-स्वतंत्र समूह जो हैं उनकी बात देखना चाहती हूँ, इसलिए मैं यह समझना चाहती हूँ कि दलित ओन्टोलॉजी में न्याय की

कोई जब सुन नहीं रहा तो चीख़ कर बोले बिना बात नहीं बनती। लेकिन जब कोई भी आंदोलन दूसरे या तीसरे चरण में पहुँचता है, तो क्या उसको इंटीग्रेटिड एप्रोच नहीं लेनी चाहिए? क्या हमदर्दी के दरवाज़े बंद कर देने चाहिए? सूरदास जैसा चरित्र प्रेमचंद ने दिया, वह धीरोदात्त नायक की तरह है। मुझे लगता है कि इधर जो थोड़े से धीरोदात्त नायक चरित्र बने हैं साहित्य में, उनमें वह भी है। तो उसको प्रश्नांकित करना क्यों ज़रूरी है?

स्थिति क्या है ? क्या वह खड़ी पेंसिल को उलट देना चाहती है या उसे क्षैतिज कर देना चाहती है।

एक प्रतिशोध का रास्ता है। सर्वोच्छेदन करना, एक दमनचक्र का जवाब दूसरे दमनचक्र से देना है। या जो हमदर्दियाँ मिली हैं उससे परिपुष्ट होना ? यह मेरे आधारभूत प्रश्न हैं। दूसरे, यह जो महादेवी वर्मा पर कहा गया कि विभाजन की त्रासदी उनको नहीं छू गई, एक पंक्ति मुझे यूँ ही याद पड़ गई तो मैं कहती हूँ। जिस समय विभाजन हुआ, उसकी दूसरी सुबह की यह रचना है : *यह विरह की रात का कैसा सवेरा है, रक्त-सा रथचक्र में लिपटा अँधेरा है। यह* विरह की रात अगर परतंत्रता की रात है, तो जो रक्त-कीच लग गया है उसका भी उद्धरण है। ज़रूरी नहीं है कि साहित्य में सब कुछ स्पष्ट रूप से ही सामने आए। ऑब्लीकनेस की भी भूमिका होती है। आप से अच्छी तरह कौन समझेगा इसे। कई रजिस्टर्स होते हैं। तो क्या इस तरह से ध्वस्त करके, और सब कुछ ध्वस्त करके ही हम नई राह बनाएँगे। यह सब कुछ मुझे आपके साथ मिल कर समझने का मन है।

आदित्य : अब सविता सिंह बोलें। फिर बहस का दूसरा राउंड चलाएँगे।

सविता : आपके पर्चे पर इतने सारे सवाल पूछे गए। लगभग सब यही कह रहे हैं कि इसको आप और खोलिए। आप और ज़रा आगे ले जाइए। आपके पर्चे में शुरू में ही एक बहुत ही बढ़िया थियरीटिकल पाँइंट आया था। आपने बहुत ही ख़ूबसूरत सैद्धांतिक आधार रखा, जिस पर आगे चर्चा ज़रूरी है। आपने कहा है कि यथार्थ का एक बहुत बड़ा हिस्सा छूटा दूसरे लोगों से, जो सवर्ण लोग हैं और जो दूसरे तरह के साहित्यकार हैं, के परसेप्शन से। उसको शामिल किए बग़ैर कोई भी वर्क रियलिस्टिक वर्क नहीं हो सकता है। ऐसा है शायद अगर मैं सही हूँ तो। और उसी चीज़ को अभयजी ने आगे बढ़ाया कि वह यथार्थ क्या है ? वह क्या उतना ही अंतर्विरोधी है, उतनी ही लेयर्स हैं ? मेरा आप से आग्रह है एक छोटे स्तर पर भी एक वैसा स्तर मतलब क्या कहें उसको ओन्टोलॉजी का एक ऐसा हिस्सा, जिसको आप समझ रहे हैं कि वह इनविज़िबिल कर दिया गया है, दलित कर्म की पीड़ा, उसका सप्रेशन, उन लोगों के लिए भी एक ब्लाइंड स्पॉट जैसा है, वे देख नहीं पाते अपने साहित्य की रचना करते हुए। तो यह जो परसेप्शन आप लाना चाहते हैं साहित्य में, उससे भी कितनी सारी चीज़ें छूट रही हैं। यह साबित हो रहा है। दलित स्त्री का वहाँ पर कुछ ख़ास ज़िक्र नहीं है या

दलित-स्त्री का वहाँ पर कुछ ख़ास ज़िक्र नहीं है या उसको कैसे स्थान मिलेगा दलित चेतना में ? क्या वही पैट्रियार्कल स्ट्रक्चर जो कि ऑपरेट करता है यूनिवर्सिली, वह भी वहाँ रेप्लिकेट कर रहा है। जिसको हम ब्लाइंडिंग कहते हैं, वह ब्लाइंडिंग मेरा ख़याल है कि वहाँ पर भी है। यह बहुत अच्छा हो कि यह ब्लाइंडिंग ख़त्म हो जाए। क्योंकि दूसरे तबके में तो वह है ही, इन फेक्ट वह तो उसकी रियलिटी का हिस्सा है।

उसको कैसे स्थान मिलेगा दलित चेतना में? क्या वही पैट्रियार्कल स्ट्रक्चर जो कि ऑपरेट करता है यूनिवर्सिली, वह भी वहाँ रेप्लिकेट कर रहा है। जिसको हम ब्लाइंडिंग कहते हैं, वह ब्लाइंडिंग मेरा ख़याल है कि वहाँ पर भी है। यह बहुत अच्छा हो कि यह ब्लाइंडिंग ख़त्म हो जाए। अंधकार हो, इनविज़िबिलिटी हो, वहाँ से हो जाए। क्योंकि दूसरे तबके में तो वह है ही, इन फेक्ट वह तो उसकी रियलिटी का हिस्सा है। तो जो सवाल कर रहा है उसके लिए तो यह क्रिटिकल चेतना बहुत ही आवश्यक है, और यह सिर्फ़ दलितों के लिए ही नहीं, सवर्ण स्त्रियों के लिए भी ज़रूरी है। सवर्ण लोग हैं, जो रेडिकल लोग हैं, आदित्य जैसे लोग हैं, बहुत सारे और भी लोग हैं, उनके लिए भी यह बहुत ज़्यादा ज़रूरी है कि यह चीज़ वहाँ पर डिवेलप हो, अगर कहीं समरसाल्ट कर रहा है तो।

आदित्य : वाल्मीकिजी कुछ जवाब दे लें, वरना बहुत से सवाल छूट जाएँगे।

वाल्मीकि : कभी-कभी ऐसा लगता है कि अभय कुमार दुबेजी मेरी भाषा बोल रहे हैं निबटा देना, सत्ता तक पहुँचना। बहुत ही महत्त्वपूर्ण सवाल उठे हैं पर्चे पर और मैं उम्मीद कर रहा था कि इस तरह के सवाल आगे और आने भी चाहिए। यदि नहीं आते, तो कहीं हमारी जड़ता सिद्ध होती। यहाँ जो लोग बैठे हैं, वे जड़ नहीं हैं यह तो साबित होता है। इसमें एक बहुत ही महत्त्वपूर्ण बात मैं सबको मिलाकर कर रहा हूँ। अभयजी ने *मोहनदास* कहानी का ज़िक्र किया, अनामिका जी ने सूरदास के पात्र का ज़िक्र किया। मैं यह कहना चाहता हूँ कि दलित-साहित्य जब बात कर रहा है तो दलित-साहित्य और ग़ैर-दलित-साहित्य में जो बेसिक अंतर है, कंसेप्ट की जो बात है, हमें उसको तो थोड़ा सा जानना पड़ेगा। पहले यह दलित चेतना शब्द जो आ रहा है बार-बार दलित-साहित्य में, अगर हम उसको मिस कर रहे हैं तो जो सुधारवादी आंदोलन है, फिर वह भी दलित आंदोलन हो जाएगा। वह क्यों अलग है? गाँधी और आम्बेडकर के बीच के फ़ासले क्या थे, बहुत ज़रूरी है यह जानना दलित मूवमेंट को समझने के लिए। गाँधी बिल्कुल सीधे-सीधे बात कर रहे कि वर्ण-व्यवस्था बहुत अच्छी व्यवस्था है। अस्पृश्यता खराब है। आम्बेडकर कह रहे हैं कि अस्पृश्यता वर्ण-व्यवस्था की ही देन है। अगर उसे समाप्त करना है तो बात बनेगी। जब हम इस बात को समझ लेंगे ठीक से, तो दलित चेतना का जो कांसेप्ट है और दलित-साहित्य और ग़ैर-दलित-साहित्य का जो कांसेप्ट है उसका अंतर समझ में आने लगेगा।

मोहनदास कहानी की जो बात हो रही है, बहुत उस पर बहस-मुबाहिसा है, लेकिन कौन कर रहा है? किसी दलित ने उस कहानी के बारे में बात की है? क्यों नहीं कर रहा कोई दलित उस कहानी के बारे में बात? आप लोग तो सभी को दलित-साहित्य घोषित करने पर तुले हैं। तुलसीदास को भी दलित-साहित्य घोषित करने वाला एक शोधकार्य मैंने देखा है। बाई द वे, विद्यार्थी मुझे दिखाने आ गए। चूँकि वह मेरे ऊपर हो रहा था, इसलिए वह दिखाने आ गए कि ज़रा देख लीजिए तो उसमें दलित-साहित्य का उद्‌भव वेदों से, उपनिषदों से, मनु

से दिखाया गया था। इस स्थिति को जब तक हम साफ़ नहीं कर लेंगे ठीक से समझ नहीं लेंगे, मैं समझता हूँ कि हमें उस विचार को पहले जानना तो पड़ेगा। यह कन्फ्यूज़ंस जो हमारे दिमाग़ में आ रहे हैं, उन्हें साफ़ कर लेना होगा। मैंने अनामिकाजी से भी साहित्य अकादमी के वर्कशॉप में एक बात कही थी कि दलित-साहित्य के कंसेप्ट को जब तक हम ठीक से जान नहीं लेंगे तो हमें अंतर पता नहीं लगेगा। कितनी भी बातें हम करें, उस कांसेप्ट को बहुत ज़रूरी है जानना। अगर मैं मार्क्सवाद के कांसेप्ट को नहीं जानता, मैं मार्क्सवाद पर बात नहीं समझ सकता। और, जो परिवर्तन की बात है जो अभयजी ने की थी कि उतने दिनों से परिवर्तन यहाँ तक अभी दिखाई क्यों नहीं दिया। महाराष्ट्र में जो आंदोलन हुआ जो दलित पैंथर आंदोलन था वह परिवर्तन का ही तो आगाज़ था। आम्बेडकर और गाँधी के आंदोलन से कहीं आगे जा कर था।

यहाँ मैं अभयजी के उस सवाल की ओर आपका ध्यान आकर्षित करना चाहता हूँ, जहाँ वे आज के दलित-विमर्श को १९२० का विमर्श कह रहे हैं। ऐसा कहते हुए वे उन तथ्यों और रोज़मर्रा की घटनाओं को नज़रअंदाज़ कर रहे हैं, जो अचानक बाढ़ की तरह समूचे देश में हर रोज़ घटित हो रही हैं। यानी दलित-उत्पीड़न की घटनाओं में वृद्धि हुई है। पहले से ज़्यादा उत्पीड़न हो रहा है। देश की राजधानी से जुड़े हरियाणा प्रदेश में गोहाना कांड, झज्जर कांड जैसी घटनाएँ होती हैं, और दिल्ली को पता ही नहीं चलता। राजस्थान में सार्वजनिक तालाबों के पानी के इस्तेमाल के लिए दलितों को संघर्ष करना पड़ता है। उनको मारा-पीटा जाता है। आज भी दलित के लिए सार्वजनिक स्थानों के प्रयोग पर पाबंदियाँ लगी हैं। जगह-जगह ऑनर किलिंग के नाम पर दलितों को सरेआम फाँसी दी जा रही है। और ये सब पंचायतों के निर्णय से हो रहा है। प्रशासन, मीडिया, पुलिस, मानवाधिकार आयोग, न्यायपालिका, संसद, सब चुप्पी साध लेते हैं। क्या ये सब १९२० की घटनाएँ हैं? विमर्श राजधानी के वातानुकूलित कमरों में गाल बजाने से ही पूरा नहीं होता है। जीवन के यथार्थ को भी देखना ज़रूरी है।

मेरा जन्म १९५० में हुआ। और मैंने अपने ही गाँव के इंटर कॉलेज से बारहवीं तक पढ़ाई की जिसका लेखा-जोखा मैंने अपनी आत्मकथा *जूठन* में दिया है कि किन हालात से एक दलित विद्यार्थी को गुज़रना पड़ता है। क्या ये सब १९२० की बातें हैं? १९२० से १९६६ (इंटर तक की पढ़ाई) तक कितने हालात बदले? क्या तथाकथित विद्वानों के लिए यह जानना भी ज़रूरी नहीं है? आज भी हिंदी के साहित्यकार, विद्वान दलित समस्या को गंभीरता से क्यों नहीं ले रहे हैं? क्यों उन्हें दलित-विमर्श अतीत में खड़ा दिखाई दे रहा है? क्या यह सच्चाई से भागने की कोशिश नहीं कही जाएगी? अभयजी का यह आरोप मुझे हज़म नहीं हुआ कि दलित कहानियों में दलित परिवारों के अंतर्विरोध नहीं हैं। क्या दुबेजी ने दलित-साहित्य की *बदबू, अम्मा, जिनावर, शवयात्रा, सलाम* जैसी कहानियाँ नहीं पढ़ी हैं? क्या सूरजपाल चौहान की आत्मकथाओं में पारिवारिक अंतर्द्वंद्व नहीं हैं? क्या मोहनदास नैमिशराय की आत्मकथा *अपने-अपने पिंजरे* में पारिवारिक द्वंद्व नहीं है? दरअसल, हिंदी के आलोचकों और बुद्धिजीवियों की यह सांस्कारिक समस्या है। उनका जिस तरह का माइंडसैट बन गया है कि

उन्हें वही दिखाई देता है जो वे देखना चाहते हैं। उससे आगे वे न देखना चाहते हैं, न पढ़ना, क्योंकि दलित की ज़िंदगी से उनके सरोकार कभी जुड़े ही नहीं हैं।

रोहतक, हरियाणा। वह एक सेमिनार ही था एक तरह से। पब्लिक मीटिंग जैसा था, काफ़ी भीड़ लगी हुई थी। सब्जेक्ट था परिवर्तन का साहित्य। वहाँ पर जो मुख्य अतिथि बनाया गया कार्यक्रम का अध्यक्ष कह लीजिए उसको, वे मनमोहनजी थे। मार्क्सवादी विचारक हैं रोहतक विश्वविद्यालय में हैं। उनकी पत्नी शुभाजी थीं। मुख्य वक़्ता थीं, बाद में मैं था। उसके बाद बहुत सारे लोग थे। मैं सबसे पहले शुभाजी का उदाहरण दे रहा हूँ। किसी को ख़ारिज़ नहीं कर रहा हूँ। यह बात बताने के लिए कि परिवर्तन कहाँ आ कर अटक जाता है। जो परिवर्तन दिखाई देना चाहिए, वह भी अटक जाता है। कैसे अटक जाता है। उन्होंने बहुत अच्छा वक्तव्य दिया। मार्क्सवादी विचार के साथ मूवमेंट को जोड़ा। साधारण आदमी, जिसमें दलित भी शामिल था, उनके वक्तव्य में। लेकिन जब परिवर्तन के साहित्य की बात आई, तो वह प्रेमचंद पर आकर अटक गईं। उससे आगे एक बात नहीं की उन्होंने, और अपना वक्तव्य समाप्त कर दिया। मैंने उनसे एक सवाल पूछा। मुझे बताएँ कि सत्तर साल पहले प्रेमचंदजी का देहांत हो चुका है, जो साहित्य सत्तर साल पहले लिखा जा चुका है, उसके बाद सत्तर सालों में कोई साहित्य ही नहीं लिखा गया? आप वहीं अटके खड़े हैं? अभी तक। तो हमें उस अटक, उस किल्ली फँसी को तो बाहर निकालना चाहिए। किसी ग्रंथि में हम फँसे बैठे हैं, उस ग्रंथि से हमें मुक्त होना चाहिए। और यही बात पिछले दिनों हुई जब नामवरजी मेरी किताब के ऊपर बात कर रहे थे। उस किताब के ऊपर जब बात करते हैं तब घूम-फिर कर एक ऐसे बिंदु पर आ जाते हैं जो एक इतने बड़े विद्वान को बात नहीं करनी चाहिए।

(***अनामिका :*** *लेकिन हमदर्दी का नकार क्यों?)* हाँ, अभी मैं आ रहा हूँ, आपकी बात पर। हमदर्दी का नकार कौन कर रहा है? अगर हमदर्दी का नकार कर रहे होते तो अभयजी के बुलावे पर यहाँ न आते। बहुत सारे लोगों के कार्यक्रमों में जाने से मैं मना कर देता हूँ। और दूसरी बात है, दो तरह के लोग होते हैं। एक होता है जानकार, एक होता है सह-जानकार। सह-जानकार और जानकार में एक अंतर होता है। उस अंतर को भी साहित्य के मार्फ़त हमें समझना होगा। अगर हम समझने के लिए बिल्कुल अपने दरवाज़े बंद करके बैठे रहें, तो बहुत मुश्किल हो जाएगा बात करना। हमदर्दी कोई नहीं नकार रहा। हमदर्दी का यह अर्थ कदापि नहीं है कि घालमेल के लिए हम तैयार हैं। सूरदास सुधारवादी पात्र है, गाँधीवादी पात्र है। बिल्कुल इमेजिनेशन है गाँधी का, जो आम्बेडकर को बिल्कुल स्वीकार्य नहीं है। दलित को बिल्कुल स्वीकार्य नहीं है। दलित चेतना सूरदास के अंदर दिखाई कहीं नहीं देती हमें। (***अनामिका :*** *लेकिन हमदर्दी तो उसको धीरोदात्त बनाती है।)* नहीं-नहीं वह धीरोदात्त होगा, पर हमारे हिसाब से यह हमदर्दी हमें वापस उसी खेमे में ले जाकर बिठा देती है, जहाँ हम कुछ नहीं हैं। यह यथास्थितिवाद है जो हिंदी साहित्य की मूल चेतना है। *(**अनामिका :** अब जैसे स्त्रियों को कामिनी कहा जाता है। कामिनी पर तो हम लोग एकदम ध्वस्त हो जाएँ। अब उस समय के माइंड सेट के हिसाब से पिता भी अपनी बेटी को कामिनी कह रहा है। लेकिन*

अब कामिनी शब्द से उसको पुकारा जा रहा है इस पर ही हम उस पुस्तक को जला दें ... ।) मैंने पुस्तक जलाने का समर्थन नहीं किया। और भी अनेक दलित रचनाकारों ने प्रेमचंद की पुस्तक *रंगभूमि* जलाने का विरोध किया जिसे आप लोग जानना ही नहीं चाहते।

उस रोज़ मैं दिल्ली में था *हंस* के कार्यक्रम में, मैंने विरोध किया था। ऐसा नहीं है। अब आपके पास यह सूचना नहीं है इसके लिए मैं कुछ नहीं कर सकता। लेकिन जिस रोज़ यह पुस्तक जलाई गई थी उस रोज़ मैं *हंस* के कार्यक्रम में दिल्ली में था। जो *हंस* का दलित विशेषांक था, संयोग से उसी रोज़ आया। मुझे उस रोज़ राजेन्द्र यादवजी ने कहा कि आज आपका वक्तव्य नहीं होगा। मैंने कहा कि कोई बात नहीं, *हंस* का विमोचन मेरे हाथ से होना है। मैंने कहा आपकी मर्ज़ी। मैं समझ रहा था कि क्यों नहीं करना चाह रहे कि शायद मैं कहीं प्रेमचंद की पुस्तक को जलाने के पक्ष में न बोल दूँ। लेकिन मेरी अपनी सोच है और अपना तरीक़ा है और दलित चेतना को समझने का मेरा अपना तरीक़ा है, अपना ढंग है। जो मुझे बुद्ध, आम्बेडकर और जोतिबा फुले से मिल रहा है। मेरे उसमें कहीं अस्पष्टता नहीं है। मेरा दलित समस्या को समझने का कांसेप्ट स्पष्ट है।

मैंने उस दिन भी कहा कि पुस्तक जलानी है तो *रामचरितमानस* जलाओ। इसको क्यों जला रहे हो। आपकी हमदर्दी के साथ खड़ी हुई है यह पुस्तक। उसको छोड़ देंगे आप तो कैसे होगा। अगर हमारे उन कुटेशन को आप छोड़ देंगे तो कैसे होगा। रही स्त्रियों की बात दलित-साहित्य में। सविता जी ने जैसे उठाया, कौशिक का भी सवाल था। हम तो लिंगभेद मानते ही नहीं हैं। दलित समाज में लिंगभेद नहीं है तो हम उसकी बात अलग से नहीं कर रहे हैं। हमने तो पूरी स्वतंत्रता दे रखी है स्त्री को। हमारे तो पूरे परिवार के सारे फ़ैसलों में स्त्री मौजूद होती है। तो हम उसकी अलग से नहीं बात कर रहे। दलित के अंदर सब हैं। दलित के अंदर सवर्ण भी हैं। समाज की अच्छी चीज़ जिससे जो चाहिए हमें, हम उसके लिए समर्थन में खड़े हैं। दलितों में विधवा विवाह को मान्यता हमेशा रही है। उसके लिए किसी आंदोलन की ज़रूरत नहीं पड़ी।

*(**सविता :** यही बात मैं एक्चुअली जानना चाहती थी।)* बिल्कुल, मैं एग्री करता हूँ। आपकी बात से मैं सहमत हूँ। स्त्री की जहाँ वेदना है वहाँ दलित-साहित्य खड़ा हुआ है। रही बात यह कि अंतर्द्वंद्व की जहाँ बात है। मैं मानता हूँ कि जीवन में अंतर्द्वंद्व हैं। लेकिन जहाँ तक सवाल है कि हमने अंतर्द्वंद्वों को रेखांकित किया है या नहीं, *शवयात्रा* का ज़िक्र आपने ख़ुद किया है। आज भी दूसरों से ज़्यादा मुझे अपनों से टकराना पड़ रहा है। उन अंतर्द्वंद्वों के कारण ही टकराना पड़ रहा है। मेरा संघर्ष सिर्फ़ सवर्णों से ही नहीं है, मेरा संघर्ष उनसे भी है जो हमारे बीच में सवर्ण बैठे हुए हैं। *(**सविता :** लेकिन अगर कोई दलित स्त्री यह कहती है कि उसका यह मानना नहीं है कि लिंग-भेद नहीं है? लिंग-भेद तो है।)* नहीं, पितृसत्तात्मक परिवार है हमारा भी, वह भी है, हम यह नहीं कह रहे कि पितृसत्तात्मक समाज हमारे बीच नहीं है। पितृसत्ता है, वह बन चुकी है, समाज के इस प्रवाह में। लेकिन अधिसंख्य लोगों और परिवारों में आप देखेंगे आज वह स्थिति नहीं है। उसको स्वतंत्रता है पूरी-पूरी। आज आप

देखेंगे कि दलितों के परिवारों में देवी-देवताओं के फोटो लगने लगे हैं, जागरण भी हो रहे हैं, वैष्णो देवी भी जाने लगे हैं। यह समय के प्रभाव में बहुत सारी चीज़ें आएँगी। लेकिन उससे मुक्त भी होते हैं। आज महाराष्ट्र में बिल्कुल नहीं है। आप पूर्वी उप्र में चले जाइए। दिल्ली को छोड़ दीजिए। पश्चिमी उप्र को छोड़ दीजिए। आप पूर्वी उप्र में चले जाइए वहाँ पर आपको दलित घरों में नहीं मिलेंगी यह सब चीज़ें। आप बिहार में चले जाइए, वहाँ नहीं मिलेंगी। दलितों के घरों में अंतर दिखाई देगा। तो वे चीज़ें धीरे-धीरे साफ़ हो रही हैं। हमें सोशल कार्यक्रम चलाने पड़ रहे हैं। हमें कई स्तरों पर एक साथ काम करना पड़ रहा है। हमारा सिर्फ़ लेखन और इससे ही नहीं बल्कि हमें सोशल वर्क के साथ उन चीज़ों पर हमारी नज़र है। और सत्ता के केंद्र की बात थी, बात तो मज़ाक़ में ही शुरू हुई थी। लेकिन, बहुत गंभीर बात है वह कि क्यों ज़रूरी है हमारे लिए सत्ता तक पहुँचना। सत्ता तक पहुँचने से सारे रास्ते साफ़ हो जाते हैं, जो चीज़ें हमसे छूट रही हैं वह सत्ता हमें दे देती है।

आदित्य : मेरी गुज़ारिश है आप सबसे कि अभी बहुत लोगों ने अपने नाम दिए हुए हैं, इसलिए बीच में न रोकें। (***वाल्मीकि :*** *नहीं-नहीं मुझे अच्छा लग रहा है।*) आपको तो अच्छा लग कहा है, लेकिन मेरा काम है कि सबको बराबर का मौक़ा मिले। मैं यहाँ स लोगों की गाली सुनते हुए जाने के लिए तैयार नहीं हूँ।

वाल्मीकि : कौशिकजी का सवाल था, मंदिर और प्रतीक की बात कर रहे थे। मैंने बताया कि दूसरी चीज़ों का प्रभाव भी होता है। दलित वर्ग के ऊपर पचासों तरह के प्रभाव हैं। इस तरह का प्रभाव। कहीं हिंदुओं का प्रभाव, कहीं ईसाइयों का प्रभाव, कहीं मुसलमानों का प्रभाव, कहीं दूसरे प्रभाव। जहाँ तक प्रतीक का सवाल है, मंदिर उनके लिए प्रतीक नहीं है। लेकिन मंदिर अपनी पहचान के साथ इसलिए जुड़ जाता है कि जब आप उनको हिंदू कह रहे हैं तो भई रास्ता साफ़ कीजिए। हम जाएँ या न जाएँ, लेकिन आपने प्रतिबंध लगाया हुआ है कि वहाँ नहीं जाना है। उसके लिए तो हमें बोलना पड़ेगा कि हमें वहाँ क्यों नहीं जाना है। अगर आप हिंदू बोल रहे हैं हमें, तो क्यों नहीं जाना है मंदिर में। अगर नाथद्वारा मंदिर में शंकराचार्य मना करते हैं कि दलित दूर से ही नमस्ते कर सकते हैं लेकिन मंदिर में नहीं घुसेंगे, तो कौन होता है शंकराचार्य हमें रोकने वाला फिर? या फिर कहिए कि हम हिंदू नहीं हैं। हम तो कह रहे हैं कि हम हिंदू नहीं हैं। आप ज़बरदस्ती हमें हिंदू बना रहे हैं। हम तो बोल रहे कि हिंदू से हमें अलग कर दो। फिर देखिए स्थिति। लेकिन आप करने को तैयार नहीं हैं। आप यह मानने को भी तैयार नहीं, करने को भी तैयार नहीं। जब देखा कि फ़ायदे की बात है तब हाँ-हाँ, आप तो हैं आप तो राजा साहब हैं। (***अभय :*** *आपके बहुत अच्छे जवाब हैं। पर मेरा कहना यह है कि यह सवाल आपके व्यक्तिगत आचरण का या विचारों का नहीं है। हम यहाँ पूरे दलित-विमर्श के ऊपर बात कर रहे हैं। व्यक्तिगत रूप से आपने क्या विचार व्यक्त किए वह तो आप कहेंगे ही। लेकिन, बात तो ज़रा व्यापक है। दूसरी बात,*

आपने कहा कि दलित समाज में लिंग-भेद नहीं है। यह अपने आप में ही एक एंटी-फ़ेमिनिस्ट स्टेटमेंट है कि दलित समाज लिंग-भेद नहीं मानता है। फ़ेमिनिज़मका दावा ही यह है कि लिंगों में भेद होता है और जैसे ही आप कहते हैं कि उनमें भेद नहीं होता वैसे ही भेदभाव शुरू हो जाता है।)

आदित्य : अब इस क्रम से बोलेंगे : अजय, विनीत, राजीव रंजन, पंकज।

अजय : मैं सवाल नहीं पूछना चाहता हूँ। एक बात वाल्मीकिजी के जो जवाब थे, उनमें जोड़ना चाहता हूँ। *क़फ़न* कहानी का सवाल उठा, अनामिकाजी ने भी हमदर्दी का सवाल उठाया। मैं यह कहना चाहता हूँ कि जो *क़फ़न* कहानी है जिसमें सबसे बड़ी आपत्ति जो इस कहानी पर लोगों की है, वह यह है कि उसमें एक जगह पर प्रेमचंदजी ने अपनी कलम से लिखा है कि चमारों का कुनबा था, गाँव भर में बदनाम। पूरी कहानी में से अगर इस लाइन को, अगर आपको इस तरह महसूस करना है, समझना है कि क्यों दलित लोग इसके विरोध में बोल रहे हैं, तो इसको बदलते हैं इस तरह : ब्राह्मणों का एक कुनबा था, गाँव भर में बदनाम। क्या यह पीड़ा पहुँचाता है? फिर इसको पलटते हैं : कायस्थों का एक कुनबा था, गाँव भर में बदनाम। तब क्या वैसी ही फीलिंग रह जाती है जैसे अभी चमारों का कुनबा था, गाँव भर में बदनाम कहते हुए रहती है। *(**अनामिका :** पंडित मोटेलाल शास्त्री को क्यों भूलते हो, अजय।)*

आदित्य : अनामिका, प्लीज़ बहस को व्यवस्थित करके चलें। इसमें कुछ चीज़ें तो आती रहेंगी, हम नोट कर लें, अपने पॉइंट को अगर अभी लंच से पहले वक़्त रहा तो ज़रूरत एक राउंड और कर सकते हैं। वर्ना लंच के बाद करेंगे। विनीत, फिर राजीव रंजन, पंकज, मोहिंदर।

प्रेमचंदजी ने अपनी क़लम से लिखा है कि चमारों का कुनबा था, गाँव भर में बदनाम। ... इसको बदलते हैं इस तरह : ब्राह्मणों का एक कुनबा था, गाँव भर में बदनाम। क्या यह पीड़ा पहुँचाता है? फिर इसको पलटते हैं : कायस्थों का एक कुनबा था, गाँव भर में बदनाम। तब वैसी ही फीलिंग रह जाती है जैसे अभी चमारों का कुनबा था, गाँव भर में बदनाम कहते हुए रहती है।

विनीत : अगर अभय कुमार दुबेजी की बात लें तो उन्होंने कहा कि दलित-विमर्श आज के दौर में हिंदी-साहित्य या हिंदी-समाज में विजेता विमर्श है और उसके बाद उसका संदर्भ देते हुए उन्होंने बताया कि अगर आप इस पर रचना लिखते हैं तो पहले से ही आपको इसके लिए रॉयल्टी दी जाएगी। यानी एक गारंटी सी है कि वह रचना बिकनी ही बिकनी है। अगर इसको थोड़ा आगे जाकर समझें तो इसका मतलब है कि दलित-विमर्श में जो विश्वास बढ़ाने का काम हो रहा है, या

किया जा रहा है, वह बाज़ार है, यानी बाज़ार जो है किसी रूप में, किसी तरह से वह आत्मविश्वास बढ़ाने का काम कर रहा है।

अभी मैं देख रहा हूँ पिछले तीन-चार महीनों से, माफ़ कीजिएगा साहित्य जो प्रिंट माध्यम है उसमें बड़ी कम दख़ल है, लेकिन इंटरनेट की दुनिया में जो दलित-विमर्श चल रहे हैं उसमें बार-बार इस बात पर ज़ोर दिया जा रहा है, बताया जा रहा है और तर्क भी हैं कि बाज़ार जो है वह जातिगत व्यवस्था को वर्ण-व्यवस्था को ख़त्म करने में काफ़ी हद तक सहायक है। और एक ऐसी स्थिति बनेगी कि जब जातिगत व्यवस्था यानी वर्ण-व्यवस्था नहीं होगी और उसमें दलितों के लिए एक बेहतर स्थिति होगी। और बेहतर स्थिति इस अर्थ में होगी कि जो कॉरपोरेट आ रहे हैं, जो नई आर्थिक संरचनाएँ पनप रही हैं, उनमें जाति के आधार पर अगर काम नहीं मिलता है या काम करने का अधिकार जाति नहीं होती है, तो उसमें दलितों के लिए ज़्यादा बेहतर स्थिति बनेगी। मैं बहुत ही व्यक्तिगत तौर पर आपकी राय इस बारे में जानना चाहता हूँ। क्योंकि पूरे दलित-साहित्य में, जितना हमने पढ़ा है, बाज़ार और बाज़ार के जो अवसर, जिसको कहें या बाज़ार की बनती-बदलती संरचनाएँ और उनको लेकर जो सामाजिक संदर्भ पैदा हो रहा है, इसको बहुत कम ही जगह मैंने देखा है। पूरे दलित-विमर्श को मैंने बहुत कम पढ़ा है और मैं इसको बार-बार कह रहा हूँ। लेकिन जो भी पढ़ा है, मुझे बाज़ार और बाज़ार की जो स्थितियाँ हैं, और उसके जो अवसर मुहैया कराने के जो डंके बज रहे हैं, उस पर दलित-चिंतन मुझे नहीं दिखा या दलित-विमर्श उस हिसाब से नहीं सोच पा रहा है। आप बाज़ार के अवसर और दलित-विमर्श को किस रूप में देखते हैं। मतलब, क्या आपको ऐसा लगता है कि बाज़ार सही नहीं है उनको एक बेहतर स्थिति देने के मामले में। लेकिन एक लाइन और जोड़ना चाहूँगा कि यह दावा मुझे भरभराकर तब गिरता हुआ लगता है जब मैं पूरे मीडिया संस्थानों में दलितों की उपस्थिति को देखता हूँ। *(**वाल्मीकि :** जवाब तो आप ही ने दे दिया। ... मेरा भी यही जवाब होगा। **अभय :*** नहीं-नहीं यह एक नुआन्स बात है। उस पर आप ग़ौर करके इत्मीनान से जवाब दीजिए।) एक तरफ़ यह दलील है कि बाज़ार के कारण बेहतर स्थिति बनेगी दलितों की, दूसरी तरफ़ मैं कई मीडिया संस्थानों को देखता हूँ, कॉरपोरेट को देखता हूँ, तो उसमें दलितों की उपस्थिति नहीं दिखती। यह अंतर्विरोधी स्थिति है। मेरे पास कोई जवाब नहीं है, बस केवल एक वस्तुस्थिति है। इस वस्तुस्थिति के बरक्स ही आपसे जवाब चाहता हूँ।

राजीव : मेरी तीन-चार जिज्ञासाएँ हैं जो वाल्मीकिजी के पर्चे से जुड़ी हैं। वाल्मीकिजी ने अपने पर्चे में बताया कि मुग़ल-काल में जब देश पूरी तरह मुग़लों के अधीन हो चुका था, कवियों को जन-चेतना के रूप में जब उत्तरदायित्व के साथ सामने आना चाहिए था, लेकिन तब वे भक्ति रस में डूबे आत्मा-परमात्मा की बात कर रहे थे। वाल्मीकिजी उस पूरे दौर को अब कैसे देख रहे हैं, मैं नहीं समझ रहा हूँ। लेकिन मुझे लग रहा है कि मुग़ल-शासन के दौरान ही वह भौतिक आधार तैयार हो पाया था जिसमें भक्ति जैसी परिवर्तनकारी चेतना वाला

साहित्य आया। जिसे वाल्मीकिजी भक्ति आंदोलन की कमज़ोरी समझते हैं, असल में एक नज़र से वही उसकी विशेषता है। और यही बताता है कि मुग़ल-शासन सिर्फ़ सांप्रदायिक तंगनज़री का उदाहरण नहीं था। इसीलिए उस दौर के रचनाकार सीधे-सीधे मुग़ल-शासन से उस तरह टकराने भी नहीं जा रहे थे। उनके लिए वह चुनौती था ही नहीं। अचरज तो यह भी होता है कि इसी कालखंड ने पहली बार जगह और समय मुहैया कराया था जब दलित और स्त्रियाँ पहली बार इतने बड़े पैमाने पर अपनी रचनात्मकता को लेकर सामने आए। वह भक्ति आंदोलन ही था, और वह मुग़लों के समय में ही भौतिक आधार तैयार हुआ था। वह शासन उनके लिए दुश्मन के तौर पर नहीं आया था। पहली बार इस्लाम के रूप में भारत में एकेश्वरवाद आया, जिसके कारण एक हद तक, कुछ क़दम तक, उस समय की अछूत जातियों को एक स्पेस मुहैया कराया। और, बताया कि थोड़ा सा ही सही, पर उन्हें कुछ लिबरेशन मिल सकती है।

क्या ग़ैर-दलित समाज में नैतिकता का सवाल ईश्वरीय आदेश से निर्धारित होता है? नैतिकता काल-समाज सापेक्ष होती है और यह बात वाल्मीकिजी की नज़र से पूरी तरह ओझल है। ... जिन अंदरूनी तत्त्वों को, अंतर्विरोधों को उजागर करती है इनकी *शव-यात्रा* कहानी वह पर्चे में कहीं नहीं है। बल्कि बहुत ही अलोकतांत्रिक रूप से जेंडर और क्लास के किसी भी अंतर्विरोध को स्वीकार नहीं करता, उसकी चर्चा तक नहीं करता। कहानी में करते हैं।

दूसरा, आख़िर में वाल्मीकिजी ने लिखा है कि दलित समाज में नैतिकता का प्रश्न ईश्वरीय आदेश नहीं है। तो क्या पूछा जा सकता है कि ग़ैर-दलित समाज में नैतिकता का सवाल ईश्वरीय आदेश से निर्धारित होता है। नैतिकता काल-समाज सापेक्ष होती है और यह बात वाल्मीकिजी की नज़र से पूरी तरह ओझल है। चौथा, ये हमेशा दलित आइडेंटिटी की बात कहते हैं और जिसे अभयजी ने भी बताया। सुधीरजी अपने वक्तव्य में बता रहे थे कि, निर्मल के यहाँ उनके गद्य में और उनकी रचनात्मकता में कैसा द्वैध है, और दोनों बड़े अच्छे से सहअस्तित्व में रह लेते हैं। वही वाल्मीकिजी के पर्चे में है। जिन अंदरूनी तत्त्वों को, अंतर्विरोधों को उजागर करती है इनकी *शवयात्रा* कहानी वह पर्चे में कहीं नहीं है। बल्कि उससे बहुत आगे जाकर बहुत ही अलोकतांत्रिक रूप से जेंडर और क्लास के किसी भी अंतर्विरोध को स्वीकार नहीं करता, उसकी चर्चा तक नहीं करता। कहानी में करते हैं।

दूसरा, अभयजी ने कहा कि यहाँ व्यक्ति के तौर पर वाल्मीकिजी नहीं हैं। ज़ाहिर है, हम दलित-विमर्श पर बात कर रहे हैं। तो मैं पूछ सकता हूँ कि जेंडर की उपस्थिति अन्य दलित रचनाकारों की रचनाओं में कैसी है? कई लोगों ने अध्ययन करके बताया है कि वहाँ निहायत फ़ासिस्ट स्थिति है। औरतें वहाँ पर कैसी हैं? वहाँ औरतें बदला लेने का एक ज़रिया हैं। यह उन्नीसवीं सदी में हुआ था कि औरतों को मर्यादा और मान-सम्मान का प्रतीक बना दिया गया था। आज के दलित-विमर्श में, इनकी रचनाओं में वही प्रेत अभी भी छाया हुआ है, जो वहाँ हिंदू और मुसलमानों के संदर्भ में हुआ था। सवर्ण स्त्रियाँ इनकी रचनाओं में... इनकी यानी वाल्मीकिजी से मेरा आशय कतई नहीं है। हालाँकि बहुत सारी दलित महिलाओं ने ही इन

लोगों पर सवाल उठाये हैं और इनके ख़िलाफ़ संघर्ष किया है।

चौथी चीज़ कि जिस आधुनिकता का ज़िक्र अभी हो रहा था और आजकल बहुत अल्टरनेटिव मोडर्निटी और सब कुछ कहा जा रहा है और यहाँ वह सूत्र तलाशे जा रहे हैं, इन्होंने बताया है कि हमारे आम्बेडकर साहब और जोतिबा फुले और इन लोगों से सब कुछ आता है। क्या भक्ति आंदोलन या आम्बेडकर साहब किसी वैक्यूम में पैदा हो गए थे? या कोई एक विरासत, क्षीण धारा ही सही, उस विरासत की उपज थे जिसमें कहीं-कहीं कुछ-कुछ जगह दी और उनके पैदा होने की गुंजाइश निकली। इसकी पुष्टि आज के समय से भी होती है जिसे कहा गया दलित और स्त्रियों की रचनाओं के लिए बहुत पैसे मिलते हैं, यानी उसका ख़रीदार आख़िर कौन है? क्या स्त्रियों की रचनाएँ सिर्फ़ स्त्रियाँ ही ख़रीदती हैं? या दलितों की रचनाएँ सिर्फ़ दलित ही पढ़ते हैं? जो इनके 'अन्य' हैं जो इनके पार्लियामेंट के अन्य हैं, वे भी इसको ख़रीदने जाते हैं। वे भी उसके कंज़्यूमर हैं और वह कंज़्यूमर होना अपने आप में उसकी एक्सेप्टेंस दिखाता है। कंज़्यूमर होना बताता है कि हमारे भीतर आपको जानने की ललक है। हमको आपसे डायलॉग करने की ललक है।

क्या भक्ति आंदोलन या आम्बेडकर किसी वैक्यूम में पैदा हो गए थे? या कोई एक विरासत, क्षीण धारा ही सही, की उपज थे जिसमें कहीं-कहीं कुछ-कुछ जगह दी और उनके पैदा होने की गुंजाइश निकली। इसकी पुष्टि आज के समय से भी होती है जिसे कहा गया दलित और स्त्रियों की रचनाओं के लिए बहुत पैसे मिलते हैं, यानी उसका ख़रीदार आख़िर कौन है? क्या स्त्रियों की रचनाएँ सिर्फ़ स्त्रियाँ ही ख़रीदती हैं? या दलितों की रचनाएँ सिर्फ़ दलित ही पढ़ते हैं?

लेकिन, क्या ऐसा तो नहीं है कि यह उसको अपने आप में पचाने की कोशिश भी कर रहा है इसके ज़रिए जानने-समझने के साथ-साथ। छायावाद के बारे में उन्होंने ऐसे ही बड़ा ऊपरी-ऊपरी तौर पर स्टेटमेंट दे दिया और कहा कि उस समय स्वाधीनता आंदोलन चल रहा था और यह लोग अपनी प्रेम कविता कर रहे थे। वाल्मीकिजी ने शायद छायावाद को ठीक से नहीं पढ़ा होगा। मुझे माफ़ करें। यह थोड़े छोटे मुँह बड़ी बात हो जाएगी। फिर भी, छायावाद उसी सांस्कृतिक जागरण का काव्य था, जिसे अब वैकल्पिक आधुनिकता कहा जा रहा है। और, अगर सीधे तौर पर कवियों, रचनाकारों से अपेक्षा की जाए कि आप एक्टिविस्ट हों तो संभव नहीं है, बावजूद इसके यह जानना ज़रूरी है, जैसा कि महादेवी वर्मा की कविता उद्धृत की अनामिकाजी ने, वैसे ही निराला ख़ुद किसान संगठनों से जुड़े हुए थे और उनमें शिरकत करते थे। और भी लोग शायद करते होंगे जो मेरी जानकारी में नहीं हैं।

इस हिसाब से अगर यह भी देखेंगे तो हमको उसी दौर का एक रचनाकार प्रेमचंद बहुत छोटा दिखेगा और शिवरानी देवी बहुत बड़ी दिखेंगी, क्योंकि वे जेल गई थीं। स्वतंत्रता आंदोलन में प्रेमचंद जेल नहीं गए थे। तो क्या सीधे-सीधे उस एफिलिएशन के चलते हम उसको बड़ा कर देंगे। एक सांस्कृतिक प्रतीक के तौर पर छायावाद के ज़रिए उसी औपनिवेशिक आधुनिकता और उसी औपनिवेशिक सांस्कृतिक विमर्श का प्रतिरोधी रूप तैयार कर रहे थे

छायावाद के सारे रचनाकार।

अंतिम बात *कफ़न* कहानी के संदर्भ में। *कफ़न* कहानी को लेकर वाल्मीकिजी ने कहा कि दलित-विमर्श वही होगा जिसमें दलित-चेतना होगी। माफ़ कीजिए, *कफ़न* कहानी की कुछ शुरुआती चीज़ों को छोड़ कर, हालाँकि वे रहें तब भी मुझे *कफ़न* बिल्कुल दलित चेतना की कहानी लगती है और जो *मोहनदास* में अभयजी को लगा कि वह एक सवर्ण लिखता तो ऐसा ही लिखता। मुझे लगा है कि अगर कोई दलित लिखता तो ऐसा ही लिखता। मैं बैकग्राउंड के तौर पर और सूचना की जानकारी के लिए प्रेमचंद की कहानी *दूध का दाम* के उस पात्र को याद कीजिए जो अपने गाँव के सवर्ण के पात्र सुरेश से कहता है कि तुम घोड़ा बनो, मैं सवारी करूँगा। वह पूछता है, बहुत छोटा लड़का है, कि हमेशा हमी घोड़ा बनेंगे, या हमको कभी सवारी करने के लिए नहीं मिलेगा। यह नया लड़का जिसका प्रश्न प्रेमचंद का पात्र उठा देता है, वही भविष्य है दलित का। (***वाल्मीकि :*** *आप कफ़न की बात कर रहे थे।*) जी, अब *कफ़न* पर इसके बाद आ रहे हैं।

कफ़न के अंत को याद कीजिए। जहाँ वे दोनों बाप-बेटे कफ़न के पैसे को बेचकर दारू पी रहे हैं और एक भिखारिन को पैसा दे रहे हैं कि तुम भी इंजॉय करो। बेटा पूछता है कि बाबू अगर उसको कफ़न नहीं मिलेगा तो तब वह तो पूछेगी। बाप कोई बेवकूफ़ नहीं है। वह कहता है कि उसको कफ़न ज़रूर मिलेगा और बार-बार मिलेगा। यही लोग बार-बार पैसा देंगे कफ़न के लिए। भले ही दवा-दारू के लिए न दें। क्यों देंगे, वह कहता है कि कफ़न के लिए पैसा किसलिए देंगे। और, प्रेमचंद का वह पात्र बताता है कि पैसा उनको कफ़न के लिए किसने दिया था। गाँव का ठाकुर जो ज़मींदार था। साहूकार जो बनिया और

कफ़न के अंत को याद कीजिए। जहाँ वे दोनों बाप-बेटे कफ़न के पैसे को बेचकर दारू पी रहे हैं और एक भिखारिन को पैसा दे रहे हैं कि तुम भी इंजॉय करो। बेटा पूछता है कि बाबू अगर उसको कफ़न नहीं मिलेगा तो तब वह तो पूछेगी। बाप कोई बेवकूफ़ नहीं है। वह कहता है कि उसको कफ़न ज़रूर मिलेगा और बार-बार मिलेगा। यही लोग बार-बार पैसा देंगे कफ़न के लिए। भले ही दवा-दारू के लिए न दें। क्यों देंगे, वह कहता है कि कफ़न के लिए पैसा किसलिए देंगे। और, प्रेमचंद का वह पात्र बताता है कि पैसा उनको कफ़न के लिए किसने दिया था। गाँव का ठाकुर जो ज़मींदार था। साहूकार जो बनिया **और उसको लागू करने वाला ब्राह्मण। उस कफ़न के पैसे को जो जिसको कपड़ा पूरी ज़िंदगी मुहैया नहीं था, उसका कफ़न मुहैया कराकर असल में इसी ब्राह्मणवादी व्यवस्था किसके नाम पर व्यवस्था ईश्वर के नाम पर उसके लिए ताकि वह चलता रहे। वह ठाकुर और बनिया भी उसके लिए पैसा देता है ताकि यह व्यवस्था चलती रहे। उनके उसी व्यवस्था के दिए गए पैसे से उसमें पैबंद लगा देता है और उसका दारू पीता है। शायद निर्मल जी ने ऐसा ही सोच कर कहा होगा कि जिस समय घीसू और माधव ने पहला शराब का गिलास लगाया होगा, हिंदी कथा साहित्य में पहला आधुनिक व्यक्ति का जन्म हुआ। वह घीसू और माधव निहायत ढंग से आधुनिक हैं और वह दलित चेतना की अभिव्यक्ति है।**

उसको लागू करने वाला ब्राह्मण। उस कफ़न के पैसे को जो जिसको कपड़ा पूरी ज़िंदगी मुहैया नहीं था, उसको कफ़न मुहैया कराकर असल में इसी ब्राह्मणवादी व्यवस्था किसके नाम पर व्यवस्था ईश्वर के नाम पर उसके लिए ताकि वह चलता रहे। वह ठाकुर और बनिया भी उसके लिए पैसा देता है ताकि यह व्यवस्था चलती रहे। उनके उसी व्यवस्था के दिए गए पैसे से उसमें पैबंद लगा देता है और उसकी दारू पीता है। शायद निर्मल जी ने शायद ऐसा ही सोच कर कहा होगा कि जिस समय घीसू और माधव ने पहला शराब का गिलास लगाया होगा, हिंदी कथा साहित्य में पहला आधुनिक व्यक्ति का जन्म हुआ। वह घीसू और माधव निहायत ढंग से आधुनिक हैं और वह दलित चेतना की अभिव्यक्ति है।

पंकज : अभी तक की चर्चा बड़ी समृद्ध रही है। पर्चा इतना मानीख़ेज़ रहा है। सवाल बहुत सारे उठ गए हैं। इनमें से चंद मैं आपके सामने रख देता हूँ। और इसमें सबसे बेहतर वह होगा कि जो सबसे प्रासंगिक और सबसे आख़िर में है।

मैं बात यहाँ से थोड़ी सी शुरू करके बीच में अचानक बंद कर दूँगा, क्योंकि वह बात चलती रहेगी अगले सातों दिन तक। भाई राजीव की चिंता है कि यह जो द्वंद्व हैं वाल्मीकिजी के वह रचना में हैं, पर्चे में नहीं हैं। ऐसा क्यों होता है ? और, हमारी यह अपेक्षा कहाँ से जन्म लेती है कि जो रचना में है वही पर्चे में भी हो ? और हमारी इस अपेक्षा का वस्तुतः क्या कोई समाजशास्त्रीय आधार है ? इसका कुछ एक नैतिक बोध है ? थोड़ा सा इस पर ध्यान हम दें।

दरअसल साहित्य में, ख़ासतौर से साहित्य में मेरी न के बराबर गति है, बहुत कम मैं पढ़ता हूँ। लेकिन मैंने दूसरे रास्ते से इसमें प्रवेश किया है : जो ज्ञान-संरचना के मामले हैं जिस तरह से समाज-विज्ञानों में चीज़ें देखी-समझी जा रही हैं, उसकी तरफ़ से मैंने प्रवेश किया है। मेरी बात में थोड़ी सी उसकी झलक होगी। मित्रो, असल बात यह है कि मूलतः द्वंद्व जो है वह इस बात में छुपा हुआ है कि एक तो अनुभव संसार है, और दूसरी तरफ़ सामान्यीकरण करते हुए हम ज्ञान-संरचनाओं की ओर बढ़ते हैं। तो जो एक पूरी विरासत हमको मिली हुई है, जिसमें कि अनुभवों से, अपनी अनुभूतियों से, आपबीतियों से, अपने जीवन की स्थितियों से उसको दर्ज करते हुए, उसको महसूस करते हुए, उसको अभिव्यक्त करते हुए, आगे बढ़ते हैं सिद्धांतीकरण की तरफ़, ज्ञान-निर्माण की तरफ़। पर्चे में वह सैद्धांतिक सूत्र तलाश करने की कोशिश है। और, जब हम आत्मकथा लिखते हैं, जब कोई कहानी लिखते हैं, तो बेबाक रूप से हम अपने अनुभवों को एक संदर्भ देते हुए, कहीं से जोड़ते हुए, कम जोड़ें तो भी बहुत अच्छे क़िस्म की रचना होती है, जोड़ें तो भी अपने क़िस्म की एक जो रचना होती है। लेकिन यहाँ एक बड़ा द्वैध दिखाई देता है।

क्या कारण है कि हम इस अपेक्षा के साथ शुरू करते हैं। जब रचनात्मकता के स्तर पर हमें कुछ आवाज़ सुनाई देती है, तो हमारे दिमाग़ में सवाल जन्म लेने लगते हैं, कुछ बहुत जल्दी ही कि सैद्धांतिक स्तर पर बातें कहाँ पहुँची हुई हैं। ज्ञान-संरचना या जिसे डिस्कोर्स या विमर्श कहते हैं उसके सातवें तल्ले पर अभी हम बैठे हुए हैं, तो सातवें तल्ले पर रखके हम

चीज़ों को नापने-परखने लगते हैं। मैं इस बात को आगे बढ़ाऊँगा। अगले सात दिन हम रह-रह कर इस पर चर्चा करेंगे। मुझे माफ़ करेंगे कि मेरी बातों में दोहराव होगा। बात-बात पर मैं इस खूंटे से बँधा नज़र आऊँगा, लेकिन जब अतिरेक हो तो आप मुझे डाँट कर चुप कर दें, लेकिन मैं बात को इस तरह से देखना चाहूँगा।

क्या अगर हम इस तरह के सहमेल की, सहचिंतन की कल्पना कर सकते हैं जिसमें जैसे कि एक वर्ण-व्यवस्था, वर्ण-व्यवस्था का जब हम कोई तार्किक आधार ढूँढ़ते हैं तो ढूँढ़ने वाले कहते हैं कि भाई यह तो कार्यों का बँटवारा था, कार्यों का बँटवारा। अपना-अपना जो स्वभाव था, उसकी अपनी-अपनी जो मैरिट्स थीं, अपने गुण, अपनी जो करने की सामर्थ्य थी उसके अनुसार था। इस तरह वर्ण-व्यवस्था को हमने एक तार्किक आधार दिया। और एक नई वर्ण-व्यवस्था को, एक नई किस्म की आधुनिकता को तार्किक आधार दिया, जिसमें प्रोफ़ेसरनुमा एक व्यक्ति होता है, संस्थानों में फ़ेलोशिप के साथ करने वाला व्यक्ति होता है, एक किसी तरह गाँव में रहकर किसी तरह अपने जीवन को जीने की जटिलताओं के बीच रचना करता रहता है। उसके बीच के तमाम स्तर पर रचनात्मकता, चीज़ों को समझने की जद्दोज़हद, अभिव्यक्ति की सारी चीज़ें और अपने को पूरे विमर्श में कहीं दर्ज कर देने की कोशिशें चलती रहती हैं, यह एक नई वर्ण-व्यवस्था है जिस पर हम कभी बाद में विस्तार से जाएँगे।

इन सारी चीज़ों के बीच क्या हम सहमेल की और सहचिंतन की कल्पना कर सकते हैं? जहाँ जीवन अनुभव, जो कि एक बड़ा यथार्थ कहीं दर्ज होने से रह गया, जिसको कि बहुत सारे उन लोगों ने भी ज़ाना। मतलब, घोड़े की पीड़ा को घोड़े ने जाना और किसी ऐसे बिरले व्यक्ति ने भी जान लिया, जो जन्म से घोड़ा नहीं था। लेकिन उसने भी घोड़े की पीड़ा को जाना। इन दोनों को मिलाकर भी क्या हम इस तरफ़ धीरे-धीरे कभी बढ़ सकते हैं ऐसी नई वर्ण-व्यवस्था की ओर। इसे अपनी पुरातन व्यवस्था में, आधुनिकता में, दोनों में ही बदले-बदले नामों से स्वीकृत कर चुके हैं। तो पहले तो हम यह मान लें कि कार्यों का बँटवारा और उसके आधार पर एक श्रेणी-क्रम बना ही रहेगा। और इस तमाम चाहना के बाद भी बना रहेगा कि हम एक खड़ी हुई दुनिया को एक पड़ी हुई दुनिया बना देना चाहते हैं, एक समता का स्वर उसमें ला देना चाहते हैं। यह बना रहेगा, उसका बिल्कुल तत्काल बदलता हुआ चेहरा दिखाई नहीं देगा। तो इस स्थिति की स्वीकृति के बाद क्या हम, मतलब वे लोग, जो इस चिंतन में साझीदार हैं, जो कि इस चिंतन में हिस्सेदार हैं, क्या हम किसी ऐसी पूरक भूमिकाओं की कल्पना कर सकते हैं कि जहाँ अनुभव, बहुत ही ठोस प्रत्यक्ष अस्तित्व की ज़रूरतों के साथ, अनुभव आते हैं। उन अनुभवों को हम ज्ञान-रचना के लिए एक मूल आधार मानें और अपनी-अपनी क्षमताओं के अनुसार उसमें योग दें। उस कच्चे माल को सिद्धांतीकरण करने के अगले चरणों की तरफ़ ले जाएँ।

मैं इस बात को काट-छाँट कर केवल इस सूत्र वाक्य में कह दूँ कि क्या ऐसा हो सकता है कि जहाँ अनुभव अपने अविकल रूप में दर्ज हो रहे हैं, वह चाहे नारी अनुभव हों, एक

दलित के रूप में अनुभव हों, एक आदिवासी के रूप में, एक किसान के रूप में अनुभव हों, उनको होने दें, उनका स्वागत करें। लेकिन इस जटिल होती हुई दुनिया में, और भी ज़्यादा संश्लिष्ट होती हुई बुनावट में, उनसे काम तो नहीं चलेगा। हमको ज्ञान-रचना के मामले में, ज़िंदगी जीने की ज़रूरतों के मामले में, कुछ और चीज़ें बनानी पड़ेंगी। और इस बनाने में मतलब है जो कुछ प्रोसेस इंजीनियरों की ज़रूरत पड़ेगी, कुछ क्लर्क्स की ज़रूरत पड़ेगी, कुछ मुंशियों की ज़रूरत पड़ेगी। क्या इस तरह के काम का विभाजन नया समाज आपस में कर सकता है जिसमें मूलत: हम यह बात स्वीकारें कि हमें किसी नए ज्ञान को रचना है, कोई नया सिद्धांतीकरण हमें करना है। तो उसकी शुरुआत तो होगी, उन अनुभवों से ही जो अभी दर्ज होने से बाक़ी रह गए हैं। लेकिन वह परिणति नहीं होगी, उससे बात बनेगी नहीं। तो उससे हमको कुछ फिनिश्ड प्रोडक्ट की तरफ़ बढ़ना पड़ेगा। हमको ज़्यादा संश्लिष्ट ज्ञान-रचना करनी पड़ेगी और उसमें बाक़ी भागीदारियाँ रहेंगी।

आदित्य : नहीं अब वक़्त नहीं। हमें वाल्मीकिजी के जवाब देने हैं और अभी दो वक़्ता और हैं। मैं नवीन को अब इजाज़त नहीं दूँगा। आपको दोपहर के बाद नहीं-नहीं आपको अब लंच के बाद प्लीज उनको जवाब देने हैं। अभी दो और लोग बाक़ी हैं जिन्होंने बहुत देर से हाथ उठा रखा है। मोहिंदर, उसके बाद विमल।

मोहिंदर : मेरे दो सवाल हैं छोटे-छोटे। एक तो भक्ति आंदोलन के बारे में आपके पर्चे में दो बार आता है ज़िक्र। एक बार आपने लिखा है कि जिस कार्य को भक्तिकालीन साहित्य भी नहीं कर पाए, और दूसरी जगह जहाँ आपने विस्तार से लिखा है वहाँ भक्तिकालीन संतों का यह काम ही नहीं है। तो, थोड़ा विरोधाभास है। लेकिन वह मेरे सवाल नहीं मेरा सवाल है उसी लाइन को लेकर जिसमें आपने कहा है कि डॉ. आम्बेडकर ने दलितों में चेतना पैदा करके पूरा किया उसी कार्य को। तो मेरा सवाल है कि क्या यह भेद है उस ऐतिहासिक परिस्थिति में और आम्बेडकर की जो स्थिति है— क्या इसका आधुनिकता की अवधारणा से और ऐतिहासिक स्थिति से कोई संबंध है ? यह पहला सवाल है। दूसरा साहित्य में यथार्थवाद को लेकर है। हिंदी की आधुनिकता में यथार्थवाद पहले भी आया है। एक प्रगतिशील साहित्य के तहत, एक यथार्थवाद का रूप वह है। दूसरा यथार्थवाद आप जो दलित-साहित्य में देखने की कोशिश कर रहे हैं। मैं यह जानना चाह रहा हूँ आपसे कि इन दोनों यथार्थवादों में क्या फ़र्क़ है।

विमल थोराट : मेरा सवाल ओमप्रकाश जी से उनकी आख़िरी बात के बारे में है। आपने कहा है कि दलित समुदाय में स्त्री की भागीदारी बराबरी की है— हर जगह पर, और लिंग-आधारित भेदभाव नहीं है। आप थोड़ा सा पीछे जाइए। पिछले वर्ष ही हम लोगों ने मिल कर स्त्री नैतिकता के तालिबानीकरण पर एक विशेषांक निकाला, मजबूर होकर निकाला। दस

महीने हमें केवल सोचने में लगे, और एक वर्ष में वह आ गया। अब वह स्थिति है और यह आपका स्टेटमेंट है। पॉलिटिकल स्टेटमेंट है आपका। इसमें जो मुझे लगता है कि हम जब आत्मालोचना करने लगते हैं तब कहीं और खड़े होते हैं। औरों के साथ औरों की आलोचना तब हम कहीं और खड़े होते हैं। यह जो द्वंद्व है, इसे कहाँ पर हम अपने लेखन के द्वारा ही या अपने सोच के द्वारा, या अपनी अभिव्यक्तियों के द्वारा, कहाँ पर इसका हम इसको कैसे मिटा सकते हैं। यह बहुत ज़रूरी बात है जिसकी तरफ़ अनामिका ने भी इशारा किया है कि स्त्री की भागीदारी अगर दलित समुदाय में बराबरी की है और उसकी अस्मिता को कहीं पर या अस्तित्व को दबाया नहीं जा रहा है, तो यह एक बहुत बड़ी पॉलिटिकल स्टेटमेंट है। उसके लिए हमें उन सारी स्थितियों को बताना होगा, वैसे ही जैसे कि आपने बयान किया है कि हाँ यह है। इसलिए हम यह कहने के लिए कहते हैं, और उस पर क़ायम भी रहते हैं। यह एक बात, दूसरी बात आपने यह कही है कि *शवयात्रा* कहानी के बारे में। *शवयात्रा* पर जो सवाल उठे थे, वह एक बहुत ही अहम मसले की तरफ़ इशारा करते हैं। दलित जातियों में जो उपजातियाँ हैं, उनके भीतर जो अलगाव हैं उसके ऊपर यह कहानी एक अहम सवाल उठाती है। बहुत ही अच्छी कहानी है। इस कहानी को मैंने बहुत ही बारीक़ी से पढ़ा है। यह एक सवाल है, जिसको आप शिद्दत से उठा रहे हैं। लेकिन स्त्री के सवाल पर आप कुछ दूसरी भूमिका ले रहे हैं। इस पर थोड़ी रोशनी डालें।

आपने कहा है कि दलित समुदाय में लिंग आधारित भेदभाव नहीं है। पिछले वर्ष ही हम लोगों ने मिल कर स्त्री नैतिकता के तालिबानीकरण पर एक विशेषांक मजबूर होकर निकाला। अब वह स्थिति है और यह आपका स्टेटमेंट है। पॉलिटिकल स्टेटमेंट है आपका। हम जब आत्मालोचना करने लगते हैं तब कहीं और खड़े होते हैं। औरों के साथ औरों की आलोचना तब हम कहीं और खड़े होते हैं।

वाल्मीकि : विमलजी से ही शुरू करते हैं क्योंकि उन्होंने एक इतना गंभीर सवाल उठाया है। मेरा यह कहना है कि जिस घटना की उन्होंने बात की, वह घटना दलित-साहित्य के बीच से निकल कर आई है, और उस घटना पर जिस तरह का विरोध दलित स्त्रियों ने किया वह भी सबकी जानकारी में है। मैं बिल्कुल खुलकर बात करता हूँ। खुलकर नाम लेकर बात करूँगा कि धर्मवीर की किस रचना के आधार पर आप उसको दलित-साहित्यकार मानती हैं। विमलजी मुझे आप बता दीजिए कि वे दलित-साहित्यकार हैं ? वे दलित-साहित्यकार नहीं हैं, इसलिए इस तरह की बात कर रहे हैं। आप बताइये कि किस रचना के आधार पर आप उनको दलित-साहित्यकार कहती हैं। आप बताइए, सीधा सवाल आप से है। (***विमल :*** *नही मेरा यह सवाल ही नहीं है।*) सवाल क्यों नहीं है। सवाल जुड़ा है। चूँकि उसके केंद्र में धर्मवीर हैं और धर्मवीर दलित-साहित्यकार नहीं हैं। जन्मना अगर हैं, तो मैं इस सिद्धांत को बिल्कुल मानने के लिए तैयार नहीं हूँ। जन्मना होने के तो विरोध में खड़े हैं हम। (***विमल :*** *नहीं-*

नहीं, स्त्री नैतिकता का तालिबानीकरण वाला अंक जो है, वह कहता है कि आरोप-प्रत्यारोप जो दलित स्त्री पर उठाए गए हैं कि वह जन्मना व्यभिचारिणी है, और उसके कई उदाहरण उन्होंने दिए हैं कि वह फलाँ-फलाँ है। तब क्या हम चुप रहेंगे? ... ...जब हमने मैंने यह कहा कि जब हम सबने मिलकर कहा, तो उसमें आप निश्चित रूप से सम्मिलित हैं। मैं आप पर आक्षेप नहीं कर रही हूँ। आपके दो जो स्टेटमेंट हैं, उनमें बहुत अंतर है। इसलिए हमने यह सवाल उठाया।) । मैं भी उन्हीं की बात कर रहा हूँ, मेरा आर्टिकल नहीं आया इस पर। ...... नहीं अंतर नहीं है। अंतर इसलिए नहीं है और मैं फिर से उस पॉइंट पर आ रहा हूँ जो अनामिका ने उठाया था।

मेरा यह मानना है कि कुछ लोग यह आरोप लगाते हैं दलित-साहित्यकारों पर कि स्त्रियों को केंद्रित करके कहानियाँ नहीं हैं उनकी। मेरी कम से कम जो इस वक़्त अचानक याद आ रही है एक कहानी जो आपने ही इगनू के पाठ्यक्रम में लगाई हुई है : *यह अंत नहीं*। वह कहानी मेरी है जिसमें स्त्री की भूमिका प्रमुख है। इसमें स्त्री-विमर्श को आगे बढ़ाती है। अब कितना आप मानते हैं उसे या नहीं मानते, लेकिन मेरा यह मानना है कि *यह अंत नहीं* कहानी में स्त्री-विमर्श को ही आगे बढ़ाया गया है। दूसरी एक कहानी है जो दलित अंतर्द्वंद्वों के साथ स्त्री को सामने लाती है। वह है *अम्मा* । उसे भी आपने सहायक पुस्तक कहानी के रूप में अपने पाठ्यक्रम में रखा हुआ है। यह दो कहानियाँ मुझे एकदम से अभी याद आईं। तीसरी मेरी एक कहानी है *रिहाई* जिसमें स्त्री की एक बहुत महत्त्वपूर्ण भूमिका है। वह एक कमरे के अंदर बंद है, एक गोदाम में बंद है, वहाँ किस तरह जूझ रही है। तो मैं यह नहीं मानता हूँ कि स्त्रियों को लेकर हम लोग चिंतित नहीं हैं या हमारी नज़र नहीं है। *जिनावर* कहानी है जिसमें एक स्त्री के संघर्ष को उभारा गया है।

ये आरोप मुझे लगता है कि आधी-अधूरी सूचनाओं के आधार पर लगाए जाते हैं। मैं यह नहीं कह रहा कि शत-प्रतिशत दलित-साहित्यकार ऐसा लिख रहे हैं। लेकिन जो लिखा जा रहा है हमें उसे भी तो रेखांकित करना होगा। अगर मान लें कि कम लिखा जा रहा है तो लोग लिख तो रहे हैं, उसे नकारा कैसे जाए? और भी सूत्र आपको दे सकता हूँ अगर *जूठन* में पिता की भूमिका महत्त्वपूर्ण है, तो माँ की भूमिका भी उतनी ही महत्त्वपूर्ण है। अगर आपको याद पड़ता है कि *जूठन* पढ़ने के बाद तो जिस स्तर पर पिताजी इंटरेक्ट कर रहे हैं मेरे साथ, उसी स्तर पर माँ भी कर रही है। तो इसलिए जहाँ लिखा जा रहा है तो उसको भी तो रेखांकित करना होगा। बिल्कुल एकदम सिरे से तो नकारने से काम नहीं चलेगा।

तो यह मुझे कहना था कि दलित समाज में द्वंद्व है। मैं मानता हूँ कि हमारे समाज में अभी बहुत सारी चीज़ें हैं जिनसे हमें लड़ाई करनी पड़ रही है। ...... आत्मकथा और कहानियों के बीच में जो अंतर आया है वह अंतर एक फ़ॉरमेट का अंतर है, लेकिन उसमें कोई आधारभूत अंतर नहीं है। दूसरी बात जो एक बहुत ही महत्त्वपूर्ण बात राजीवजी ने कही है। छायावाद की व्याख्या कुछ भी कीजिए, स्वर्ण-युग कहिए या कोई और युग कहिए, लेकिन हक़ीक़त तो हक़ीक़त है। उससे आप आँखें नहीं मूँद सकते। हक़ीक़त तो यह है कि वह समय-काल से

पिछड़ा हुआ था। आधुनिकता-बोध उसमें नहीं है। और दूसरा, अगर भक्तिकाल इतना ही महत्त्वपूर्ण था तो उसके बाद रीतिकाल का जन्म होता है। और रीतिकाल क्या है, आप अच्छी तरह जानते हैं। यानी दरबारी कवि हैं सबके सब। उसकी परिणति कितने भयानक रूप में होती है। आप इसे स्वीकार नहीं करेंगे। चूँकि हमने एक चश्मा पहन लिया है श्रेष्ठता-भाव का, इसलिए हमें सब श्रेष्ठ ही दिखाई देता है। और संतों की मैंने बात की है। संत रैदास और कबीर की ओर मेरा इशारा है कि भक्तिकाल के जो संत थे वे दलित समाज में वह काम नहीं कर पाए जो आम्बेडकर ने कर दिया। आप पूरे भक्तिकाल को पाठ्यक्रमों के हिसाब से देखते हैं कि क्या रट कर पढ़ा रहे हैं। लेकिन एक पाठक की दृष्टि से आप पढ़ना शुरू कीजिए और एक दलित की दृष्टि से पढ़ना शुरू कीजिए। आपको चीज़ें समझ में आने लगेंगी। स्त्री के प्रति कबीर की राय क्या है? उसे भी तो याद रखिए।

जो लोग महत्त्वपूर्ण हैं उनकी बात नहीं की जाती। आप पलटू की बात नहीं करते। आप आधुनिक कवियों में श्रीधर पाठक की बात नहीं करते। चूँकि वे परिवर्तन की बात कर रहे हैं इसलिए उनकी बात आप नहीं करते। न रामचंद्र शुक्ल करते हैं, न हजारीप्रसाद द्विवेदी करते हैं, न आप जैसे विद्वान लोग करते हैं। कीजिए न पलटू की बात। अगर पलटू और श्रीधर की बात की होती, तो शायद आज हिंदी साहित्य को दलित-साहित्य की ज़रूरत न होती। मेरी ऐसी धारणा है। यह ज़रूरत आप लोगों ने पैदा की है। चूँकि पाठ्यक्रमों में आप रटी-रटाई चीज़ें पढ़ते हैं। नामवर जी जैसे विद्वान मौजूद हैं, व्याख्या अच्छे से कर देते, बहुत बढ़िया तरीक़े से कर देते हैं। जैसे मार्क्सवाद की व्याख्या रामविलास शर्माजी करते रहे हैं और फिर हिंदी जाति का उदाहरण देते रहे। हिंदी जाति तो हमारे देश में है ही नहीं। हमारे यहाँ सिर्फ़ जातियाँ हैं। एक नई अवधारणा कहाँ से आ गई? यह मार्क्सवादी विचारधारा से आप लाए होंगे। लाइए। पढ़ाते रहिए। संजीवजी बैठे हैं यहाँ बताएँगे कि यह हिंदी जाति कहाँ से पैदा हो गई। हम तो जातियाँ समझते हैं। जातियाँ हैं, यहाँ पर हज़ारों जातियाँ हैं। उन जातियों पर बात कीजिए। और उसी की लड़ाई है हमारी। और मेरे ख़याल से बाज़ारवाद पर बहुत महत्त्वपूर्ण सवाल था। बाज़ार की बात अभयजी ने बहुत तरीक़े से कही। लेकिन मुझे ऐसा लगता है कि पिछले दस-पंद्रह सालों में *जूठन* बहुत पढ़ी गई है। लेकिन लाख रुपया आज तक मुझे नहीं मिला। और आज भी मुझे किताब लेकर भटकना पड़ता है। मुझे तो आज तक समझ में नहीं आया कि कोई भी किताब मेरी बहुत आसानी से छपी हो। *जूठन* ज़रूर आसानी से छप गई। चूँकि उस वक़्त की बात है जब मैं बिल्कुल नया था। प्रकाशक ने ख़ुद मुझसे सम्पर्क किया कि आप आत्मकथा लिख रहे हैं, हमें दीजिए हम छापेंगे। लेकिन उसके बाद मुझे हर किताब के लिए संघर्ष करना पड़ा। आप सोच सकते हैं कि मेरा एक कविता संग्रह हाल ही में आया है। अभयजी ने सुनी नहीं मेरी बात पूरी कि *जूठन* इतनी पढ़ी गई, लेकिन मुझे आज तक एक लाख रुपया नहीं मिला। दूसरा, अभी जो मेरा नया कविता संग्रह आया है *अब और नहीं* छह साल बाद आया है। प्रकाशन ने उसे छापने में इतना समय लिया और आप कह रहे हैं कि दलित साहित्य का बाज़ार है। विजेता-विमर्श है। मुझे लगता है कि ऐसा कहना भी एक तरह का वितंडावाद है। अब बताइये कहाँ

बाज़ारवाद है, कहाँ दलित खड़े हैं। और व्यक्तिगत अनुभवों के आधार पर कह रहा हूँ कि बंबई, पूना की कंपनियों में चले जाइए। किर्लोस्कर और जितनी भी बड़ी-बड़ी कंपनियाँ हैं, एक भी दलित नहीं मिलेगा। जात पूछ कर रखते हैं। प्राइवेट कारपोरेट जगत में दलित के लिए नो एंट्री का बोर्ड लगा हुआ है जो दिखाई नहीं देता। किसी को अगर जाना है तो छुप-छुपा कर चला जाएगा। ओमप्रकाश वाल्मीकि हटा कर उसमें लिख देगा ओम वशिष्ठ या ओमप्रकाश त्रिपाठी, तो एंट्री मिल जाएगी, बहुत आसानी से मिल जाएगी। *(**कौशिक** : आपने शायद यह आरक्षण की तरफ़ इशारा किया है।)* नहीं, यह आरक्षण की तरफ़ नहीं है बिल्कुल नहीं है। आप दिल्ली के पाँच बड़े अख़बारों को उठा कर देख लीजिए उसमें मुझे बता दीजिए कितने दलित हैं। *(**आदित्य** : सही बात है। वह तो तय है। यह बहस का मुद्दा ही नहीं है।)* और, मीडिया में बता दीजिए कितने दलित हैं। और, अगर कोई है तो जात छुपा के है। मज़बूरन उसको यह काम करना पड़ रहा है जात छुपा कर। वह डरा रहता है हर समय कि कब मेरी पोल खुल जाएगी। इसलिए बाज़ारवाद का एक हौवा है। एक दलित होने के नाते तो मेरी धारणा बिल्कुल पुख़्ता है कि बाज़ारवाद में दलितों का रास्ता बंद हो चुका है।

आदित्य : सदर-ए-महफ़िल के नाते ऐसे कैसे उठ कर चले जाएँ, और वैसे भी, मैं भी मुँह में ज़ुबान रखता हूँ। बहस काफ़ी हुई, मगर मुझे दो-एक चीज़ों पर कुछ खटक रहा है। मैं उसको आपके सामने रख देना चाहता हूँ ताकि हमारे अगले सत्र की बहस में भी, और आगे के छह दिन यह चीज़ें उठती रहें। थोड़ा मुझे लगा कि अक्सर हम लोग अंग्रेज़ी में जिसे कहते हैं कि टाकिंग पास्ट ईच अदर कर रहे हैं। हम लोग एक-दूसरे की बात से सीधे-सीधे एंगेज शायद नहीं कर पा रहे हैं। अब दो-तीन मिसालें छोटी और दूँ। मसलन, जैसे अभय ने शुरू में जब यह कहा, यह मैं निगेटिव मतलब से नहीं कह रहा हूँ, कि दलित-विमर्श एक विजेता विमर्श है और आज वह छाया हुआ है और आपने मिसाल दी कि किसी भी प्रकाशक के पास जैसे फ़ेमिनिज़म वैसे ही दलित राइटिंग लेकर चले जाइए फौरन आप लाख रुपये नहीं तो पचास हज़ार मिल जाएँगे। जो भी हो ख़ैर मसला मेरे हिसाब से यहाँ पर यह है कि हम लोग और जो मैंने ओमप्रकाशजी के वक्तव्य में पढ़ा, हो सकता है कि वह उतना स्पष्ट रूप से सामने नहीं था, लेकिन मैंने पढ़ा वह यह कि हिंदी की आधुनिकता हिंदी की चेतना और हिंदी की आत्मिक छवि में दलित कहाँ है, यह सवाल था। हम लोगों ने उसे काफ़ी हद तक मैं यह नहीं कह रहा हूँ कि नए सवाल नहीं उठ सकते। लेकिन उस पर्चे में यह सवाल भी उठा था जो मूल सवाल था। बहस दरअसल यह हुई कि दलित चेतना क्या है। हिंदी चेतना हिंदी की आत्म-छवि का सवाल जो है वह बहुत बारीक़ी से किनारे लग के दलित चेतना का सवाल और दलित चेतना के अंदरूनी संघर्ष और अंदरूनी, क्या कहना चाहिए कंटस्टेशंस, की तरफ़ चला गया है जो बहुत अच्छी बात है। लेकिन मुझे लगता है कि अगर हम सात दिन का यह हिंदी आधुनिकता और हिंदी की आधुनिकता पर चर्चा का वह लेकर बैठे हैं एजेंडा लेके बैठे हैं, तो हमें यह देखना पड़ेगा कि आज अगर हिंदी के स्थापित मठों पे हमला कई दिशाओं

से हो रहा है। हो सकता है इसमें अतिरंजना का सहारा लिया गया हो। हो सकता है बहुत सारी चीज़ें हो रही हों। लेकिन कहीं न कहीं उसमें है ऐसा, या है क्या कम से कम यह सवाल तो पूछा ही जा सकता है कि क्या कुछ इसमें ऐसा है जिसमें हमें सोचने की ज़रूरत है या हम सिर्फ़ इस पर जवाब देना चाहते हैं कि यह ऐसा था और ऐसा नहीं था।

अगर दलित लेखक जन्मना दलित लेखक नहीं हैं, और अगर यह संभव है कि आप जन्मना दलित होकर ग़ैर दलित-साहित्य लिख सकते हैं तो क्या यह संभव है कि आप जन्मना दलित न होकर भी ग़ैर-दलित-साहित्य लिख सकते हैं। यह सवाल है, मैं सिर्फ़ सवाल आपके सामने छोड़ रहा हूँ उस साहित्य में *मोहनदास* का शुमार होगा कि नहीं होगा यह अलग सवाल है।

यही बात मुझे ओमप्रकाशजी आपकी भी एक-आध जगह पर मुझे ऐसा लगा कि आपने भी शायद सवाल को सीधे न लेकर उसके बगल से अपना जवाब दे दिया। थोड़ा-सा अगर हम लोग एक-दूसरे के सवालों से सीधे टकराएँ तब शायद बात बनेगी। मसलन अगर दलित लेखक जन्मना दलित लेखक नहीं हैं, और अगर यह संभव है कि आप जन्मना दलित होकर ग़ैर दलित-साहित्य लिख सकते हैं तो क्या यह संभव है कि आप जन्मना दलित न होकर भी ग़ैर-दलित-साहित्य लिख सकते हैं। यह सवाल है, मैं सिर्फ़ सवाल आपके सामने छोड़ रहा हूँ उस साहित्य में *मोहनदास* का शुमार होगा कि नहीं होगा यह अलग सवाल है। अगले दो पर्चों के दौरान भी इस पर बातचीत जारी रहेगी कि अगर जन्मना ग़ैर-दलित होकर भी दलित-साहित्य लिखा जा सकता है, तो वह कैसा साहित्य हो सकता है, उसकी अगर थोड़ी बहुत बातचीत हम लोग कर पाएँ तो वह भी मेरे ख़याल से बेहतर होगी। एक चीज़ जो विनीत ने सवाल बाज़ार वाला पूछा था। हमें लगता है कि इसमें दो चीज़ों का घालमेल हो रहा है, जो बने हुए मठ हैं, वह चाहे मीडिया हो या एकेडमिक संस्थान हों चाहे कुछ हों, वहाँ पर बाज़ार आ जाए या कुछ भी आ जाए पहरेदार खड़े हैं, और वह पहरेदार आपको घुसने नहीं देंगे। बाज़ार का जो सेलिब्रेशन है वह इसलिए है कि अगर आप कोई धंधा शुरू करना चाहते हैं तो कोई पहरेदार कोई मठ आपको रोकने वाला नहीं है। बाज़ार का सेलिब्रेशन वहाँ हो रहा है कि आपके सामने बहुत सारी चीज़ें खुल रही हैं, आप चाहें आप लगाइये। और मुझे लगता है कि शायद वहाँ बहुत सारी चीज़ें खुली हैं, दलित-विमर्श के लिए और हिंदी के लिए भी। तो शायद इस पर हम लोग चर्चा आगे जारी रखें।

अध्यक्ष ◙ आदित्य निगम

अजय नावरिया ◙ आम्बेडकरवादी चिंतन और दलित-लेखन : आधुनिकता की प्रक्रिया में अभिकारक तत्त्व

शीर्षक के तौर पर मुझे 'दलित-लेखन की हाशियाग्रस्त आधुनिकता और संस्कृति की राजनीति' विषय बताया गया था, परंतु उसके तहत बोलने की बजाय मैंने इस पर्चे का शीर्षक कुछ और बनाया है। यह है : 'आम्बेडकरवादी चिंतन और दलित-लेखन : आधुनिकता की प्रक्रिया में अभिकारक तत्त्व'। सुबह दो वक्ताओं ने अपनी बात कही, और मैंने दोनों को ध्यान से सुना। कुछ सवाल मेरे दिमाग़ में थे। मुझे लगता है कि वे ज़रूरी हैं और मैं उन पर भी हल्की सी बात करता हुआ चलूँ। बहरहाल, अपने पर्चे की शुरुआत में मैं सबसे पहले आधुनिकता की अवधारणा की समझ क़ायम करने की इजाज़त चाहूँगा, क्योंकि मैं और उलझ गया हूँ इसमें। जैसा कि सुबह सुधीर चंद्रजी ने भी कहा, बातचीत में भी कहा गया और फिर निर्मलजी के संदर्भ में आया, *क़फ़न* कहानी का प्रकरण भी आया जिसमें आधुनिकता का शराब पीने से ताल्लुक़ जोड़ा गया। मुझे समझ में नहीं आता है कि पीना-पिलाना आधुनिकता का लक्षण है या नहीं है? व्यक्तिगत चीज़ें हैं ये। अब कल कोई यह कहेगा कि मैं घिया खाता हूँ, इसलिए मैं आधुनिक हूँ, मैं मांस नहीं खाता हूँ इसलिए आधुनिक नहीं हूँ, तो मुझे नहीं लगता है कि आधुनिकता से कुछ इसका लेना-देना बनता होगा। शायद ये उसके बाह्य आचरण हैं। इनका उससे कोई संबंध नहीं बनता। यदि बनता है तो मैं उसको भी जानना चाहता हूँ कि क्या वाक़ई वह बनता है। कुछ लोगों ने आधुनिकता को लेकर कहा कि क्या ज़रूरी है कि पश्चिम से ही इसका संदर्भ लिया जाए, हमारे अपने चिंतन में इसके संदर्भ के बिंदु क्यों न खोज लिये जाएँ? मुझे लगता है कि इस क्रम में कुछ लोग उपनिषद तक जाते हैं, कुछ लोग वेद तक भी जाएँगे, कुछ लोग पुराणों को छोड़ देंगे, क्योंकि पुराण सीधे-सीधे जन्म-जन्मांतर, अवतार, तीर्थ, गंगा,

नदियों —इन तमाम चीज़ों के लिए हैं। तो, उपनिषदों में मुझे नहीं लगता कि वहाँ आधुनिकता की अवधारणा है।

आधुनिकता की अवधारणा का किसी उपनिषदीय अवधारणा से ताल्लुक़ तो नहीं ही होगा। इत्तफ़ाक़न मैं जामिया मिलिया इस्लामिया में हिंदू धर्म-शास्त्र पढ़ाता हूँ। मैं बता देना चाहता हूँ कि वाया उपनिषद हम लोग आमतौर पर जो थोड़ी-बहुत चर्चा करते हैं विद्यार्थियों के बीच, तो मैं देखता हूँ कि उपनिषदों में जो चिंता है वह कुछ ऐसी होती है कि मैं कहाँ से आया हूँ, मुझे बनाने वाला कौन है, ईश्वर के सूक्ष्मतम रूप, यज्ञ का बहिष्कार, आदि। इसका आधुनिकता से कहाँ कोई संबंध बनता है, मैं उसको भी जानना चाहता हूँ। कैसे हम उसमें कोई आधुनिकता खोज लेंगे? मैं उसी को समझना चाह रहा हूँ और उसी को समझने में हो सकता है कि मैं कुछ बात कह जाऊँ। चूँकि लोकतंत्र है विचारों की दुनिया में कोई बड़ा-छोटा नहीं होता। उस युद्ध में सब बराबर होते हैं।

क्या आधुनिकता का समाज की दूसरी परिघटनाओं से कोई लेना-देना नहीं है? आधुनिकता वैश्विक संदर्भों में भले कुछ हो, पर भारतीय संदर्भों में वह न तो एक निरपेक्ष अवधारणा है, और न ही वह सामाजिक प्रक्रिया से विच्छिन्न है। इस प्रक्रिया को सफल बनाने के लिए या असफल करने के लिए कुछ अभिकारक जिम्मेदार हैं। धर्म इसमें एक सक्रिय अभिकारक है।

इस अवधारणा पर थोड़ा बात किए बिना मैं मुख्य विषय पर आने में थोड़ी हिचक महसूस कर रहा हूँ। और यह भी कि यह समझने की कोशिश कुछ सवालों के रूप में होगी। आख़िर आधुनिकता की अवधारणा जिसे हम जानते-समझते और बरतते हैं वह वास्तव में क्या है। क्या वह एक निरपेक्ष अवधारणा है, जिसका समाज की दूसरी परिघटनाओं से कोई लेना-देना नहीं है? क्या वह व्यक्ति या समुदाय की धार्मिक मुक्ति या उससे आज़ादी से ही संबंधित है? इस संबंध में हम देखें कि आधुनिकता की अवधारणा वैश्विक संदर्भों में भले कुछ हो, पर भारतीय संदर्भों में वह कुछ और ही स्वरूप धारण किए हुए है। इस तरह न तो वह एक निरपेक्ष अवधारणा है, और न ही वह प्रक्रिया से विच्छिन्न है और इसलिए इस प्रक्रिया को सफल बनाने के लिए या असफल करने के लिए कुछ अभिकारक जिम्मेदार हैं। धर्म इसमें एक सक्रिय अभिकारक है। आधुनिकता को लेकर एक द्वंद्व यह भी है कि क्या यह व्यक्ति या समुदाय की धार्मिक आज़ादी से संबंधित है, या मनुष्य की धर्म मात्र से मुक्ति से जुड़ी हुई है।

अब यहाँ यह इतना स्पष्ट करना ज़रूरी नहीं है कि मनुष्य की धर्म मात्र से मुक्ति का अर्थ धर्मों के सांस्थानिक रूप से है। किसी भी प्रजातांत्रिक राष्ट्र-राज्य में मनुष्य की धर्म से मुक्ति के बजाय व्यक्ति या समुदाय की धार्मिक आज़ादी को वरीयता दी जाती है। इसमें अंतर्भूत विचार यह होता है कि राष्ट्र-राज्य किसी धार्मिक संगठन या विचार को प्रश्रय नहीं देगा, उलटे वह उसे इस स्थिति में हतोत्साहित करने की कोशिश भी करेगा कि यदि उसके तथाकथित धार्मिक आचरण से राष्ट्र की छवि को कोई नुक़सान पहुँच रहा हो। इसी संदर्भ में सेकुलर शब्द की उपस्थिति है, जिसका हिंदी अनुवाद धर्मनिरपेक्षता कुछ हद तक ही यानी

आंशिक ही ठीक है। वरना इसका सही अनुवाद पारलौकिकता के बरक्स इहलौकिकता के ज्यादा क़रीब है। अब इसमें हम चारवाकों को याद कर सकते हैं। अगर हम अपने भारतीय संदर्भों में जाना चाहें, तो एक पूरी समानांतर विचार-शृंखला है जो बुद्ध से शुरू हो रही है। आप देखेंगे कि यह पूरी एक चिंतन-परंपरा ही है। अब इसी क्रम में धर्मांतरण की सुविधा भी अगली कड़ी बनती है। चूँकि हम जानते हैं कि आधुनिकता का दौर पश्चिमी देशों में चर्च से मुक्ति से जुड़ा था। आधुनिकता वैज्ञानिक चेतना के सापेक्ष है, और चर्च वैज्ञानिक खोजों और आविष्कारों के विरोध में सक्रिय था। सोलहवीं शताब्दी में किए गैलीलियो के काम को चर्च ने स्वीकृति नहीं दी थी। अभी बीसवीं सदी में १९९० में चर्च ने यह स्वीकृति मेरी जानकारी के हिसाब से दी है। अपने समय में गैलीलियो ने अपने काम के लिए लिखित माफ़ीनामा दिया था, तब उसकी जान बची थी। इस दिशा में पश्चिम के व्यापारियों का सहयोग भी क़ाबिले-ग़ौर है।

पश्चिम में चर्च या धर्म से मुक्ति और वैज्ञानिक चेतना से जुड़ाव इसलिए भी संभव हो सका, मेरी टिप्पणी शायद नाग़वार गुजर सकती है, कि व्यापारी वर्ग, मैं पूँजीवाद नहीं कह रहा हूँ, इन वैज्ञानिक चेतना-सम्पन्न मस्तिष्कों के साथ खड़ा हुआ था। भारत में इसके बिल्कुल उलट स्थिति थी। औद्योगिक क्रांति के फलस्वरूप बाद में उभरे पूँजीवाद ने सामंतवाद को ढहा दिया और पाश्चात्य दुनिया में पूँजीवादी समाज में पहले रहना सीखा, इसके चलते शहरीकरण और उद्योगीकरण की प्रक्रिया को बल मिला। मैं पूँजीवादी समाज की वकालत करने की कोशिश नहीं कर रहा हूँ बल्कि इसके विपरीत शहरीकरण और उद्योगीकरण की प्रक्रिया के चरणबद्ध विकास के संभव न हो पाने की आलोचना कर रहा हूँ। कोई लाख बार कहे, तब भी यह मानने में मुझे जाने क्यों आपत्ति होती है कि शहरीकरण और उद्योगीकरण के बजाय ग्रामों की आत्मनिर्भरता एक अच्छा विकल्प है। मैं गाँवों की आत्मनिर्भरता को आज के हालात में अच्छा नहीं मान पाता हूँ। यहाँ बढ़ कर मुझे कहना यह भी है कि भारतीय ग्रामीण संस्कृति आधुनिकता की प्रक्रिया में एक अनिवार्य बाधा है, क्योंकि वह ढाँचा मूलतः सामंती है। यह ठीक है कि ग्राम्य आत्मनिर्भरता एक अच्छा मूल्य है, परंतु राष्ट्र के सर्वांगीण विकास के लिए मौजूदा हालात में यह एक अनिवार्य बुराई है। राष्ट्र का विकास हो या सामाजिक विकास, वहाँ आत्मनिर्भरता के स्थान पर पारस्परिकता का चुनाव होना चाहिए। यह पारस्परिकता उत्पादन के सभी साधनों और अन्य संसाधनों पर लागू होनी चाहिए। किसी गाँव, शहर या समाज के आत्मनिर्भर इकाई बनने के दुष्परिणाम यह होते हैं कि जो समाज किन्हीं आधारों पर विकास के प्रचलित मॉडल

भारतीय ग्रामीण संस्कृति आधुनिकता की प्रक्रिया में एक अनिवार्य बाधा है, क्योंकि वह ढाँचा मूलतः सामंती है। यह ठीक है कि आत्मनिर्भरता एक अच्छा मूल्य है, परंतु राष्ट्र के विकास के लिए यह एक अनिवार्य बुराई है। राष्ट्र का विकास हो या सामाजिक विकास, वहाँ आत्मनिर्भरता के स्थान पर पारस्परिकता का चुनाव होना चाहिए।

में पिछड़ गए हैं वहाँ उनके लिए कोई समुचित प्रयास नहीं किये जाते। यह आधार रंग, नस्ल, धर्म, लिंग या जाति पर भी हो सकते हैं।

भारत में यह वंचित समाज जाति की सामुदायिक पहचान के कारण है और तथाकथित मुख्यधारा में शामिल करने के लिए उन्हें आरक्षण की सुविधा प्रदान की गई है। आरक्षण की व्यवस्था किसी भी प्रजातांत्रिक राष्ट्र-राज्य की पहचान है क्योंकि यह उसके लोक कल्याणकारी रूप से जुड़ी हुई है। आधुनिकता की प्रक्रिया को तेज़ करने के लिए यह विभिन्न देशों में विभिन्न आधारों और नामों के रूप में प्रचलित है। हममें से शायद सभी इस तथ्य से इंकार नहीं करेंगे कि साहित्य समाज से निरपेक्ष नहीं होता है। हो नहीं सकता है। वह प्रत्यक्ष या परोक्ष रूप से समाज से ही प्राण और स्वरूप प्राप्त करता है, वह न केवल समाज की स्थितियों का यथातथ्य चित्रण करता है बल्कि वह उन मन:स्थितियों का और उनके परिणामस्वरूप सामाजिक-राजनीतिक स्थितियों के निर्माण में भी भूमिका निभाता है, जो वर्गीय हितों को पूरा करते हैं। मैं यहाँ वर्गीय कह रहा हूँ। वास्तव में भारत में यह हित वर्ण या जाति आधारित हैं। इसी भूमिका के चलते साहित्य में कुछ हाशिये की आवाज़ों की उपस्थिति से एक मुख्यधारा निर्मित हो जाती है।

> **मुख्यधारा जहाँ वर्चस्व का प्रतिनिधित्व करती है, वहीं हाशियाकृत विमर्श प्रतिरोध की पीठिका बनते हैं। हालाँकि मुख्य धारा एक हास्यास्पद अवधारणा है और इसके लिए मैं अक्सर मेनस्ट्रीम सिनेमा की फूहड़ता को उद्धृत करता हूँ जहाँ अक्सर वास्तविक यथार्थ से दूर कुछ जुमलेबाजियाँ, चोचलेबाजियाँ और कुछ कलाबाजियाँ होती हैं। ... वस्तुतः यह हाशियाग्रस्त साहित्य ही मुख्यधारा का साहित्य माना जाना चाहिए।**

मुख्यधारा जहाँ वर्चस्व का प्रतिनिधित्व करती है, वहीं हाशियाकृत विमर्श प्रतिरोध की पीठिका बनते हैं। हालाँकि मुख्यधारा एक हास्यास्पद अवधारणा है और इसकी समतुल्यता के लिए मैं अक्सर मेनस्ट्रीम सिनेमा की फूहड़ता को उद्धृत करता हूँ जहाँ वास्तविक यथार्थ से दूर कुछ जुमलेबाजियाँ, चोचलेबाजियाँ और कुछ कलाबाजियाँ होती हैं। वहाँ एक अदद नायक होता है। उसके साथ ज़रूरी तौर पर उसकी नायिका होती है। उसका काम सिर्फ़ पेड़ों के इर्द-गिर्द नाचना होता है और कुछ स्थितियों में उसका जो काम होता है वह खलनायक के लिए उपलब्ध होना होता है। इससे अधिक हमारा जो मेनस्ट्रीम सिनेमा है, उसका कोई सत्य नहीं दिखता है।

वस्तुत: इसके उलट जिन्हें हम हाशियाकृत या हाशियाग्रस्त साहित्य कहते हैं, मैं ग्रस्त से ज्यादा कृत को ठीक समझता हूँ, वह वास्तविक, समस्याप्रधान और मार्गदर्शक होता है। वस्तुत: यह हाशियाग्रस्त साहित्य ही मुख्यधारा का साहित्य माना जाना चाहिए। परंतु जैसा कि हम सब जानते हैं कि इस तथाकथित मुख्यधारा का संबंध जीवन-जगत की समस्याओं से अलग, उत्पादन के साधनों, फैलोशिपों, पुरस्कारों, सम्मानों, पदवियों पर वर्चस्व और एकाधिकार से है। जब तक इन हाशिये के कहे जाने वाले समाजों और साहित्यों के साहित्यकारों या लेखकों के हाथों में यह पदवियाँ, ये सत्ता के विभिन्न उपकरण, जो समाज में किसी को सीधे या

अप्रत्यक्ष रूप से लाभ पहुँचाते हैं, नहीं आएँगे तब तक वह हमेशा मुख्यधारा से बाहर बने रहेंगे। और, शायद मेरा यह सोचना आत्यंतिक नहीं होगा कि मुख्यधारा की अवधारणा आधुनिकता की प्रक्रिया को बाधित करती है, क्योंकि यह सामाजिक न्याय और साहित्यिक विवेक को कुंठित करती है।

आधुनिकता की अवधारणा और उसके अभिकारकों के विश्लेषण के बाद मैं भारत में आधुनिकता की अवधारणा और उसके विकासात्मक रूप के बारे में बात करना चाहूँगा। राजा राममोहन राय जिन्हें हम लोग आधुनिक भारत का जनक कह कर आदर देते हैं, ने २० अगस्त १८२८ को आधुनिक विचारों के प्रचार-प्रसार के लिए ब्रह्म समाज की कलकत्ता में स्थापना की। यह उनकी अपनी वैचारिक स्थापनाओं और मान्यताओं का सांस्थानिक रूप था।

१८२८ में ब्रह्म समाज की स्थापना के बहुत पहले १८१८ में उन्होंने सती प्रथा के विरुद्ध जमकर संघर्ष किया था, और नतीजे में १८२९ में भारत के तत्कालीन गवर्नर जनरल विलियम बैंटिक द्वारा सती प्रथा पर कानूनी रोक लगवा दी थी। यहाँ अगर मैं थोड़ा रुक कर यह सवाल उठाता हूँ कि राजा राममोहन राय ने जैसा स्त्रियों के लिए संघर्ष किया, वैसा जातिवाद के विरुद्ध क्यों नहीं किया, तो यह शायद मेरी नुक्ताचीनी मानी जाएगी। दूसरे, अगर मैं यह कहूँ कि उन्होंने अपने संगठन का नाम ब्रह्म पर आधारित ही क्यों किया, तो यह भी एक छिद्रान्वेषण ही होगा। तीसरे, राजा राममोहन राय जिन्होंने १८०९ में 'तुहफ़ात-ए-उल मुफ़ातबीन', इसको मैं हिंदी में बताए दे रहा हूँ क्योंकि यह फ़ारसी का शब्द है, 'एकेश्वरवाद का उपहार' नामक पुस्तक फ़ारसी में लिखी और १८२० में 'ईसा के नीति वचन : शांति और खुशहाली' लिखी। ऐसे प्रबुद्ध नागरिक ने धर्मांतरण का विरोध क्यों किया? जैसा कि मैंने कहा था कि धर्मांतरण एक मुख्य अभिकारक स्थिति में होता है, जब किसी भी आधुनिकता की बात करते हैं तो वह उसकी आज़ादी होती है, किसी व्यक्ति की।

हम देख चुके हैं कि आधुनिकता की प्रक्रिया को तेज़ करने, बहाल और बाधित करने में धर्म की एक महत्त्वपूर्ण भूमिका है। राजा राममोहन राय ने हिंदू संस्कृति के बचाव और धर्मांतरण के विरोध में तत्कालीन अंग्रेज़ सरकार से अपील करते हुए एक लेख लिखा। इस लेख का शीर्षक 'ए डिफ़ेंस ऑफ़ हिंदू कल्चर' है।

वे इसमें लिखते हैं : *'द इंगलिश आर सेलिब्रेटिड फॉर द मेनीफेस्टेशन ऑफ़ ह्यूमेनिटी एंड फार एडमिनिस्टिरिंग जस्टिस एंड एज़ ए ग्रेट मैनी जेंटिलमेन अमंग देम आर नोटिस्ड टु हैव हेड एंड एवर्ज़न टु वायलेट ईक्विटी। इट वुड टेंड टु डिस्ट्रॉय देअर एकर्नॉलिज़्ड कैरैक्टर इफ़ दे फॉलो द एग्ज़ाम्पल ऑफ़ द फॉरमर सेवेज कांक्वरर्स इन डिस्टर्बिंग द एस्टब्लिश्ड रिलीजन ऑफ़ द कंट्री। बिकॉज़, टु इंट्रोड्यूस ए रिलीजन बाई मीन्स ऑफ़ एब्यूज़ एंड इन्सल्ट ऑर बाई अफोर्डिंग द होप ऑफ़ वर्ल्डली गेन इज़ इनकंसिस्टेंट विद द रीज़न एंड जस्टिस। इफ बाई द फोर्स ऑफ़ ऑर्ग्यूमेंट दे केन प्रूव द टुथ ऑफ़ देअर ओन रिलीजन, फालसिटी दैट ऑफ़ हिंदूज़, मैनी वुड आफकोर्स एम्ब्रेस देअर डॉक्ट्रिंस नॉट रिलीजन (ध्यान दीजिए, यहाँ राममोहन राय 'डॉक्ट्रिंस' शब्द का प्रयोग करते हैं, 'रिलीजन' का नहीं), एंड इन केस दे फेल टू प्रूव दिस, दे*

शुड नॉट अंडर गो सच यूज़लेस ट्रबुल नाट इज़ हिंदू एनी लांगर बाई देअर एटेम्प्ट्स एट कनवर्ज़न।' (प्रमोद शाह, *थॉट्स ऑन रिलीजस पॉलिटिक्स इन इंडिया*)।

घनश्याम दास बिड़ला ही आगे कह रहे हैं 'बेमरम्मत हिंदू समाज रूपी घर चाहे आम्बेडकर को रख ले, (यह चिंता बराबर बनी हुई है) बेमरम्मत हिंदू समाज रूपी घर चाहे आम्बेडकर को रख ले, तो भी वह लाखों आम्बेडकर खो बैठेगा'। यह चिंता बराबर बनी हुई है कि लाखों आम्बेडकर खो दिए जाएँगे, मगर हम उसे ठीक नहीं करेंगे। मुश्किल यह है।

मैं यहाँ इस लेख की भाषा की समाजशास्त्रीय पड़ताल से बचते हुए सिर्फ़ इतना कहना चाहूँगा कि ऐसा नहीं था कि राजा राममोहन राय को धर्मांतरण का वास्तविक कारण पता नहीं था। वे जानते थे कि ग़ैर-सवर्ण और दलित जातियों को किस स्तर की नृशंसताएँ झेलनी पड़ती हैं और इसी से भाग कर वे दूसरे धर्म का आश्रय लेते हैं। पर वे उस कारण को वरीयता नहीं देते हैं। इसी लेख में एक जगह वे बहुत आहत भाव से इसे स्वीकार करते हैं : *'वी हैव बीन सब्जेक्टिड टु सच इनसल्ट्स फॉर एबाउट नाइन सेंचुरीज एंड द कॉज़ ऑफ़ सच डिग्रेडेशन हैज़ बीन अवर एक्सिस इन सिविलाइजेशन एंड एब्सिटिनेंस फ्रॉम द स्लॉटर ईवन ऑफ़ एनिमल्स एज़ वेल एज़ अवर डिवीज़न इन टु कास्ट्स विच हैज़ बीन द सोर्स ऑफ़ वांट ऑफ़ यूनिटी अमंग अस।'* अब द्विज समाज की समस्याओं से संघर्ष करने वाले आधुनिक भारत के जनक से हिंदू समाज के लिए यह सुनना कि वह अतिरिक्त सभ्य है, हास्यास्पद स्थिति ही पैदा करता है। इस सभ्यता को दलितों और स्त्रियों से ज़्यादा कोई नहीं जानता। आज़ादी से पहले के उदाहरणों को जानने के लिए डॉ. आम्बेडकर की पुस्तक *एनिहिलेशन ऑफ़ कास्ट* को देखा जा सकता है, और आज़ादी के बाद तो एक लंबी सूची इस अर्थ में सहज ही उपलब्ध है। इधर पिछले दस सालों में खैरलाँजी, कम्हेर, मिर्चपुर, दुलीना, गोहाना में दलितों की बर्बरता से हत्या, शर्मनाक उदाहरण के रूप में हमारे सामने है। दलित समुदाय इन तथाकथित सवर्ण हिंदुओं की 'सभ्यता' से अच्छी तरह परिचित है।

मैं यहाँ कहूँगा कि जाति की व्यवस्था शास्त्रों ने की है। जितने हिंदू धर्मशास्त्र हैं, जिनको हिंदू धर्मशास्त्र कहा जाता है, बड़ा विचित्र है कि वही हिंदू धर्मशास्त्र हैं हिंदुओं के जिनमें जाति-व्यवस्था का प्रतिष्ठापन है, आख़िर तक आकर *रामचरितमानस* भी धर्मशास्त्र बन जाती है क्योंकि वहाँ भी वही चीज़ है। तो आख़िर बेसिक चीज़ है उस पर भी डॉ. आम्बेडकर आते हैं। १९३६ में डॉ. आम्बेडकर की धर्मसंबंधी उद्घोषणा ने तत्कालीन हिंदू सुधारवादियों की सुविधापरस्ती में खलल डाल दिया। गाँधीजी ने जो कहा और किया, वह हम सब जानते हैं। घनश्याम दास बिड़ला ने भी 'हिंदुओं को नैतिक चुनौती' नामक लेख लिखकर यह चिंता जताई : 'हमें भी इस बात की फ़िक्र है कि वे यानी आम्बेडकर बराय नाम ही सही हिंदू बने रहें। चाहे उसमें सत्य धर्म रहे, न रहे, चाहे चला जाए। संख्या बनी रहे यही चिंता है।' ग़ौर करने की बात यहाँ यह है कि इन दो महापुरुषों के बीच सौ बरसों का समय गुज़र चुका है।

राजा राममोहन राय और घनश्याम दास बिड़ला के बीच। हालाँकि यह चिंता बराबर है कि घनश्याम दास बिड़ला ही आगे कह रहे हैं 'बेमरम्मत हिंदू समाज रूपी घर चाहे आम्बेडकर को रख ले, (ये चिंता बराबर बनी हुई है) बेमरम्मत हिंदू समाज रूपी घर चाहे आम्बेडकर को रख ले, तो भी वह लाखों आम्बेडकर खो बैठेगा'। ये चिंता बराबर बनी हुई है कि लाखों आम्बेडकर खो दिए जाएँगे, मगर हम उसे ठीक नहीं करेंगे। मुश्किल यह है। (***आदित्य** : बेमरम्मत या बेमुरव्वत*) मरम्मत, जिसकी मरम्मत नहीं की गई। इस हिंदू धर्म की। और लाखों आम्बेडकरों को खो देने का भी हम ख़तरा उठाते रहेंगे। हमें उससे कोई लेना-देना नहीं है। जब कोई आम्बेडकर ऐसा खड़ा होगा, तब हम उसे रोकने की कोशिश करेंगे, बस। संख्या बनाए रखने की चिंता आजकल हिंदुत्ववादियों के पुनीत कर्तव्यों में शामिल हो गई है। अब वह जो लिबरल थे, वह पीछे हट गए हैं। अब दूसरे लोग आगे आ गए हैं। यह कर्तव्य बदलते रहते हैं। इस क्रम में ऐसा नहीं है कि यह आधुनिकता-विरोधी प्रवृत्ति समाप्त हो गई है। यह लगातार अपनी साहित्यिक छवियों में विद्यमान है। मैं ऐसे दस लेखकों के नाम नवजागरण काल और स्वतंत्रता के आसपास की कालावधि से दे सकता हूँ जो आधुनिकता के इन्हीं अभिकारकों की अवहेलना ही नहीं करते, बल्कि उनका भरसक अवमूल्यन भी करते हैं। एक, दो नहीं दस।

मैं ऐसे दस लेखकों के नाम नवजागरण काल और स्वतंत्रता के आसपास की कालावधि से दे सकता हूँ जो आधुनिकता के अभिकारिकों की अवहेलना ही नहीं, बल्कि उनका भरसक अवमूल्यन भी करते हैं। अब अगर मैं दलित-लेखन की बात करना चाहूँ, जिसमें दलित-विमर्श और साहित्य दोनों हैं, सैद्धांतिकी और साहित्य दोनों हैं, तो महत्त्वपूर्ण यह है कि आधुनिकता के सभी अभिकारकों को प्रोत्साहन की प्रवृत्ति वहाँ पर दिखाई देती है।

अब अगर मैं दलित-लेखन की बात करना चाहूँ, जिसमें दलित-विमर्श और साहित्य दोनों हैं, सैद्धांतिकी और साहित्य दोनों हैं, तो महत्त्वपूर्ण यह है कि आधुनिकता के सभी अभिकारकों को प्रोत्साहन की प्रवृत्ति वहाँ पर दिखाई देती है। मैं यह देखता हूँ कि दलित लेखक, चाहे वे कोई भी हों, किसी का नाम लिये बिना मैं बोलूँगा, उन्होंने यह नहीं कहा कि हम दलित स्त्रियों की तरफ़ से लिखेंगे, जो स्त्रियाँ हैं वह नहीं लिखेंगी या, उन्होंने उनको रोकने की कोशिश की हो; यह भी मेरी जानकारी में नहीं है, क्योंकि इतना तो मैं भी रोज़ दलित-साहित्य पढ़ रहा हूँ। और मुझे ऐसी कोई प्रवृत्ति वहाँ नहीं दिखाई दी। हम चाहते हैं कि कल को कोई यह न कहे। जैसे आज हम कह रहे हैं कि प्रेमचंद ने क्यों लिख दिया, हमारी जगह। हम अपना लिख लेते, अगर हमें मौक़ा दिया होता। कल को दलित स्त्रियाँ कहें कि इन्हें क्या पता था हमारा दुख जो हम घर में भोग रही थीं। जब आत्मकथा लिखती हैं, तब पता लगता है तुम्हें तो। इसीलिए हम चाहते हैं कि वही लिखें, अच्छा है, यह तो बहुत अच्छी बात है।

दलित-साहित्य की सैद्धांतिकी का आधार आम्बेडकरवादी चिंतन से निर्मित हुआ है। मैं यहाँ ज़ोर दे कर कह रहा हूँ कि 'आधार' निर्मित हुआ है परंतु उसका आगामी विकास अभी

कई दिशाओं में होना है। सवाल यह उठता है कि आम्बेडकरवादी चिंतन यानी दलित-साहित्य की सैद्धांतिकी किन बिंदुओं को समेटती है। हम बार-बार बोल रहे हैं इस बात को : क्या वह उद्योगीकरण, धर्मान्तरण, जातिगत ग़ैरबराबरी, शहरीकरण, आरक्षण और वैज्ञानिक चेतना के विरोध में है? ज़ाहिर है इसका उत्तर हम नकारात्मक पाते हैं। १९३६ में ही डॉ. आम्बेडकर ने अपनी प्रसिद्ध पुस्तक *एनिहिलेशन ऑफ़ कास्ट,* जो कि पहले भाषण थी जो उन्होंने जात-पाँति तोड़कमंडल के कर्त्ता-धर्ता श्री संत राम, बीए के आमंत्रण पर तैयार किया था, बाद में वह बुक फ़ॉर्म में आया, में धर्म-परिवर्तन की भूमिका स्पष्ट कर दी थी। शहरीकरण और उद्योगीकरण के संबंध में उनके विचार हमें गाँवों के स्वरूप के प्रति क्षोभ और कुटीर उद्योगों की विफलता के ज़िक्र में दिखाई दे जाते हैं। *जाति-प्रथा और धर्म परिवर्तन* नामक निबंध में डॉ. आम्बेडकर राजा राममोहन राय की स्थापनाओं के विपरीत तर्क देते हुए लिखते हैं : 'केवल उसी से पता चल जाना चाहिए कि हिंदुओं की कमज़ोरी उनकी संख्या की कमी नहीं है, बल्कि उनमें एकजुटता का अभाव है। यदि हिंदू समाज जीवित रहना चाहता है (वे यह नहीं कह रहे हैं कि एकजुट, वे आगे कह रहे हैं कि जीवित रहना चाहता है) तो उसे सोचना ही पड़ेगा कि वह संख्या में वृद्धि न करे, बल्कि अपनी एकात्मकता में वृद्धि करे। और उसका अर्थ है जाति-प्रथा का उन्मूलन, जहाँ पूरी कोशिश उसको बचाए रखने की होती है।'

और आप जानते हैं कि जाति-प्रथा उन्मूलन का अर्थ है हिंदू धर्म का उन्मूलन। यह बात मैं नहीं कह रहा हूँ, डॉ. आम्बेडकर ने उसी पुस्तक में आख़िर में आते-आते कह दी है। परंतु मेरा आज यह मानना है कि उदारवादी हिंदू चाहें तो इस आमूल-चूल परिवर्तन को संभव बनाया जा सकता है। ऐसे ही एक अन्य स्थान पर जाति और आर्थिक विकास पर टिप्पणी करते हुए वे लिखते हैं : 'जातिगत भावनाओं से आर्थिक विकास रुकता है। इससे वे स्थितियाँ पैदा हो जाती हैं जो कृषि व अन्य क्षेत्रों में सामूहिक प्रयत्नों के विरुद्ध हैं। जात-पाँत के रहते ग्रामीण विकास समाजवादी सिद्धांतों के विरुद्ध रहेगा। इसलिए जातिवाद के कारण जो बड़े-बड़े इजारे बन गए हैं उन्हें तोड़ा जाए और ज़मीन उन लोगों में बाँट दी जाए जो उसे जोतते हैं, या सामूहिक खेती कर सकते हैं। (दूसरी बात उन्होंने या लगाकर स्पष्ट की है)। जिससे शहरों और गाँवों में तेज़ी से विकास हो।' वे यह नहीं कह रहे कि शहरों का ही विकास हो, वे समुचित विकास की बात कह रहे हैं, जो कि अब जाकर पचास साल के बाद हम देख रहे हैं कि दिल्ली के आसपास नोएडा-ग्रेटर नोएडा, गाज़ियाबाद, गुड़गाँव और तमाम तरह का विकास शुरू हुआ है, नहीं तो दिल्ली ही भर गई थी पूरी तरह से।

इस तरह हम देखते हैं कि डॉ. आम्बेडकर के सामाजिक, आर्थिक, राजनीतिक चिंतन में मूलभूत तत्त्व आधुनिक मूल्यों की पक्षधरता से निर्मित हैं। इसी चिंतन का प्रतिफलन दलित-लेखन में हुआ है। इससे बाहर दलित-लेखन नहीं है। इस स्थिति में मैं कैसे मान लूँ कि आधुनिकता यहाँ हाशियाग्रस्त है। हाशियाग्रस्त आधुनिकता का हाशिया तो कहीं और बन रहा है। कहा जा सकता है कि दलित साहित्य और विमर्श भारतीय स्थितियों को गहनतम ढंग से समझता और विकल्प प्रस्तुत करता है। दलित-विमर्श और साहित्य की पुरजोर कोशिश

लोकतांत्रिक मूल्यों के पक्ष में संघर्ष करने की दिखाई देती है। यह एक तरह से दलित आत्मकथाओं, उपन्यासों, कहानियों और कविताओं में स्पष्ट दिख जाता है। राजेन्द्र यादव ने अपने लेख *जो मैं भी हूँ वह तुम भी हो* में इस संघर्ष के दूसरे प्रतिद्वंद्वी को चिह्नित करते हुए लिखा है : 'पिछले डेढ़-दो सौ वर्षों से भारतीय मानस एक भयानक आंतरिक द्वंद्व से गुज़र रहा है। यह लोकतंत्र और सामंतवाद का द्वंद्व है। इसे अतीत और आधुनिकता का द्वंद्व भी कह सकते हैं। सभ्यता आधुनिक बनाने का दबाव पैदा करती है और धार्मिक संस्कृति अतीत की ओर लौटाती है। धर्म, बुद्धि और विवेक को स्थगित करके आस्था और विश्वास का आग्रह करता है, तो विज्ञान विश्लेषण और प्रश्नों का, क्योंकि विवेकवाद के विकास का ही दूसरा नाम लोकतंत्र है और उसी का नाम आधुनिकता है।'

दलित राजनीति की तुलना में दलित चिंतन की उम्र ज़्यादा लंबी है। राजनीति की अपनी मजबूरियाँ और चालाकियाँ हैं। परंतु दलित समाज ... वहाँ भी कई जातियाँ किन्हीं कारणों से सत्ता का सुख भोग रही हैं। ... अन्य वंचित समुदायों के हिस्से तक उनकी सुविधाएँ पहुँचने में बाधक भी बनने लगी हैं। ...यह व्यावहारिक पक्ष है जो हम आमतौर पर साहित्यिक रूपों में देख सकते हैं।

इस प्रकार हम देखते हैं कि आधुनिकता, लोकतंत्र और विवेकवाद एक-दूसरे के पर्यायवाची शब्द की तरह आते हैं। परंतु इधर कुछ बीते सालों में दलित राजनीति की दिशाहीनता का प्रभाव दलित-लेखन पर भी दिखाई दे रहा है। यह ख़ासतौर से आरक्षण के ग़ैर-आनुपातिक उपयोग और सत्ता के विभिन्न पदों पर किन्हीं दो-एक जातियों के वर्चस्व के मामले में ज़्यादा दिखाई दिया है। टेरी ईगलटन ने मार्क्सवाद पर विचार करते हुए अपनी प्रसिद्ध पुस्तक *मार्क्सिज़म एंड लिटरेरी क्रिटिसिज़म* की भूमिका में ही एक बात लिखी है : 'मार्क्सवादी राजनीति की तुलना में मार्क्सवादी विचारों की उम्र अधिक है।' ठीक उसी तरह कहा जा सकता है कि दलित राजनीति की तुलना में दलित-चिंतन की उम्र ज़्यादा लंबी है। राजनीति की अपनी मजबूरियाँ, समायोजन और चालाकियाँ हैं।

परंतु दलित समाज कहा जाने वाला समाज भी कई जातियों और उपजातियों का समूह है। वहाँ भी कई जातियाँ किन्हीं कारणों से सत्ता का सुख भोग रही हैं। आंशिक रूप से सही परंतु अन्य वंचित समुदायों के हिस्से तक उनकी सुविधाएँ पहुँचने में बाधक भी बनने लगी हैं। यह चीज़ें हम सैद्धांतिक रूप से नहीं दिखा सकते। यह व्यावहारिक पक्ष हैं जो हम आमतौर पर साहित्यिक रूपों में देख सकते हैं। जैसा कि आज सुबह भी *शवयात्रा* के बारे में कहा गया है। वह होता है, कई बार आप उसको सैद्धांतिक रूप से नहीं दिखा पाते, बता नहीं पाते, क्योंकि वह जीवन में, जगत में, जिस तरह हम समाज में विचरण करते हैं, वह उस समय जैसे कई दंश हो सकते हैं जो सवर्ण समाजों से मिले हों, तो हो सकता है कि कुछ ऐसे भी इलाक़े हों जहाँ मैं उन्हीं से आहत हुआ होऊँ, जिनके लिए मैं लड़ रहा हूँ। पता चलता है कि उसके भीतर भी एक सत्ता-विमर्श चल रहा है।

आरक्षण के वर्गीकरण के आधार को यह वर्चस्वशाली जातियाँ, (इनको इनवर्टिड कॉमा में वर्चस्वशाली लिखाना चाहिए, क्योंकि अभी तक ये वर्चस्वशाली नहीं हैं, क्योंकि सत्ता के जिन उपकरणों की बात हम करते हैं वहाँ तक अभी उनकी पहुँच नहीं है, पारस्परिक एकता विरोधी कहकर इस तरह की स्थापनाओं को ख़ारिज करते हैं। यहाँ पूछा जाना ज़रूरी है कि आख़िर इसी बिखराव और एकता के टूटने या समाज में अवघटन की दुहाई गाँधीजी और अन्य सवर्ण नेता, डॉ. आम्बेडकर को भी देते थे। इन वंचित जातिगत अस्मिताओं के बीच ही कहीं वर्ग दिखाई देता है। यह वर्ग दिखता ज़रूर है, परंतु वस्तुत: है नहीं, क्योंकि इसकी एकजुटता का आधार सिर्फ़ आरक्षण है, सांस्कृतिक आधार अभी तक वहाँ नहीं दिखाई देता। इस एकता से इन हाशिए के भीतर हाशियाकृत जातियों को क्या लाभ मिल रहा है? कुछ लोग इसे आंदोलन-विरोध मान सकते हैं, मैं जानता हूँ। पर मुझे लगता है कि आंदोलन को प्रभावी बनाने के लिए इस दिशा में बढ़े क़दम सहायक ही सिद्ध होंगे। अब वाक़ई आत्मालोचन का समय आ गया है।

▣ बहस

आदित्य : शुक्रिया, अजयजी। तीन बजा है। हम लोग पैंतीस मिनट का टाइम रख सकते हैं। एक छोटा सा सवाल मैं शुरू करने के लिए कर दूँ। आपने धर्मांतरण का जिक्र करते हुए धर्मांतरण-विरोधी नज़रिये को, अगर मैं ग़लत नहीं समझा हूँ, तो आधुनिकता-विरोधी नज़रिया बताया। आपने कहा धर्मांतरण की स्वतंत्रता आधुनिकता की पहचान है। जो नज़रिया धर्मांतरण का विरोध करता है वह आधुनिकता-विरोधी है, इसे एक और नज़रिए से देखा जा सकता है। मैं आपकी बात से सहमत हूँ, लेकिन अक्सर यह पूरा सच नहीं होता है। मतलब सच होते हुए भी पूरा सच न होने की संभावना रहती है। ख़ुद डॉ. आम्बेडकर जब अपने धर्मांतरण का प्रयास चला रहे थे और ऐलान कर चुके थे कि अब मैं पैदा तो बेशक हिंदू हुआ हूँ, लेकिन हिंदू होकर नहीं मरूँगा, तो जैसे-जैसे वह घड़ी नज़दीक आती गई सबसे ज़्यादा खलबली जो मची वह आधुनिक हिंदुओं में मची, जो माडर्निस्ट हिंदू थे। जो पुराणपंथी-पोंगापंथी हिंदू थे, उनका नज़रिया धनंजय कीर द्वारा लिखी जीवनी में तो बहुत साफ़ तौर पर निकल कर आता है। पुराणपंथी हिंदुओं का कहना था कि जाने दो, उन्हें कोई फ़र्क़

> **पुराणपंथी हिंदुओं का कहना था कि जाने दो, उन्हें कोई फ़र्क़ नहीं पड़ता। संख्या की चिंता उन लोगों को थी जिन्हें जम्हूरियत की, जिन्हें लोकतंत्र की और अपनी सभी मॉडर्निस्ट मंशाएँ हासिल करनी थीं, जिन्हें नए राष्ट्र का एक मेजोटेरियन कल्चर गढ़ना था। यह चिंता उन लोगों की थी कि हम लोग मेजोरिटी बने रहें। संख्या की चिंता उन लोगों को क़तई नहीं थी जो दरअसल सनातनी थे और आपके हिसाब से आधुनिकता-विरोधी थे।**

नहीं पड़ता। संख्या की चिंता उन लोगों को थी जिन्हें जम्हूरियत की, जिन्हें लोकतंत्र की और अपनी सभी मॉडर्निस्ट मंशाएँ हासिल करनी थीं, जिन्हें नए राष्ट्र का एक मेजोटेरियन कल्चर गढ़ना था। यह चिंता उन लोगों की थी कि हम लोग मेजोरिटी बने रहें। संख्या की चिंता उन लोगों को क़तई नहीं थी जो दरअसल सनातनी थे और आपके हिसाब से आधुनिकता-विरोधी थे। तो, एक और कोण से इसे देखने की संभावना है। मैं यह नहीं कह रहा हूँ कि यह ही सही है, या वह ही सही है, लेकिन बात क्योंकि द्वंद्व से, और एंबीवलेंस से, कंट्राडिक्शन से शुरू हुई थी। तो यह एक सवाल है जो आपके सामने छोड़ रहा हूँ।

संजीव : अजयभाई, दो-तीन छोटी-छोटी बातें हैं बस। और आपके वक्तव्य के बिल्कुल आख़िरी हिस्से से ही शुरू करूँगा, जहाँ आपने यह बताया है कि कैसे दलित राजनीति की उम्र शायद दलित-चिंतन के मुक़ाबले छोटी है। उस राजनीति में फिर अपने निहित स्वार्थ पैदा होने लगते हैं और फिर उसकी वजह से धड़े बन जाते हैं। मैं इस तरफ़ इशारा करना चाहता हूँ कि यह जो राजनीति के अन्दर के धड़े हैं, यह कहीं न कहीं दलित चिंतन के एक हिस्से पर भी प्रकाश डालते हैं। मैं इस तरफ़ से पीछे की तरफ़ सफ़र करना चाहता हूँ। आख़िरकार सवाल इसी बात का है कि कौन किसकी तरफ़ से बोलता है। कौन किस का प्रतिनिधि है, कौन किसका नुमाइंदा है। अगर आप तोड़ते-तोड़ते आख़िरी इकाई तक जाते हैं तो पता चलता है कि कोई भी व्यक्ति किसी भी दूसरे का नुमाइंदा नहीं हो सकता। यानी एक स्तर पर तो हम यह मानते हैं कि दलित अपना क़िस्सा ख़ुद ही लिख सकता है, और आपने बिल्कुल वाजिब कहा कि कभी स्त्री अपना क़िस्सा ख़ुद लिखेगी और इस स्तर पर हममें एक आम सहमति है। यह जो क़िस्से आते हैं यह ज़्यादा ईमानदार क़िस्से होते हैं और बिल्कुल अनुभव की आँच में तपकर निकले हुए होते हैं।

लेकिन उसके साथ यह भी एक सवाल है कि मैं क्यों यह मानूँ कि दलित बुद्धिजीवी एक दलित मज़दूर का क़िस्सा लिख सकता है? यानी मैं फिर उस दलित के भीतर वर्ग के आधार पर तोड़ता हूँ, फिर जेंडर के आधार पर तोड़ता हूँ, और फिर कहता हूँ कि यह उसका नुमाइंदा नहीं हो सकता, यह उसकी आवाज़ नहीं बन सकता है। मैं कहना चाहता हूँ कि दलित राजनीति की उम्र कम बताने के लिए जिस तरह की धड़ेबंदी को आपने उदाहरण बनाया है, वह कहीं न कहीं दलित-चिंतन की भी अपनी एक सीमा की तरफ़ इशारा करती है।

मैं क्यों यह मानूँ कि दलित बुद्धिजीवी एक दलित मज़दूर का क़िस्सा लिख सकता है? मैं फिर उस दलित के भीतर वर्ग के आधार पर तोड़ता हूँ, फिर जेंडर के आधार पर तोड़ता हूँ, और फिर कहता हूँ कि यह उसका नुमाइंदा नहीं हो सकता, यह उसकी आवाज़ नहीं बन सकता है। ... दलित-राजनीति के जिस अंतर्विरोध को आप देख पा रहे हैं, उसकी जिन सीमाओं को आप देख पा रहे हैं, उसका रिफ़्लेक्शन दलित-चिंतन में भी आपको देखना चाहिए।

मैं उन लोगों में शामिल हूँ कि जो यह मानते हैं कि जिसे दलित-साहित्य कहा जाता

है तो वह दलित का लिखा साहित्य ही हो सकता है। ठीक वैसे ही जब स्त्री-साहित्य कहा जाता है तो स्त्री का लिखा हुआ साहित्य ही हो सकता है। यह ज़रूर हो सकता है कि जो जन्मना दलित नहीं है, उसका लिखा हुआ साहित्य दलितवादी हो जाए, लेकिन वह दलित-साहित्य कैसे हो सकता है। अगर आप सचमुच एक आवाज़ के रूप में उसको कह रहे हैं तो वह दलित-साहित्य कैसे हो सकता है! वह दलितवादी साहित्य हो सकता है अधिक से अधिक। फिर उसकी भी अपनी बहुत सारी शर्तें होंगी। ठीक वैसे ही मैं अगर स्त्री के पक्ष में लिखूँ, तो स्त्रीवादी साहित्य हो सकता है, स्त्री-साहित्य कैसे हो जाएगा! क्योंकि स्त्री की आवाज़ तो वह नहीं है। लेकिन उसकी जो सीमा है, मैं वह बतलाना चाहता हूँ, और इसी को देखिए कि इसका एक व्यावहारिक प्रतिफलन अंतत: दलित राजनीति में होता है। जहाँ फिर अंदर की उपजातियों में से एक विद्रोह का सुर उठता है, और वे कहते हैं कुछ साधनसम्पन्न जातियाँ जो पारंपरिक रूप से साधनसम्पन्न रही हैं, वे आरक्षण के रास्ते से आई हुई सारी सुविधाएँ हड़प ले जाती हैं और हम नीचे ख़ाली रह जा रहे हैं। तो अब वहाँ पर नीचे वाला इस बात को उठाता है कि तुम मेरी आवाज़ क्यों बन रहे हो। और फिर इस बात को भी उठाता है कि शायद आरक्षण जो आ रहा है उसमें भी इस तरह का तबक़ाती फ़र्क़ किया जाना चाहिए। उसमें भी तबक़े के स्तर पर यह देखा जाना चाहिए कि उनको न मिले, हमें मिले।

तो मतलब यह कि दलित-राजनीति के जिस अंतर्विरोध को आप देख पा रहे हैं, उसकी जिन सीमाओं को आप देख पा रहे हैं, उसका रिफ़्लेक्शन दलित-चिंतन में भी आपको देखना चाहिए। और उसके हिसाब से उस सैद्धांतिकी के स्तर पर भी सोचे जाने की ज़रूरत है। मेरा सिर्फ़ इस तरह एक इशारा है। दूसरा, दो तीन और छोटी-छोटी बातें कि जो शहर और गाँव के समुचित विकास वाली बात है, इसमें नोएडा, गाज़ियाबाद वग़ैरह मेरे ख़याल से अच्छे उदाहरण नहीं हैं। *(**अजय** : तत्काल याद आ गए थे।)* हाँ ठीक है। यह तो बहुत सही सफ़ाई है कि तत्काल याद आया हुआ उदाहरण ही है। अच्छा, एक बात जो शुरू में आपने कही थी कि सेकुलर के लिए धर्मनिरपेक्ष तो एक अनुवाद है, लेकिन इहलौकिक शायद बेहतर होगा। आप अगर देखें तो हजारीप्रसाद द्विवेदी ने इस शब्द का इस्तेमाल किया है। सेकुलर लिखा अंग्रेज़ी में और बगल में या ब्रेकिट में इहलौकिक लिखा या इहलौकिक बाहर लिखा और ब्रेकिट में सेकुलर लिखा है। यह *हिंदी साहित्य की भूमिका* पुस्तक में है, भक्ति के उदय या इससे संबंधित किसी अध्याय में। *(**अजय** : हिंदी साहित्य की भूमिका?)* हाँ, हिंदी साहित्य की भूमिका में। तो यह हजारीप्रसाद द्विवेदी के समय में यानी यह चालीस के दशक की बात है। जिस समय सेकुलर को इहलौकिक के रूप में समझने का चलन था और इसलिए द्विवेदीजी यह बात लिख सकते थे। हो सकता है कि यह बात वह इसलिए भी लिख सकते हों कि वह उन दिनों शांतिनिकेतन में थे और कुछ अलग तरह के विमर्शों के लगातार सम्पर्क में थे और इसकी वजह से उनका एक एक्सपोज़र बढ़ा था और उनका क्षितिज भी शायद उतना ही बढ़ा था।

नवीन : मेरी आधी बात तो इन्होंने कह दी। तो मैं उन्हें दोहराऊँगा नहीं। उसी बात को

दूसरे तरीक़े से भी कहा जा सकता है। दलित-स्त्री के बारे में आपने कहा कि उसको रोका नहीं जा रहा है। या दूसरी तरफ़ से कहा गया कि संवेदनात्मक जो उसका साहित्य है वह भोगा हुआ यथार्थ है, वही लिखा जाएगा। सही बात है। लेकिन उससे एक सीमा भी बन जाती है कि एक तरह का इसेंशलाइज़ेशन होता है कि वह सिर्फ़ वही लिख सकता है जो उसने भोगा होगा। यानी, दलित सिर्फ़ दलित के बारे में लिख सकता है, बाक़ी दुनिया के बारे में वह नहीं लिख सकता।

> **जैसे बाकी लोगों ने ग़ैरदलित-साहित्य में एक किस्म का रिडक्शनिज़्म किया है कि क्लास में कास्ट अपने आप एक्सप्लेन हो जाती है, आप दूसरी तरह का रिडक्शनिज़्म तो नहीं कर रहे हैं? ... एक ध्वनि आती है कि हिंदुस्तान में वर्ण ही वर्ण है और वर्णीय यथार्थ ही यहाँ वर्ण का यथार्थ है। तो उसमें एक बहुत बड़ा सामाजिक यथार्थ नज़रों से फिर ओझल हो जाता है जो शायद वर्ण की परिभाषा में शामिल न किया जा सके।**

यह एक समस्या है, जिसको देखने की ज़रूरत है। मेरे ख़याल से और भी बात होनी चाहिए कि क्या वह जिस समाज में रहता है, वहाँ पहचान का एक ही अक्ष है, या वह कई अक्षों की पहचानें या और क़िस्म की पहचानें, या और क़िस्म की सामाजिक पहचानें या और क़िस्म के सामाजिक यथार्थ भी उससे जुड़ते हैं? इस संदर्भ में मैं आपसे जानना चाहता था कि ख़ासतौर से जब दलित राजनीति और आंदोलन की बात इसमें आ रही थी कि इसमें दलित मज़दूर की क्या जगह है। वह फिगरआउट होता है कि नहीं होता है? मैं दावा नहीं कर रहा हूँ। मैं सिर्फ़ आपसे पूछना चाह रहा हूँ कि उसके बारे में क्या सोच है। दलित मज़दूर की जब मैं बात कह रहा हूँ तो दलित का मज़दूर होना एक समान स्तर पर समान शोषण की भी शेयरिंग है ग़ैर-दलित मज़दूर के साथ। उसकी संवेदना मज़दूर होने के नाते कहीं फिगरआउट होती है कि नहीं होती? यह भी सोचने का सवाल है।

और यह एक क़िस्म का, जैसे बाक़ी लोगों ने ग़ैरदलित-साहित्य में या एकेडमिक डिस्कोर्स में एक क़िस्म का रिडक्शनिज़म किया है कि क्लास में कास्ट अपने आप एक्सप्लेन हो जाती है, आप दूसरी तरह का रिडक्शनिज़म तो नहीं कर रहे हैं? मैं यह नहीं कह रहा हूँ कि आप ऐसी कोशिश कर रहे हैं, लेकिन एक ध्वनि आती है कि हिंदुस्तान में वर्ण ही वर्ण है और वर्णीय यथार्थ ही यहाँ वर्ग का यथार्थ है। तो उसमें एक बहुत बड़ा सामाजिक यथार्थ लगता है कि नज़रों से फिर ओझल हो जाता है जो शायद वर्ण की परिभाषा में शामिल न किया जा सके क्योंकि आपका ज़ोर भी है कि वर्ण को एक ख़ास परिभाषा भी दी जा रही है साहित्य में, आधुनिकता और दलित-साहित्य के संदर्भ में। तो यह कुछ बिंदु हैं।

अनामिका : सम्यक दृष्टि की जो अवधारणा है बौद्ध धर्म में, उसके बारे में आम्बेडकर क्या कहते हैं! क्योंकि वह अतिरेकों का निषेध करती है, सम्यक दृष्टि प्रतिशोध को भी हिंसा मानती है। तो उसमें एक्सक्लूज़न का जवाब एक्सक्लूज़न, इसको कैसे आप देखते हैं, कैसे प्रोब्लेमटाइज़ करते हैं, मैं यह समझना चाहती हूँ।

आम्बेडकर ने दलित शब्द का इस्तेमाल नहीं किया है। उनकी पूरी राजनीति डिप्रेस्ड क्लासेज़ के इर्द-गिर्द गोलबंद होती थी। जब आपने एक बार दलित के रूप में एक बहुत बड़े, व्यापक, एक मेटाडिस्कोर्स की, एक बहुत बड़े राजनीतिक समुदाय की, एक बहुत बड़े सामाजिक समुदाय की, कल्पना कर ली, जिसमें तमाम दलित जातियों ने अपनी पुरानी परंपरागत पहचानें समा दीं, तो आपके लिए धर्म-परिवर्तन की ख़ास ज़रूरत नहीं रह गई।

अभय : मैं अपनी बात तीन हिस्सों में कहूँगा। पहला तो यह है कि आधुनिकता के बारे में मेरी पिछले दिनों एक समझ बनी है कि जो आधुनिक प्रक्रियाएँ हैं लार्ज कलैक्टिव एक्शन, बड़े सामूहिक एक्शन, को जन्म देती है। एक तरफ़ तो वे बड़े सामूहिक एक्शन को जन्म देती हैं और दूसरी तरफ़ इंसान को वैयक्तीयन यानी इंडिविडुएशन और व्यक्तिवाद की तरफ़ ले जाती हैं। यह एक तरह की विरोधाभासी और अंतर्विरोधी किस्म की प्रक्रिया आधुनिकता के तहत चलती है। और देखना यह होता है कि किस समाज में, किस इलाक़े में किस चीज़ पर ज़्यादा ज़ोर दिया जा रहा है। तो जहाँ तक दलितों का प्रश्न है, मुझे आम्बेडकर के उदाहरण से दिखाई पड़ा है कि दलितों में व्यक्तिवाद और वैयक्तियन के बजाय बड़े पैमाने के सामूहिक एक्शन की तरफ़ ज़्यादा ज़ोर है। इसी के तहत वहाँ धर्म-परिवर्तन सूत्रबद्ध होता है। धर्म-परिवर्तन का जब आधुनिकता समर्थन करती है तो उदारतावाद के उस सिद्धांत के तहत समर्थन करती है जिसमें व्यक्ति को अपना धर्म चुनने का अधिकार होता है। एक ज़िंदगी में कितनी भी बार वह अपना धर्म बदल सकता है और चुन सकता है। लेकिन उदारतावाद सामूहिक रूप से धर्म-परिवर्तन के बारे में कुछ नहीं कहता। उदारतावाद यह नहीं कहता कि एक पूरी की पूरी बिरादरी जो है वह अपना धर्म बदल ले— किन्हीं ख़ास संदर्भों में किसी तरीक़े से। लेकिन आम्बेडकर जब धर्म-परिवर्तन की बात सामने लाते हैं तो वह एक सामूहिक कार्रवाई होता है। उन्होंने पचास हज़ार लोगों का अपने नेतृत्व में धर्म-परिवर्तन कराया। और आज भी जब दलित धर्म-परिवर्तन करते हैं तो वह एक सामूहिक समारोह होता है जिसमें हज़ारों लोग अपना सर मुँडाते हैं और बौद्ध हो जाते हैं। तो यहाँ पर जो दलित आधुनिकता का स्वरूप हमारे सामने उभरता है, वह व्यक्तिवाद और वैयक्तीयन की तरफ़ ले जाने के बजाय एक लार्ज कलैक्टिव एक्शन की तरफ़ ले जाता हुआ ज़्यादा दिखाई पड़ता है।

दूसरी बात मैं यह कहूँगा कि आम्बेडकर के ज़माने में धर्म-परिवर्तन की दलित राजनीति में, दलित-समाज नीति में, दलित डिस्कोर्स में जो भूमिका थी, आज वह भूमिका नहीं रह गई है। अब न आप हिंदू हैं न मुसलमान हैं, आप दलित हैं। इसकी एक अलग परिभाषा है। आपका अलग एक वोट बैंक है। आपका सोचने-विचारने का तरीक़ा अलग है। अलग आपका साहित्य है। अलग आपकी संस्कृति है। सब चीज़ अलग है, और आप लगातार उस संघर्ष में जुटे हुए हैं जो एक बहुत बड़े दलित महाविमर्श की रचना कर रहा है।

आज धर्मांतरण का दलित राजनीति में या दलितों के आगे बढ़ने में, दलितों का जो आज़ादी की तरफ़ कूच है, उसमें धर्मांतरण का कोई महत्त्व नहीं रह गया है। कौन धर्मांतरण

करता है, कौन नव-बौद्ध है कौन पुराना बौद्ध है, यह सब चीज़ें आज महत्त्वपूर्ण नहीं रह गई हैं। आज दलित राजनीति और दलित चिंतन सब दूसरे तरीक़ों से हो रहा है। यह हमें समझने की ज़रूरत है कि आम्बेडकर के ज़माने से आज के ज़माने में दलित-विमर्श कहाँ खड़ा हुआ है। वाल्मीकिजी के पेपर पर भी मैंने यह सवाल उठाया था। आज फिर मैं नावरिया के पेपर पर भी यह सवाल उठा रहा हूँ। और मैं यहीं पर नावरिया के उपन्यास का ज़िक्र करूँगा जो अभी आया है। दलित-साहित्यकारों ने उपन्यास बहुत कम या शायद न के बराबर ही लिखे हैं। उसमें इनका उपन्यास बहुत महत्त्वपूर्ण है। नावरिया ने अपने उपन्यास में एक जगह एक स्वप्न-दृश्य में आम्बेडकर को एक ऐसे कार्यक्रम में आते हुए दिखाया है जिसमें तमाम दलित-साहित्यकार और राजेंद्र यादव वग़ैरह सब लोग आपस में बहस कर रहे हैं। उसमें आम्बेडकर अपने थ्री पीस सूट में मंच पर आते हैं। उनके ऊपर एक आभामंडल चमक रहा है। वे राजेंद्र यादव को धन्यवाद देते हैं और वह किसी भी दलित बुद्धिजीवी को कोई धन्यवाद नहीं देते। सिर्फ़ वह बच्चों को टॉफ़ियाँ बाँट देते हैं अपनी जेब से निकालकर।

जिस तरह दलितों के ख़िलाफ़ आधुनिक दायरे में कुछ अदृश्य क़िस्म की ज्ञानमीमांसक दीवारें खड़ी कर दी जाती हैं, उसी तरीक़े से परिवार की दुनिया में, समाज की दुनिया में, बिरादरी की दुनिया में, स्त्रियों को भी इसी तरीक़े से रोका जाता है। अगर आप वास्तव में उनके पक्ष में हैं तो अदृश्य दीवारों की तरफ़ ध्यान दिलाइए। इसीलिए तेलुगू की एक रचनाकार ने लिखा है कि एक गाल पर ब्राह्मणवाद का, तो एक गाल पर पितृसत्ता का थप्पड़ पड़ता है।

तो यह जो कल्पना है अजय नावरिया की यह बहुत मानीख़ेज़ है। कई तरह से इसके कई अर्थ निकाले जा सकते हैं। इसका एक यह अर्थ भी निकाला जा सकता है कि आम्बेडकर अगर आज होते तो शायद दलित-विमर्श का, दलित एक्टिविज़म का जो मौजूद नज़ारा है, उस नज़ारे से सहमत नहीं होते। उसके कुछ और भी मायने निकाले जा सकते हैं। उसके मायने यह भी निकाले जा सकते हैं कि यह आज का दलित एक्टिविज़म आम्बेडकर के ज़माने से बहुत आगे बढ़ गया है।

दूसरी बात मैं कहूँगा जो नारीवाद के प्रश्न को लेकर है। वाल्मीकिजी ने भी इस सवाल का ठीक से जवाब नहीं दिया। वह भी बगली काट गए। इधर-उधर की बात करते रहे और साथ ही एक बहुत ही घोर नारीवाद-विरोधी बयान दिया कि कोई लिंग-भेद हमारे यहाँ है ही नहीं। मैंने तब भी कहा था कि जब भेद होते हुए भी आप भेद से इंकार करते हैं तो दरअसल वह भेदभाव की साज़िश होती है। आप भेदभाव की तरफ़ ही ले जाते हैं। क्योंकि भेदभाव को दबाने के लिए ही भेदभाव से इंकार किया जाता है। यह न केवल नर-नारी के संबंध में सत्य है, बल्कि जातियों के संबंध में भी सत्य है। जब भी आप वर्चस्व स्थापित करना चाहते हैं तब एकता की माँग, एकता की गुहार लगाते हैं, और जब उस वर्चस्व के खिलाफ़ प्रतिरोध किया जाता है तो एकता तोड़ने का आरोप लगाया जाता है। आमतौर पर इस तरीक़े से बात चलती है। मुझे लगता है कि अजय के बयान में भी कुछ इसी तरह की कोशिश है। वे कहते हैं कि

भाई दलित पुरुष तो दलित स्त्रियों को लिखने से नहीं रोकते। तो अब यह तो बड़ा सवाल हुआ कि आप केवल दृश्य दीवारों की तरफ़ इशारा कर रहे हैं जो कि आसानी से देखी जा सकती हैं। क्या जब दलित पुरुष उसको झकझोर कर कक्षा से उठाता हुआ नज़र आएगा और उसको शिक्षा देने से इंकार करेगा तभी आप मानेंगे कि वहाँ पर स्त्रियों के ऊपर अत्याचार है।

जिस तरह दलितों के ख़िलाफ़ आधुनिक दायरे में कुछ अदृश्य क़िस्म की ज्ञानमीमांसक दीवारें खड़ी कर दी जाती हैं और वे आगे नहीं बढ़ पाते हैं, उनकी प्रगति अवरुद्ध हो जाती है। उसी तरीक़े से परिवार की दुनिया में, समाज की दुनिया में, बिरादरी की दुनिया में, स्त्रियों को भी इसी तरीक़े से रोका जाता है। अगर आप वास्तव में उनके पक्ष में हैं तो अदृश्य दीवारों की तरफ़ ध्यान दिलाइए। उनको रेखांकित कीजिए और उनको हटाने में स्त्रियों की मदद कीजिए। इसीलिए हिंदी की नहीं, तेलुगू की एक रचनाकार ने लिखा है कि एक गाल पर ब्राह्मणवाद का, तो एक गाल पर पितृसत्ता का थप्पड़ पड़ता है।

सविता : अजय का पेपर मुझे बहुत अच्छा लगा, क्योंकि इसमें सारे सैद्धांतिक सवालों पर, जो पीछे छूटे हुए हैं, उन पर लगातार टिप्पणी है। अंत में स्टेटमेंट हैं कि एक नए ढंग से सोचने की ज़रूरत है आधुनिकता के बारे में। और यह सिर्फ़ हिंदी की आधुनिकता के बारे में बात नहीं कर रहे हैं। यहाँ पर यह भारत की आधुनिकता के बारे में बात कर रहे हैं। तो उसमें दो बातें हैं। अजय, एक बात तो कि यह सही है, कहीं एक बार और मैंने बोलते हुए यह बात कही थी कि मेरे हिसाब से अगर कोई प्योर मॉडर्निस्ट है, थिंकर है तो वह आम्बेडकर हैं, क्योंकि उनके यहाँ यह चेतना है कि इंडिविजुअल क्या है, और यह कि व्यक्ति और समाज दो चीज़ें हैं। व्यक्ति की अलग से सत्ता है। उसके कुछ अधिकार होने चाहिए। यह तमाम चीज़ें, जो आपकी वेस्टर्न धारणा है उदारतावाद की वह सब आम्बेडकर के यहाँ है, और वे जो हल खोजते हैं समाज के लिए, वह भी बहुत हद तक इकॉनॉमिक है। जो कारगर हल वे खोजते हैं, वे बार-बार आर्थिक प्रश्न की तरफ़ लौटते हैं।

लेकिन दुर्भाग्य से भारतीय आधुनिकता का विकास इस पैटर्न पर नहीं हुआ। बहुत सारे लोग इस बात को अच्छा मानते हैं। उनको लगता है कि वेस्ट का रेप्लिक्रेशन नहीं होना चाहिए, क्योंकि वह एक और फ़ॉर्म है डॉमिनेशन का। आप इसको पोस्ट-कोलोनियलिज़म कहिए या पोस्टमॉडर्न अंडरस्टैंडिंग कहिए या सबाल्टर्न अंडरस्टैंडिंग कहिए। यह सभी मुद्राएँ, एंटी-मॉडर्न पोज़ीशंस हर तरह से भरे हुए हैं। एक ही सवाल उनके दिमाग़ में रहता है कि हमारा डॉमिनेशन वेस्ट न करे। हमारे अपने डॉमिनेशंस, उत्पीड़न की परतों पर परतें चलती रहें, पर पश्चिम हमारा उत्पीड़न न करे। उस स्तर पर यह सारा मामला कल्चर का और इस तरह का हो जाता है। तो, इस रवैये का मुक़ाबला करने के लिए मेरा ख़याल है कि आम्बेडकर के डिस्कोर्स का महत्त्व है। अभी इस वक़्त कंटेम्परेरी डिस्कोर्स में, इसलिए मैं दलित डिस्कोर्स को बहुत ध्यान से सुनती हूँ। मुझे लगता है कि यह एक चरण है इंडियन डिस्कोर्स ऑफ़ मोडर्निटी में जिसको बहुत गंभीरता से लिया जाना चाहिए।

क्योंकि, जिस तरह से भारतीय आधुनिकता के विमर्श को विकृत किया जाता है, साम्राज्यवादी आधुनिकता के पहलू को लेकर, उसके कारण उत्पीड़न की कई सतहों और रूपों के ऊपर आलोचनात्मक चिंतन नहीं हो पाता है। इसलिए जो दलित-विमर्श चला है उसको मैं एक क्रिटिकल रिफ़्लैक्शन मानती हूँ, और सैद्धांतिक तौर पर इसका डेवलप होना अत्यंत आवश्यक है। सिर्फ़ दलितों के उद्धार के लिए नहीं, पूरे भारतवर्ष के उद्धार के लिए बहुत ज़रूरी है। मैं तो स्त्री-विमर्श को दलित-विमर्श से बहुत ज़्यादा अलग करके देखना भी नहीं चाहती। मुझे लगता है कि कहीं न कहीं एक स्तर पर एक समय इनका डिस्कोर्स लगभग एक जैसा हो जाएगा और हम उत्पीड़न के उन रूपों से निपटेंगे जो आंतरिक हैं। जैसे इनका सारा कमेंट राजा राममोहन राय पर मुझे बहुत ही दिलचस्प लगा। क्योंकि, राजा राममोहन राय के बेहद गहरे सरोकार हैं, स्त्री को लेकर। वैसे सरोकार दलित के लिए नहीं हैं। ग़ायब हैं तक़रीबन। एक पहलू है जो छूटा हुआ है। और इसको नारेबाजी के तौर पर, और पॉलिमिक्स के तौर पर नहीं चलाया जाना चाहिए। सही-सही सैद्धांतिक ढंग से, गंभीरता से इसका ट्रीटमेंट होना चाहिए। भारतीय आधुनिकता के विमर्श के लिए यह आंदोलन बेहद जिम्मेदारी और आलोचनात्मकता से भरा हुआ है। नारीवाद और दलितवाद दोनों को एक साझा सैद्धांतिक संघर्ष के रूप में देखा जाना चाहिए।

मैं तो स्त्री-विमर्श को दलित-विमर्श से बहुत अलग करके देखना भी नहीं चाहती। मुझे लगता है कि एक स्तर पर एक समय इनका डिस्कोर्स लगभग एक जैसा हो जाएगा और हम उत्पीड़न के उन रूपों से निपटेंगे जो आंतरिक हैं। ... भारतीय आधुनिकता के विमर्श के लिए यह आंदोलन बेहद जिम्मेदारी और आलोचनात्मकता से भरा हुआ है। नारीवाद और दलितवाद दोनों को एक साझा सैद्धांतिक संघर्ष के रूप में देखा जाना चाहिए।

अजय : मैं वापस अपनी बात पर आता हूँ कि आप लोगों के सवाल हैं और मैं उनके जवाब दे रहा हूँ। यह सच में मेरे लिए गौरव की बात है। मैं इसको सिर्फ़ शाब्दिक अर्थ पर, स्तर पर महसूस नहीं कर रहा हूँ, क्योंकि आप सब लोग इतना पढ़ते हैं, इतना उस पर विचार करते हैं कि कोई सवाल ऐसा नहीं रह गया होगा आपके दिमाग़ में कि जिससे आप जूझते नहीं होंगे, तो मैं कुछ उसमें क्या नया कह पाऊँगा। मगर चूँकि रवायत है मैं इसको निभा रहा हूँ। तो सबसे पहले आशिस नंदी जी ने, सॉरी आदित्य निगमजी ने, मेरे दिमाग़ में आशिस नंदी जी का ध्यान आ गया। (***आदित्य** : यह इंटरेस्टिंग स्लिप है, बहुत ही इंटरेस्टिंग स्लिप।*) मुझे लगता है कि कुछ थोड़े फेरबदल के साथ ही ज्यादातर सवाल हैं। कहीं नुमाइंदगी का प्रश्न है। कहीं वह धर्मांतरण को लेकर है। धर्मांतरण किन अर्थों में उदारवादी है, और किन अर्थों में वह अपने रूप बदलता है। या लोकतंत्र जो भारत का है, और एक जो पाश्चात्य है। मुझे लगता है कि जब मैं बात क़र रहा होता हूँ, तो मैं भारत के बारे में बात कर रहा होता हूँ। तब मैं यह नहीं जान रहा होता हूँ कि धर्मांतरण पर बाहर लोग क्या कह रहे हैं। मैं देख रहा हूँ कि

जब वहाँ डॉ. आम्बेडकर धर्मांतरण करते हैं तब, और जब यहाँ दिल्ली में उदित राज धर्मांतरण कराते हैं तब, दिल्ली की सरकार दिल्ली को चारों तरफ़ से बंद करा देती है, सीमाएँ सील करा देती है। उस समय जो हुआ डॉ. आम्बेडकर के समय में वह हम सब जानते हैं। शायद इसकी तरफ़ अभी बहुत सारे लोगों का ध्यान नहीं गया है।

भारत में धर्मांतरण क्यों हो रहा है। अगर मैं बाहर जाऊँगा तो फिर मैं अश्वेतों के पास जाऊँगा। वे क्यों सामूहिक धर्मांतरण करते हैं? अगर यह सिर्फ़ एक व्यक्ति का मामला है, एक पीड़ा है, एक व्यक्ति की पीड़ा है, तो यह वैयक्तीयन हो सकता है। मगर, चूँकि मुझे यह ध्यान नहीं पड़ता कि जब यह व्यक्तिगत पीड़ा होती है, तो जो अंग्रेज़ों के वक़्त में या जो मुसलमानों के वक़्त में जब इस्लाम या ईसाइयत में धीरे-धीरे आ रहा था, और सत्ता में जो बैठे थे तो उनमें जो जातियाँ ऊपर समझी जाती थीं उनमें से जो लोग धर्मांतरित हो रहे थे, वह क्या सिर्फ़ इसलिए हो रहे थे कि उनको लग रहा था कि यह धर्म जो है बड़ा अच्छा आ गया है, हमारे सामने और हमें इसको अपना लेना चाहिए, परिवर्तन कर लेना चाहिए। या संसाधन, सत्ता, पदवियाँ और वज़ीफ़े की तरफ़ आकृष्ट होकर वे धर्मांतरण हुए थे?

मुझे लगता है कि वह व्यक्तिगत मामले हो सकते हैं। मेरा उससे लेना-देना नहीं है। मेरा लेना-देना इस बात से है कि जब कोई समुदाय पूरा का पूरा तैयार होता है अपने धर्म को छोड़ने के लिए, तो उसको सम्मोहित करके कोई नहीं ले जाता है, कि पता लगा कि दस लाख लोगों को एक व्यक्ति ने सम्मोहित कर लिया और अपनी बात मनवा ली। एक ही समय में दस लाख लोग धर्मांतरित हो जाते हैं। तो इसका मतलब वह व्यक्तिगत पीड़ा नहीं थी। वह पीड़ा सामूहिक थी। वह जाति की पीड़ा थी। वह पूरे एक समुदाय की पीड़ा थी। इसलिए उनको यह लगा ही नहीं कि यह जो व्यक्ति यह जो क़दम उठा रहा है, यह मेरा क़दम नहीं है, वास्तव में यह इन सबका व्यक्तिगत क़दम है। वह लगता है कि वह सबका क़दम है इसलिए जब वहाँ डॉ. आम्बेडकर धर्मांतरण करते हैं तब, और जब यहाँ दिल्ली में उदित राज धर्मांतरण कराते हैं तब, दिल्ली की सरकार दिल्ली को चारों तरफ़ से बंद करा देती है, सीमाएँ सील करा देती है। उस समय जो हुआ डॉ. आम्बेडकर के समय में वह हम सब जानते हैं। शायद इसकी तरफ़ अभी बहुत सारे लोगों का ध्यान नहीं गया है। हो सकता है कि शायद अभी बहुत सारे लोगों का ध्यान नहीं गया है।

बाद में उदित राज पॉलिटिक्स में चले गए, उससे मेरा कोई लेना-देना नहीं है। मगर जब तक वे सामाजिक कार्यकर्ता थे, तो हज़ारों लोग, लाखों लोग, क्यों सड़कों पर आ गए कि हाँ हम धर्म बदल रहे हैं। तो मेरा जो यह कहना है कि धर्म, मैं जब यह कहता हूँ कि धर्म से मुक्ति होनी चाहिए, तब मैं यह कहता हूँ कि यह वैश्विक परिदृश्य है। इसका वैश्विक संदर्भ है कि धर्म से मुक्ति आधुनिकता है। धर्म मात्र से। आप धर्म को मानते नहीं क्योंकि विज्ञान जब आएगा तो धर्म नहीं रहेगा। हम सब जानते हैं इस बात को जैसे-जैसे विज्ञान बढ़ेगा वैसे-

वैसे धर्म का पाखंड पीछे हटेगा ही हटेगा। हमारे देखते-देखते पिछले दो-तीन सौ सालों में सब कुछ हुआ है। मगर जब यह व्यक्तिगत पीड़ा अगर व्यक्तिगत ही रह जाती, तो हम लोग इस पर इतनी चर्चा नहीं करते धर्मांतरण पर। हम चर्चा ही इसके सामूहिक होने के स्वरूप के कारण कर रहे हैं।

हम देख रहे हैं कि जाने कितने लोगों ने चुपचाप धर्मांतरण किया होगा। अभी बहुत ताजा, उनमें एक व्यक्ति का उदाहरण लेना हो तो कमला दास का ले सकते हैं। हमें कोई दिक़्क़त नहीं यह उनका चुनाव है। मगर अगर कमला दास के साथ, जो सुरैया हुईं बाद में, उनके साथ दस लाख स्त्रियाँ धर्मांतरण कर लेतीं, तो मुद्दा बन जाता। दूसरी चीज़ जो अभय जी ने भी कही शायद, कि दलित जब हो गए हैं तो अब धर्मांतरण की क्या ज़रूरत है। तो मैं कहना चाहता हूँ कि दलित कोई धर्म नहीं है। अगर है तो उनका कोई पर्सनल कोड नहीं है। और अगर है तो उनकी कोई धर्म पुस्तक नहीं है। अगर है तो संविधान से कोई मान्यता नहीं है। अगर है तो जनगणना में उनकी कोई गिनती नहीं है। अगर है तो उनके अधिकार, उस तरह से जिस तरह से धर्म के आधार पर सुरक्षित होते हैं, सुरक्षित नहीं हैं। इसलिए वह बड़ी अस्पष्ट सी अवधारणा है। उसके बारे में हम यह नहीं कह सकते। हाँ, जब हम बौद्ध कहते हैं तब यह बात जमती है। हाँ तब तो एक संगठित धर्म में हैं। तो मैं धर्म की वकालत नहीं कर रहा हूँ। मैं क्षमा चाहता हूँ अगर किसी को भी मेरे पूरे वक्तव्य में कहीं पर भी यह लगा हो कि मैं किसी धर्म की वकालत कर रहा हूँ, तो मैं इस पर क्षमा चाहूँगा। हो सकता है, मैं अपने दलित-लेखन की परंपरा में अगर मैं किसी धर्म का समर्थन कर दूँ, तो शायद मैं समर्थन वैज्ञानिकता का कर रहा हूँ। अगर मैं बुद्ध का समर्थन कर रहा होऊँगा, तो ज़ाहिर सी बात है कि मैं बुद्ध की वैज्ञानिकता का समर्थन कर रहा होऊँगा। वही समर्थन मैं नानक का भी करूँगा। वही समर्थन मैं उतने स्तर पर कबीर का भी कर दूँगा। मगर इसका मतलब यह नहीं होगा कि मैं धर्म का समर्थन कर रहा हूँ। मैं उस वैज्ञानिक विचार का समर्थन कर रहा होता हूँ।

तीसरी चीज़ जो संजीवजी ने कही, नुमाइंदगी की बात। फिर वही बात आती है कि वह व्यक्तिगत नहीं है। दलित को जब आप विखंडित करेंगे, तोड़ेंगे, उसमें जैसे-जैसे नीचे जाएँगे, तो आपको लगेगा कि हर आदमी का कोई न कोई अपना स्वार्थ है। और नीचे जाएँगे, तो पता लगेगा कि सारा संबंध उसी पर आधारित है। तो फिर उस पर तो कोई चर्चा ही नहीं हो सकती। पता लगा कि पति-पत्नी आपस में जो एक-दूसरे से जुड़ रहे हैं, या बच्चे या पूरे परिवार की संकल्पना, वह तो सब उसी घेरे में है, उसमें कहीं न कहीं सत्ता है, कहीं न कहीं स्वार्थ है। तो उसको तो हम नहीं कर सकते। मगर जैसे जो आपने कहा कि दलित तो उसको तोड़ेगा और उसमें जाएगा तो वह कहेगा कि दलित-स्त्री के बारे में बात नहीं करना चाहता हूँ। जैसा कि मैंने भी कहा इस बात को कि वह लिखें। मैं सोचता हूँ कि इतने दिन से जब सारे के सारे महान साहित्यकार हमारे, मैं उनका आदर करता हूँ। अभी मैं महान कहते हुए कोई व्यंग्य नहीं कर रहा हूँ, मैं फिर करेक्ट कर लूँ, उन्होंने यह सिद्धांत हमें दिया, और इसमें मैं यह कोई भेद नहीं कर रहा हूँ; दलित और ग़ैर-दलित का। उन्होंने कहा कि जो तू भोगता है, वही तू लिख।

सिद्धांत यही है, जो तू भोगता है। अब आप कहते हैं कि दलित जो लिखता है, वह दूसरे क्यों नहीं लिख सकते। अरे दूसरे भोगते हैं क्या? हाँ लिख सकते हैं, मना नहीं है, लिख सकते हैं। जैसा कि अनामिकाजी ने भी कहा हमदर्दी के तौर पर हमदर्द बनने के लिए, साथी बनकर महसूस कर सकते हैं। मैं भी महसूस करता हूँ, स्त्रियों के ऊपर लिखता हूँ। स्त्री तो नहीं हूँ, मगर इसलिए कि वह मेरा दायित्व है। कहना चाहिए कि एक लोकतांत्रिक समाज में रहने के कारण यह बोध मुझे मिला है, यह कर्तव्य मुझे मिला है कि मैं उन समाजों के लिए लिखूँ जो वास्तव में जिनको इसकी ज़रूरत है। तो मैं उनका नुमाइंदा नहीं बनूँगा। जो आपने भी कहा कि हम नुमाइंदे नहीं बन रहे। उनके लिए हम लिख रहे हैं। उसे पूरा करने के लिए, उस कर्तव्य को, जो एक लोकतांत्रिक राष्ट्र में रहने की वजह से किसी नागरिक को करना चाहिए। जो कि नहीं हुआ पिछले पचास सालों में। मैंने उसी की तरफ़ ध्यान दिलाया सारी बातों से अपनी।

अरे वे भोगते हैं क्या? हाँ लिख सकते हैं, मना नहीं है, लिख सकते हैं। जैसा कि अनामिकाजी ने भी कहा हमदर्दी के तौर पर हमदर्द बनने के लिए, साथी बनकर महसूस कर सकते हैं। मैं भी महसूस करता हूँ, स्त्रियों के ऊपर लिखता हूँ। स्त्री तो नहीं हूँ, मगर इसलिए कि वह मेरा दायित्व है। कहना चाहिए कि एक लोकतांत्रिक समाज में रहने के कारण यह बोध मुझे मिला है...। तो मैं उनका नुमाइंदा नहीं बनूँगा।

और, एक चीज़ और आपने कही कि दलित मज़दूर और दलित बुद्धिजीवी की। यह बड़ा अजीब सवाल है। देखिए, माफ़ कीजिएगा। आपने दलित लेखकों की पृष्ठभूमि नहीं देखी है। यह पहली पीढ़ी में जो दलित लेखक आए हैं, इनकी जो आत्मकथाएँ पढ़ेंगे, तो ज़्यादातर आपने पढ़ी होंगी। संजीवजी से तो मैं उम्मीद ही नहीं करता कि उन्होंने नहीं पढ़ी होंगी। आप देखेंगे कि सब यह वहाँ से निकल कर आए हैं। और, अब अगर मैं यहाँ तक जाते, वाल्मीकिजी को छोड़ूँ, तो बहुत वरिष्ठ हैं, उन्होंने भी वैसे भी काम किया है इतने सालों से। मैं अपनी देखूँ, मैं कई बार सोचता हूँ, कई बार मज़ाक़ में मेरे दोस्त कह देते हैं, हाँ भाई दलित-ब्राह्मण इधर आ। तो हम लोग मज़ाक़ में एक-दूसरे से कह देते हैं। मैं सोचता हूँ कि अगर मैं लिख दूँ। अपनी आत्मकथा तो यह जो मुझे देखते हैं इस रूप में, आज अगर मेरे तीस साल पहले का इतिहास देख लेंगे तो उनका वह सब सोच जो मेरे बारे में है टूट जाएगा कि हम लोग कहाँ से निकल कर आ रहे हैं। हम लोग कोई मज़दूरों की, दूसरों की कहानी नहीं लिख रहे हैं या दूसरों के बारे में नहीं लिख रहे हैं। अपने ही दुख लिख रहे हैं। अगर एक कहानी मैं लिख रहा हूँ तो वह कहानी मैं लिखते हुए रोता हूँ। तब लिखता हूँ। क्योंकि, मुझे याद आता है पीछे से। क्या करें? अनामिकाजी ने कहा कि प्रतिशोध का निषेध और बुद्ध ने भी सम्यक दृष्टि की बात की है। तो प्रतिशोध कहाँ है? क्या प्रतिरोध को प्रतिशोध माना जाता है? (***अनामिका :*** *नहीं एक्सक्लूज़न का जवाब एक्सक्लूज़न?*) चलिए मैं एक्सक्लूज़न पर आता हूँ। स्त्री-विमर्श के मामले में तो हम यह मानते हैं कि स्वतंत्र अस्तित्व है। मैं नहीं जानता कि वाल्मीकिजी ने क्या कहा। मैं जो कह रहा हूँ, वह बात देखिए। देखिए, इस सामूहिक पहचान में भी व्यक्तिगत

स्वर रहेंगे। यह सच है संजीवजी, यह आपकी बात यहाँ तक सच है। हो सकता है कि उसमें कोई व्यक्ति इस बात तक जाए कि वह कहे कि मैं, या चूक में निकल जाए, ऐसा भी हो जाता है कई बार कि आदमी कहना कुछ चाहता है, निकल कुछ जाता है। मगर मेरा जो मानना है इस बारे में वह यह है कि स्त्री-विमर्श और मेरा ख़याल है इस पर सबसे ज़्यादा कहानी मैंने लिखी। मेरी पहली कहानी भी स्त्री-विमर्श और दलित-विमर्श को लेकर चलने वाली थी। तो मैं ऐसा समझता हूँ कि वहाँ एक्सक्लूज़न नहीं है, वहाँ तो इनक्लूड करके चल रहे हैं। अब कोई एक स्वर अगर कह देता है इस बात को या उससे वह अर्थ-छवि निकलती है तो मुझे लगता है कि उसी को हम अंतिम प्रमाण मान लें क्या? हम उसी को तवज्जो देने लगें। और इस सबको बाक़ी जो लोग इतने कह रहे हैं उस सबको पीछे कर दें। यह मुझे कहना है इस मामले में।

यह मानवतावाद जो है एक अमीबा की तरह है। इसका कोई रूप निश्चित नहीं। बदलता रहता है। जैसे बातचीत में हमें पता लगता है कि जो उदारवादी हिंदू थे वे वही सुधारवादी हिंदू थे। वही बाद में पता लगा कि उनके कर्तव्य इधर से शिफ़्ट होकर दूसरे ने ले लिये। तो आप देखेंगे कि जो एजेंडा आज़ादी से पहले सुधारवादियों के हाथ में था, वह एजेंडा बाद में भाजपाइयों के हाथ में आ गया। वही धर्म को बचाने की ठेकेदारी।

एक चीज़ और। सम्यक दृष्टि। यह मानवतावाद जो है वाक़ई एक अमीबा की तरह है। इसका कोई रूप निश्चित नहीं। बदलता रहता है। जैसे बातचीत में हमें पता लगता है कि जो उदारवादी हिंदू थे वे वही सुधारवादी हिंदू थे। वही बाद में पता लगा कि उनके कर्तव्य इधर से शिफ़्ट होकर दूसरे ने ले लिये। वही बाद में यह जो है उसके विरोध में चले गए कि नहीं हम इसका विरोध करते हैं। धर्म का उसमें से ही एक तबक़ा आ गया कि उन्होंने कहा कि नहीं हम जो अब तक बचे हुए मामले हैं जो इन्होंने छोड़ दिए अब हम इन्हें सँभालेंगे। तो आप देखेंगे कि जो एजेंडा आज़ादी से पहले सुधारवादियों के हाथ में था, वह एजेंडा बाद में भाजपाइयों के हाथ में आ गया। वही धर्म को बचाने की ठेकेदारी। और मैंने आपको उदाहरण देकर बताया कि कैसे वे अपने एजेंडे को कामयाब करते हैं।

एक जो अभयजी ने कहा कि तेलुगू कवयित्री, शायद बामा, शायद स्वरूप कुमारी, ने लिखा पितृसत्ता का थप्पड़। मैं सोचता हूँ कभी-कभी कि इस पितृसत्ता की खोज में पीछे को जाया जाए। इसको यहीं न देखा जाए कि पितृसत्ता जो है यह दलितों में है, यह भी थप्पड़ मार रही है। मैं यह पूछना चाह रहा हूँ कि यह पितृसत्ता आई कहाँ से। यह पितृसत्ता दलितों की नहीं है। उनके यहाँ तो थी ही नहीं। मातृसत्ता थी उनके यहाँ तो। अब अगर इसके और पीछे जाएँगे, तो देखेंगे कि आर्यों के यहाँ पर अग्नि भी पुरुषवाची है, सब में देव लगा कर पुल्लिग बना दिया गया है। हम कहते हैं आग जलती है वहाँ सबको पुल्लिग बनाया गया है। क्या वजह है कि आर्यों के यहाँ पर देवी नहीं है। आर्य देवीपूजक नहीं हैं। आर्यों के यहाँ सिर्फ़ देवता पुजते हैं। इन्द्र, वरुण, मरुत आदि देवता पूजे जाते हैं। देवताओं की आहुति चढ़ती है। देवी तो बहुत बाद में आती है। और आप देखेंगे, आज भी गाँव में चले जाइए, यहाँ सब के

पास देवियाँ हैं। अपने-अपने कबीलों की। अपने-अपने कुनबों की देवी को पूजते हैं। वह तो उनके यहाँ मातृसत्ताएँ चल रही थीं। पितृसत्ताएँ थी ही नहीं। जब इतने सालों तक हिंदुओं के साथ रहेंगे तो उनके संस्कार भी दलितों के यहाँ मिलेंगे। इसी तरह पितृसत्ता भी ऐसे ही इनके पास आई हुई है, इनकी नहीं है। ये दलित जातियाँ कई हज़ार जातियाँ कई हज़ार साल से आश्रित जातियाँ हैं, इनके रीति-रिवाज और आचरण बहुत-कुछ सवर्ण हिंदुओं जैसे हो गए हैं। वे इससे छुटकारा पाने की कोशिश कर रही हैं। अब पितृसत्ता आई है, मैं मानता हूँ आई है। ऐसा नहीं कि मैं नहीं मानता हूँ। मगर अब उसके दुष्परिणाम उस समाज की स्त्रियाँ भुगत रही हैं। वे उसके ख़िलाफ़ आवाज़ उठा रही हैं। ऐसा नहीं है कि नहीं उठा रही हैं और ऐसा भी नहीं है कि दलित लेखक उसका विरोध कर रहा है कि यह जो बोल रही हैं, झूठ है।

तो जैसा कि अभयजी ने सुबह कहा था परिवार के बारे में कि परिवार में आत्मकथा में तो झगड़े हैं, आत्मकथा में तो घर फूट रहे हैं, चाहे वह सूरजपाल चौहान की आत्मकथा हो या किसी और व्यक्ति की आत्मकथा हो, और उपन्यासों और कहानियों में वे बड़े आदर्श परिवार हैं, तो यह एक अंतर्विरोध तो है। तो क्या यह अंतर्विरोध हम सुलझा नहीं रहे हैं? दलित-लेखन के माध्यम से, विमर्श के माध्यम से? उत्तर सकारात्मक है। मुझे लगता है। सविताजी का कहना बिल्कुल वाजिब है कि यह आलोचनात्मक चिंतन, सिर्फ़ दलित और स्त्री के लिए नहीं, भारतवर्ष के हित में है।

अध्यक्ष ▣ आदित्य निगम

विमल थोरात ▣ दलित नारीवाद के रूप

बहुत अच्छा लग रहा है यह देख कर कि दलित-विमर्श और दलित-साहित्य के संबंध में हुई चर्चा से कई नए-नए पहलू हमारे सामने आ रहे हैं। इसी सिलसिले में अब दलित स्त्री-लेखन के बारे में चंद बातें हो जाएँ ताकि एक और आयाम हमारे सामने खुल सके। दरअसल अभयजी ने मुझे पहले आधुनिकता पर लिखने के लिए कहा था, तो मैंने कुछ सोच लिया था उसके ऊपर। फिर चलते-चलते दो-तीन दिन पहले कहा कि आप नारीवाद पर थोड़ा बात करें। तो यह मेरा बहुत ज़हनी सब्जेक्ट है, इसलिए मुझे ज़्यादा तैयारी करने की ज़रूरत नहीं है।

पिछले कुछ वर्षों से जितनी चर्चा दलित-साहित्य पर हो रही है, उतनी ही लगभग चर्चा महिला-लेखन पर हो रही है। जब कभी परिवर्तनवादी विचार के मुख्य बिंदुओं पर चर्चा होती है तो मुझे लगता है कि वह परिवर्तन अब बहुत ही क़रीब आ रहा है, बस हमें छूने भर की देरी है। यह एक हमारी सोच साहित्य के भीतर से, अभिव्यक्तियों के भीतर से जो निकल रहा है, जो सत्ता की जितनी भी संस्थाएँ हैं, उनके विरोध में हम लोग लगातार बात कर रहे हैं। चाहे वह धर्म की संस्था हो, या सांस्कृतिक संस्था हो, आर्थिक संस्था हो या राजनीतिक संस्था। एक तरफ़ हम अतीत को खँगाल रहे हैं कि उसने हमारे साथ किया क्या है। उस अतीत की अभिव्यक्तियाँ जब हमारे समक्ष हैं, तो हम उस अतीत को समझने के साथ-साथ अपने वर्तमान को गढ़ने की कोशिश में भी हैं। क्योंकि वर्तमान में जी रहे हैं लेकिन संदर्भ हम वहाँ से ले रहे हैं, क्योंकि उसके संबंध टूटे नहीं हैं। सत्ता के संबंध तब से अब तक नहीं टूटे हैं। अभी सुधीर चंद्रजी से बात कर रहे थे, उनके बीज-वक्तव्य के समय तो हमने कहा कि जब नवजागरण के समय, या भारतीय स्वतंत्रता आंदोलन के समय जो मुद्दे राष्ट्रीय एजेंडे पर आए थे, उन्हीं मुद्दों पर अभी तक हम चिपके हुए हैं। उन्हीं मुद्दों को हम गाहे-बगाहे थोड़ा सा परिवर्तन करके, थोड़ा और उसके क़रीब जाने की कोशिश करके, उसे ही बार-बार ला रहे हैं। उसमें बहुत ज़्यादा तब्दीली नज़र नहीं आ रही है।

जैसे, अगर हम डॉ. आम्बेडकर के शब्द इस्तेमाल करें तो उन्होंने कहा था कि सामाजिक

नारी अपनी बात जब कहना शुरू करती है तब कि उसके गाल पर दोनों तरफ़ से थप्पड़ पड़ रहे हैं। हम कहते हैं कि तीन तरफ़ से थप्पड़ पड़ रहे हैं। दलित नारी की अभिव्यक्तियाँ जो आ रही हैं उनमें वह केवल अपने सामाजिक स्तर की बात ही नहीं रख रही है। उसे तो पूरे सांस्कृतिक परिवेश से काट कर रखा गया है। एक्सक्लूज़न तो हुआ ही उसका, साथ ही भेदभाव का रवैया भी अपनाया गया है। इन दोनों के साथ वह लगातार जूझ रही है।

और सांस्कृतिक परिवर्तन पहले ज़रूरी है, पर राजनीतिक सत्ता भी उतनी ही ज़रूरी है। लेकिन अगर बदलाव होने से पहले राजनीतिक सत्ता आ जाती है तो क्या होता है? उस समय राजनीतिक सत्ता का एक चित्र हमारे सामने खिंच गया था कि सत्ता किसके हाथ में जा रही है, और उसके कौन-कौन भागीदार होंगे, कौन हिस्सेदार होंगे। जो लोग आज हाशिये पर हैं, हाशिये की बात कहते हुए ओमप्रकाशजी बहुत सहमत नहीं थे, पर सवाल यह है कि उस समय जो हाशिए पर थे आज भी हाशिए पर क्यों हैं, स्त्रियों की स्थिति आज भी वैसे ही क्यों है? अगर सामाजिक परिवर्तन और सांस्कृतिक परिवर्तन की कुछ लोग बात लगातार कर रहे थे, तो उन्हें गरम दल के लोगों ने नरम कह कर नकारा और इन मुद्दों के राष्ट्रीय एजेंडे पर आने से पहले ही उन्हें ख़त्म कर दिया ताकि वे प्रश्न प्रमुखता न प्राप्त कर लें। अगर उस समय यह मुद्दा मुख्य बन जाता, तो यह स्थिति न होती कि आज जिस पर हम इतनी चर्चा कर रहे हैं कि आधुनिकता के इतने क़रीब आने और आधुनिकतावाद का हर जगह बोलबाला होने के बावजूद उन समस्याओं को अभी तक सुलझाया नहीं जा सका है। क्या वजह है इसकी? वजह जानने की कोशिश करते ही नया प्रश्न हमारे समक्ष आ जाता है। जब तक उसे सुलझाते हैं, कई प्रश्न हमारे सामने सुरसा की तरह मुँह खोलकर खड़े हो जाते हैं।

अभी हम जाति-प्रथा और अर्थ-व्यवस्था से जूझ ही रहे थे कि भूमंडलीकरण का नया एक और द्वार हमारे सामने खुल गया। अभी-अभी हमने शिक्षा के क्षेत्र में प्रवेश किया है। ज़्यादा से ज़्यादा पचास वर्ष हुए हैं। इन पचास वर्षों में इस देश में क्या होने वाला है? हम तो तीन हज़ार वर्ष पूर्व की समस्याएँ आज भी झेल रहे हैं। नारी की तरफ़ देखने का दृष्टिकोण नहीं बदला है। उसे भोगवादी वस्तु की तरह देखा जा रहा है। उससे हम जूझते जा रहे हैं। जाति की समस्या से हम जूझते जा रहे हैं। आर्थिक समस्या ज्यों की त्यों है। और फिर भूमंडलीकरण का एक थप्पड़ हमारे मुँह पर पड़ता है। तो समस्याओं के समाधान को हम कहाँ से कहाँ तक ले जाएँ। इसी में नारी अपनी बात जब कहना शुरू करती है तब कि उसके गाल पर तो दोनों तरफ़ से थप्पड़ पड़ रहे हैं। हम कहते हैं कि तीन तरफ़ से थप्पड़ पड़ रहे हैं। दलित नारी की अभिव्यक्तियाँ जो आ रही हैं उनमें वह केवल अपने सामाजिक स्तर की बात ही नहीं रख रही है। उसे तो पूरे सांस्कृतिक परिवेश से काट कर रखा गया है। एक्सक्लूज़न तो हुआ ही उसका, साथ ही भेदभाव का रवैया भी अपनाया गया है। इन दोनों के साथ वह लगातार जूझ रही है। अपनी पहचान बनाने की कोशिश कर रही है। अपने अस्तित्व को बनाने की कोशिश में है।

उत्पादन का क्षेत्र जो है, उसमें वह केवल मज़दूर है। आँकड़ों पर नज़र डालें। आदित्य ने इस पर तो काफ़ी काम किया है, और योगेंद्र यादव ने भी बहुत काम किया है। अस्सी प्रतिशत दलित महिलाएँ मज़दूर हैं, केवल मज़दूर, भूमिहीन मज़दूर। आर्थिक रूप से किसी के ऊपर निर्भर हैं और जाति के कारण निम्न श्रेणी में हैं। उसका स्तर इतना नीचे है कि अभी और सैकड़ों साल लगेंगे उसे ऊपर उठने में। उसकी आय का जो साधन है, वह इतना कम है कि ग़रीबी की रेखा से ऊपर उठने के उसके सारे प्रयास नाकाम हो जाते हैं।

यह सवाल नारी-मुक्ति आंदोलन की उन नेतृत्वकारी महिलाओं से हमने कई बार पूछा है ...? हमने कई बार पूछा कि हाशिए की जो महिलाएँ हैं, दलित हैं, आदिवासी हैं, घुमंतू हैं, खानाबदोश हैं, विमुक्त जातियों की महिलाएँ हैं, मुस्लिम महिलाएँ हैं, उनके सवाल नारी-मुक्ति आंदोलन की मुख्यधारा के सवाल कब बनेंगे? लेकिन, जब भी यह बात कही गई, इसे बड़ी हिकारत की नज़र और हल्के ढंग से लिया गया।

ये तीन तरह के शोषण से वह ग़ुज़र रही है : जातिगत, स्त्री होने के कारण और ग़रीब होने के कारण। इन तिहरे सवालों से वह किस तरह से जूझ रही है? यह सवाल नारी-मुक्ति आंदोलन की उन नेतृत्वकारी महिलाओं से हमने कई बार पूछा है कि क्या नारी-मुक्ति आंदोलन की जो भी परिणति होगी, क्या उससे आप बिल्कुल संतुष्ट रहेंगे? नारी-मुक्ति आंदोलन जिसमें पिछले बीस-पच्चीस साल से हम भागीदार रहे हैं, उसके साथ-साथ चलते रहे हैं, से यह सवाल हमने कई बार पूछा कि अगर हाशिए की जो महिलाएँ हैं, दलित हैं, आदिवासी हैं, घुमंतू समाज की जो महिलाएँ हैं, खानाबदोश जिन्हें कहा जाता है, विमुक्त जातियों की महिलाएँ हैं, मुस्लिम महिलाएँ हैं, उनके सवाल नारी-मुक्ति आंदोलन की मुख्यधारा के सवाल कब बनेंगे? इन्हें मुख्य सवाल कैसे बनाया जाए? लेकिन, जब भी यह बात कही गई, इसे बड़ी हिकारत की नज़र से और बहुत ही हल्के ढंग से लिया गया। कहा गया कि नहीं-नहीं नारी की समस्या हर जगह एक जैसी है। नारी के बीच में हम खेमेबाजी नहीं चाहते हैं। नारी के सवाल हर स्तर पर एक जैसे ही हैं।

अब सवाल उठता है कि हम जाति की कैटेगरी का इस्तेमाल करें या न करें? उच्च समाज की महिलाएँ, उच्च जाति की महिलाएँ, क्या जाति की प्रतारणा से उसी तरह जूझती हैं जिस तरह की अवमानना से दलित महिला जूझती है? क्या उसी तरह के अपमानबोध से वह गुज़रती है या उसी तरह के आर्थिक सवालों से वह लड़ती है? अस्सी प्रतिशत दलित महिलाएँ खेतों में काम कर रही हैं, सड़कों पर काम कर रही हैं, भूमिहीन मज़दूर हैं। वे पूरी तरह से निर्भर हैं किसी और पर। हम सब जानते हैं कि तमाम सामंतवादी हैं, तमाम पूँजीवादी या धन्ना सेठों का रवैया उन्हें देखने का वही है जो पहले था। स्वतंत्रता के बाद भी उस रवैये में ज़रा भी अगर अंतर नहीं आया है, तो हम सोच सकते हैं उस महिला की स्थिति वहाँ पर कैसी होगी। वह काम के लिए जब जाती है तो उसके यौन-शोषण का शिकार होने की बहुत संभावनाएँ रहती हैं। जब काम ख़त्म करने के बाद अपनी रोजगारी लेने जाती हैं, तो भले ही हमारे पास

साफ़-साफ़ आँकड़ा न हो, लेकिन पचास प्रतिशत दलित महिलाएँ तो यौन-शोषण की शिकार होती ही हैं। तब जा कर उसके दिन भर के परिश्रम का, जो भी दिहाड़ी उसने की है, उसका पैसा उसके हाथ में पड़ता है।

इसकी तुलना में उच्च समाज की या उच्च वर्ग की महिलाओं से नहीं की जा सकती। इन दोनों तरह की महिलाओं की समस्या में जो इतना अंतराल है, उसे कैसे पाटेंगे? अगर इन सवालों को हमने साहित्य के भीतर, आंदोलन के भीतर, या जो भी आपके औज़ार हैं हमारे पास उस समस्या का निदान ढूँढ़ने के, उनके ज़रिए अगर हमने इन्हें नहीं उठाया तो मुझे लगता है कि यह जो जातिगत कैटेगरी की बात है, जो पहले से मौजूद है, उसे हम ख़त्म नहीं कर पाएँगे। वह वैसी की वैसी ही रहेगी। लड़ना तो ब्राह्मणवाद और पूँजीवाद दोनों से है। बाबा साहेब आम्बेडकर ने कई बार कहा ही कि पूँजीवाद और ब्राह्मणवाद के ख़िलाफ़ साथ-साथ लड़ना होगा। उन्होंने सिर्फ़ यह नहीं कहा था कि सिर्फ़ ब्राह्मणवाद से लड़कर दलितों की समस्या ख़त्म हो जाएगी। नहीं। क्योंकि जाति का प्रश्न आर्थिक प्रश्न के साथ भी जुड़ा हुआ है। जो भी व्यवसाय या पेशे हैं, उनमें जन्म के साथ जुड़े हुए पेशे अभी तक ख़त्म नहीं हुए हैं। अभी भी तेरह लाख लोग सिर पर मैला ढो कर अपनी रोजी-रोटी कमाते हैं। अगर आधुनिकता के सवाल के साथ इसे जोड़ कर नहीं देखा जाए और उस महिला की, अगर *जूठन* आपने पढ़ी होगी, या *तिरस्कृत* पढ़ी होगी या सूरज पाल चौहान की *बदबू* कहानी पढ़ी होगी, तो हम समझ सकते हैं, देख सकते हैं, कि किस नरक-तुल्य जीवन से उसे गुज़रना पड़ रहा है, क्योंकि वहाँ पर भी वह फिर पितृसत्ता से दबी हुई है।

उदाहरण के तौर पर मैं इसका एक आँकड़ा पेश करती हूँ। मैला ढोने के पेशे में ९५ फ़ीसदी दलित महिलाएँ क्यों हैं, जबकि पेशा तो यह पूरे समुदाय का है, जन्मना है, जिसे हम नहीं बदल पाए हैं। तमाम तरह की मजबूरियाँ हैं, दबाव हैं, धर्म का दबाव है, और उसके बाद आर्थिक समस्या भी एक बहुत बड़ी समस्या है। तो उसमें अनुपात तो स्त्री-पुरुष दोनों के बराबर होने चाहिए थे। लेकिन वहाँ ९५ फ़ीसदी मिलती हैं दलित स्त्रियाँ। अब इसे भी हमें देखना पड़ेगा कि जाति और जेंडर के आधार पर इसकी व्याख्या हम कैसे करें। इसे कैसे सुलझाएँ, क्योंकि आर्थिक निर्भरता, जो किसी की भी किसी और के ऊपर हो सकती है, तो वह निश्चित रूप से आधी बँधुआ मज़दूरी ही हो जाती है। चंद रुपयों के लिए, वे चंद रुपए ही हैं, उनके लिए आपकी जद्दोज़हद इतनी ज़्यांदा है कि अगर सुबह का चूल्हा जल भी गया, तो शाम का चूल्हा जलाने के लिए स्त्री को बहुत बार कम्प्रोमाइज़ करना पड़ता है। आपने बाबूराव बागुल की कहानी *बाई* पढ़ी होगी जिसका अंग्रेज़ी में भी अनुवाद हुआ है। वहाँ

मैला ढोने के पेशे में ९५ फ़ीसदी दलित महिलाएँ क्यों हैं, जबकि पेशा तो यह पूरे समुदाय का है, जन्मना है, जिसे हम नहीं बदल पाए हैं। तमाम तरह की मजबूरियाँ हैं, दबाव हैं, धर्म का दबाव है, और उसके बाद आर्थिक समस्या भी एक बहुत बड़ी समस्या है। तो उसमें अनुपात तो स्त्री-पुरुष दोनों के बराबर होने चाहिए थे। लेकिन वहाँ ९५ फ़ीसदी मिलती हैं दलित स्त्रियाँ।

साधनहीन और मज़दूरी से वंचित माँ अपने बच्चे की परवरिश के लिए, उसकी शिक्षा पूरी करने के लिए कभी-कभार वह अपनी देह का भी सौदा कर लेती है। शाम का चूल्हा जलने की भी समस्या है। बच्चा जब जानता है कि मेरी माँ अपनी देह का सौदा करके मुझे पढ़ा रही है तो वह भी उसके ख़िलाफ़ हो जाता है और माँ को एक भद्दी सी गाली दे कर घर से भाग जाता है।

अब इस विवशता को किसी दलित लेखक या लेखिका द्वारा लिखा जाता है तो उसे हमें किस रूप में देखना होगा? या उन्हीं के कम्पार्टमेंट में उन्हें डाल कर यह कहना होगा कि यह तो उनकी समस्या है मुझे इससे क्या। न ही मैं इसके लिए जिम्मेदार हूँ। यह जिम्मेदार न होने की जो बात कही जाती है वह ग़लत है। जिम्मेदार हैं। समाज का हिस्सा हैं हम। हम पूरी जिम्मेदारी तो नहीं लें, लेकिन उस पूरी व्यवस्था में, जिस तरह से जाति-व्यवस्था का निर्धारण किया गया था, जिन धर्म-शास्त्रों ने किया, और जिस तरह धर्मशास्त्रों के आधार पर आज भी यह चल रहा है, उसका विरोध हमने कब किया? किया तो किस हद तक किया? यह अभी अजय ने जो सवाल उठाया था कि सती प्रथा का विरोध राममोहन राय बहुत तेज़ी से करते हैं लेकिन दलित प्रश्न को उन्होंने कभी नहीं लिया। मैं कहती हूँ इसके एक क़दम और आगे जाकर कि सती प्रथा कभी भी दलित समुदाय का प्रश्न नहीं रहा। दलित समुदाय में, जो बात कही गई है, कि पितृसत्ता बाद में आई है, मातृसत्तात्मक समाज था और अभी भी उसके अवशेष आपको हर जगह पर नज़र आएँगे। यह सवाल अगर मुस्लिम महिला का होता, यह सवाल अगर आदिवासी या दलित महिला का होता तो राजा राममोहन राय शायद सती प्रथा का विरोध नहीं करते। यह सच्चाई है और रहेगी, इस बात पर आप कितने भी सवाल कर लीजिए। मैं तैयार हूँ सुनने के लिए और उस पर जवाब देने के लिए। क्योंकि बराबरी की चाहत अगर जनतांत्रिक चेतना है, तो उस चेतना के उठने पर इतने सवाल क्यों उठते हैं?

मैं नारी-मुक्ति आंदोलन की बात कर रही थी। जब दलित महिलाओं ने लिखना और बोलना शुरू किया तो उन्होंने बताया कि दलित स्त्री के प्रश्न इस तरह के हैं, अलग हैं, उन्हें भी उठाना चाहिए, और नारी-मुक्ति आंदोलन का हिस्सा बनाना चाहिए। क्योंकि नारी-मुक्ति आंदोलन पर एक तरह का क़ब्ज़ा था उस समय। यह बीस साल पुरानी बात हम कह रहे हैं, जब वृंदा और हम बहुत अभी उस स्टेज में नहीं थे कि नेतृत्व करें। लेकिन उस समय जो नेतृत्वकारी महिलाएँ थीं, उनसे हमारी रोज़ की जद्दोज़हद होती थी कि आप इन प्रश्नों को नारी मुक्ति आंदोलन के भीतर क्यों नहीं ला रही हैं। यह सीमांत के प्रश्न हैं। यह सीमांत पर रहने वाली महिलाओं के प्रश्न हैं, इन्हें आपको लेना होगा, वरना यह आंदोलन वैसा ही रह जाएगा जैसा पहले हुआ था। पहले यही तो कहा गया था कि सामाजिक और सांस्कृतिक मुद्दे हम बाद में लेंगे, हमें पहले तो स्वतंत्रता चाहिए। स्वतंत्रता किसकी, किसकी क़ीमत पर? क्योंकि जब-जब आम्बेडकर साहब ने, महात्मा फुले ने, तमाम लोगों ने जिनमें रानाडे भी शामिल थे, गोखले भी उसमें शामिल थे, इन लोगों ने जब-जब यह सवाल उठाया, कि हमारे समाज में इतना भेदभाव, इतनी पेचीदगियाँ, इतनी जटिलता है, हम इन्हें साथ-साथ क्यों न लें। कांग्रेस के

जितने भी अधिवेशन होते थे, उसके साथ दूसरा एक पंडाल लगता था जहाँ पर यह लोग भी अपना सम्मेलन कर लेते थे। बाद में पटेल के कहने पर या और किसी के, याद नहीं आ रहा है मुझे, एक बार पंडाल जला दिया गया कि नहीं हम इसे मंजूर ही नहीं करेंगे कि स्वतंत्रता का सवाल जो है, आज़ादी का जो सवाल है अपनी लीक से हटे, और यह सामाजिक प्रश्न बीच में आए। अब यह तय किसने किया, क्यों किया, यह एक सवाल है जिस पर हम आगे भी चर्चा कर सकते हैं।

कुल मिलाकर वे सवाल वहीं के वहीं रहे। साठ साल की आज़ादी ग़ुज़र चुकी है, इकसठवें साल में हम चल रहे हैं। पर इकसठवें साल में भी दलित-स्त्री का प्रश्न वहीं का वहीं क्यों रह गया है? इन सवालों को लेकर लेखिकाएँ अपनी आत्मकथाओं में जो कह रही हैं वह बहुत अहम है। शिक्षा से कभी उनका नाता नहीं रहा, क्योंकि ज्ञान की परम्परा से, धर्म से जुड़ने नहीं दिया। जब जुड़ने की कोशिश की तो ब्रिटिश समय में भी उसका बहुत ज़्यादा विरोध हुआ। जब सावित्री बाई फुले अपनी महिलाओं की पाठशाला में पढ़ाने जाती थीं, तब उस समय पुणे के ब्राह्मणों ने उनका जीना हराम कर दिया था। उनके ऊपर पत्थर फेंकना, थूकना, कीचड़ फेंकना आम बात थी। उससे बचने के लिए वे एक दूसरी साड़ी काग़ज़ में लपेट कर थैली में डालकर ले जाती थीं कि ताकि गंदी साड़ी बदल सकें। और यह रोज़ाना होता था उनके साथ। यह जो दबाव था, उत्पीड़न था, उसे झेलने की एक व्यक्ति ने कोशिश की है मगर फिर भी उसका कहीं इजहार नहीं होने दिया जाता। सविताजी से पूछिए कि जेंडर स्टडीज़ के कितने पाठ्यक्रमों में सावित्री बाई फुले की इस कहानी को लिखा गया है, या बताया जाता है? इस देश की पहली शिक्षिका का कहीं पर भी ज़िक्र नहीं आता है। कम से कम हमने जितने भी पाठ्यक्रम देखे हैं, उनके आधार पर मैं कह सकती हूँ। *(**सविता** : मैंने जो किया वह भी तो कह दीजिए।)* हाँ, वह भी कहूँगी।

तो यह जो सवाल हैं, आज साहित्य के भीतर आ रहे हैं, तो उनका उतना ही स्वागत होना चाहिए। और वह आज हो रहा है, यह भी एक अच्छी बात है। क्योंकि, कहीं न कहीं यह कुलबुलाहट नज़र आ रही है कि हाँ दलित-स्त्री के प्रश्न, मुस्लिम-स्त्री के प्रश्न और आदिवासी-स्त्री के प्रश्न एक जैसे ही हैं, जैसे कि एक हाशिए के समाज में होते हैं। हाशिए के समाज के पास धन नहीं है, सम्पत्ति नहीं है, उत्पादन का कोई औजार नहीं है, कोई साधन नहीं है, वह बन भी नहीं सकता, पूँजीवाद ने वह सब छीन लिये हैं, और उससे पहले सामंतवाद ने छीन लिये थे। अब वह बन नहीं सकता। एक ही छोटा सा उसके पास सहारा है, तो वह शिक्षा का सहारा है। और शिक्षित होने की जो तमन्ना है, वह जब जगती है, क्योंकि आम्बेडकर-चेतना के साथ उसका सीधा संबंध है, तो उस समय आत्मकथाएँ सामने आती हैं। मेरा एक लेख था *दलित-स्त्री आत्मकथन : विगत से संवाद*। अतीत की तरफ़ वह पीछे मुड़ कर देखती है तो उस जद्दोज़हद की कहानी, अपने अतीत की कहानी हमारे सामने रखती है। तो पहले हमें विश्वास नहीं होता। वाल्मीकिजी की *जूठन* के पढ़ने के बाद, या *तिरस्कृत* को पढ़ने के बाद, उनके उस संघर्ष पर हमें यक़ीन करना पड़ता है। एक दलित के बच्चे या बच्ची

को पाठशाला में पढ़ने के लिए कितनी कठिनाइयों से गुज़रना पड़ता है, जिसमें अपमानित होना और तमाम चीज़ें हैं। और उसके वहाँ रुके रहने की संभावनाएँ कम होती जाती हैं। अगर वह वहाँ टिक गया या रुक गया, जिसे सस्टेनेबिलिटी कहेंगे, तो वह आज आत्मकथाएँ लिखने के लिए तत्पर हैं। क्योंकि वे सारे अनुभव उनके अपने हैं, उनके पास शब्द हैं, उनके पास भाषा है और उनके पास लेखन की क्षमता है।

आत्मकथाओं में भूख एक दुश्मन की तरह बार-बार सामने आती है। उससे संघर्ष है। बहुत कठिन संघर्ष है, क्योंकि यह जुड़ा हुआ है उनके निर्धन होने से, पूरी तरह से निर्भर होने से। और जिन पेशों से वे जुड़ी हुई थीं, हम जानते हैं कि उनमें आय कितनी कम होती थी। और एक सवाल आता है कि महिलाओं के अंदर, जो ख़ासकर दलित महिलाएँ हैं, उनमें अंधविश्वास का बहुत बोलबाला है और उसकी वजह से पिछड़ापन भी ज़्यादा है।

बेबीताई काम्बले को ले लीजिए या जितनी भी लेखिकाएँ हैं, कौशल्या बैसंत्री, कुमुद पावड़े और मुक्ता सर्वगौड़, सभी ने यह अनुभव बहुत प्रखरता से लिखा है कि किस तरह वे शिक्षा हासिल कर पाईं। ज़्यादा नहीं, दसवीं तक। उस समय दसवीं ही थी। ... ... उस संघर्ष में कैसे टिक पाईं वे : हरेक आत्मकथा में इसे बहुत ही शिद्दत से लिखा गया है। इसके पीछे हमेशा एक आवाज़ आती रहती है कि शिक्षित हो। माँ-बाप भी कह रहे हैं कि हमारे बच्चे पढ़ें तो कुछ बन पाएँगे। और वह आवाज़ आती है आम्बेडकर की विचारधारा से, जो वे बार-बार कह रहे थे कि हमारे पास और कोई धरोहर नहीं है। क्योंकि धर्म-सत्ता ने दलितों को और महिलाओं को सम्पत्ति के अधिकार से वंचित रखा था, ज्ञान की परंपरा से वंचित रखा था। तो वह समय आ गया है कि जहाँ हम ज्ञान की परम्परा से जुड़कर उस ज्ञान को ग्रहण कर सकते हैं जिसके बाद जो चेतना जागेगी, जो दृष्टि मिलेगी, उससे आप जीवन के नए अध्याय गढ़ सकेंगे। और, यही देखा जा रहा है।

सभी आत्मकथाओं में भूख एक दुश्मन की तरह बार-बार सामने आती है। उससे संघर्ष है बहुत कठिन संघर्ष है, क्योंकि यह जुड़ा हुआ है उनके निर्धन होने से, पूरी तरह से निर्भर होने से। और जिन पेशों से वे जुड़ी हुई थीं, हम जानते हैं कि उनमें आय कितनी कम होती थी। और एक सवाल आता है कि महिलाओं के अंदर, जो ख़ासकर दलित महिलाएँ हैं, उनमें अंधविश्वास का बहुत बोलबाला है और उसकी वजह से पिछड़ापन भी ज़्यादा है। अंधविश्वास किसी भी धार्मिक रूप में, या परम्परा के रूप में, आपके भीतर है तो वह आपके आगे बढ़ने का रास्ता रोकता रहता है। आज भी दलित समुदाय को इससे जूझना पड़ता है। जो रूढ़िग्रस्त परम्पराएँ हैं, उनका आत्मसातीकरण सबसे निचले समुदाय ने किया है जिसकी अभिव्यक्तियाँ दिखती हैं। बेबीताई काम्बले एक जगह अपने इस अनुभव को बताती हैं कि जब उनके यहाँ किसी देवी की जात्रा आती है, दलित समुदाय के सभी लोग दो दिन पहले से उस जात्रा में जाने की तैयारी करते हैं, और पूरे वर्ष की अपनी जमा-पूँजी से बकरा चढ़ावे के लिए खरीद लिया जाता है।

इस प्रकरण पर उन्होंने बहुत ही ख़ूबसूरती से लिखा है। स्पष्ट रूप से लिखा है कि

महिलाएँ जब नहान करती हैं, यह नहीं कहा है कि वे नहाती कितनी बार हैं या कितनी बार उनको नहाने का समय मिलता है, क्योंकि जिस तरह का काम और जितना करना है, वह पाँच बजे उठ कर अगर काम की जगह नहीं पहुँचती हैं तो लात और गाली खाने को मिलती है। तो मुझे नहीं लगता कि दलित महिलाओं को नहाने का समय भी मिलता होगा। तो वे नहान का एक तरह के उत्सव के रूप में वर्णन करती हैं। दलित महिलाओं का गरम पानी से नहाना, धुले कपड़े पहन कर उस यात्रा में जाना बहुत बड़ा आयोजन होता था। कोई एक देवी थीं, येलम्मा नहीं कोई और देवी है जो दलितों की देवी होती थी। फिर वर्ष में एक बार वहाँ जाना होता था। हर परिवार उस देवी को एक बकरा चढ़ाते थे और फिर उसको काट कर ख़ुद खा लेते थे। यह जो अंधविश्वास है वे इसमें इतने ज़्यादा धँसे हुए थे कि उन्हें यह नहीं पता कि इसमें उनके पूरे वर्ष की जमा-पूँजी जा रही है। लेकिन वह करना बहुत ज़रूरी था उनके लिए। इस तरह के कई अंधविश्वासों के ख़िलाफ़ दलित समुदाय आज भी जूझ रहा है।

इसलिए बाद में थोड़ी-बहुत शिक्षा हासिल करने के बाद, या कुछ चेतना के विकास के बाद, स्वतंत्रता के बाद, दलित समुदाय हिंदू धर्म से विमुख होने लगा। क्योंकि हिंदू धर्म में जो सम्मान और जो भागीदारी उन्हें आर्थिक और अन्य संसाधनों में देनी चाहिए थी, वह नहीं मिली। आपकी पॉलिसी कहती है, आपकी पॉलिसी में सब कुछ है, लेकिन वह मिलने के बीच में जो एक बड़ी दूरी है, उसके कारण दलित समुदाय हिंदू धर्म से विमुख हो गया जिसकी परिणति बाबा साहब आम्बेडकर के बौद्ध धर्म स्वीकार करने में हुई। वह सिलसिला अभी भी जारी है। अभयजी ने उसकी तरफ़ इशारा किया कि दलित अब एक कैटेगरी बन गई है। एक पहचान बन गई है। मैं कैटेगरी नहीं कहूँगी। पहचान बन गई है। एक निश्चित पहचान मिली है जिसके कारण समाज में एक रुतबा मिला है। मुझे लगता है उस रुतबे की अभी भी तलाश है। रुतबा मतलब जैसे कि ब्राह्मण, क्षत्रिय या वैश्यों का है, या और भी जितनी जातियाँ हैं, रुतबा नहीं मिला है।

मुझे लगता है कि उस रुतबे के साथ आर्थिक पक्ष जुड़ा हुआ है। वह भी अभी वैसा ही है। आरक्षण की वजह से कुछ थोड़ी-बहुत नौकरियाँ ज़रूर मिली हैं। थोड़ा-बहुत परिवर्तन ज़रूर आया है। शिक्षा के क्षेत्र में कुछ थोड़ी हलचल ज़रूर दिखाई दे रही है। कुछ बदलाव दिखाई दे रहा है। और उसकी तरफ़ बढ़ने की कोशिश भी पुरज़ोर होती जा रही है। लेकिन अगर दलित महिलाओं में शिक्षा की दर देखते हैं तो वह राष्ट्रीय दर ५४ फ़ीसदी के मुक़ाबले ३३ प्रतिशत है। वह भी शहरी क्षेत्र में। ग्रामीण क्षेत्र में वह तेईस प्रतिशत है। शिक्षा के क्षेत्र में जिस तरह का जो व्यवहार आज भी हमारे दलित बच्चों के साथ होता है, ख़ास कर लड़कियों के साथ, वह तो बहुत बुरा है। अगर दलित लड़की स्कूल में जाती है, दो-तीन फ़िल्में भी बनी हैं इस पर, डॉक्यूमेंट्रीज बनी हैं कि दलित लड़कियों को वहाँ पर भी टॉयलेट साफ़ करने का काम दिया जाता है और न करने पर उनकी मार-पिटाई होती है। यह आज भी गुजरात और राजस्थान में चल रहा है। इसकी वजह से दलित लड़कियों का ड्राप-आउट रेट बहुत ज़्यादा है। बहुत ज़्यादा... वह ८० से ८५ फ़ीसदी के बीच है।

तो ऐसे सवाल हमारे बीच में हैं। उनकी रोशनी में दलित महिला लेखन की तरफ़ अगर हम देखें और नज़र दौड़ाएँ तो हमें बहुत सारे जवाब मिलने शुरू होते हैं। पचास वर्ष पूर्व दलित महिलाओं ने जो संघर्ष किया था शिक्षा हासिल करने के लिए, या रोज़गार हासिल करने के लिए, क्या आज भी दलित-स्त्री को वही करना पड़ेगा, वही जद्दोज़हद करनी पड़ेगी तो आज़ादी का क्या फ़ायदा हुआ। कई बार दलित लेखिकाओं ने यह सवाल उठाए हैं कि पंद्रह अगस्त पर आज़ादी का जश्न मनाते हुए क्या हम यह सवाल पूछते हैं कि इस आज़ादी का मेरे लिए क्या अर्थ है। मेरी ग़ुरबत अभी ख़त्म नहीं हुई है, मेरी भागीदारी सुनिश्चित नहीं हुई है, हमारा सामाजिक दर्जा अभी भी वैसा ही है। अभी भी हमें दक्षिण टोले में रहने की मजबूरी है। मेरी ओर हिकारत-भरी दृष्टि भी ख़त्म नहीं हुई है। यौन-शोषण और हिंसा का सिलसिला नहीं थमा है। दलित-स्त्री अपनी रचनाओं के मार्फ़त यही सवाल कर रही है। अपनी अनुभूति के ज़रिए।

मैंने कुछ बहुत ज़्यादा तैयारी नहीं की थी। इसलिए मैंने कुछ सवाल आपके सामने रख दिए हैं। आधुनिकता का मतलब न्याय, समता, स्वतंत्रता, भाईचारे जैसे मानवीय मूल्यों की स्थापना जिसके तहत हर व्यक्ति के लिए मुक्ति का आश्वासन है। ऐसी आधुनिकता दलित महिला को कब मिलेगी? नारी-मुक्ति आंदोलन उसके सवालों को अपने भीतर समा कर, अपने भीतर लेकर, एक सार्वभौमिक रूप से उसके ऊपर कब लिखना और आंदोलन करना चाहेगा?

बहस

आदित्य : तो अब हमारे पास चालीस-पैंतालीस मिनट हैं बहस के लिए। पहले पंकज, फिर शीबा।

पंकज : सबसे पहले तो विमलजी को धन्यवाद कि इन्होंने इस विमर्श में स्त्री के ऊपर लगने वाले तीसरे थप्पड़ का ज़िक्र किया। मुझे डर था कि सात दिन बीत जाएँगे, चर्चा बमुश्किल दूसरे थप्पड़ पर आई है, तीसरे पर तो पहुँचेगी ही। तीसरे थप्पड़ का ध्यान आपने योगेंद्र यादव और आदित्य निगम के काम का ज़िक्र करते दिलाया। काम-धंधों से जुड़ कर आपको निर्धनता, भूख जैसी बातें याद आ गईं। इस जगह पर बैठकर मैं हृदय से आपके प्रति कृतज्ञ महसूस करता हूँ। इससे बातें हमारी थोड़ी जीवंत होंगी। लेकिन इस बात को थोड़ा और आगे बढ़ाएँ। देखिए, जब हम समता की बात, विषमता की बात करते हैं, शोषण और भेदभाव की बात करते हैं, तो उसका एक स्रोत हमें साफ़-साफ़ नज़र आता है जाति। दूसरा स्रोत नज़र आता है— लिंग। लेकिन वर्ग वाला सवाल जो है वह भी हमेशा से मौजूद रहा है। योगेंद्रजी

का आपने नाम लिया। तो मैं उनका एक क़िस्सा बता दूँ। जेएनयू में पढ़ते थे और एक समता संगठन में काम करते थे। उस समय के जो सबसे ज़्यादा आधुनिक सोच वाले लोग थे, वहाँ वे वर्ग को लेकर बहुत उत्साहित थे और यह मानने से इनकार करते थे कि जाति भी हिंदुस्तान में कोई समस्यामूलक चीज़ है।

तब योगेंद्रजी कहते थे कि वर्ग ही नहीं, जाति भी हिंदुस्तान में एक सच्चाई है, और शोषण का एक आधार है। अभी मंडल का दूसरा जो पड़ाव हुआ, उसमें यूथ फॉर ईक्वलिटी नाम का एक समता संगठन जैसी आवाज़ देने वाला एक संगठन बना। उसमें लिंग के मामले पर उत्साह रहा। लैंगिक समानता की बात करने में कोई वहाँ कोताही नहीं है। इस समय का जो प्रगतिशील धड़ा रहा वह सबसे ज़्यादा उत्साही जातिवाले सवाल पर रहा। तब मेरे सामने उन्होंने जेएनयू के व्याख्यान में कहा कि भाई, बीस साल पहले हम कहते थे कि वर्ग ही नहीं जाति भी सच्चाई है। मगर आज हमें कहना पड़ेगा कि जाति ही नहीं वर्ग भी एक सच्चाई है।

तो, यह जो भेदभाव की एक पूरी जटिल संरचना बनती है, जिसमें जाति बहुत प्रमुख चीज़ है, लैंगिक भेदभाव एक बहुत प्रमुख चीज़ है, उसमें काम-धंधे में वर्ग की जगह, आपने जो शब्द चुने उसका मैं इस्तेमाल कर रहा हूँ, काम-धंधों को लेकर जो विषमता है, उसमें जो ग़ैर-बराबरी है, आपने जो ज़िक्र किया कि खेत में काम करने वाली, सड़क पर काम करने वाली महिलाएँ, जिनमें अस्सी प्रतिशत दलित महिलाएँ हैं, उनके लिए मुक्ति का विमर्श क्या होगा? जब हम स्त्री-अधिकारों या स्त्री-मुक्ति के मुहावरों के साथ उसमें प्रवेश करते हैं और प्रवेश करते हुए काफ़ी दूर तक जाते हैं, तो इन सवालों से कतराते हुए बच जाते हैं और कई बार मूल समस्याओं की पहचान नहीं कर पाते।

आप इसको किस तरह सैटल करती हैं? ठीक है आपने इसे रेखांकित किया है, इसलिए मैं आपसे अनुरोध करूँगा कि इस बात को आप थोड़ा और स्पेल आउट कर दीजिएगा कि मुक्ति का एक समग्र विमर्श किस तरह बनेगा? आपने बताया कि आर्थिक सवालों से जूझने की एक उच्च वर्ग की महिलाओं की जद्दोज़हद है वह किस तरह की है। साथ ही दूसरे काम-धंधों से जुड़ी जो महिलाएँ हैं, उनका ज़िक्र किया। आदिवासी महिलाओं का ज़िक्र किया, आपने जंगल में रहने वाली घुमंतू जातियों का ज़िक्र किया, आपने मैला ढोने वालों का ज़िक्र किया। उनके लिए यह आर्थिक सवाल किस तरह के हैं और उसके विमर्श की उसके लिए अगर कोई कार्यसूची बनती है तो उसमें प्राथमिकताएँ कैसे तय होंगी? समस्या की पहचान किस क्रम में होगी? और, आप आज इसमें क्या मुख्य दिक़्क़त पाती हैं जिसके कारण जाति, लिंग और वर्गीय भेदभाव को मिलाकर हमें मुक्ति-विमर्श की कार्यसूची बनाने में मुश्किल होती है।

शीबा : पहले तो बहुत बुरी आवाज़ बर्दाश्त करने के लिए माफ़ कीजिएगा। मेरा गला बहुत ख़राब है। मेरा सवाल तो शायद सवाल भी है, लेकिन आब्ज़र्वेशन ज़्यादा है। दलित महिलाएँ बहुत पहले से वेज अर्नर के तौर पर भी समाज का हिस्सा थीं। तो वेज अर्नर के रूप

में घर के बाहर जो शोषण था कमोडिफ़िकेशन की वजह से जेंडर के आधार पर, वह तो यूनिवर्सल है। वह सिर्फ़ हिंदुस्तान में ही नहीं है, सिर्फ़ दलितों के साथ नहीं है। लेकिन घर के अंदर का जो एक जेंडर डिसक्रिमिनेशन है, वह संस्कृताइज़ेशन का ही तो नतीजा है, जिसमें परिवार की अवधारणा की, उसकी हायरार्की की भूमिका है। तो यह जो संस्कृताइजेशन है जो आदर्श परिवार है भारत में या कहीं पर भी, उसके साथ कन्फरमेशन है, उसके ख़िलाफ़ सवाल क्यों नहीं उठा दलितों के बीच में, जबकि वे सक्षम थीं अपनी रोजी-रोटी और अपना पेट भरने के लिए।

जिनसे उस फ़िक्शन की प्राइज़ चाहिए, तारीफ़ चाहिए, वे नामवर सिंह हैं, मैनेजर पांडेय हैं। तो जो क्रिटिक तबक़ा है, वह पावरफुल तबक़ा इसलिए होता है, क्योंकि उसके पास आपके काम की सारी जाँच-पड़ताल करने के अधिकार हैं। तो यह आपके अपने क्रिटिक हैं और क्रिटिसिज़्म के अपने हरबे-हथियार अभी तक क्यों नहीं विकसित किए गए?

दूसरी बात यह है कि सुपरस्ट्रक्चर को हर जगह री-इनफोर्स क्यों किया जाता है? ख़ुद दलित समाज के अंदर भी! जो भी संस्कृताइज़ेशन है, वह सबसे ज़्यादा उन्हीं समाजों में रिकन्फर्म होता है जो नॉन-ब्राह्मणीकल हैं। तो यह एक बहुत बड़ी प्रॉब्लम है कि आप कोई दूसरा सिस्टम क्यों नहीं बना पाए। इसको क्यों नहीं सोच पाए? वही संस्कृताइज़्ड सिस्टम आपको क्यों चाहिए था?

और, तीसरा जो सवाल है वह साहित्य के बारे में। मुझे बड़ा अजीब लगता है कि जब हम भाषा पर, ख़ास कर हिंदी में बात करते हैं, तो जो फ़िक्शन लिखते हैं, और बाक़ी सब लोग हैं, लेकिन जिनसे उस फ़िक्शन की प्राइज़ चाहिए, तारीफ़ चाहिए, वे नामवर सिंह हैं, मैनेजर पांडेय हैं। तो जो क्रिटिक तबक़ा है, वह पॉवरफुल तबक़ा इसलिए होता है, क्योंकि उसके पास आपके काम की सारी जाँच-पड़ताल करने के अधिकार हैं। तो यह आपके अपने क्रिटिक हैं और क्रिटिसिज़्म के अपने हरबे-हथियार अभी तक क्यों नहीं विकसित किए गए? आपको यह सोचना चाहिए कि जो आपको दबा कर रखना चाहते हैं वे तो बताएँगे वही जो उनका एजेंडा है। उनसे क्या शिकायत है? आपसे शिकायत है कि जो सारे फ़िक्शन-राइटर्स हैं, स्त्री भी, उनको इन्हीं से अपने काम की तारीफ़ क्यों चाहिए? तो यह बड़ा अजीब सा है कि यह जो नेमिंग का गेम है, यह डोमिनेंट क्लास करता है। यह अधिकार उसी के पास होता है कि किसी को वह कोई इस तरह की चरित्रवाली औरत बता दे, किसी मर्द को वह उस तरह का बता दे, और किसी पूरे कुनबे को कुछ ख़ास तरह का बता दे। तो यह जो डोमिनेंट टेडेंसीज़ हैं इसको हम किस तरह से एडजेस्ट करेंगे, और किस दिन अरेस्ट करेंगे? और तब कहेंगे कि यह जो तुम्हारे पैमाने हैं अपने पास रखो भई हमें नहीं चाहिए। अगर तुम्हें हमारी चीज़ें पसंद नहीं तो पढ़ो मत। क्यों पढ़ते हो और क्यों बोलते हो? भई क्या ज़रूरत है? तो आपको वहाँ यह सारी तारीफ़ क्यों चाहिए? *(**विमल** : दरअसल परिवार की जो परिकल्पना*

आई है, वह उसी पर आई है न स्वतंत्रता का वहाँ नकार ही है, और वहीं से शुरुआत होती है और नैतिकता के सारे सवाल भी वहीं आकर रुक जाते हैं।)

मेरा एक सवाल और है। वह शायद सबसे है कि ख़ास कर नारीवादी जो मामला है उसमें भी कि जब हम टोकिनिज़्म की हद तक चीज़ों को हास्यास्पद बनाते हैं और एक दिन जा कर के आरक्षण की बात करते हैं। और वे सारी, सुषमा स्वराज, जो दुल्हन बनती हैं करवा चौथ वाले दिन, और वृन्दा करात सब एक जगह खड़े होकर फोटो खिंचवाती हैं, तो मुझे यह समझ में नहीं आता कि आपको उस कांग्रेस पार्टी से, जो नेहरू-गाँधी प्राइवेट लिमिटेड कंपनी है और उसी आरएसएस से, क्यों आपको तैंतीस प्रतिशत की माँग करनी है भई। और जो लड़ाई सड़क पर लड़नी है, वह आप फोटो खिंचवाकर क्यों लड़ रही हैं? क्यों नहीं आप, जैसे ही चुनाव घोषित होते हैं उस दिन से, सड़कों पर नहीं आते? और राजनीतिक पार्टी से क्यों नहीं कहते कि अब बताओ। अब बात करो।

तो राजनीतिक पार्टी से जिस दिन बात करनी चाहिए, और उनके अपने स्ट्रक्चर को जिस दिन नॉनपैट्रियार्कल बनाने की बात होनी चाहिए, उस दिन तो हम लोग चुप रहते हैं। उस दिन तो हमारे घर का मर्द मुखिया तय करता है कि वोट के लिए हम बात करेंगे, पॉलिटिकल पार्टी को औरतों से बात करने की ज़रूरत नहीं है। तो मर्द मुखिया को लुभाने के लिए जो सारी राजनीतिक पार्टीज की जो कवायद है वह भी सारे के सारे पब्लिक स्पेस में है। कहीं पर भी वह उस स्पेस को लाँघते नहीं हैं, तो उस पर सोचने की भी ज़रूरत है।

सविता : थैंक्यू विमलजी। प्रश्न तो नहीं, बल्कि दो-तीन छोटी-छोटी बातें हैं। एक तो मुझे लगा कि जितनी ज़्यादा दुहाई राममोहन राय की स्त्री-विमर्श के सिलसिले में दी जा रही है, वास्तव में राममोहन राय ने महिला के प्रश्न को महिला के रूप में लिया नहीं था। वह तो किसी और एजेंडे से था। यह सत्य है कि मध्यम वर्गों को उन्होंने एड्रेस ज़रूर किया था, लेकिन महिला प्रश्न को वह काफ़ी नकार रहे थे। दूसरा, आपने कहा कि दलित हिंदू धर्म से विमुख हो रहे हैं। यह बात सोचने के लिए मजबूर करती है। गुजरात के दंगों में दलितों की भागीदारी हमें सबसे ज़्यादा चकित करती है। धर्म से उनकी विमुखता कहाँ तक ठीक है? तीसरा, मैं आपकी सराहना करूँगी। मुख्यधारा के स्त्री-आंदोलन में यह सही है कि मध्यम वर्ग और ऊँची जाति की स्त्रियों का वर्चस्व रहा है। हाशियाग्रस्त औरतों को उसके दायरे में नहीं लिया। इस पर आपका ग़ुस्सा जायज़ है। यह जद्दोज़हद चल रही है। लेकिन, आपकी एक इनर वॉयस भी है इसलिए मैं जानना चाहूँगी कि दलित महिला की जो आवाज़ें हैं, दलित आंदोलन के साथ, सारा लेखन उर्मिला पवार वग़ैरह का आ रहा है, उसके साथ किस तरह का संवाद हो रहा है। मुझे अच्छा लग रहा है कि इस तीसरे पहलू को आपने स्वीकारा है। और, एक चौथा बहुत ही कंटेशस इश्यू हो चुका था वुमंस मूवमेंट में मुंबई बार गर्ल्स को लेकर। दलित बार गर्ल्स की समस्या पर। दलित ग्रुप्स की अपनी एक पोज़ीशन थी। इसमें सेक्स वर्कर, देवदासी के मुद्दे भी हैं।

> स्त्रीवादी एक तकनीक है कि जितनी लोककथाएँ हैं या जितने मिथक हैं उसका सबवर्शन के लिए प्रयोग किया जाए। उसको हम सबवर्शन के लिए प्रयोग करते हैं। क्या हम रीति-रिवाजों का या जिन्हें आप अंधविश्वास कह रही थीं उसको भी ... ... किसी भी तरह के सबवर्शन का हथियार बना सकते हैं? क्या वे एक मैट्रीलीनियल डायसपोरा का सृजन कर सकते हैं? क्या वे रेशियल मेमरी के स्ट्रक्चर से हम एक तरह का रिबेलियन जेनरेट कर सकते हैं?

अनामिका : मैं स्थापना से आपकी सहमत हूँ कि भूख और अपमान दुनिया के दो मूल दुख हैं। लात पेट पर पड़े या पीठ पर! मराठी के स्त्री-लेखन में आत्मकथाओं पर ही अगर बात करें, तो एक बहुत ही परिपक्व सौंदर्यशास्त्र के साथ आत्मकथन सामने आए हैं। क्या ऐसी परिस्थितियाँ हुईं कि हिंदी लोकवृत्त से अभी उस तरह के आत्मकथन और आत्मकथाएँ नहीं आईं। आईं ही नहीं, मेरी जानकारी के हिसाब से। और, दूसरी बात अभी मैं आपकी बात सुनते-सुनते सोच रही थी, जैसे आपने रिचुअल की एक बात की, हम जानते हैं कि स्त्रीवादी एक तकनीक है कि जितनी लोककथाएँ हैं या जितने मिथक हैं उसका सबवर्शन के लिए प्रयोग किया जाए। उसको हम टुइस्ट कर देते हैं सबवर्शन के लिए प्रयोग करते हैं। क्या हम रीति-रिवाजों का या जिसको आप अंधविश्वास कह रही थीं उसकी भी स्टाइल ऐसी इन्वॉल्व करके एक ऐसी मिमिक्री, किसी भी तरह के सबवर्शन का हथियार बना सकते हैं? क्या वे एक मैट्रीलीनियल डायसपोरा का सृजन कर सकते हैं? क्या वे रेशियल मेमरी के स्ट्रक्चर से हम एक तरह का रिबेलियन जेनरेट कर सकते हैं? यह कुछ सवाल हैं जो मैं आप से ही पूछना चाहती हूँ।

विमल : यह बहुत ताज़ा-तरीन सवाल है इसलिए मुझे बहुत जल्दी याद आ गया। महिला आंदोलन में यह एजेंडा नहीं रहा है कहीं भी। मैं आंदोलन के साथ बराबर जुड़ी रही हूँ। दोनों आंदोलन के साथ, नारी-मुक्ति आंदोलन और दलित-मुक्ति आंदोलन के साथ। जो पहली खेप थी उसमें मैं शामिल थी। दरअसल, लगातार आपके सवाल को नकारा जा रहा है। यह ही नहीं तय हो रहा है कि इनका सवाल भी कोई सवाल है। कहा यह जाता है कि एक ही आंदोलन चल रहा है पूरे देश में, नारी-मुक्ति आंदोलन, उसका हिस्सा बनना चाहिए। आप कब तक ऐसे नकारे जाते रहोगे। कहीं न कहीं एक क़ोफ्त होती है। अगर पूरे देश में लिखने-पढ़ने वाली कुछ महिलाएँ हैं, और बहुत अच्छा विचार भी दे रही हैं, लिख भी रही हैं, और साथ में अपनी एक वैचारिकी भी तैयार कर रही हैं, उसके बावजूद हम दूसरों की तरफ़ कब तक देखें और कब तक उनके भार के नीचे दबे रहें। तो एक बहुत बड़ा सवाल यहाँ आता है। और यह यहीं से नहीं आता, इसको आप जोड़िए बाबा साहब आम्बेडकर से। बाबा साहब के दलित मुक्ति के जितने भी आंदोलन हुए हैं, वहाँ महिलाओं की भागीदारी बराबर की रही है। चाहे महाड का सत्याग्रह हो पानी का, चाहे कलाराम मंदिर सत्याग्रह हो। या जब पूना पैक्ट हुआ उस समय भी उसके विरोध में। हम सोच सकते हैं आज, मैं तो नहीं सोच सकती, कि उस समय बीस हज़ार दलित महिलाओं ने नागपुर में मोर्चा निकाला था कि पूना पैक्ट क्यों

हुआ है, आम्बेडकर साहब को क्यों झुकना पड़ा, गाँधी ने यह हमसे क्यों छीन लिया? आज नहीं हो सकता है ऐसा। उस समय बीस हज़ार का एकत्रित होना कितनी बड़ी बात थी। तो यह पूरी चेतना वहाँ से यहाँ तक आ रही है, उसका सिरा यहाँ तक हम पकड़ सकते हैं। क्योंकि यह सामाजिक और सांस्कृतिक आंदोलन के साथ जो एक मत-परितर्वन या मन-परिवर्तन या उससे जुड़ने की जो ख़्वाहिश रही है, उसके साथ जोड़ता है। पहली पीढ़ी की जितनी भी दलित शिक्षित नारियाँ हैं उन्होंने लिखना भी तभी से शुरू किया है, और बोलना भी शुरू किया, मंच पर चढ़ना भी शुरू किया।

१९९५ में देश की सभी दलित लेखिकाओं ने, जो आंदोलनकारी थीं और एक्टिविस्ट थीं और सोचने वाली थीं, निर्णय लिया कि अब हम रुक नहीं सकते। अब हम किसी पर निर्भर नहीं रह सकते। ... ... आज दलित स्त्री-साहित्य और दलित महिला आंदोलन के रूप में बहुत बड़े पैमाने पर एक नारीवादी स्वर तीव्र हुआ है। उसे अब कोई रोक नहीं सकता। दलित स्त्रियाँ अपने सवालों को अब खुद ही हल करने जा रही हैं।

उनका मंच पर चढ़ना, बोलना और लिखना शायद डॉ. धर्मवीर को बहुत अखरा था और इसलिए शायद उन्होंने कहा कि दलित स्त्री जन्मतः व्यभिचारिणी होती है। हमें नहीं पता कि कैसे दलित-स्त्री व्यभिचारणी जन्मतः होती है? उसके साथ जो जुड़ा हुआ परिवेश है, उसकी जो समस्याएँ हैं, जिन सवालों से वह जूझती है, वह उसके लिए जिम्मेदार है, या स्त्री स्वयं जिम्मेदार है अपने व्यभिचार के लिए? दलित स्त्री के भीतर चेतना का आत्मबोध है, वह बहुत सजग रूप से दिखाई देता है। इसके बाद १९९५ में देश की सभी दलित लेखिकाओं ने, जो आंदोलनकारी थीं और एक्टिविस्ट थीं और सोचने वाली थीं, निर्णय लिया कि अब हम रुक नहीं सकते। अब हम किसी पर निर्भर नहीं रह सकते। हम अपना सवाल लेकर कुछ बात करेंगे और उन्होंने अपने मंच की शुरुआत की, जिस पर बहुत ज़्यादा सवाल उठाए गए। जनवादी महिला समिति की नेताओं ने यह कहा कि आप अपना चूल्हा अलग कर रहे हैं, और यह होना नहीं चाहिए। आपने कहा ही नहीं कि हमारे यह सवाल हैं। तमाम तरह की दलीलें दी गईं, लेकिन तब तक निर्णय हो चुका था और दलित महिलाओं नें अपने उन्हीं सवालों को मुद्दा बनाया जो उनके बहुत निजी मुद्दे थे। निजी का मतलब भूख, उसकी परेशानी, या रोजगार की जो समस्याएँ हैं, या उसको अपमानित करने के, हिंसा जो उनके ऊपर हो रही है, या बलात्कार के मुद्दे। यही उसके सवाल उन्होंने वहाँ पर खड़े किए। आज दलित स्त्री-साहित्य और दलित महिला आंदोलन के रूप में बहुत बड़े पैमाने पर एक नारीवादी स्वर तीव्र हुआ है। उसे अब कोई रोक नहीं सकता। दलित स्त्रियाँ अपने सवालों को अब ख़ुद ही हल करने जा रही हैं।

तैंतीस प्रतिशत की जब बात आई थी तो सविता ने एक सवाल पूछा था कि गुजरात में दलितों की भागीदारी क्यों हुई? अब यह सवाल मुझे भी कचोटता रहा है। मैंने ख़ुद गुजरात में यह देखा है कि जो दलित और मुस्लिम एक कालोनी में बराबर-बराबर रहते थे, खानपान,

पहनावा लगभग बराबर था, सांस्कृतिक आदान-प्रदान के तरीक़े भी एक से थे, लेकिन हिंदुत्ववादी उछाल आया जिसने इन दोनों के बीच में दरार डाल दी। वह कैसे? मैं बताती हूँ क्योंकि उन कॉलोनीज़ पर मेरी बहुत क़रीब से नज़र है। चार मुस्लिम घर जला दिए गए और उसके बाद जो पाँचवाँ घर दलित का था वह बचा रहा और उस घर के ऊपर राम का चित्र चिपका दिया गया। असलियत यह थी कि वे लोग भी अपनी जान बचाकर भाग गए थे। उनका घर बचा रहा। यह जालसाजी का तरीक़ा अपनाया हिंदुत्ववादियों ने। यह सभी दलित बौद्ध थे। सबके घरों में बुद्ध का और आम्बेडकर का फोटो था। घर में कोई देवी-देवताओं की पूजा नहीं थी। आम्बेडकर जयंती और बुद्ध जयंती बहुत पैमाने पर मनाने वाले लोग थे।

> **चार मुस्लिम घर जला दिए गए और उसके बाद जो पाँचवाँ घर दलित का था वह बचा रहा। उस घर के ऊपर राम का चित्र चिपका दिया गया। असलियत यह थी कि वे लोग भी अपनी जान बचाकर भाग गए थे। यह जालसाजी का तरीक़ा अपनाया हिंदुत्ववादियों ने। यह सभी दलित बौद्ध थे। सबके घरों में बुद्ध का और आम्बेडकर का फोटो था। घर में कोई देवी-देवताओं की पूजा नहीं थी। आम्बेडकर जयंती और बुद्ध जयंती बहुत पैमाने पर मनाने वाले लोग थे।**

जो बौद्ध थे, आज हिंदुत्व के आतंक से इतने परेशान हैं कि उन्होंने अपने घर के बाहर लिखा ॐ अभी तक नहीं हटाया है। राम का जो चित्र लगा हुआ था, वह भी अभी तक नहीं हटाया। तो यह लोग एक साज़िश का हिस्सा बने। कुछ लोग किसी कारणवश, क्योंकि उनसे कहा गया कि मुसलमान बाहरी हैं और उनके साथ दलित होने के कारण छुआछूत बरतते हैं। इन दोनों चीज़ों को वे नहीं समझ पाए और हिंदुत्ववादियों के झाँसे में आ गए। लेकिन जैसे ही लौटे, उनके साथ छुआछूत का फिर से वही बरताव किया गया। तब जाकर उन्हें समझ में आया है कि यह कितना बड़ा छल था, कपट था जिसके हम थोड़ी देर के लिए हिस्सा बने। आज उनके बीच में यह बहुत बड़ा परिवर्तन देखा जा रहा है। जब लोग लौटे हैं, मुस्लिम परिवार लौटे हैं, तो उसी जगह पर उन्होंने घर बनाए हैं, जहाँ पर दलित का घर क़ायम था, तो वह जो दरार थोड़ी देर के लिए पड़ी थी, वह अब ख़त्म हो रही है, और आपस में जो मनमुटाव हुआ था, उसको मिटाने के लिए काफ़ी काम किया जा रहा है। दलित आंदोलन का यह एक मक़सद बन गया है कि मुस्लिमों और दलितों के बीच में जो एक मनमुटाव की स्थिति आई है उसे दूर किया जाना चाहिए। दलित महिला आंदोलन का भी यह हिस्सा बन गया है, क्योंकि महिलाओं के भीतर ही डॉयलाग ज़्यादा होते हैं, पुरुषों के साथ नहीं ज़्यादा होते हैं, और वे समझ जाती हैं एक-दूसरे की भावनाओं को बहुत आसानी से।

दलित-लेखन और आंदोलन के बारे में हमने कहा कि वह एकमेक है। जो आंदोलनकारी महिलाएँ हैं, वही लेखक भी हैं। दलित पैंथर के समय जितने भी नेतृत्वकारी पैंथर थे, वही लेखक थे। तो यह इतना क़रीब का संबंध है, उनके अपने अनुभव और एक तरफ़ उनका संघर्ष इस पूरी व्यवस्था के साथ वह इतना एकमेक हो गया है कि वहाँ कहीं पर हमें अलग करने की कोशिश भी करे कोई तो अलग नहीं हो सकता। वैसी ही स्थिति यहाँ पर भी दिखाई देती

है। वही महिलाएँ आंदोलन में हिस्सा लेती हैं, वही लिखती हैं और वही इसका नेतृत्व भी करती हैं।

बार गर्ल्स के प्रश्न पर जिनकी तरफ़ आपने इशारा किया, वे दलित आंदोलन की महिलाएँ नहीं थीं। जो कलकत्ता में यह जो कान्फ्रेंस हुई है। हालाँकि यह बहुत बड़ा सवाल है कि रोजी-रोटी के लिए जो व्यवसाय उन्होंने स्वीकार किया या ज़बरदस्ती उन्हें उसमें डाल दिया गया है, उसे कैसे समझा जाए? अब उनके सामने रोटी का सवाल तो था ही, लेकिन यह रोटी कैसे मिल रही है, यह भी एक सवाल है। ज़िल्लत की रोटी अगर मिल रही है, तो क्या वह चाहती हैं उसे वाक़ई? लेकिन दलित महिलाओं ने इसका सपोर्ट नहीं किया था। क्योंकि इसके पीछे एक और कारण है। इसके पीछे देवदासी प्रथा के निर्मूलन की बात है। इसके निर्मूलन की बहुत ज़्यादा कोशिश भी की जा रही है। इसलिए बार गर्ल्स के प्रश्न पर उनके साथ नहीं खड़ी हुईं दलित महिलाएँ उस समय।

बार गर्ल्स ... दलित आंदोलन की महिलाएँ नहीं थीं। ... यह बहुत बड़ा सवाल है कि रोजी-रोटी के लिए जो व्यवसाय उन्होंने स्वीकार किया या जबरदस्ती उन्हें उसमें डाल दिया गया है, उसे कैसे समझा जाए? ... ज़िल्लत की रोटी अगर मिल रही है, तो क्या वे चाहती हैं उसे वाकई? लेकिन दलित महिलाओं ने इसका सपोर्ट नहीं किया था, क्योंकि इसके पीछे एक और कारण है। इसके पीछे देवदासी प्रथा के निर्मूलन की बात है।

अनामिकाजी ने पूछा कि हिंदी प्रदेश में आत्मकथन नहीं लिखे जा रहे हैं। बिल्कुल वाजिब सवाल है। सिर्फ़ एक ही आत्मकथन आया था, दलित महिला का लिखा हुआ *दोहरा अभिशाप*। *(**वाल्मीकि :** नहीं एक और आ गया है सुशीला टाकभौरे का, पब्लिक एजेंडा में धारावाहिक छपा है। **अनामिका :** नहीं-नहीं वे तो मराठी लेखिका हैं। **वाल्मीकि :** सुशीला टाकभौरे मराठी नहीं हिंदीभाषी हैं। **अभय :** हिंदी में लिखा है, लेकिन लेखिका तो मराठी हैं।)* इसका एक कारण तो शिक्षा दर बहुत कम होना है पूरे हिंदी प्रदेश में। पूरे हिंदी पट्टी में देखिए दलित महिलाएँ बहुत कम पढ़ी-लिखी हैं। दलित पुरुषों ने, जो लिखते-पढ़ते रहे हैं या आंदोलन में रहे हैं, उन्होंने अपनी स्त्रियों को कभी बाहर आने नहीं दिया। हम बार-बार कहते हैं कि जब ख़ुद आते हो, कुछ विचार लेकर जाते हो, तो साथ में दो-एक महिलाएँ भी होनी चाहिए अपने घर की, लेकिन वह अभी भी नहीं हो रहा है, क्योंकि यहाँ पर दबाव बहुत ज़्यादा है। *(**अभय :** अजय नावरिया नहीं सुन रहे हैं इस बात को?)* अजय नावरिया भी सुनेंगे और इसकी वजह यह है कि वैचारिक स्तर पर जो एक तैयारी होनी चाहिए, वह बहुत कम दिखाई देती है। लेखन के लिए आपके पास भाषा भी चाहिए। तो अगर शिक्षित नहीं है तो यह नहीं होगा। आंदोलन के साथ जुड़ना भी बहुत ज़रूरी है। किसी भी तरह के आंदोलन में अगर आप नहीं हैं, तो आपके पास वह दृष्टि नहीं आएगी। रीति-रिवाजों की जब बात आपने कही कि क्या यह मातृवंशीय एक शक्ति बन सकती है, एक बहुत बड़ा डिस्कोर्स बन सकता है? बिल्कुल बन सकता है बशर्ते उसको बहुत क़ायदे से अगर बहुत तरीक़े से हम उसको एकत्रित करते हैं, बातचीत करते हैं, क्योंकि संवादहीनता बहुत ज़्यादा है। हमें बिल्कुल याद है कि जब

यह प्रयास किए जा रहे थे, महाराष्ट्र में बहुत ज़्यादा फोकलोर इकट्ठी की जा रही है, तो उसमें जो अन्य लेखिकाएँ और अन्य से हमें कोई सहायता नहीं मिल पा रही थी, अभी भी नहीं मिलती है, तो एक बार फिर वह ऐसे ही रह जाता है कि यह आपका काम है, यह हमारा है और हम आपस में कभी न मिलें।

हाँ, तीसरे थप्पड़ की जो बात कही गई है, उसके बारे में मैं कहना चाहती हूँ कि जाति और अर्थ का प्रश्न एक ही सिक्के के दो पहलू हैं। इन्हें आप अलग करके नहीं देख सकते। जितना सम्मान का सवाल है, उतना ही अर्थ का सवाल है। यह आपस में बिल्कुल जुड़े हुए हैं। धर्म ने इसे उस समय निर्धारित कर दिया था कि यह पेशा आपका है, आप इसमें जन्मे हैं तो यह ही पेशा होगा, इसमें कोई परिवर्तन नहीं होगा। जो मीनार बनाई वर्ण-व्यवस्था की, उसमें नीचे से ऊपर, ऊपर से नीचे जाने का कोई रास्ता नहीं था, कोई सीढ़ियाँ नहीं थीं, तो जो जहाँ पैदा हुआ है, वह वैसा ही रहेगा। वरना क्या वजह है कि आज भी हज़ारों की संख्या में देवदासियाँ बनाई जाती हैं, और फिर मंडी में बेची जाती हैं। जो देह की मंडी है, वहाँ बेची जाती हैं और उसके ऊपर जो बिचौलिए हैं या जो राजनीतिक नेता हैं, जो भी उसमें शामिल हैं, गाँव के गुंडों से लेकर राजनीति के दरबार तक, उनका टर्नओवर साल का दो हज़ार करोड़ है। यह हमारे लिए, या सबके लिए एक ख़बर है, यह ख़बर है कि उसका टर्नओवर दो हज़ार करोड़ है। तो कौन रोकेगा इसे। इस प्रथा को आप रोक ही नहीं सकते। अगर पुणे, बॉम्बे, कलकत्ता या कहीं पर भी किसी भी देह की मंडी में जाएँगे, तो वहाँ आपको देवदासियाँ नज़र आएँगी। तो यह एक ज़रिया है पैसा कमाने का, और स्त्री को अपमानित करने का। जाति के कारण। धर्म के प्रावधान के कारण आज भी हम इस प्रथा को रोक नहीं पाये हैं।

क्या वजह है कि आज भी हज़ारों की संख्या में देवदासियाँ बनाई जाती हैं, और फिर मंडी में बेची जाती हैं। जो देह की मंडी है, वहाँ बेची जाती हैं और उसके ऊपर जो बिचौलिए हैं या जो राजनीतिक नेता हैं, जो भी उसमें शामिल हैं, गाँव के गुंडों से लेकर राजनीति के दरबार तक, उनका टर्नओवर साल का दो हज़ार करोड़ है। यह हमारे लिए, या सबके लिए एक ख़बर है, यह ख़बर है कि उसका टर्नओवर दो हज़ार करोड़ है। तो कौन रोकेगा इसे। इस प्रथा को आप रोक ही नहीं सकते। अगर पुणे, बॉम्बे, कलकत्ता या कहीं पर भी किसी भी देह की मंडी में आप जाएँगे, तो वहाँ आपको देवदासियाँ नज़र आएँगी। तो यह एक ज़रिया है पैसा कमाने का, और स्त्री को अपमानित करने का। जाति के कारण। धर्म के प्रावधान के कारण आज भी हम इस प्रथा को रोक नहीं पाये हैं।

तो फिर वही सवाल बार-बार आता है, जो अभयजी कह रहे हैं कि भाई आधुनिक होते जा रहे हैं हम, लेकिन परम्पराएँ जो इतनी पुरानी हैं, ऐसा सिस्टम है उसको हम कहीं से भी बदल नहीं पा रहे हैं। क्या वजह है? एक समय था कि बहुत थोड़े से लोग थे, वे कुछ कर पाए, बदलाव। अब हम लाखों की संख्या में हैं, सोचने वाले हैं, बुद्धिजीवी हैं, फिर भी एक

समस्या का निदान नहीं कर पाते हैं। जाति की समस्या ऐसी चिपकी है चीचड़ी की तरह कि वह कभी छूटती ही नहीं है। उसी की बदौलत आपकी पहचान है, उसकी ही बदौलत आपकी आर्थिक आय है, उसी की बदौलत आपकी नौकरी तय है, अगर कारपोरेट सेक्टर आ रहा है तो वहाँ पर भी वही नज़ारा है कि अगर त्रिपाठी, कौशिक या व्यास नहीं दिखेंगे तो आपका लिफ़ाफ़ा नहीं खोला जाएगा वहाँ पर। एमबीए करके जाइए, इंजीनियरिंग करके जाइए या चाहे कोई भी डिग्री लेकर जाइए, उसमें तो आपको रियायत नहीं मिलेगी। क्वालिफ़िकेशन तो वही होगी, लेकिन क्वालिफ़िकेशन वहाँ जाकर निरस्त हो जाती है, क्योंकि लिफ़ाफ़े पर आप लिखे रहते हैं वाल्मीकि, तो कैसे खुलेगा वह लिफ़ाफ़ा और कैसे आपको कारपोरेट सेक्टर में एंट्री मिलेगी। यह सवाल बार-बार दलित आंदोलन और दलित बुद्धिजीवी उठा रहे हैं कि कारपोरेट सेक्टर, जो प्राइवेट सेक्टर हैं, उसमें भी रिज़र्वेशन होना चाहिए। लेकिन सत्ताधारियों की मंशा नहीं है, और जो पूँजीवादी समाज है वह भी नहीं होने देना चाहता।

*(**आदित्य :** विमलजी तीन सवाल और हैं, लेकिन अभी शीबाजी ने पूछा था कि आप नामवरजी और मैनेजर पांडेय से और बीजेपी और कांग्रेस से क्यों उम्मीद रखती हैं?)* हाँ, शीबाजी ने सवाल किया था कि जाति, लिंग और वर्ग को मिलाकर एक साझा कार्यक्रम कैसे बन सकता है। *(**आदित्य :** नहीं-नहीं वह पंकज का था। वह आधुनिकता के मैटाडिस्कोर्स के सवाल पर।)* अच्छा आपका था। जो ३३ प्रतिशत आरक्षण की बात आपने कही थी कि सुषमा स्वराज के साथ वाली? *(**शीबा :** संस्कृताइज़ेशन का जो प्रोसेस है, उसको अरेस्ट कैसे किया जाएगा? अगर फैमिली में दो वेज अर्नर हैं और अगर रिलेशनशिप उससे तय होती है, कैश मनी से और प्रॉपर्टी से, और वहाँ पर दोनों बराबरी पर हैं, बल्कि एक का कंट्रीब्यूशन ज़्यादा भी है, तो वहाँ पर विदिन फैमिली जो डिस्क्रिमिनेशन है उसको आप कैसे अरेस्ट करेंगे? क्योंकि सुपरस्ट्रक्चर इतना ज़्यादा हावी है, ज़ेहन पर, कि आपके पैमाने भी वही हैं अच्छे होने के और आगे बढ़ने के। तो यह परेशानी भी बहुत बड़ी है।)* यह बहुत ही अहम सवाल आपने किया है कि पितृसत्ता के उस प्रभाव से या उस वर्चस्व से क्यों अपने को अलग नहीं कर पा रही हैं स्त्रियाँ। *(**शीबा :** दलित समाज में तो स्त्रियाँ शुरू से वेज अर्नर हैं।)* दलित समाज की स्त्रियाँ अस्सी प्रतिशत भूमिहीन मज़दूर हैं। और किसी के ऊपर आर्थिक निर्भरता है उसकी तो आप समझ सकती हैं कि समाज में उसकी स्थिति कितनी दयनीय और कमज़ोर होगी।

और, परिवार में, मैं अपने साथियों से बहुत सहमत नहीं हूँ, क्योंकि दलित-स्त्री की स्थिति परिवार में वही है जो अन्य स्त्रियों की है। जैसे ही परिवार बनता है, सारे नीति-मूल्य, शुचिता का जो सवाल आता है, सारे नैतिक मूल्य परिवार के भीतर जो एक संस्था जो बताती है कि स्त्री को जो यौन शुचिता है वह सबसे ऊपर है। अगर उसमें ज़रा भी कोई खोट आ गई, कहीं कुछ थोड़ा-सा भी टूट गया तो उसे बाहर जाना पड़ता है। तलाक़ यहाँ बहुत आसानी से होता है दूसरा विवाह भी उतनी आसानी से होता है। जो उच्च हिंदू समाज का वह रवैया यहाँ नहीं है। दलित-स्त्री का तलाक़ भी जल्दी हो जाएगा। लेकिन दूसरा विवाह भी आसानी से होता है। वह आत्मनिर्भर नहीं है। उसी तरह से अगर वह कमा कर ला रही है तो उसके

हाथ की जो कमाई है शाम को आके उसका पति छीन लेगा। दारू पी के वह तो काम से सीधे दारू के ठेके पर जाता है और कम से कम एक साथ ही दोनों लौटते हैं, वह घर में जाके चूल्हा जलाती है, पानी लाती है और तमाम अपने बच्चों की देखभाल के लिए, परिवार के पोषण के लिए सारे काम जो करने हैं एक स्त्री को वह करती है। उसके बाद शाम को वह लात भी खाती है। यहाँ पर जो स्त्री की मजबूरी है उस मजबूरी को हमें समझना चाहिए कि वह क्या मजबूरी है कहीं वह उसकी अपनी ओढ़ी हुई तो नहीं है। यह परिवार का जो या समाज का दबाव है वह उसी तरह से है, कि एक अकेली स्त्री को देखने का रवैया भी उसी तरह का है। उसमें भी कोई बदलाव नहीं है। अकेली स्त्री अगर आकर रहना चाहती है तो उसके साथ वैसा ही व्यवहार होगा, उसे भी उसी दृष्टि का सामना करना पड़ेगा या उसके ऊपर जो हिंसा होगी वह उसी तरह से होगी। तो वहाँ पर कोई बदलाव नहीं है। *(**विनीत :** दलित स्त्रियाँ या दलित महिलाएँ क्यों नहीं लिख रही हैं हिंदी में ज़्यादा, यह सवाल था अनामिकाजी का। इस पर जो इन्होंने कहा कि शिक्षा दर बहुत कम है। मेरी ही यूनिवर्सिटी में लगभग आठ से दस दलित लड़कियाँ पी.एचडी. और एम.फिल. की थीसिस लिख देती हैं, लेकिन हिंदी में रचनाएँ उनकी नहीं आ रही हैं। तो हो सकता है कि शिक्षा दर में कमी हो, लेकिन यह जो आठ-दस स्त्रियाँ थीसिस लिख रही हैं, वे कहाँ जा रही हैं। रचना के स्तर पर कहीं कुछ क्यों नहीं आ रहा है?)* जिस चेतना की आप बात कर रहे थे, उसे सामाजिक और सांस्कृतिक परिवेश के साथ अगर जोड़कर देखें तो बहुत स्पष्ट हो जाएगा। यहाँ बहुत बड़ा अभाव है। हिंदी में दलित-लेखन बहुत देर से आता है। बीस वर्ष बाद में आता है, क्योंकि राजनीतिक बदलाव या राजनीतिक चेतना ने कोई असर नहीं डाला है। यह सवाल ज़मीन से जब जुड़ते हैं तो उन सवालों से अगर आप वाक़िफ़ हैं, या उन सवालों से कैसे आप जूझ सकते हैं, यह आपके पास जानकारी है, सोच है, दृष्टि है, तब आप लिख सकते हैं, अगर ऐसा नहीं है तो चाहे वह पी.एचडी. कर जाएँ, या डी.लिट. कर लें, उसका कोई मायने नहीं है।

मैं अपने साथियों से बहुत सहमत नहीं हूँ, क्योंकि दलित-स्त्री की स्थिति परिवार में वही है जो अन्य स्त्रियों की है। ... पितृसत्ता एज़ इट इज़ वहाँ पर मौजूद है। कहीं पर भी कोई बदलाव नहीं है। अगर वह उसके ख़िलाफ़ लड़ना भी चाहती है तो उसके अपने औज़ार उसे खुद बनाने पड़ेंगे। अभिजात महिला और उसकी स्थिति में फ़र्क़ है। दलित महिला पर कमाने का दबाव है। जब तक वह पूरा कमाएगी नहीं, मज़दूरी नहीं लायेगी, तब तक घर नहीं चल सकता।

सविता : मेरा बहुत छोटा सा सवाल है, क्योंकि बहुत सारी बातों को बहुत ख़ूबसूरती से कवर किया विमलजी ने। मेरा एक ख़ास सवाल था उनसे। लगातार एक अजीब तरह की अस्पष्टता पैदा की जा रही थी जब भी दलित-पितृसत्ता का सवाल आ रहा था। बार-बार उसको डिफ़लेक्ट करने की कोशिश की जा रही थी। जब कि यह सत्य है कि वहाँ भी पितृसत्तात्मक व्यवस्था है, और वह बाद की बातचीत में बहुत काफ़ी साफ़ हो गया कि उस

पर किस तरह का दबाव है अपने ही परिवार में। उसका मार-पिटाई खाना, उसी तरह की शुचिता के प्रति उसका सब्जेक्शन, यह सारे मूल्य वही हैं जो ब्राह्मणवादी व्यवस्था से आते हैं। मैं अपने डिफ़ेंस में एक छोटी सी बात कहना चाहती हूँ, क्योंकि विमलजी ने मुझसे पूछा कि आपके समय में स्कूल ऑफ़ जेंडर डिवलपमेंट स्टडीज़ में दलितों के लिए क्या हुआ? तो विमलजी उस स्कूल बोर्ड मीटिंग में थीं, सेकंड बोर्ड मीटिंग में, क्योंकि मैंने अभी हाल ही में ज्वायन किया है, उसमें मैंने एक चेअर इंस्टीट्यूट करवाने की सहमति पाई है स्कूल बोर्ड से ही। और वह पहला मेरा ख़याल है ऐसा चेअर होगा सावित्रीबाई फुले चेयर। और मुझे विमलजी ने उसके लिए बधाई भी दी थी। और ये क़रीब इस साल के अंत में उसकी कार्यवाही शुरू होगी। उसके काग़ज़-पत्तर बनना। अगले साल किसी वक़्त जाकर वह पेपर मिनिस्ट्री में जाएगा।

मेरा यह कहना है, जो मैं अजय नावरिया को भी कह रही थी, कि यह सब बातें आइडियलिज़म की ही नहीं होनी चाहिए कि एक यूनाइटिड और एक दूसरे प्लेटफ़ॉर्म पे जा कर, एक एपिस्टिमीलॅजीकल प्लेटफ़ॉर्म पर जा कर हम ज़्यादा व्यापक समझ की बात करें। और यह आर्ग्यूमेंट जो मैं दे रही हूँ, यह आर्ग्यूमेंट जो नया डिस्कोर्स चल रहा है, नारीवादी लिटरेचर और फ़िलॉसफ़ी में डिफ़रेन्स का, इसको मिटिगेट करने के लिए नहीं, इसे कम करने के लिए नहीं है। यह डिफ़रेन्स हमको और कांशस बनाता है कि किस तरह से एक्शन के स्तर पर हमारा ओरिएंटेशन होना चाहिए।

मान लीजिए कि अगर डिफ़रेन्स है भी, जो ब्राह्मणवादी पितृसत्ता है और जो हिंदुस्तान की पितृसत्ता की शिनाख़्त करती है, उसे रेखांकित करती है, उसका दो तरह का प्रभाव पड़ता है। सवर्ण स्त्रियों और दलित स्त्रियों पर। सवाल यह यह है कि जो हमारा दमन हो रहा है, जो हमारा उत्पीड़न हो रहा है, उसे हम कैसे किस तरह से थियराइज़ करें? यह भी बेहद अहम मुद्दा है क्योंकि उसके बग़ैर यह पूरा डिस्कोर्स, वह जो कहते हैं क्रिटिकल स्पेस जो उसको चाहिए, मिल नहीं पाएगा बिना उसके। यह सिर्फ़ थियरीटकल या सेंटीमेंटल बातचीत नहीं है। यह तो वास्तव में रिगरस एक्सरसाइज़ की डिमांड करती है।

नवीन : मेरा सीधा कोई सवाल नहीं है। पिछली तीन प्रस्तुतियों पर एक छोटा सा, बहुत छोटा ऑब्ज़र्वेशन है। दो तरह के आर्ग्यूमेंट्स दिखाई देते हैं इन तीन पेपरों में। एक तरफ़ एक क़िस्म का घटाववाद है जो बाक़ी सारे सामाजिक यथार्थ से दलित के भोगे हुए यथार्थ को अलग देखना चाहता है। उसकी एक वजह समझ में आती है। लेकिन किसी न किसी रूप में वह घटाववाद का शिकार दिखता है। ओमप्रकाशजी की बात में कुछ निकल कर आया। अजय के पेपर में वे उससे थोड़ा आगे जाना चाहते हैं। वहाँ पर, आपके पेपर में जब आप जेंडर को, जाति को और वर्ग को लेती हैं, तो वहाँ एक क़िस्म का एक्लोकिटकल क़िस्म का प्रयास दिखाई देता है, जहाँ पर आप चुन रही हैं उन्हें जो चीज़ें छूट गई हैं। दलित-साहित्य के एक्सप्रेशन में या आंदोलन में, उसकी कोई मूल विषयवस्तु में, उसकी आंतरिक विषय-वस्तु

में, ज्ञान-शास्त्र के स्तर पर कोई प्रभाव पड़ा हो, यह बात सामने नहीं आ रही है। बात इस रूप में आ रही है कि अभी तक उसकी विशेषताओं को देखा है, उसके विशिष्ट यथार्थ को देखा है, अब उसके बाक़ी पक्षों को भी चुन लिया जाए, उन्हें इकट्ठा कर लिया जाए।

आपकी बात में एक बहुत बड़ा नेरेटिव बुनने का सरोकार है, लेकिन जो पूरा डिस्कोर्स है, उसकी अंतर्वस्तु में एक तरह का घटाववाद वहाँ भी दिखता है। यह बात मैं तीनों प्रेज़ेंटेशंस पर कर रहा हूँ। जैसे उदाहरण के लिए, एक तरफ़ उत्पीड़ित के ज्ञान-शास्त्र की या उसके अस्तित्व-शास्त्र की, मतलब ओंटोलॅजी की जो भी हिंदी हो, उसकी बात हो रही है, दूसरी तरफ़ आप एक्लेक्टिसिज़म में जा कर उसके उत्पीड़ितों के ज्ञान-शास्त्र की बात कर रहे हैं। मेरे ख़याल से उसका ज्ञान-शास्त्र, जो इस तरीक़े से बनेगा, उस पर थोड़ा बात करने की ज़रूरत है कि हम वास्तव में दलित की कैटेगरी को किस रूप में परिभाषित करना चाहते हैं। जेंडर, वर्ग या कल हो सकता है पर्यावरण की बात आने लगे या कुछ और सरोकार आने लगें। तो यह क्या हम चुन-चुन के विषयों को ला रहे हैं, या वाक़ई में कोई वैचारिक संघर्ष साहित्य में, वैचारिकता में, ज्ञान-शास्त्र के पैमाने पर हो रहा है।

अभय : मैं तो एक छोटी सी बात, एक छोटी सी टिप्पणी करूँगा। जब विमलजी बोल रही थीं, तो मुझे लग रहा था कि भारतीय नारीवाद अगर अलग से कोई विशिष्ट रचना है, अगर वह पश्चिम के नारीवाद से अलग है, जो कि है, लेकिन अभी काफ़ी कुछ अपरिभाषित पड़ी हुई है, तो दलित-नारीवाद उसका एक ख़ास घटक है। आख़िरकार दलित-समस्या विशिष्ट रूप से एक भारतीय समस्या है। इसलिए वह भारतीय नारीवाद का एक विशिष्ट घटक बनेगा ही बनेगा। भारतीय नारीवाद की जब भी संरचनाएँ बनेंगी, जब भी उनका सूत्रीकरण होगा, तो उसमें दलितवाद का एक ख़ास तरह का योगदान होगा।

और मुझे इन्हें सुनते हुए पार्थ चटर्जी का मशहूर लेख *सेकुलरिज़म एंड टॉलरेन्स* याद आ रहा था। उसमें उन्होंने अल्पसंख्यक समाज के एक ऐसे प्रवक्ता की कल्पना की है जो अपने समाज से बाहर, यानी जो बहुसंख्यक लोग हैं, अल्पसंख्यकों से अन्य हैं, उनके साथ अपनी माँगों के लिए लड़ेगा। उनके साथ लोकतंत्र का संघर्ष करेगा। साथ ही उसके संघर्ष का एक दूसरा पहलू होगा कि वह अपने समाज के भीतर भी लोकतंत्र के लिए संघर्ष करेगा। वह अपने समाज के भीतर, जो धार्मिक और दूसरी तमाम क़िस्म की जकड़बंदियाँ समाज के भीतर के लोकतंत्र को बाधित करती हैं, उनके ख़िलाफ़ भी संघर्ष करेगा। तो वे एक ऐसे आदर्श प्रवक्ता की खोज करना चाहते हैं जो कि, जिस लिबरलिज़म की वे चर्चा कर रहे हैं, जिस उदारतावाद की चर्चा कर रहे हैं, उसकी कसौटियों पर पूरी तरह खरा उतरेगा। तो मैं समझता हूँ कि दलित-नारीवाद एक ऐसा ही शास्त्र बन सकता है। अल्पसंख्यकों का प्रवक्ता तो दोहरी जिम्मेदारी निभा रहा था। दलित नारीवादी प्रवक्ता के सामने तिहरी जिम्मेदारियाँ होंगी। एक जिम्मेदारी ऐसी होगी आमतौर पर पितृसत्ता के सार्वभौम रूप में पूरे समाज के स्तर पर उसके ख़िलाफ़ संघर्ष करने की। दूसरी जिम्मेदारी उसकी होगी कि वह नारीवादी आंदोलन के अंदर अपनी

पहचान दर्ज कराने के लिए, उस आंदोलन के अंदर अपना हिस्सा माँगने के लिए, उस आंदोलन के अंदर जो मध्यवर्गीय और ऊँची जाति की महिलाओं का क़ब्ज़ा है, शिक्षित महिलाओं का क़ब्ज़ा है, प्रभु वर्ग की महिलाओं का क़ब्ज़ा है, उनसे अपना हिस्सा माँगने के लिए संघर्ष करेगा, और साथ ही साथ दलित समाज के अंदर पितृसत्ता के जो मुक़ाम हैं, उन मुक़ामों के ख़िलाफ़ भी जो अपनी लड़ाई चालू रखेगा।

आदित्य : इससे पहले कि आप जवाब दें, मुझसे रहा नहीं जा रहा है, अभयबाबू। एक बार मार्क्सवाद ने मज़दूर वर्ग की ऐतिहासिक जिम्मेदारी तय कर दी थी; अब आप मार्क्सवाद छोड़कर इधर आ गए हैं, लेकिन ऐतिहासिक जिम्मेदारियाँ अभी भी आप तय किए जा रहे हैं। मैंने कहा कभी उन पर छोड़ दें अपनी जिम्मेदारियाँ तय करने का काम! यह जिम्मेदारियाँ शायद उन्हीं को तय करनी पड़ेंगी जिन्हें उठाना है।

विमल : मुझे लगता है कि अगर सामाजिक न्याय के लिए यह संघर्ष है, चौतरफ़ा संघर्ष है, तो मुझे लगता है कि यह एक, जिसकी बात आप कह रहे हैं, कोई एक नया ज्ञान का द्वार खोल रहे हैं। या कुछ नया कर रहे हैं। भारतीय संदर्भ में यह सामाजिक व्यवस्था इतनी मजबूर कर देती है कि सामाजिक न्याय को आपको नए एक औजार के रूप में इस्तेमाल करना पड़ता है। स्वतंत्रता तो सभी के लिए एक जैसी होनी चाहिए थी। संविधान में अगर स्त्री-पुरुष की समता की बात हो रही है, जाति और लिंग आधार पर कोई भेदभाव नहीं है, या क्षेत्र और भाषा के रूप में कोई भेदभाव नहीं है, तो फिर यह धर्म के नाम पर क्यों इतना बँटवारा, जातियों के नाम पर क्यों इतना बँटवारा। और जाति के कारण इतना अपमान, इतनी अवहेलना और इतनी वंचना? और कितने समय तक? तो क्या यह सवाल बड़े सवाल के साथ जुड़ नहीं सकता है? जब भागीदारी की बात आती है, जब तैंतीस परसेंट की बात आती है तो उसमें दलित स्त्री भागीदारी क्यों नहीं चाहेगी? और रही बात शरद यादव जैसे खेमे की, तो वे तो इसके साथ छल-कपट कर रहे हैं। इसलिए अगर हम आज यह कहते हैं कि हाँ, हमें भी चाहिए भागीदारी, राजनैतिक भागीदारी, तो उसे वे सुनिश्चित करें, हमारी आगे की पीढ़ियों की जो भी ज़रूरतें हैं, या जो भी उनका भविष्य है, वे तय करेंगी। आज ही हमें इस सवाल से बराबर जूझना पड़ेगा और बराबर वहाँ जा कर खड़ा भी होना पड़ेगा। और शीबा, तस्वीरें भी खींचनी पड़ेंगी। तस्वीरें बहुत बोलती हैं। तो आप तो इतनी सशक्त पत्रकारिता के साथ जुड़ी हुई हैं। आप सशक्त पत्रकार हैं। आपको मालज़म है कि एक लेख जो बात नहीं कहता है वह एक तस्वीर कह देती है। तो तस्वीरें भी खींचनी पड़ेंगी। बराबर जाना भी पड़ेगा, तभी तैंतीस परसेंट का जो सवाल है उसका निबटारा होगा। तेरह साल तो हो गए, अभी पता नहीं कितने साल और जाना पड़ेगा, जाते रहेंगे।

दूसरा सवाल। दलित नारी-शास्त्र की बात हो रही है कि क्या हम सवालों से जूझते हुए ऐसा कोई नया शास्त्र गढ़ रहे हैं जिसमें सभी महिलाओं के सवालों को एक साथ लेकर सोचा

जाएगा। वह दिन हमारे लिए, वाक़ई सारी कायनात के लिए, बहुत भाग्यशाली होगा। जिन चंद सवालों से हम लगातार जूझ रहे हैं, वे सार्वभौमिकता के सवाल हो जाएँगे। और मुझे लगता है कि केवल देश नहीं, विदेशों की स्त्री के साथ भी उसका कहीं न कहीं संबंध बन पाएगा। लेकिन यहाँ पर जो ख़ामियाँ हैं, हमारे बीच में ही जो मनमुटाव हैं, जो संवादहीनता की स्थितियाँ हैं, उसे पहले ख़त्म करने की कोशिश हमें अपने तहत ही करनी पड़ेगी। चाहे कितनी ही गालियाँ पड़ें, चाहे कितनी ही आलोचना हो, चाहे कितने ही धर्मवीर हमारे ख़िलाफ़ खड़े होकर हमें गालियाँ दें और कहें कि आप काले कमरे की काली बिल्ली हो और कमरे के अंदर ही अंदर उछल-कूद कर रही हो, तब भी हमें यह रास्ता नहीं छोड़ना है। जिस दिन हमने यह रास्ता छोड़ा, तो जो आज स्थितियाँ हैं, वे कल को उससे भी बदतर होती जाएँगी। तो यह सवाल तो वैसे के वैसे ही रहेंगे।

अगर दलित आंदोलन ने यह सवाल उठाए हैं तो निश्चित तौर पर बहुत देर के बाद उठाए हैं। जब दलित पैंथर का गठन हुआ था तो पच्चीस साल की आज़ादी गुज़र चुकी थी। लेकिन सवाल वैसे के वैसे थे। हिंसा कम नहीं हुई थी। एट्रोसिटीज़ के केसिस उतने ही होते थे। वैसा ही स्वरूप था। वैसी ही ग़रीबी थी। वैसे ही नालियों के किनारे पड़े रहने की विवशता थी। उतनी ही भूख थी। उतनी ही दरिद्रता थी। पच्चीस साल भी तो बहुत बड़ा समय होता है। और अब तो साठ साल हो गए हैं। आज भी अगर उन सवालों से, उसी तरह से, उन्हीं औज़ारों से अगर हम लड़ते रहे, तो मुझे लगता है कि इसका कोई अंत नहीं मिलेगा। लेकिन अब हमें अपने औज़ार और ज़्यादा पैने करने पड़ेंगे। चाहे वह नारीवाद के रूप में हों, चाहे वे लेखन के रूप मे हों, नारीवाद लेखन के रूप में हों, आंदोलन के रूप में हों। यह सब करना ही पड़ेगा, और कोई चारा नहीं है, भाई साहब, हमारे सामने।

आदित्य : वैसे तो, सत्र का अंत आ रहा है, लेकिन वाल्मीकिजी कुछ शब्द कहना चाह रहे थे इसी संदर्भ में। तो मैं आपके कहने से पहले सदर-ए-महफ़िल की हैसियत से आपसे पहले कुछ नहीं कहूँगा। मैं तो सिर्फ़ इसलिए कहना चाह रहा था कि मेरे ज़ेहन में कुछ सवाल सुबह से घज़म रहे हैं।

वाल्मीकि : वैसे मुझे इस वक़्त नहीं बोलना था, लेकिन मुझसे रहा नहीं गया। आज पूरे दिन जिस जद्दोज़हद से हम गुज़र रहे हैं, उसके कारण मुझे अचानक वह दिन याद आया। १९९४ की एक रात थी, जब मैं जेएनयू में कविता पाठ के लिए बुलाया गया था। तब शुरुआती दौर था मेरा और वहाँ उन दिनों विद्यार्थी के रूप में डॉ. रामचन्द्र, जो आजकल जेएनयू में ही हैं, डॉ. बजरंग बिहारी तिवारी, ये सब दोनों वहाँ स्टूडेंट हुआ करते थे। और इन्हीं के निमंत्रण पर मैं गया था। वहाँ जो सवाल मैंने उठाया था उस रोज़, वहाँ मैनेजर पांडये थे, पुरुषोत्तम अग्रवालजी थे और भी कई लोग थे कि हिंदी मे आलोचना की जो स्थिति है, विशेष रूप से मैं अनामिकाजी का ध्यान आकर्षित करना चाहता हूँ, कि हिंदी आलोचना में साहित्य की

समाजशास्त्रीय आलोचना नहीं है। इस सवाल को मैंने उस रोज़ बहुत शिद्दत के साथ उठाया था कि साहित्य का समाजशास्त्रीय अध्ययन होना चाहिए। और आज यह संगोष्ठी, आज यह चर्चा उस बात को सिद्ध कर रही है कि यहाँ ज़्यादातर रचनाकर्मियों से अलग, रचनाकर्मी भी हैं यहाँ लेकिन उनसे ज़्यादा यहाँ समाजशास्त्री लोग बैठे हैं जिन्होंने इस सेमिनार का आयोजन किया है, और इस बात को उठाया है कि साहित्य का समाजशास्त्रीय अध्ययन बहुत ज़रूरी है।

हमारा जो पन्द्रह साल का संघर्ष था, वह रेखांकित नहीं होता, इसलिए उसे रेखांकित कराने के लिए, चूँकि हमारे पास मीडिया नहीं है, हमारे पास कोई साधन-संपन्नता नहीं है, जिसकी वजह से हम अपनी बात को आगे पहुँचा सकें। तब हमें मैनेजर पांडेय, नामवर सिंह और राजेंद्र यादव की ज़रूरत पड़ती है। अगर हमारे पास मीडिया होता तो शायद हमें ज़रूरत नहीं पड़ती। हम डंके की चोट पर कह सकते हैं कि हमें शुक्र नीति की ज़रूरत नहीं है।

और यह आज सिद्ध हो रहा है और इससे बहुत सारे नए-नए एंगिल्स खुलते हैं। बहुत सारी नई चीज़ समझने का एक माहौल बनता है कि हम जो लिख रहे हैं, हम जो पढ़ रहे हैं, जिस पर हमारी नज़र जिससे चूक गए हम तो वह ध्यान में आता है। ऐसे कई सवाल आए हैं यहाँ पर जो हमारे ज़ेहन में नहीं थे। लेकिन आज आए हैं। इसके लिए मैं आप सबका आभार व्यक्त करना चाहता हूँ कि एक मौक़ा दिया आप लोगों ने, इस तरह की चर्चा को अंजाम देने का। और मैं समझता हूँ कि आज का यह कार्यक्रम मामूली नहीं रहा है पूरे दिन का। साहित्य को नए एंगिल से देखने का मौक़ा मिला है।

शीबा जी मेरे पीछे बैठी हैं। अच्छा आगे आ गईं। मुझे डर लग रहा था उनसे कि विमलजी को आज छोड़ेंगी नहीं। उनके सवाल का जवाब नहीं मिला। मैं एक बात कहना चाहता हूँ कि यह हमारा वीक पॉइंट समझें या कुछ भी समझें, लेकिन मैं अपने अनुभव के आधार पर कह रहा हूँ। मैं दलित-साहित्य से अपने विद्यार्थी-जीवन से जुड़ा हुआ हूँ। और बहुत लंबा संघर्ष करके मैं आया हूँ। उसमें साहित्य में और उस वक़्त किसी पत्रिका ने हमें नहीं छापा। एक बहुत लंबे समय तक। १९७४ से मैं कविताएँ लिख रहा हूँ, तमाम चीज़ें लिख रहा हूँ, थियेटर कर रहा हूँ, लेकिन रिकगनिशन नहीं मिल रही थी। रिकगनिशन कब मिलता है ? जब अचानक मेरी मुलाक़ात देहरादून में पूरी रात बैठकर राजेन्द्र यादव के साथ जद्दोज़हद होती है और ज़बरदस्त बहस होती है, जब मैं उनको बोलता हूँ कि *हंस* के ऊपर से जनवादी शब्द हटा दीजिए, जन-चेतना तो अभी आया है, उस वक़्त कुछ और था, और उस पर बहस होती है और जब मैं उनसे कहता हूँ कि दलित-साहित्य के मराठी वालों की तो आप तारीफ़ कर रहे हैं। जब हिंदी वाला कोई आपके पास आता है तो आप बिना पढ़े उसे कूड़े के डब्बे में डाल देते हैं। अगर वे घटिया लिख रहे हैं, तो क्या आपके जितने छपने वाले हैं वह सब श्रेष्ठ हैं। और यह जब बहस हुई तो पूरे छह महीने बाद उन्होंने छापना शुरू किया। और जो एक वार्षिक गोष्ठी होती है हंस की उसमें 'प्रेमचंद : विशिष्ट संदर्भ-दलित चेतना' पर जब कार्यक्रम होता है, तो पूरे हिंदी जगत में दलित-साहित्य की चर्चा शुरू हो जाती है। यानी हमारा जो पन्द्रह

साल का संघर्ष था, वह रेखांकित नहीं होता, इसलिए उसे रेखांकित कराने के लिए, चूँकि हमारे पास मीडिया नहीं है, हमारे पास कोई साधन-संपन्नता नहीं है, जिसकी वजह से हम अपनी बात को आगे पहुँचा सकें। तब हमें मैनेजर पांडेय, नामवर सिंह और राजेंद्र यादव की ज़रूरत पड़ती है। अगर हमारे पास मीडिया होता और आज हमारे पास वह सशक्त साधन होते तो शायद हमें ज़रूरत नहीं पड़ती। हम डंके की चोट पर कह सकते हैं कि हमें शुक्र नीति की ज़रूरत नहीं है।

आदित्य : इसीलिए चंद्रभान प्रसाद कहते हैं कि हमें अपना बुर्जुआज़ी चाहिए, हमें अपना अख़बार चाहिए, हमें अपना इश्तिहार चाहिए और हमें अपना पूँजीवाद चाहिए। इसके बिना दरअसल काम बनेगा नहीं। मेरे ख़याल से पता नहीं आप लोग उससे वाक़िफ़ हैं या नहीं। कई उत्तेजक विचार, उत्तेजक सवाल आज की बहसों में पैदा हुए। सामने आए। मेरा ख़याल है कि यह हम लोगों के साथ अगले छह-सात दिन लगातार बने रहेंगे।

एक चीज़ है जो मैं दरअसल ओमप्रकाशजी के बोलने से पहले कहना चाह रहा था, वह यह कि अनामिकाजी ने मिमिक्री का ज़िक्र किया था। एक बार एक संदर्भ में मुझे कभी-कभी लगता है कि जैसे उत्पीड़ितों के आंदोलन भी अक्सर मिमिक्री के शिकार हो जाते हैं। कहीं-न-कहीं हमारी जो ज़ुबान है, किसी और ने शायद संस्कृताइज़ेशन का ज़िक्र किया था। मैं इसको थोड़े दूसरे संदर्भ में सोच रहा था। जैसे कि अजयभाई ने जब अपना पर्चा पढ़ते हुए कहा कि हमारे यहाँ लिंग-भेद है ही नहीं। उसके बाद अजय नावरिया ने उस पर और जोड़ा और उन्होंने कहा कि यह सब वहाँ से आया है। आर्यों के यहाँ से आया है। तो मुझे यह लगा कि सारे हिंदू यही कहते हैं कि मुसलमानों के आने से पहले हमारे यहाँ कुछ गड़बड़ी थी ही नहीं। यह यहाँ आए, सोई हम बिगड़ गए। हमने सारी जाति बना लीं, हमने पर्दा डाल दिया। हमने पता नहीं, क्या-क्या करना शुरू कर दिया। मुझे लगता है कि कहीं न कहीं हमारा स्ट्रक्चर ऑफ़ आर्ग्यूमेंट जो है, वह उसी तरह से चलता चला जाता है। हम दरअसल अपने अंदर की लड़ाई से डरने लगते हैं, और मेरे ख़याल से बाहर की लड़ाई तब तक कामयाब नहीं होगी, जब तक हम अपने अंदर की लड़ाई को भी साथ-साथ न लें। इसको ग़लत न समझें। मेरा सिर्फ़ कहने का मतलब यह है कि आज की तारीख़ में थोड़ा सा अविश्वसनीय लगता है कि किसी समाज में लिंग-भेद न हो, बेशक कहीं से आया हो, लेकिन आज है। उस ओरिजिन की तलाश में तो मैं जाना चाहता नहीं कि कहाँ से आया, क्या हुआ, क्योंकि उस पर इतिहासकार भी एकमत नहीं हो पाते, दिन-रात जिनका पेशा है उस पर काम करना। तो ख़ैर, बहुत-बहुत शुक्रिया है आप सबका। और आज की रोटी मैंने कमा ली। शुक्रिया।

अध्यक्ष ▣ सुधीर चंद्र

अनामिका ▣ हिंदी के हिटलर, भाषिक बमबारियाँ और हिंदी का भाषा-घर

हिंदी-समाज एक खुलता-खिलता समाज है— 'खिलेगा तो देखेंगे' और 'नहीं खिला तो भी देख लेंगे' वाली मलंगता यहाँ फिज़ाँ में है। 'आग लगी हमारी झोपरिया में, हम गावैं मल्हार' वाली बेख़ुदी भी! यह एक ऐसा समाज है जहाँ सबको सबसे मतलब है। सब घर की खिड़कियाँ एक-दूसरे के आँगन में खुलती हैं, सबकी फटी में सब टाँग अड़ा देते हैं। दूलहे-दुल्हन की मिलन-यामिनी में कोहबर का ढूका अगरधत्त लोकजीवन का केंद्रीय सत्य है यहाँ। कूप ही में जहाँ भंग पर्‍यो है, हर नुक्कड़ पर पान की दुकान, हर पान की दुकान में गजगजाता हुआ एक आदमकद शीशा। राम झरोखे बैठकर जग का मुज़रा लेने में तो फिर भी एक सांस्कृतिक प्रबंधन है— यहाँ तो राम-रहीम सबके चबूतरे पर उचकते-चमकते-धक्का-मुक्की मचाते 'एक टिकट में दो खेल', 'बाई वन गेट वन फ्री' का भेड़िया-धसान मचलता है। चण्डूखाने की गप्प और नुक्कड़ की सीटियाँ, मध्यम दर्जे की गुंडई और गाली-गलौज़, आला दर्जे का आलस्य और परमुण्डे-फलाहार कौशल... अधम दर्जे की लम्पटता! खुलते-खिलते हिंदी-समाज का यह केंद्रीय चरित्र स्त्री-विमर्श में ऐसा उभरा है कि लगता है कोई पुरुष बचा ही नहीं यहाँ जिसे नई औरत प्यार कर सके, गुइयाँ बना सके जिसको, जिसका साथ उसे छाया और तृप्ति दे सके। मैत्रेयीजी के *चाक* के मास्टर साहब या *दिलोदानिश* में खान साहब की आदर्शवादिता कुछ हद तक छूती है, पर उनमें भी वह तबोताब कहाँ! जो अच्छे हैं, वे मज़बूत नहीं और जो मज़बूत हैं— उनमें आधारभूत शालीनता ही ग़ायब है! उनसे प्रेम कर पाना आसान नहीं। प्यार को केंद्रीय बिंदु बनाकर यदि एक वृत्त खींचें, तो उसका तीन-चौथाई क्या होगा? पारस्परिक सम्मान ही तो! बाक़ी एक चौथाई में ही दैहिक आकर्षण, सुख-दुख-दायित्वादि बाँटने की वृत्ति आएगी। बात-बात में गाली-गलौज़, हल्ला-गुल्ला और मारपीट करने पर उतारू हुलुकबंदर में धीरोदात्त, धीरललित, धीरप्रशांत कि धीरोद्धत— कौन-सा नायक ढूँढ़ पाएँगी आप? उनकी मनोसामाजिक कुंठाओं, कमज़ोरियों,

> **स्त्री-आंदोलन के पहले भी स्त्री-लेखन तो था ही। वह विमर्श या एजेण्डा, लेखन नहीं था, पर उसकी अपनी आभा थी! ... भक्त कवयित्रियों, थेरियों और उन्नीसवीं सदी तक की दूसरी महिला रचनाकारों में वैयक्तिक मुक्ति की छटपटाहट तो थी पर नमक-तेल-रोटी-खेत-खलिहान और चकलाघरों में फँसी पड़ी साधारण स्त्रियों के प्रति सखी-भाव विस्तार—वह भी वैश्विक स्तर का—वर्ग-वर्ण-धर्म-नस्लादि संकीर्ण घेरे लाँघता-फलाँगता सखी भाव ...**

कापुरुष, कलाबाजियों का ध्यान धरते हुए उनसे स्नेह-सहानुभूति तो रखी जा सकती है, पर प्रेम? काश, उसका कोई स्विच होता जो अपात्र के लिए 'ऑन' हो पाता, पावन कर्त्तव्य-भाव से ऑन करके छुट्टी पा जाती नई औरत! कोई तो होता लहना सिंह, नमक का दारोगा, अलगू चौधरी या जुम्मन मियाँ जिसकी कोई आत्मा होती, कोई शेखर, कोई दादा कॉमरेड ही होता!

बहुत-सारी शिकायतें हैं हिंदी-समाज को स्त्री-विमर्श से कि वह अलगाववादी, घरफोड़ू, मनचली और हल्की तबीयत की अर्द्धशिक्षित औरतों का कच्चा रोना-गाना है! पश्चिम के अधकचरे प्रभाव से बहक गई हैं औरतें! अक्सर औरतों की देह उनके पाठ पर चस्पाँ कर दी जाती है और उन्हें हर चण्डूखाने में ऐसे दत्तचित्त भाव से पुंश्चली सिद्ध किया जाता है जैसे नौवीं-दसवीं में हम हॉल ऐंड स्टीवेन्स के थेयरम-डिडक्शन सिद्ध किया करते थे। इस देश में पुरुषों का आधा समय तो इस यत्न में जा ही रहा है कि जो औरतें काबू नहीं आतीं, उन्हें जलील करो : यह सब क्या हो रहा है? दिले-नादाँ तुझे हुआ क्या है? यह एक प्रश्न है! उत्तर में दिल कुछ कहता है जो सुनाई नहीं देता और बात आगे बढ़ाता हुआ पूछने वाला एक प्रश्न और पूछ जाता है—'आख़िर इस दर्द की दवा क्या है?' पूछने वाले और दिल के बीच जो यह अभंग-सा संवाद चलता है और बीच में दिल की कही बात जो सुनाई नहीं देती— वहीं कहीं डूबी पड़ी औरतों की आवाज़ थी जो खो-सी गई है! नायिका के नथ के मोती की तरह— 'एहिं ठैयाँ मुतिया हेराय गेले रामा!'

स्त्री-आंदोलन के पहले भी स्त्री-लेखन तो था ही— वह विमर्श या एजेंडा-लेखन नहीं था— पर उसकी अपनी आभा थी! यह आभा अस्फुट-सी थी! भक्त कवयित्रियों, थेरियों और उन्नीसवीं सदी तक की दूसरी महिला रचनाकारों में वैयक्तिक मुक्ति की छटपटाहट तो थी पर नमक-तेल-रोटी-खेत-खलिहान और चकलाघरों में फँसी पड़ी साधारण स्त्रियों के प्रति सखी-भाव विस्तार—वह भी वैश्विक स्तर का—वर्ग-वर्ण-धर्म-नस्लादि संकीर्ण घेरे लाँघता-फलाँगता सखी भाव—विस्तार ऐसा नहीं था कि दुनिया की हर संतप्त स्त्री, स्त्री ही क्यों—हर संतप्त पुरुष-साधनहीन, वृद्ध, विकलांग, दलित, अश्वेत, अशक्त पुरुष तक की मुक्ति में सहायक बनने का संकल्प साधे, साम्प्रदायिकता, शिक्षा, पर्यावरण, वैश्वीकरण आदि बृहत्तर विषयों पर भी एक अलग विश्व-दृष्टि / वैकल्पिक-दृष्टि हो जिसकी! आज महिलाओं का एक बड़ा भाग विस्थापितों का है। 'घर की न घाट.की' स्थिति में ज़्यादातर महिलाएँ हैं। पर 'घर की न घाट की होने की' स्थिति अच्छी ही होती है। थोड़ा-थोड़ा जायज़ा दोनों का मिलता रहता है और अतिरिक्त मोह भी छूटता जाता है दोनों से— अतिरिक्त मोह जो पहले की औरतों

की कमज़ोरी था।

यह द्वैत भी हिंदी-जगत के स्त्री-विमर्श का बड़ा द्वैत है कि प्रियजनों का दिल दुखाए बिना हम नया रास्ता कैसे निकालें, कैसे बिठाएँ अपने पिता-भाई-पति-पुत्रादि के मन में कि स्त्री-विमर्श पुरुषों के ख़िलाफ़ नहीं, उस पितृसत्तात्मकता के ख़िलाफ़ है जो पुरुषों को भेड़िया और स्त्रियों को भेड़ की स्थिति में स्थापित करता हुआ मानवीय गरिमा से दोनों को ही गिराता है। इसलिए दुश्मन तो दोनों का ही है।

औरतों का जो हिस्सा लेखिकाएँ कहलाता है, वह भी 'बीमारू' हिंदी-क्षेत्र में, उनके झमेलों का तो कोई ओर-छोर ही नहीं। वे बस तो गई हैं शहरों में, मगर ज़्यादातर की जड़ें अभी गाँवों, पहाड़ों या कस्बों में हैं। इसलिए बाहरी और भीतरी, नैहर और ससुराल के द्वैत के अलावा उनके अंतर्जगत को 'शहरी' और 'ग्रामीण' जीवन मूल्यों का द्वैत भी परेशान रखता है! पर इसी द्वैत से उनके लेखन को वह नाभिकीय ऊर्जा मिलती है, सत्य को समग्रता में समझने की कोशिश, एक ख़ास तरह की आंतरिकता, परत-दत-परत खुलती-खिलती, जातीय स्मृति से महमह अनुगूँजें और एक आवेगमयी ठस्सेदार भाषा।

सेंसर की कैंची और मुँह सिलने को सुई-धागा हिंदी प्रदेश की हर औरत के जीवन के 'ऑब्जेक्टिव कोरिलेटिव' हैं— 'दुख हो या सुख, बेटी, मुँह सीकर रहना—दोनों कुलों की लाज निभाना, दूधो नहाना, पूतो फलना—बाक़ी भगवान सब ठीक रखेगा!' संक्रमणशील हिंदी-प्रदेश में यह एक आम मध्यमवर्गीय परामर्श है जो कभी-न-कभी हर औरत आत्मसात करती ही है! 'अच्छी लड़की' कहलाने का मर्ज़ किसको नहीं सताता! धैर्य और सहिष्णुता, मर्यादा और क्षमाशीलता हमारे नैतिक जीवन के ऐसे लड्डू हैं कि जो खाए वह भी पछताए, जो न खाए, वह भी! एक ख़ास तरह की आध्यात्मिक डायटिंग साधो तो यह लड्डू और त्रास देते हैं। जो खाए—वह लड्डूगोपाल बन जाए या गोबरगणेश, जो न खाए—भूख और लालच उस पर एक ख़ास तरह की (कैशियसनुमा) 'लीन ऐण्ड हंग्री' चिड़चिड़ाहट बरपा कर दें, जिससे एक पीढ़ी पहले की उग्र स्त्रीवादियों को एकाकार किया जाता था। यह द्वैत भी हिंदी-जगत के स्त्री-विमर्श का बड़ा द्वैत है कि प्रियजनों का दिल दुखाए बिना हम नया रास्ता कैसे निकालें, कैसे बिठाएँ अपने पिता-भाई-पति-पुत्रादि के मन में कि स्त्री-विमर्श पुरुषों के ख़िलाफ़ नहीं, उस पितृसत्तात्मकता के ख़िलाफ़ है जो पुरुषों को भेड़िया और स्त्रियों को भेड़ की स्थिति में स्थापित करता हुआ मानवीय गरिमा से दोनों को ही गिराता है। इसलिए दुश्मन तो दोनों का ही है।

गाँधी के 'अहिंसक प्रतिरोध' का रास्ता जटिल अंतर्वैयक्तिक संबंधों के पेच कुछ हद तक सुलझाता है, पर बृहत्तर प्रश्न उलझे ही रह जाते हैं। 'टोकेन वुमॅन' तो आत्मकथाएँ लिख भी सकीं, उन्होंने तो कुछ कर भी लिया, पर उन लाखों-करोड़ों, अशिक्षित, अर्द्धशिक्षित असूर्यम्पश्याओं, वेश्याओं, मज़दूरिनों, किसानियों का इतिहास लिखा जाना शेष है जिनकी पीड़ा बस लोक-गीतों में टिमटिमाकर रह गई। सब्जियों की काट-कूट, बर्तनों की झनर-पटर, चीज़ों की झाड़-झूड़ पर जिनका ग़ुस्सा उतरकर रह गया।

नव-धनाढ्य वर्ग और सामंती परिवार की स्त्रियों के दुख अलग तरह के हैं। उन्हें अहर्निश मुस्कुराने वाली गुड़िया से ज़्यादा कुछ समझा ही नहीं जाता! यथार्थ से आँखें मूँद लेना और मस्ती का नाटक करना एक ऐसी बड़ी बेईमानी है जिससे ये औरतें आने वाली पीढ़ियों को पंगु बना देती हैं। पीड़ा है तो कम-से-कम पीड़ा को पहचानिए। पीड़ा पक्षाघात है, पर शक्ति का उत्स भी पीड़ा ही है! कैसेण्ड्रा में फ्लोरेंस नाइटेंगेल जो कहती हैं, विडम्बनाओं या प्रतारणाओं से गुज़रती हुई हर स्त्री उसे याद रखे तो अच्छा हो— सफ़र वी मस्ट। आउट ऑफ़ नथिंग कम्स नथिंग बट आउट ऑफ़ सफरिंग मे कम द क्योर! बेटर हैव पेन दैन पैरेलिसिस!

हमारा हिंदी-समाज एक संक्रमणशील समाज है, जहाँ कई स्थानिकताएँ और कई कालखण्ड हम एक साथ जीते हैं! इन सबके बीच एक सर्वसाधारण स्त्री अपने क्लिष्ट मनोसामाजिक यथार्थ से कैसे रूबरू होती है— इसके कुछ अच्छे उदाहरण साहित्य में भरे पड़े हैं, कुछ अच्छी फिल्मों में भी। लेकिन साहित्य के पार भी कुछ भाषिक कनात तने हैं : चिट्ठी-पत्री, डायरी, आत्मकथा आदि के पार भी स्त्री-भाषा का संसार पसरा पड़ा है!

स्त्री-भाषा का बहुरंग

स्त्री-भाषा के कई रंग आज हमारे सामने हैं : लिखित और मौखिक साहित्य के अलावा भी कई मोर्चे हैं जहाँ यह एकदम नए ढंग का परमाणु-परीक्षण किये जा रही है! कई सैम्पल मैंने सर्वथा स्त्री-शासित स्पेसों के इकट्ठा किए हैं। सूची लम्बी है, कुछ के ही नाम गिना देती हूँ जहाँ स्त्री-भाषा एकदम ही नए रंग में फहरा रही है, इसके पहले कि हम मिलकर कोई टिप्पणी करें, एक बार ख़ुद कान खोलकर सुनिए : कामगार बाइयों की हिंग्लिश; नए तरह की मुहावरेदारियाँ; रेडियो म्याऊँ की है हँसमुख दोस्त— भाषा जो सिर्फ़ स्त्रियों का रेडियो स्टेशन है; 'चोखेरबाली' जैसे स्त्रीवादी ब्लॉग की भाषा; फेसबुक, ई-मेल, एसएमएस कविता की भाषा।

ग़ौर कीजिए कि कैसे अंतरंग क़िस्सों, मुहावरों, चुटकुलों, दृष्टांतों का उपयोग होता है जब माँ-बेटी आपस में बतियाती हैं या दो बहनें / दो सखियाँ और भाषा कैसे तुरंत पलटनिया खा जाती है जब किसी पुरुष-मित्र, बॉस, भाई, पति, पुत्रादि का फ़ोन आता है या किसी इंश्योरेंस / बैंकादि के एजेण्ट का। जच्चा-बच्चा वार्ड, ब्यूटीपार्लर, वुमंस जिम, स्लिमिंग सेंटर्स, मनोचिकित्सा केंद्र, किटी पार्टी और बूटीकों की भाषा एक अलग तरह की थेराप्यूटिक भाषा है, जहाँ वैसे तो वर्ग-भेद क़ायम रहता है, एक झिलमिली-सी लटकी रहती है क्लाएण्ट और वर्कर के बीच किंतु पितृसत्ता के अनाचार के जब क़िस्से चलते हैं, कोई वर्ग-भेद नहीं रहता और दो जोड़ा आँखें एक साथ गीली होती हैं!

स्त्री का भाषा-घर

आज आदि-विस्थापित 'स्त्री का भाषा-घर' सारी उन बेआसरा ध्वनियों, सिसकियों और फ़रियादों का घर है जिनके लिए इस आतंकविह्वल और युद्धकातर दुनिया में कोई दूसरी जगह

बची ही नहीं! 'आजा-पाजा कान में समा जा' : लोककथा का राजकुमार उन सारे बेआसरा जीवों से कहता था जो उससे सर छुपाने की जगह माँगते! उसको तो राजा ने ख़ुद ही देशनिकाला दे रखा था। बेचारा ख़ुद दरबदर था! शायद इसी ख़ातिर वह सारी बेआसरा ध्वनियों का दर्द समझता था, और कोई जगह नहीं मिलती तो कान की गुफा में ही उन्हें समोए चलता। स्त्री-भाषा भी यही करती है।

किसी भी सजग रचनाकार की तरह औरतों के कान सदा सजग रहते हैं : खरहों के कान की तरह : दुनिया की सारी सिसकियाँ, प्रश्न-उत्तर, आदेश, अध्यादेश, संदेश, उपदेश, झगड़े, फसाद, गीत-अगीत और फटकारें उनके कानों में टप्पर-कनात तानकर बस ही जाती हैं। आकाश वाले ब्लैक-होल के पीछे, कहते हैं कि दुनिया की सारी आवाज़ें गुड़ी-मुड़ी होकर छुपी हैं और वैज्ञानिक वे आवाज़ें डिकोड करने में लगे हुए हैं। इस तरह का एक दुर्भेद्य ब्लैक-होल स्त्री-भाषा में भी है। दुर्भेद्य है उसका आकर्षण। दुनिया के सारे हवाई जहाज़ इस ब्लैक-होल से बचकर निकल जाना चाहते हैं। एक अलग तरह की 'स्टोरी ऑफ़ ओ' है यह जिसकी प्रतिध्वनियाँ स्त्री-लेखन दर्ज करता है।

आज आदि-विस्थापित 'स्त्री का भाषा-घर' सारी उन बेआसरा ध्वनियों, सिसकियों और फ़रियादों का घर है जिनके लिए इस आतंकविह्वल और युद्धकातर दुनिया में कोई दूसरी जगह बची ही नहीं! 'आजा-पाजा कान में समा जा' : लोककथा का राजकुमार उन सारे बेआसरा जीवों से कहता था जो उससे सर छुपाने की जगह माँगते! उसको तो राजा ने खुद ही देशनिकाला दे रखा था। बेचारा खुद दरबदर था! शायद इसी ख़ातिर वह सारी बेआसरा ध्वनियों का दर्द समझता था, और कोई जगह नहीं मिलती तो कान की गुफा में ही उन्हें समोए चलता। स्त्री-भाषा भी यही करती है।

मेरी समझ में स्त्री-भाषा के दो प्रमुख अवदान हैं :

१. जिस तरह अच्छी कविता इंद्रियों का पदानुक्रम नहीं मानती— दिल-दिमाग़ और देह को एक ही धरातल पर अवस्थित करती हुई तीनों का एक-दूसरे के घर आना-जाना क़ायम रखती है, स्त्री-भाषा पर्सनल-पॉलिटिकल, कॉस्मिक-कॉमनप्लेस, सेक्रेड-प्रोफेन, रैशनल-सुप्रारैशनल के बीच का पदानुक्रम तोड़ती हुई उद्देश्य स्थान-विधेय स्थान के बीच म्यूज़िकल चेयर का सा खेल आयोजित करती है जिससे कि 'बहिरौ सुनै मूक पुनि बोलै / अन्धरो को सब कुछ दरसाई' का सही प्रजातांत्रिक महोत्सव घटित होता है।

२. स्त्री-भाषा ने आधुनिकता का कठमुल्लापन झाड़ कर उसके तीनों प्रमेयों का दायरा बड़ा कर दिया है— शुष्क तार्किकता का स्थानापन्न वहाँ सरस परातार्किकता है, परातार्किकता जो बुद्धि को भाव से समृद्ध करती है। प्रस्तरकीलित धर्मनिरपेक्षता का स्थानापन्न वहाँ है इगैलिटेरियन क़िस्म का अध्यात्म, अध्यात्म जो कि मानव-मूल्यों का स्पेक्ट्रम ही है— और क्या! आधुनिकता के तीसरे प्रमेय, सतर्क वैयक्तीयन का स्थानापन्न स्त्री-भाषा में है सर्वसमावेशी हँसमुख दोस्त-दृष्टि जो यह अच्छी तरह समझती है कि मनुष्य की बनावट ही ऐसी है कि वह लगातार न सार्वजनीनता को समर्पित रह सकता है, न निरभ्र एकांत को। उसे

पढ़ने-लिखने, सोचने-सोने और प्यार करने का एकांत चाहिए तो चिंतन और प्रेम के सारे निष्कर्ष साझा करने का सार्वजनिक स्पेस भी! एक साँस भीतर गई नहीं कि उल्टे पाँव वापस लौट आती है। लेकिन बाहर भी उससे बहुत देर ठहरा नहीं जाता, सारे अनुभव, बिम्ब, अनुभूतियाँ और संवाद समेटकर फिर से चली जाती है भीतर-गुनने, समझने, मनन करने! स्त्री-भाषा यह समझती है— इसलिए उसके यहाँ कोई मनाही नहीं! सब तरह के उच्छल भावों की ख़ातिर उसके दरवाजे खुले हुए हैं। वह किसी से कुछ भी बतिया सकती है— संवादधर्मी है स्त्री भाषा! पुरुषों की मुच्छड़ भाषणधर्मिता उसमें नहीं के बराबर है! पुरुषों की मन:सामाजिक बनावट ऐसी है कि क्रोध की सार्वजनिक अभिव्यक्ति तो उन्हें लज्जास्पद नहीं लगती, पर स्नेह दिखाने में उनकी नानी मरती है।

स्त्री-भाषा पर्सनल-पॉलिटिकल, कॉस्मिक-कॉमनप्लेस, सेक्रेड-प्रोफेन, रैशनल-सुप्रारैशनल के बीच का पदानुक्रम तोड़ती हुई उद्देश्य स्थान-विधेय स्थान के बीच म्यूज़िकल चेयर का सा खेल आयोजित करती है जिससे कि 'बहिरौ सुनै मूक पुनि बोलै / अन्धरो को सब कुछ दरसाई' का सही प्रजातांत्रिक महोत्सव घटित होता है। स्त्री-भाषा ने आधुनिकता का कठमुल्लापन झाड़ कर उसके तीनों प्रमेयों का दायरा बड़ा कर दिया है— शुष्क तार्किकता का स्थानापन्न वहाँ सरस परातार्किकता है, परातार्किकता जो बुद्धि को भाव से समृद्ध करती है। प्रस्तरकीलित धर्मनिरपेक्षता का स्थानापन्न वहाँ है इगैलिटेरियन क्रिस्म का अध्यात्म, अध्यात्म जो कि मानव-मूल्यों का स्पेक्ट्रम ही है— और क्या! आधुनिकता के तीसरे प्रमेय, सतर्क वैयक्तीयन का स्थानापन्न स्त्री-भाषा में है सर्वसमावेशी हँसमुख दोस्त-दृष्टि जो यह अच्छी तरह समझती है कि मनुष्य की बनावट ही ऐसी है कि वह लगातार न सार्वजनीनता को समर्पित रह सकता है, न निरभ्र एकांत को। ... वह किसी से कुछ भी बतिया सकती है— संवादधर्मी है स्त्री-भाषा! पुरुषों की मुच्छड़ भाषणधर्मिता उसमें नहीं के बराबर है! पुरुषों की मन:सामाजिक बनावट ऐसी है कि क्रोध की सार्वजनिक अभिव्यक्ति तो उन्हें लज्जास्पद नहीं लगती, पर स्नेह दिखाने में उनकी नानी मरती है।

नैंसी शोदरोव आदि मनोविदों के शोध भी यह प्रमाणित करते हैं कि लिबिडिनल इकॉनॉमी का मूल शब्द है अवदान, अवदान जिसका दाम वसूलने की कोशिश कभी की ही न जाए। इसलिए फैलोसेण्ट्रिक भाषा की उदग्र कसावट वहाँ नहीं होती। इरेगेरी आदि की बात मानकर अस्मिता को भाषा का आईना मानें तो ग़ौर करने की बात यह भी होगी कि स्त्री की यौन-तंत्रियाँ जैसे उसके पूरे शरीर में फैली होती हैं, एक ख़ास तरह की प्रसन्न हार्दिकता और उत्फुल्ल ऐंद्रिकता के दर्शन स्त्री के भाषिक वितान में भी होते हैं— यदि उसे बोलने-लिखने दिया जाए तो, यदि सांस्कृतिक सेंसरशिप उसकी उत्फुल्ल अभिव्यक्ति पर ग्रहण न लगा दे।

हेबरमास जिसे 'इण्टरसब्जेक्टिव कम्युनिकेशन' का 'डिस्कोर्स एथिक्स' कहते हैं, फूको 'प्लूरैलिटी ऑफ़ कॉन्टिंजेंट, हिस्टॉरिकली स्पेसिफिक, पॉवर-लेडेन डिस्करसिव रिजीम' का परावर्तन— उसका सारांश मेरी समझ में तो यही आया कि हमारी सब कामनाएँ या तो भाषा

में परावर्तित होती हैं या स्मृति में! किंतु इसका अर्थ यह तो कदापि नहीं निकाला जाना चाहिए कि अवचेतन का पूर्ण भाषांतरण संभव है! कामना भाषा में पूरी तरह परावर्तित होती है या उसमें घुल जाती है— तलछट बिना छोड़े, ऐसा हरगिज़ नहीं! ख़ासकर ऐसे समूहों की भाषा जो कि सामाजिक विद्वेषण का शिकार रहे हैं, कई रंगीन तलछटों से उपटायी पड़ी है। कविता की भाषा में कहूँ तो यह तलछट कभी कमल-दल के रूप में फूटता है, कभी काई के रूप में—दोनों ही रूपों में वह हमारे मतलब का होता है।

विटगेन्सटीन ने कितने दिन पहले कहा— लिमिट्स ऑफ़ लैंग्वेज़ कैन बी लिमिट्स ऑफ़ अवर वर्ल्ड। उसके भी बहुत पहले, सदियों पहले भारतीय शास्त्रज्ञों के पास जाएँ, स्फोट सिद्धांतकारों के पास तो शब्द-विचार के तीन निकष सामने आते हैं : वैयाकरण संकेतग्रहों की बात कहते हुए कहते हैं अर्थ शब्द में नहीं—वह बाहर से गृहीत होता है, बाहरी संकेत भीतर अर्थ का स्फोट करते हैं— परा-पश्यंती... मध्यमा-बैखरी से होती हुई ध्वनि अर्थवती होकर बाहर आती है! मीमांसक अभिहित-अन्वित अभिधानों की बात करते हैं, बौद्ध दार्शनिक 'तदाभिन्नभिन्नत्व' वाले अपोह की, नैयायिक प्रत्यक्ष, अनुमान, उपमान और शब्द आदि चार प्रमाण मानते हैं कि द्रष्टा, गुण, कर्म, सामान्य, विशेष, समवाय और अभाव आदि संभावनाएँ लिए अर्थ प्रकट होता है : अभिधा में प्रकट हो या लक्षणा-व्यंजना में।

फ्रांसीसी भाषाविदों और संस्कृत के विद्वानों के आश्रय जो कुछ भी थोड़ा-बहुत मैं इस विषय में समझ पाई हूँ, जल्दी से उसका सारांश बताकर मैं अपने अनुभव-लोक में लौटूँगी : उस गहन-अनुभव लोक में जहाँ जीवन के सैंतालीस साल मैंने मुजफ्फरपुर से दिल्ली तक हर तरह की औरतों से गपशप करते काटे हैं : लोक-साहित्य से विश्व-साहित्य तक अमराई का झूला झूलते।

भारतीय दर्शन के अनुसार सत्य गूँगे का गुड़ है। भीतर कहीं उसका स्फोट होता भी है तो सत्य का पूरा समाहार कर सकनेवाली भाषा मनुष्य को नहीं मिलती—फिर वह अँधेरे में हाथ-पाँव मारता तरह-तरह के उपमानों / अनुमानों / दृष्टांतों का सहारा लेता है और इस तरह खुलती चली जाती है भाषा! पाश्चात्य शोध हमें यह बताते हैं कि स्त्रियों के यहाँ भाषा भारमुक्ति का आनन्द है, मातृ-बिम्ब से ख़ुद को सायास अलगाने के चक्कर में लड़कों का अवचेतन अधिक कष्ट पाता है, और इसलिए उनकी भाषा हो जाती है अधिक खड़ूस! लड़कियों की आत्मा को माँ से अलग दीखने का कोई अतिरिक्त उपक्रम साधना नहीं होता, इसलिए भीतर से वे अधिक उत्फुल्ल होती हैं और अधिक पुलकित रहती है उनकी भाषा।

लेकिन सांस्कृतिक अधीनीकरण के षड्यंत्र ऐसे चलते रहे हैं कि इस प्रसन्न स्त्री-भाषा पर वाल्मीकि कवच पड़ गई है कि भाषा जो परफॉरमेंस हो सकती थी, बिम्बों-प्रतीकों के भीतर अण्डरग्राउंड सी हो गई है! इसके कई उदाहरण मैं गद्य-पद्य दोनों में जुटाती रही हूँ, पर उस पर बाद में आते हैं, पहले कुछ सामान्य, छिटपुट बातें और उसके पहले एक उद्धरण कालिदास का, एक घनानन्द का, एक इरेगिरी का! इरेगिरी वाली बात सीधी है, समझानी नहीं पड़ेगी क्योंकि फ्रेंच से सीधी अंग्रेज़ी में टहल आई है : डैमोक्रैसी करस्पोंड्स टु दि सॉवरनिटी

ऑफ़ ईच सिटीज़न। इट बिगिंस विद ए सिविल रिलेशनशिप बिटवीन मैन एंड वुमॅन, एवरी मेल सिटीज़न एंड एवरी फीमेल सिटीज़न गारंटीड बाई राइट्स। आगे बस इतना जोडूँगी : गारंटीड बाई राइट्स टु स्पीक एंड एक्सप्लॉयट वंस पोटेंशियल टु दि फुल।

घनानन्द का सवैया भी बहुत ज़्यादा टेढ़ा नहीं है। जो राधा ने कृष्ण से कहा, स्त्री-भाषा पुरुष-भाषा से कहती हुई मान ली जाए :

तुम कौन धों पाटी पढ़े हो लला
मन लेहूँ पे देहुँ छटाँक नहीं

इसी का और सघन काव्यमय विस्तार *रघुवंश* में देखें जहाँ लंका से लौटते हुए राम सीता को जंगल, समुद्रादि दिखाते हैं कि वह देखो वहाँ दण्डकारण्य में मुझे तुम्हारा नूपुर मिला था, उससे मैंने तुम्हारा पता कितनी बेचैनी से पूछा... और देखो वह समुद्र, वहाँ प्रगल्भ नदियाँ सागर को स्वयं अपना मुख अर्पित करती हैं, लेकिन सागर भी यह एकांगी दान नहीं लेता, धीरोदात्त नायक की तरह अनंत लहरों में यह अर्पण लौटाता है :

मुखार्सणेकुप्रकृति प्रगल्भा: स्वयं तरङ्गाधरदानदक्ष:
अलोकसामान्यकलत्रवृत्ति: पिवत्यसौ पांचयते च सिन्धु:

रूपक की तरह पढ़ें तो स्त्री-भाषा के सम्मुख लोक-सामान्य कलत्रवृत्ति पुरुष-भाषा भी दिखाए तो अच्छा! थोड़ी-सी उमड़न और थोड़ा-सा सम्मान! दिन-भर के काम और अनंत अपमान-शृंखलाओं से थकी स्त्री को और चाहिए भी क्या! भाषणधर्मी पुरुषभाषा संवादधर्मी हो जाए, उसकी मैजिस्ट्रेसी जाती रहे, वह दोस्त-भाषा हो जाए, प्रजातांत्रिक वैभव से लहालोट, इतनी सी उम्मीद स्त्री करती है ताकि किसी फ़हमीदा रियाज को फिर से न कहना पड़े—

मैं सच कहूँगी और फिर भी हार जाऊँगी,
वो झूठ बोलेगा और लाजवाब कर देगा!

लाजवाब कर देगा भाषा के स्निग्ध पेचोख़म से नहीं, बल्कि उस आदिकालिक कर दण्ड न्याय से जिसका संबंध 'जिसकी लाठी उसकी भैंस' वाले जंगलराज से है या 'ज़ेन बूचर मेक्स वन करेक्ट कट एंड दि होल फाल्स एपार्ट' की चतुर बेधकता से!

भारतीय दर्शन की एक उच्चाशय अवधारणा यह भी है कि मौन भी भाषा है, लेकिन शंकाओं और उद्वेलनों का निराकरण हो चुकने के बाद की यह अवस्था है! चौंकी या सहमी या घोंटी हुई चुप्पी मौन नहीं है! मौन सम्भाषण चित्त की उच्चतम अवस्था है— सब प्रश्नों के उत्तर मिल चुकने के बाद की अवस्था जो प्रेम की पराकाष्ठा पर घटित होती है या गहरी आपसदारी के बाद, जैसे कि गोर्की की आत्मकथा में उस क्षण जब थका हुआ कीमियागीर पड़ोस के छोटे बच्चे के साथ नदी में पाँव डाल चुपचाप बैठा है! कबीर जैसे हठयोगी के यहाँ वह दूसरे तरह का मौन है— मन मस्त हुआ तो क्या बोले! निराला ने भी 'मौन मधु हो जाए' का सपना देखा! अज्ञेय की कविता में भी मौन बहुत बोलता है, लेकिन वह मौन दूसरी तरह का है! सामान्यत: यह होता है कि जो बोल नहीं पाता, उसका किया-दिया दर्ज नहीं होता, उसकी हित-रक्षा की किसी को भी कोई परवाह नहीं होती भले ही उसके हित में औरों का

भी हित शामिल हो! बच्चा भी रोता है तो ही माँ दस काम छोड़कर उसके पास आती है। पेड़ अगर बोल पाते तो इतनी आसानी से कोई उन्हें काट नहीं पाता। लुप्त प्रजातियाँ लुप्त होती नहीं। 'पंचतंत्र', 'एसप्ज़ फेबल' आदि में या अनेक लोककथाओं में पशु-जगत, पक्षी-जगत को वाणी देकर उन्हें लोक-व्यवहार का नियामक सिद्ध किया गया है तो इसके पीछे एक प्यारी-सी सोच भी छुपी है! पर्यावरण-संकट के इस युग में हम तो प्रकृति से प्रतिमान उठाना जैसे भूल ही गए हैं वरना लघुपतनक कौआ, चित्रग्रीव, कपोतराज, क्षुद्रबुद्धि सियार और दमनक बैल भला भूल जाने की चीज़ हैं।

यह तो स्त्री-भाषा ही है कि स्मृतियाँ बची हैं— लोरियों, मिथकों, लोकगीतों और परीकथाओं में जीवन के कुछ महारूपक बने हैं, थोड़ा-सा पर्यावरण भी बचा है, फिलहाल वनिता की कविता का एक उदाहरण देकर आगे बढ़ती हूँ :

मातृभूमि की महक ने
भाषा की तलब की पैदा
गुरुदेव पास अरजोई।
गुरुदेव बोले—
शिष्या, काफ़ी नहीं मातृभाषा,
ज़रूरी है जीने के लिए
समझनी-सीखनी
पहले जंगल की भाषा,
दरिन्दों की भाषा,
परिन्दों की भाषा,
कौए और चिड़िया की भाषा,
यह भाषायी समझ की ही थी कमी
जो चिड़िया बेचारी की कौए से संझ पाई
चिड़िया कौए पर ऐतबार लाई
और कौए ने ठाना—
कौए का चिड़िया का सारा ही दाल-भात
साफ कर जाना।

कुछ दिन पहले वर्गगत विडम्बना गोरख पाण्डे की कविता में यों दृष्टिगत होती थी :

चिड़िया जाल में फँसी
क्योंकि वह भूखी थी।

अब विमर्श वाले या वालियाँ तस्वीर का दूसरा रुख़ सामने यों रख रहे हैं, तो यह उस भाषा का ही कमाल है जिसे बाख्तिन खेल का वैसा मैदान कहते हैं जहाँ अलग-अलग वर्ग और संवर्ग संप्रभुता की लड़ाई लड़ रहे हैं! इस तरह से भाषा युद्धभूमि भी है और लीलाभूमि भी :

चिड़िया जाल में फँसी

क्योंकि वह चिड़िया थी।

यह भी उतना ही बड़ा सच है, जिसे दर्ज करने की कोशिश है स्त्री-भाषा।

लॉग-भाषा और आत्मकथाओं के अंतरंग विश्लेषण से यह बात अच्छी तरह बयाँ होती है। कविता-कहानी में तो बयाँ होती ही है : कविता के शिल्प में कहूँ तो—

कविता बहुत संकट में है
और मैं भी बहुत संकट में हूँ, महाप्राण!
कोई मुझे सुनता नहीं,
सुनता भी है तो समझता नहीं,
सब मेरे प्रेमी हैं और दोस्त कोई नहीं!
कितनी अकेली हूँ मैं अपनी
छूछी मांसलता में—
मांसलता
नन्हें कबूतर के—
राजा शिवि तक जो आया था
बाज का खदेड़ा हुआ!

◙ मौखिक प्रस्तुति

जो बात मैं कहने जा रही हूँ, वह पदानुक्रम-मुक्त भाषा की है, संवादात्मक भाषा की है। स्त्रियों की भाषा पदानुक्रम तोड़ रही है। पॉलिटिकल-पर्सनल के बीच, सेक्रेड-प्रोफ़ेन के बीच, ग़रीब-अमीर के बीच, सवर्ण-अवर्ण के बीच, हिंदू-मुसलमान के बीच, जो एक पदानुक्रम बन गया था, उसे तोड़ कर कैसे कंधे पर हाथ रखकर यह बतियाती है, अंतरंग स्पेस, लोकतांत्रिक स्पेस क्रियेट करती है, तो कैसे। स्त्री-लेखन के शिल्प में उसका कथ्य, प्रजातांत्रिक स्पेस की उसकी माँग परावर्तित है। चूँकि हम यहाँ एक अंतर-अनुशासनात्मक समूह के बीच बैठे हैं, इसलिए मैं उलटती हूँ यह परम्परा कि पहले सैद्धांतिकी दी जाए। जहाँ पर विमलजी ने कल बात छोड़ी थी, वहीं से बात का सिरा उठाती हूँ। मूल प्रश्न मेरा यह है कि क्या अतीत को, जातीय संस्कृति को एक बायोडिग्रेडबिल वेस्ट की तरह ट्रीट करके फिर से काम का बनाया जा सकता है? क्या सर्वोच्छेदन ज़रूरी है? वेस्ट-बास्केट से कुछ चीज़ें उठा कर नए गढ़ंत बनाए जा सकते हैं, पेपर मैशी की आकृतियों से? स्त्रियाँ बचे हुए ब्रेड क्रम्स का पोहा बना लेती हैं, या माँओं की फटी साड़ियों का दुपट्टा। क्या हमारी जो परम्परा है, वह लोक-परम्परा हो या शास्त्रीय परम्परा, क्या उसे बायोडिग्रेडबिल वेस्ट की तरह बरता जा सकता है? इससे हम अमेरिकन पद्धति के हाइपरमैस्कुलिन विकास

को चुनौती दे सकते हैं? क्या जो हमारा पदानुक्रममुक्त समाज का सपना है उसे चरितार्थ करने में इससे सहायता मिलेगी?

मैं तो अपनी भाषा की बहुत ही मामूली मज़दूर हूँ। लेकिन हर मज़दूर कभी-कभी जब फावड़ा उठा कर निकलता है तो खेत में कुछ ऐसा पुरातात्त्विक भग्नावशेष मिल जाता है जिसके चलते उसकी साधारण कुल्हाड़ी भी कुछ न कुछ दे सकती है। जैसे, हर वनस्पति औषधि हो सकती है, हर व्यक्ति में कुछ न कुछ ऐसा होता है जिसके आधार पर उससे प्यार किया जा सके, हर चेहरा किसी न किसी कोण से सुन्दर होता है, उसी तरह कोई साधारण से साधारण रचनाकार भी अपने फावड़े से कुछ गोड़ता हुआ किसी निष्कर्ष पर पहुँच सकता है। परम्परा और प्रयोग का भी जो पदानुक्रम क़ायम है, वह वर्ग, वर्ण, नस्ल, धर्म आदि के पदानुक्रम से, और लैंगिक पदानुक्रम से कम मुश्किल हायरार्की नहीं है, उसे तोड़ना बहुत ज़रूरी है।

आधुनिकता के जो प्रतिमान थे, तार्किकता, सेकुलरिज़्म और वैयक्तीयन— उनका कठमुल्लापन झाड़ा है स्त्री-भाषा ने। जैसे कि शुष्क तार्किकता का भाव-संबलित बुद्धिकोष में, परातार्किकता में, सुप्रारैशनल कांशसनेस में प्रयाण संभव हुआ है। संकीर्ण अर्थ में धार्मिक हुए बिना भी आप आध्यात्मिक हो सकते हैं। वैयक्तीयन को एक हँसमुख उत्सवधर्मिता के साथ वह सामने लाती है।

जैसे उन्नीसवीं शताब्दी में या स्वतंत्रता आंदोलन के उषा काल में हिंदी नए चाल में ढली, वैसे ही स्त्रियाँ भी नई चाल में ढलीं। तो भगवतीचरण वर्मा के दो बाँकों की तरह उनकी विकास-यात्रा मतलब हिंदी की विकास-यात्रा और स्त्रियों की विकास-यात्रा, मतलब एक टमटम हुई। थोड़ा इतिहास और नैतिक भूगोल जो हमारा है उस पर मैं पंद्रह मिनट दस मिनट तक कुछ कहने की कोशिश करूँगी। आधुनिकता के जो प्रतिमान थे, तार्किकता, सेकुलरिज़्म और वैयक्तीयन— उनका कठमुल्लापन झाड़ा है स्त्री-भाषा ने। जैसे कि शुष्क तार्किकता का भाव-संबलित बुद्धिकोष में, परातार्किकता में, सुप्रारैशनल चेतना में प्रयाण संभव हुआ है। संकीर्ण अर्थ में धार्मिक हुए बिना भी आप आध्यात्मिक हो सकते हैं। वैयक्तीयन को एक हँसमुख उत्सवधर्मिता के साथ वह सामने लाती है। यह उत्सवधर्मिता पैदा होती है द्वित्व विलोमों की हँसमुख झप्पी से जहाँ परम्परा और प्रयोग, सेक्रेड-प्रोफ़ेन पदानुक्रम तोड़ कर गले मिलते हैं, कैसे, इसे कुछ उदाहरणों से सामने रखती हूँ।

पहला उदाहरण एक अंतरपाठीय संवाद है मेरा जनाबाई के साथ। जनाबाई महाराष्ट्र की भक्त कवयित्री थीं। अंग्रेज़ी की किताब में दो पंक्तियाँ मिली थीं, जहाँ वे कहती हैं कि *ए माधव, ए विठ्ठल, मेरा विठ्ठल आया और मैं धान कूट रही थी। उसने भी हाथ बँटाया। उसके हाथ में छाले पड़ गए। तो ए विठ्ठल, अब तुम जाओ। तुम से नहीं होने का काम, मैं ख़ुद सँभाल लूँगी।* यह बीज वक्तव्य, जो परम्परा से मुझे मिला, भक्त कवयित्री जनाबाई से मुझे मिला। एक साधारण स्त्री की दृष्टि से उससे संवाद करने की कोशिश की : *ऐ माधव कितने तो काम पड़े हैं सर पर। कितना आटा गूँथना है, कितने कपड़े कूटने हैं, अभी हाथ*

बटाओ थोड़ा सा या हेर दो तुम जुएँ ही ज़रा। कुछ तो करो कुछ करो। दूसरे उदाहरण में लोग की शास्त्र से झप्पी मंचित होती है। कविता है ***मरने की फुर्सत :*** *ईसा मसीह औरत नहीं थे, वर्ना मासिक धर्म ग्यारह बरस की उमर से उनको ठिठकाए ही रहता देवालय के बाहर। बेतलेहम से यरुशलम के बीच कठिन सफ़र में उनके हो जाते कई तो बलात्कार। और उनके दूधमुँहे बच्चे चालीस दिन और चालीस रातें जब काटते सड़क पर भूख से बिलबिला कर मरते एक-एक कर। ईसा को फुर्सत नहीं मिलती सूली पर चढ़ जाने की भी।* तीसरी कविता में दैनंदिन उपक्रम का अंतरपाठीय संवाद एक मिथकीय प्रसंग से है। कविता है ***भाषा की टोकरी :*** *जैसे कि नवजात शिशु बहाया जाए हरे-हरे पत्तों से। आच्छादित आरक्षित नन्ही सी डलिया में। मैं अपनी उम्मीद रखती हूँ पानी पर टोकरी में। भाषा की लहरों पर डोलती पहुँचेगी आख़िर कहीं तो। कभी तो किनारे लगेगी। ले जाएगा इसको गोदी में उठाकर राजा का सारथी। धीरे-धीरे बड़ी होगी फिर उम्मीद कर्ण की बहन दानवीर। मोर्चे पर औरों के फिर युद्ध लड़ेगी यह भी। नहीं फँसेगा कीच में इसका पहिया। क्योंकि किसी शाप, परशु और भाले से नहीं, सिर्फ़ भाषा से इसने लिया है अपना ब्रह्मास्त्र।* तो किसी भी मनोवैज्ञानिक युद्ध में भाषा ही ब्रह्मास्त्र बनती है, और इस तरह से एक युद्ध-भूमि और एक लीला-भूमि, दोनों का काम भाषा ही करती है।

महादेवी वर्मा ने *चांद* के विदुषी अंकों का सम्पादन किया। उसमें ज़्यादातर जो लेख हैं, उनकी भाषा अगर आप देखेंगे तो वह सविनय अवज्ञा की भाषा है। अवज्ञा है, लेकिन सविनय। और कभी-कभी उसमें स्पार्क भी फूटता है अलग तरह का। जैसे, महादेवी के यहाँ तो फूटता ही है। ... दूसरे की रेखा छोटी किए बग़ैर अपनी रेखा कैसे बड़ी कर दें : इस तरह के दर्शन, इस तरह के एथिक्स से परिचालित है वह भाषा।

स्वतंत्रता आंदोलन के समय विद्या विनोदिनी का परीक्षा का फार्म जिनसे भराया जाता था वे स्त्रियाँ, उन्हें ख़ास तरह की हिंदी सिखाई जाती थी। धीरे-धीरे ही उसमें तबोताब आया कि वह छायावादी युग में सविनय अवज्ञा की भाषा बन पाई। महादेवी वर्मा ने *चांद* के विदुषी अंकों का सम्पादन किया। उसमें ज़्यादातर जो लेख हैं, उनकी भाषा अगर आप देखेंगे तो वह सविनय अवज्ञा की भाषा है। अवज्ञा है, लेकिन सविनय। और कभी-कभी उसमें स्पार्क भी फूटता है अलग तरह का। जैसे, महादेवी के यहाँ तो फूटता ही है। लेकिन ज़्यादातर वह ट्रांसेन्डेंटल सिगनीफ़ायर या डिग्नीफ़ायड सफ़रिंग की भाषा है। दूसरे की रेखा छोटी किए बग़ैर अपनी रेखा कैसे बड़ी कर दें : इस तरह के दर्शन, इस तरह के एथिक्स से परिचालित है वह भाषा। शिवरानी प्रेमचंद के यहाँ, या सुभद्रा कुमारी के यहाँ, वात्सल्य और वीर, ये जो दो तरह के रस हैं, उनके बीच टहलती हुई भाषा कुहेलिकामुक्त है। अभिधात्मक भाषा से भी क़विता कैसे रची जाती है, इस शिल्प पर प्रयाण करती है। निजी जीवन के संदर्भ न के बराबर हैं। लगातार एक द्वंद्व क़ाबिज़ है। निजी जीवन की तकलीफ़ें भाषा के धोबी-घाट पर धोई जा रही हैं।

महादेवी वर्मा के सिर पर लगातार आँचल है। घूँघट यहाँ तक है, नीचे नहीं आता लेकिन है। मगर वह भाषा भी एक तरह से घूँघट की आड़ में काम करती है। और आज के ज़माने

में तो मैं कहती हूँ कि हँसी नए ज़माने का घूँघट ही है। हर जगह स्त्रियाँ हँसती दिखाई देती हैं। टेलीविज़न के स्क्रीन पर, अगर मार खाकर भी घर से आएँ तो भी स्वागत-प्रक्षेत्र में काम करती हुईं तो भी हँसती ही हैं। हँसना ही पड़ता है। हँसी अपनी तकलीफ़ छुपाने का घूँघट हो जाता है। अभी चंदाजी से विमल की बात हो रही थी। वे कह रही थीं कि अरे तुमसे मुझे लड़ना है, लेकिन मैं सबकी भाषा में थोड़े ही लड़ूँगी। मैं तुमसे लड़ूँगी मराठी में, और मराठी भाषा समझने वाला कोई होगा तो और दक्षिण की किसी भाषा में। तो एक कोड भाषा को घूँघट की तरह इस्तेमाल करने का है। हमारे मिथिला में कहावत है कि घूँघट आरामदेह चीज़ भी है, घूँघट के नीचे से भी कनखी मारी जा सकती है। परम्परा का भी सबवर्ज़न के लिए उपयोग कैसे हो सकता है, यह बताती है स्त्री-भाषा। यह अब जैसे घर में परम्परा कहती है कि सबको खिला के खाओ, तो घूँघट कभी-कभी काम की भी चीज़ होती है। नींद आ रही है और सबके सामने सो नहीं सकते। तो घूँघट मार के आराम से सो लिया। किसी को जीभ दिखानी हो तो जीभ भी दिखा दो, किसी को मुँह बनाना हो तो बना दिया। 'गंभीरता' और 'विनोद-भाव' के बीच का पदानुक्रम ऐसे ही टूटता है।

घूँघट के नीचे से भी कनखी मारी जा सकती है। परम्परा का भी सबवर्ज़न के लिए उपयोग कैसे हो सकता है, यह बताती है स्त्री-भाषा। जैसे घर में परम्परा कहती है कि सबको खिला के खाओ, तो घूँघट कभी-कभी काम की भी चीज़ होती है। नींद आ रही है और सबके सामने सो नहीं सकते। तो घूँघट मार के आराम से सो लिया। किसी को जीभ दिखानी हो तो जीभ भी दिखा दो, किसी को मुँह बनाना हो तो बना दिया। 'गंभीरता' और 'विनोद-भाव' के बीच का पदानुक्रम ऐसे ही टूटता है।

महादेवी वर्मा ने *अतीत के चलचित्र* और *मेरा परिवार* आदि में बंधु-परिवार की अवधारणा दी है। जो आज का स्त्री-यूटोपिया है, उसमें बंधु-परिवार की बात हमेशा हम कहते हैं। यौन-संबंधों और रक्त-संबंधों के पार का आत्मीय घेरा। एमिली डिकिन्सन कहती हैं कि द सोल सेलेक्ट्स इट्स ओन सोसायटी, तो असल परिवार वह होता है जो हम अपने चयन के आधार पर बनाते हैं। अभी जो बैठा है हमारा अपना परिवार है, सरोकार एक है, द्वित्व-विलोमों के पार का। बहुत अच्छा शब्द सिखाया मुझे पंकज ने। प्रजातंत्र जीभ पर चढ़ा हुआ था। इसने कहा कि दीदी प्रजातंत्र नहीं, आप कहिए लोकतंत्र। और मैं इसके लिए पंकज की कृतज्ञ हूँ। तो मैंने सोचा कि भाषा की देखिए कैसी समस्या है कि हमारी सोशल स्टडीज़ की किताब में प्रजातंत्र ही लिखा था। तो मेरी जीभ पर प्रजातंत्र ही टिक कर रह गया। यह सब भाषा की समस्या है। बाद में जब इन्होंने टोका तो मुझे लगा कि अरे प्रजा क्या और राजा क्या। एक था राजा, एक थी रानी, दोनों मर गए ख़त्म कहानी। लेकिन दरअसल लोकतंत्र की कहानी वहीं से शुरू होती है जहाँ राजा-रानी मरते हैं और लोक में तो हर व्यक्ति जो प्यार करेगा वह गाना गाता है। हर व्यक्ति जो प्रेम करता है, वह रानी तो कहता ही है, चाहे उसका अभिप्राय कुछ और हो।

> **महादेवी ने ... बंधु-परिवार की अवधारणा दी है। जो आज का स्त्री-यूटोपिया है, उसमें बंधु-परिवार की बात हमेशा हम कहते हैं। यौन-संबंधों और रक्त-संबंधों के पार का आत्मीय घेरा। ... महादेवी के बंधु-परिवार में पशु-पक्षी हैं, ठकुरी बाबा हैं, तरह-तरह की जातियों की स्त्रियाँ हैं। पशु-पक्षियों से जैसे स्त्रियाँ लोक-गीत में बातें करती हैं। इधर के जितने भी उपन्यास अच्छे उठाएँ, तो उनमें भी स्त्रियों के यहाँ परिवार के बाहर एक परिवार क़ायम है।**

महादेवी के बंधु-परिवार में पशु-पक्षी हैं, ठकुरी बाबा हैं, तरह-तरह की जातियों की स्त्रियाँ हैं। पशु-पक्षियों से जैसे स्त्रियाँ लोक-गीत में बातें करती हैं। इधर के जितने भी उपन्यास अच्छे उठाएँ, तो उनमें भी स्त्रियों के यहाँ परिवार के बाहर एक परिवार क़ायम है। इसके भी बीज उसी समय पड़े थे स्वतंत्रता आंदोलन के शुरू में। अच्छा, इसी समय छात्रावासों में जो मध्यवर्ग के परिवार थे, उसके हास्टल्स में आर्यकन्या महाविद्यालयों में, या दूसरी तरह की जगहों में स्त्रियों को पढ़ने भेजा जाने लगा। प्रेम पत्रों और उन धारावाहिक चिट्ठियों की भाषा बहुत बदली। मैंने ख़ुद अपने घर में दादी-नानी की लिखी हुई चिट्ठियाँ ऐसी देखी हैं जो डाक में नहीं डाली गईं। लेकिन एक मेरी मौसी तो भगवान को सीधी चिट्ठी लिखती थीं, कोई तकलीफ़ होती थी तो। ऐसी कितनी धारावाहिक अधूरी चिट्ठियाँ लिखने लायक हिंदी, पोस्टकार्ड लिखने लायक हिंदी आर्यकन्या विद्यालयों से उभरी। परदेशी पिया होते थे, रंगून भी चले जाते थे, या फिर कभी कलकत्ता रहते थे, जिसके बारे में त्रिलोचन की चंपा कहती है कि कलकत्ता पर बजर गिरे! कहते हैं त्रिलोचन कि भई तुम अपने पति को चिट्ठी कैसे लिखोगी, तुम्हारा पति कलकत्ता चला गया तो। वह कहती है कि एक तो मैं शादी नहीं करूँगी, और फिर अगर करनी पड़ी तो पति को कभी जाने नहीं दूँगी और अगर जाएगा तो कलकत्ता पर बजर गिरे। तो कलकत्ता, रंगून, असम, पटना, लोग कमाने जाते थे। स्त्रियों के पत्र की भाषा, काफ़ी बदली। जो घर में लोकथाएँ हमें सुनाई जाती थीं, उनके अनुसार स्त्रियाँ कहतीं चलम-चल-चलम चल-चलम-चल। कोर्स में जेन ऑस्टिन और दूसरी चीज़ें पढ़ाई गईं। विश्व-साहित्य पढ़ाया गया। उससे जो लोक का संवाद हुआ, वह भी उस समय की हिंदी में दर्ज हुआ। मध्य-वर्ग एक हाइफ़न होता है। मध्य-वर्ग, मतलब दोनों वर्गों के बीच पड़ा हुआ, एक हाइफ़न की भूमिका निभाता हुआ। ऑनली कनेक्ट कहते थे फॉस्टर। उन्होंने दलित महिलाओं से भी भाषिक ऊर्जा ग्रहण की, उन लोगों के जीवन के क्या दुख थे? बहनापा जो है, वह ट्रांसेंड करना सिखाता तो है। स्त्री-भाषा एक अलग तरह की बोलती-बतियाती हुई। सबके घर आती-जाती हुई भाषा।

** ** **

हिंदी में तीन तरह की बहसें हैं। हिंदी बनाम हिंदी और हिंदी बनाम लोकभाषा और हिंदी बनाम दूसरी भाषा और हिंदी बनाम उर्दू। ये सारे जो विवाद हैं, उनका एक तरह का निराकरण

करती है स्त्रियों की भाषा। आप विघटित करेंगे तो आपको लगेगा कि अलग-अलग स्रोतों से वह आ रही है। चारों स्रोत तो हमारे यहाँ माने ही गए हैं— देशी, विदेशी, देशज और तत्सम-तद्‌भव। यह आयात-निर्यात वाला नहीं है। आवाजाही तो बहनापे के स्तर पर घटित होती है। भाषणधर्मिता पुरुष-भाषा का गुण है, पुरुष-भाषा जो मोनोलॉग की भाषा है, जो आदेश-निर्देश देती है, और प्रतिपक्ष की तरफ़ से कुछ सुनना नहीं चाहती। जो भाषा आप अपने पिताओं से सुनते हुए आए होंगे, जो इंपेरिटिव मोड की भाषा है, उसे प्रश्नांकित करती हुई जो उभरी है वह स्त्रियों की संवादात्मक भाषा है जिसमें कंधे पर हाथ रख कर दुख-सुख बतियाने का शऊर है। मैं तो हमेशा एक उदाहरण सोचती हूँ कि छाता ही ले जाना हुआ घर से, अगर घर से आप भीगते हुए निकल रहे हैं, तो पिता बरजेंगे कि अरे तुमने छाता नहीं लिया। माँ कहेगी, अरे छाता नहीं लिया। वह समुच्चयबोधक वाक्य बोलेगी और दौड़ते हुए आपको छाता दे आएगी। प्रश्नवाचक, विस्मयादिबोधक और समुच्चयबोधक तरल चिह्न हैं। इससे भरी हुई होती है स्त्रियों की भाषा। वह कॉमा फुलस्टाप की भाषा नहीं होती। इसीलिए वह ज़्यादा अंतरंग होती है, इसीलिए वह ज़्यादा तरह के स्रोतों से संवाद कर पाती है। इसीलिए वह 'तुमुल कोलाहल कलह में हृदय की बात रे मन' की तरह आपकी स्मृति में दर्ज हो जाती है। स्त्री-भाषा की आधार-भूमि है स्मृतियाँ। चाहे वह जातीय स्मृति हो, या वह वैयक्तिक। सपने और स्मृतियों के बीच, लगातार एक सावन का झूला पड़ा रहता है, इधर से उधर पींग लेता हुआ। और इसके जो महीन रजिस्टर दर्ज होते हैं वह भाषा का चरित्र ही बदल देते हैं।

भाषणधर्मिता पुरुष-भाषा का गुण है, पुरुष-भाषा जो मोनोलॉग की भाषा है, जो आदेश-निर्देश देती है, और प्रतिपक्ष की तरफ़ से कुछ सुनना नहीं चाहती। जो भाषा आप अपने पिताओं से सुनते हुए आए होंगे, जो इंपेरिटिव मोड की भाषा है, उसे प्रश्नांकित करती हुई जो उभरी है वह स्त्रियों की संवादात्मक भाषा है जिसमें कंधे पर हाथ रख कर दुख-सुख बतियाने का शऊर है। प्रश्नवाचक, विस्मयादिबोधक और समुच्चयबोधक तरल चिह्न हैं। इससे भरी हुई होती है स्त्रियों की भाषा। वह कॉमा फुलस्टाप की भाषा नहीं होती। इसलिए वह ज़्यादा अंतरंग होती है, इसीलिए वह ज़्यादा तरह के स्रोतों से संवाद कर पाती है। इसीलिए वह 'तुमुल कोलाहल कलह में हृदय की बात रे मन' की तरह आपकी स्मृति में दर्ज हो जाती है। स्त्री-भाषा की आधार-भूमि हैं स्मृतियाँ। चाहे वह जातीय स्मृति हो, या वह वैयक्तिक। सपने और स्मृतियों के बीच, लगातार एक सावन का झूला पड़ा रहता है, इधर से उधर पींग लेता हुआ। और इसके जो महीन रजिस्टर दर्ज होते हैं वह भाषा का चरित्र ही बदल देते हैं।

ब्लॉग की भाषा बिल्कुल बदल रही है, राकेश यहाँ बैठे हैं वे ज़्यादा इस पर बोलेंगे। लेकिन एक *चोखेर बाली* ब्लॉग मैंने भी देखा है। जैसे पहले कहा जाता था कि ज़ुबान लड़ाना और आँखें लड़ाना स्त्रियों के लिए वर्जित है। वैसे तो कोई लड़ाई ठीक नहीं है, लेकिन ये दोनों लड़ाइयाँ तो बिल्कुल ही ठीक नहीं। मैं देख रही हूँ कि ब्लॉग की भाषा में तुर्की-ब-तुर्की जवाब

> **जिन धीरोदात्त नायकों का स्वप्न *दादा कॉमरेड, नमक का दरोगा* और *रंगभूमि* के सूरदास के ज़रिए देखा था ... बाद में उनको ऐसा लगा कि इस तरह के पुरुष तो वास्तविक जीवन-जगत में दुर्लभ हैं। किन्हीं कारणों से हिंसा समाज में बहुत बढ़ गई या पेराडाइम ठहर गए या मैटानेरेटिव ढह गए। वह राजकपूर के समय की आवारगी थी, रोमांटिक वाइग्रेंट वाली आवारगी, अब आवारगी एक दूसरे तरह की आवारगी हो गई।**

तो बिल्कुल आ रहा है। शटल कॉक की तरह इधर से उधर, उधर से इधर जवाब आते हैं। जैसे विज्ञापन कॉस्मिक और कॉमन प्लेस के बीच झप्पी के रूप में घटित होता है, उसी तरह मैक्रो और माइक्रो थी झप्पी स्त्री-भाषा मंचित करती है।

स्त्री-भाषा जगाने के लिए झकझोर रही है, मारने के लिए नहीं। हिंसात्मक उसका चरित्र भरसक नहीं है। अपवाद की बात मैं अभी नहीं कर रही। इसके भाषिक विकास का तीसरा चरण १९७७ के बाद घटित होता है हिंदी में। सन् ७७ के संदर्भ में मैं अपने साक्षात अनुभव से ही बोल पाऊँगी। उस समय में मैं आठवीं कक्षा में पढ़ती थी। जब मीसा में, हमारे भाई वग़ैरह के समकालीन बहुत सारे लोग जेल गए थे। जिनको सत्ता पानी थी वह तो पा गए, लेकिन पढ़ाई-लिखाई छोड़ कर जो लोग मीसा में जेल गए थे, वे उसके बाद रह नहीं पाए बिहार में, पूर्वी उत्तर प्रदेश में। वे दिल्ली आए, पत्रकार होकर, होलटाइमर होकर। वैसे लोग अपनी बहनों को, भतीजियों को, भगिनियों को राजधानियों में पढ़ाने ले आए। उसी समय बड़ी संख्या में विस्थापित लड़कियाँ दिल्ली विश्वविद्यालय, बनारस, कानपुर वग़ैरह भी आईं। उस समय भाषा बदली। वही ज़माना था जब हमारे भाई ने दिल्ली विश्वविद्यालय ला कर मेरा दाखिला कराया। मैं ही नहीं थी, मेरा ख़याल है सविता और उसके समय के बहुत सारे लोग थे। छोटे शहर और बड़े शहर का भी द्वैत होता है। उस समय की जो भाषा बनी, उसमें राजनीतिक चेतना ज़रूर थी, क्योंकि बहुतों के भाई होलटाइमर्स थे, और बहुतों के जयप्रकाश आंदोलन के बाद भग्न-हृदय आदर्शवादी।

एक छोटी सी घटना आपको बताती हूँ कि जो प्रेम-पत्र आते थे, स्त्रियाँ साथ-साथ पढ़ने बैठती थीं। स्त्री-भाषा का बेचारी दुख की मारी वाला भाव देखते-देखते तिरोहित हो जाता है। हँसमुख उत्सवधर्मिता उग आती थी। तो बहुत सारे प्रेम पत्र आते रहते थे। हॉस्टल में लड़कियाँ साथ में उसको मैस में पढ़ती थीं और हँसती थीं। पत्रों में जहाँ वर्तनी की भूलें होती थीं, वहाँ पर गोल घेरा बनाती थीं और कहती थीं कि यह ग़लत है, यह ग़लत है। नॉट क्वालिफाइड, एप्लाई अगेन, करके वे पत्र लौटा दिए जाते थे। इस तरह पुरुष-भाषा पर जो गोला लगाने की परम्परा शुरू हुई वह दरअसल पुरुष-चरित्र पर गोला लगाने की परम्परा थी। नई स्त्री बहुत अकेली हो गई। जिन धीरोदात्त नायकों का स्वप्न *दादा कॉमरेड, नमक का दारोगा* और *रंगभूमि* के सूरदास के ज़रिए देखा था, बहुत तरह के नए धीरोदात्त नायकों का सपना, आदर्शवादियों का सपना लेकर वे बड़ी हो रही थीं, बाद में उनको ऐसा लगा कि इस तरह के पुरुष तो वास्तविक जीवन-जगत में दुर्लभ हैं। किन्हीं कारणों से हिंसा समाज में बहुत बढ़ गई या

पेराडाइम ठहर गए या मैटानेरेटिव ढह गए। वह राजकपूर के समय की आवारगी थी, रोमांटिक वाइग्रेंट वाली आवारगी, अब आवारगी एक दूसरे तरह की आवारगी हो गई।

तो यह आध्यात्मिक अनाथों की आवारगी थी। हारिल की लकड़ी के पास एक लकड़ी तो होती है, पढ़ी-लिखी स्त्रियों के पास अब वह लकड़ी नहीं थी। तो उस तरह के शून्य में भाषा बदली मुझे लगता है। स्त्रीवादी एंगिल से भी पुरुष पात्र पर लाल गोला लगाया गया। शादी-वादी हो गई, तो सबकी गृहस्थी तो चल ही गई। लेकिन ज़्यादातर घरों में यह होने लगा कि पुरुषों को भी बच्चों की ममता से पाल दिया गया। विद्यापति की पंक्ति है न कि पिया मोरा बालक हम तरुणी। तो वही पिया सबके बालक रह गए।

एक तो आदर्शवादियों का समूह था, जो सड़क पर था। बाक़ी जो लोग समझौते करके नौकरी पा कर स्थापित संरचनाओं में आ गए थे। उनमें उस तरह के आदर्शवाद का तबोताब नहीं था। जिस तरह का सपना देखती हुई नई स्त्री बड़ी हुई थी, उस तरह का साथी नहीं पाकर वह उदास हुई जिसके कारण कई घरों में एक अजब तरह का तनाव बैठ गया। इसके अलावा जैसे-जैसे विज्ञान के साधन विकसित हुए, वैसे-वैसे भाषा बदली। जिस स्त्री का मूवमेंट एक स्पेस के बाहर घटित हुआ, उसी तरह इंटरनेट, मोबाइल और दूसरे विज्ञान के साधन जब आए, तो उनकी भाषा धीरे-धीरे बदली। उनका जो सूनापन था। कुछ लोग जो लिख सकते थे, साहित्य लिखने लगे। किन्हीं कारणों से जिन्हें लिखने नहीं दिया गया, वे लोग इंटरनेट पर एसएमएस लिखने लगे। अपने बच्चों को जिस भाषा में संबोधित करती हैं माँएँ उस भाषा को देखिए, वह एक दोस्त-भाषा है, हँसमुख दोस्त-भाषा। तो इतिहास के.विभिन्न पड़ावों पर जैसे-जैसे हिंदी बदली, स्त्री के चलन के साथ हिंदी का चलन भी बदला।

एक आम जो आरोप लगाया जाता है स्त्री भाषा पर कि स्त्रियाँ बहुत चाँय-चाँय करती हैं, बहुत झूठ बोलती हैं, और भाषा का कचूमर निकाल देती हैं। अंग्रेज़ी में वाइट लाई का मतलब होता है कि वह झूठ जो किसी का कुछ बिगाड़े नहीं, किसी अच्छे उद्देश्य से बोला गया हो। इन्नोसेंट हो। तो दो श्रेणियाँ हुईं : वाइट लाई और कलरफुल लाई। जैसे अगर मार खाने वाले बच्चों को पिता के रोष से बचाने के लिए जो झूठ बोला गया, या जो झूठ बोला गया अपनी माँओं को अपने दोस्तों को तरह-तरह की हिक़ारत से बचाए जाने के लिए, वह झूठ कोई झूठ नहीं था। लेकिन फिर एक थीसिस सामने आई कि *मैं सच कहूँगी फिर भी हार जाऊँगी। वह झूठ बोलेगा और लाजवाब कर देगा।* तो वहाँ जो झूठ है वह झूठ टेक्टिकली ग़लत ढंग से बोला हुआ झूठ है। मैला झूठ है। लेकिन जो साधारण स्त्रियाँ झूठ बोलती हैं, वह टु कट इट शॉर्ट। वह इनकी भाषा का दोष नहीं होता, वह एक तरह का फ़िक्शन होता है जो उनके जीवन में जो स्पेस और शून्य पैदा हुआ है उसका मिथकीकरण।

अब मैं अंतिम हिस्से पर आती हूँ। दो तरह की मेरी थीसिस हैं। दो तरह के लोग स्त्री-भाषा की संवादधर्मिता का विरोध करते हैं। एक तो प्रस्तरकीलित क़िस्म के मार्क्सवादी और दूसरे नागर संभ्रांत। प्रस्तरकीलित जो मार्क्सवादी हैं, वे लोक और शास्त्र का घालमेल नहीं चाहते। वे पर्सनल और पॉलिटिकल का घालमेल नहीं चाहते। सेक्रेड और प्रोफ़ेन का घालमेल

नहीं चाहते। उनके यहाँ श्रेणियाँ ब्रहती नहीं। और जो नागर संभ्रांत हैं, जो अतिमर्द अमेरिका के अनुयायी हैं, वे चाहते हैं कि भाषा ऊँची एड़ी की सेंडल पहन कर कैटवाक करे। वह क्यों जाती है गाँव की तरफ़? वह क्यों जाती है लोक-परंपरा की तरफ़? वह क्यों जाती है इधर-उधर से, किसी भी और जगह? वह क्यों कंधे पर हाथ रख कर बतियाती है? मॉडल सुंदरियों का कैटवाक क्यों नहीं करती स्त्री की भाषा? वह क्यों स्मृतियों को एक चार्जर की तरह इस्तेमाल करती है? विलोमों के बीच पुल क्यों संभव करती है? वह शुद्धतावादी क्यों नहीं है?

जिस तरह अच्छी कविता इंद्रियों का पदानुक्रम नहीं मानती, दिल, दिमाग़ और देह को एक ही धरातल पर अवस्थित करती हुई तीनों का एक-दूसरे के घर आना-जाना क़ायम रखती है स्त्री-भाषा। पर्सनल-पॉलिटिकल, कॉस्मिक-कामन प्लेस, सेक्रेड-प्रोफ़ेन, रैशनल-सुप्रारैशनल के बीच का पदानुक्रम तोड़ती हुई उद्देश्य स्थान, विधेय स्थान के बीच म्यूज़िकल चेयर का सा खेल आयोजित करती है। ... जो कभी नहीं बोले उन्हें भी मौक़ा मिलता है।

कात्यायनी का एक उद्धरण मुझे मिला जिसको मैं पढ़ती हूँ : *ट्रेक्टर-हारवेस्टर के बरक़्स हाल कुदाल को खड़ा करना, वर्तमान के विरुद्ध अतीत की स्मृतियों को रखना, बचपन में गाँव में बिताए दिनों को याद करना, लोक का आग्रह एक पुरातनपंथी दुराग्रह है। एक आर्त पुकार एक अकर्मक कामना।* उनके इस कथन को मुँह चिढ़ाती हुईं ख़ुद उनकी अपनी कविताएँ हैं। दो बहुत अच्छी कविताएँ हैं : *सात भाई चंपा,* और *गाँव नगरी पास न जाना*। आदमी का जो लेखकीय वजूद है वह ज़्यादा महीन रजिस्टर ज़्यादा अच्छे ढंग से दर्ज कर पाता है। निर्मल वर्मा के यहाँ भी, जब वह लेखकीय वजूद होता है और जब वह थियराइज़ करता है, उस समय का द्वैत जो होता है, वह इस तरह की डायकॉटमी पैदा कर देता है। अलग-अलग प्रेशर में। हम जजमेंटल होने की कोशिश बिल्कुल नहीं कर रहे। सिर्फ़ समझने की कोशिश कर रहे हैं कि हमारा वजूद परतदार है। कई तरह के आईडेंटिटी कार्ड लेकर हम पॉकेट में घूमते हैं। एक पहचान हमारी नहीं है। तो फिर किस दबाव में हम एकांगिता की वकालत करें।

अब सब समेटूँ? जिस तरह अच्छी कविता इंद्रियों का पदानुक्रम नहीं मानती, दिल, दिमाग़ और देह को एक ही धरातल पर अवस्थित करती हुई तीनों का एक-दूसरे के घर आना-जाना क़ायम रखती है स्त्री-भाषा। पर्सनल-पॉलिटिकल, कॉस्मिक-कामन प्लेस, सेक्रेड-प्रोफ़ेन, रैशनल-सुप्रारैशनल के बीच का पदानुक्रम तोड़ती हुई उद्देश्य स्थान, विधेय स्थान के बीच म्यूज़िकल चेयर का सा खेल आयोजित करती है जिससे कि *बहिरो सुने, मूक पुनि बोलै। अंधरौ को सब कुछ दर्शाई* का दर्शन घटित होता है। जो कभी नहीं बोले उन्हें भी बोलने का मौक़ा मिलता है।

दूसरा, स्त्री भाषा ने आधुनिकता का कठमुल्लापन झाड़ कर उसके तीनों प्रमेयों का दायरा बड़ा कर दिया है। शुष्क तार्किकता का स्थानापन्न वहाँ सरस परातार्किकता है, परातार्किकता जो बुद्धि को भाव से समृद्ध करती है। प्रस्तरकीलित धर्मनिरपेक्षता का स्थानापन्न वहाँ है इगेलिटेरियन क़िस्म का अध्यात्म, अध्यात्म जो धर्मों में पदानुक्रम नहीं मानता। तीसरे, सतर्क

वैयक्तीयन का स्थानापन्न स्त्री-भाषा में है सर्वसमावेशी हँसमुख दोस्त-दृष्टि। दृष्टि जो यह अच्छी तरह समझती है कि मनुष्य की बनावट ही ऐसी है कि वह लगातार न सार्वजनीनता को समर्पित रह सकता है, न निरभ्र एकांत को। उसे पढ़ने-लिखने, सोचने, सोने और प्यार करने का एकांत चाहिए। तो चिंतन और प्रेम के सारे निष्कर्ष साझा करने का सार्वजनिक स्पेस भी। एक साँस भीतर गई नहीं कि उल्टे पाँव वापस लौट आती है, लेकिन बाहर भी उससे बहुत ज़्यादा देर ठहरा नहीं जाता। सारे अनुभव, बिम्ब, अनुभूतियाँ और संवाद समेटकर फिर से चली जाती है भीतर। गुनने, समझने, मनन करने। स्त्री भाषा यह समझती है इसलिए उसके यहाँ कोई मनाही नहीं, सब तरह के उच्छल भावों की ख़ातिर उसके दरवाज़े खुले हुए हैं। वह किसी से कुछ भी बतिया सकती है, और एक चटाई पर बैठ कर। पुरुषों की भाषणधर्मिता उसमें नहीं के बराबर है, वैसी एकांगिता भी नहीं।

◙ बहस

सुधीर : मित्रो, आपमें से जिसको भी अब साहस है इसके बाद बोलने का, वह शुरू करे।

अभय : आज सुबह मैं अनामिकाजी का पर्चा पढ़ रहा था, क्योंकि पर्चा मुझे कल ही मिला, इसलिए पहले पढ़ने का मौक़ा नहीं मिला। तो, इस पर्चे को पढ़ते हुए और आपने जो प्रस्तुति की, उसे सुनते हुए मुझे इसी पर्चे की एक लाइन याद आ रही है कि सेंसरशिप और सांस्कृतिक अधीनस्थता की जो प्रक्रियाएँ हैं, वे स्त्री की भाषा को बिम्बों और प्रतीकों में करके अंडरग्राउंड कर देती हैं। तो मैं यह कहूँगा कि आपने जैसे प्रज़ेंटेशन किया है, उससे आपका यह लिखित पेपर थोड़ा सा अंडरग्राउंड हो जाता है। बहरहाल, मैं इस लिखित पेपर के आधार पर ही अपनी बात कहूँगा, क्योंकि इसमें चीज़ें ज़्यादा क्रमबद्ध और व्यवस्थित रूप से आई हैं।

सबसे पहले मैं आपकी भाषा की चर्चा करूँगा। आप जिस स्त्री-भाषा की वकालत कर रही हैं वह डिस्करसिव फ़ॉर्म यहाँ मौजूद है। इसमें एक बहुत रचनात्मक खिलंदड़ापन है। सेंटर में हम और आदित्य लगातार जूझ चलाते रहते हैं कि भई समाज-विज्ञान की भाषा कैसी हो, समाज-विज्ञान की हिंदी कैसी हो। तो इसमें एक ख़ास तरह की वाक्य रचना है, इसमें एक ख़ास तरह की हिंदी है, जिसमें ख़ास तरह की अभिव्यक्ति शैली है, इसके अंदर हेबरमास भी आ जाते हैं, फ़हमीदा रियाज़ भी आ जाती हैं, रघुवंश का श्लोक भी है, घनानंद भी हैं, शोडरो भी हैं, और इरिगेरी भी हैं। मुझसे अगर कहा जाए कि मैं इस तरह की भाषा लिखूँ तो मैं नहीं लिख पाऊँगा। लेकिन यह भाषा हम लोगों के लिए, जो समाज-विज्ञान की भाषा रचने में लगे

हुए हैं, एक ख़ास तरह की चुनौती है। अगर स्त्रियाँ विमर्शी हिंदी विकसित करने की प्रक्रिया में एक अलग तरह की हिंदी विकसित कर सकती हैं, तो मुझे लगता है कि उनका बहुत बड़ा योगदान होगा। कम से कम यह पेपर मुझे यह बताता है।

> **चूँकि स्त्री मातृग्रंथि से अपने आप को छुड़ाने के लिए नहीं छटपटा रही है, और पुरुष बचपन में मातृग्रंथि से छूटने के लिए छटपटा रहा है, इसलिए ... स्त्री की भाषा में एक तरह की उत्फुल्लता और प्रसन्नता रहती है। मुझे यह बॉयलोजिकल इसेंशियलिज़्म लगता है, क्योंकि अभी ऐसी कोई रिसर्च हुई नहीं जिसने बताया हो कि पुरुष की सेक्शुअलिटी जो है वह एक ही जगह स्थित होती है, वह पूरे शरीर में नहीं फैली होती है।**

अब मैं आऊँगा आपकी दो प्रस्थापनाओं पर जो मुझे इस पेपर में दिखाई दीं। पहली प्रस्थापना यह है कि स्त्री विस्थापित है। वह आदि-विस्थापित है। आपने जो बातें पढ़ी हैं, जो कुछ समझा है उसके लिहाज़ से मुझे यह नया सूत्रीकरण लगता है। इस सूत्रीकरण को अभी और खोला जाना बाक़ी है। आपका पेपर उसे और खोलता नहीं है। विस्थापित व्यक्ति जो होता है, वह एक नया संसार बसाना चाहता है। वह अपने संसार से ज़बरदस्ती धकेला गया है, वह निकलना नहीं चाहता था वहाँ से। उस संसार से उसे विस्थापित किया गया है। उसे धकेला गया है। अब वह एक नई दुनिया बसाना चाहता है। एक नई बस्ती बसाना चाहता है। तो वह प्रक्रिया एक तरह के अलगाववाद को भी जन्म देती है। शायद इसीलिए स्त्री-आंदोलन में वह एक तरह का अलगाववाद हमें शुरू में दिखाई पड़ता है। अगर हम स्त्री को विस्थापित समझने की धारणा पर क़ायम रहेंगे, तो हम बार-बार उस अलगाववाद की तरफ़ जाने के ख़तरे के शिकार हो सकते हैं। लेकिन फिर भी यह एक ऐसी स्थापना है जिस पर फिर से विचार किया जाना चाहिए।

दूसरी बात वह है जिसका ताल्लुक़ आपके द्वारा अंत में पढ़े गए तीन मुद्दों से है। उसमें आप कहती हैं कि तार्किकता की जगह सरस परातार्किकता जो बुद्धि को भाव से समृद्ध करती है, धर्मनिरपेक्षता की जगह इगेलिटेरियन अध्यात्म की भावना, और सतर्क वैयक्तीयन की जगह हँसमुख दोस्त-दृष्टि। तो इसको पढ़ कर फ्रैंकफर्ट स्कूल की उन बातों की याद आती है जो उन्होंने फ़ासिज़्म के उभार के संदर्भ में आधुनिकता की आलोचना की थी। वे यही तो कहते हैं कि आधुनिकता को जब हम परम्परा से, भाव से, मिथक से पूरी तरह से धो-पोंछ के साफ़ कर देते हैं तो उसमें से नैशनल सोशलिज़्म जैसी एक खौफ़नाक़ क़िस्म की राजनीतिक विचारधारा का जन्म होता है। इसलिए आधुनिकता क्यों हमारे लिए अनिवार्य है और उसी के साथ निष्फल होने के लिए अभिशप्त है। इस तरह से वह बात सामने आई थी।

अब मैं आता हूँ आपकी कुछ दावेदारियों पर जो आपने अपने इस लेख में की हैं। आपकी पहली दावेदारी, जो मुझे आकर्षित करती है, वह यह है कि चूँकि स्त्री यौनिक रूप से भिन्न है, चूँकि उसके शरीर के यौनिक संवेदन तत्त्व पूरे शरीर में फैले हुए हैं, इसलिए उसकी भाषा अलग होती है। चूँकि स्त्री बचपन में मातृग्रंथि से अपने आपको छुड़ाने के लिए नहीं छटपटा

रही है, और पुरुष बचपन में मातृग्रंथि से छूटने छुड़ाने के लिए छटपटा रहा है, इसलिए उसकी भाषा में तल्ख़ी आ जाती है। और स्त्री की भाषा में एक तरह की उत्फुल्लता और प्रसन्नता रहती है। मुझे यह बॉयलोजिकल इसेंशियलिज़म लगता है, क्योंकि अभी ऐसी कोई रिसर्च हुई नहीं जिसने बताया हो कि पुरुष की सेक्शुअलिटी जो है वह एक ही जगह स्थित होती है, वह पूरे शरीर में नहीं फैली होती है। यह बॉयलोजिकल इशेंन्सलिज़म का हमेशा ख़तरा रहता है कि नई रिसर्च होती रहती है और आपकी पुरानी धारणाएँ बदलती रहती हैं। नई रिसर्च कुछ दिनों में आ जाएगी, तो फिर वह सूत्रीकरण कहाँ जाएगा? और दूसरे यह कि पुरुष तल्ख़ी के लिए अभिशप्त है, और स्त्री को उत्फुल्लता और प्रसन्नता का वरदान मिला हुआ है। तो यह जो अनिवार्यता है मुझे नहीं लगता कि हम लोगों को बहुत दूर तक ले जा सकती है विचारों की दुनिया में।

अगर लड़कियाँ मातृग्रंथि से छुटकारा पाने के लिए बेचैन नहीं रहतीं, तो उनकी दूसरी समस्या होती है, वे केस्ट्रेशन कॉम्पलेक्स से पीड़ित रहती हैं। उनकी वह छटपटाहट रहती है। तो क्या उस छटपटाहट की वजह से उनके अंदर हम मानें कि तल्ख़ी आ जाएगी या उनकी भाषा में आगे चल के कोई ऐसी चीज़ पैदा होगी जो कि स्वागतयोग्य न हो।

जब मातृग्रंथि की बात आती है, तो मनोविज्ञान का जो थोड़ा बहुत सतही ज्ञान मुझे है, उसके मुताबिक़ मैं कह सकता हूँ कि अगर लड़कियाँ मातृग्रंथि से छुटकारा पाने के लिए बेचैन नहीं रहतीं, तो उनकी दूसरी समस्या होती है, वे केस्ट्रेशन कॉम्पलेक्स से पीड़ित रहती हैं। उनकी वह छटपटाहट रहती है। तो क्या उस छटपटाहट की वजह से उनके अंदर हम मानें कि तल्ख़ी आ जाएगी या उनकी भाषा में आगे चल के कोई ऐसी चीज़ पैदा होगी जो कि स्वागतयोग्य न हो।

दूसरी बात यह है कि जब आप कहती हैं कि सांस्कृतिक अधीनीकरण के कारण स्त्री की भाषा प्रतीकों और बिम्बों के ज़रिए अंडरग्राउंड हो जाने के लिए मजबूर है, तब मुझे लगता है कि आप बिम्बों और प्रतीकों को थोड़ा सा अंडरमाइन कर रही हैं भाषा में। क्योंकि बिम्बों, प्रतीकों की यह भी एक ख़ूबी होती है कि जो कुछ अंडरग्राउंड है, वे उसे बाहर निकालने का काम करते हैं। अगर स्त्री की भाषा बिम्बों और प्रतीकों का नकारात्मक इस्तेमाल कर रही है तो फिर मुझे लगता है कि इस प्रस्थापना की फिर से जाँच की जानी चाहिए।

आपने स्मृति का प्रश्न उठाया है और बताया है कि वह स्त्री की भाषा और उसके कृतित्व की, उसकी रचनाशीलता की विशेषता है। मैं समझता हूँ कि यह चीज़ तो पुरुष के ऊपर भी उतनी ही लागू होती है। क्योंकि स्मृति के रचनात्मक इस्तेमाल के बिना पुरुष तो क्या, किसी क़िस्म का, कोई भी साहित्य, उसकी रचनाशीलता संभव नहीं है।

अब हम लोग हिंदी की दुनिया की बात करें। मैंने पिछले दिनों मन्नू भंडारी की आत्मकथा पढ़ी, और उनकी कुछ रचनाएँ पढ़ीं। उसके बाद मैत्रेयी पुष्पा को मैंने पढ़ा, और उन दोनों के

ऊपर लिखा भी। लम्बे-लम्बे लेख लिखे, उन लेखों के ऊपर चर्चा भी हुई। प्रभा खेतान को भी मैंने पढ़ा। मैंने बहुत सारी बातें इनकी रचनाओं में से खोज निकालीं। बहुत लोगों ने यह भी कहा कि भाई, आपने ऐसी-ऐसी बातें खोज निकाली हैं, जो लगता है कि उन लोगों को भी पता नहीं होंगी। तो मैंने कहा कि यह तो बात छोड़ दीजिए। क्योंकि मेरे टूल्स जो हैं वे समाज-विज्ञान के हैं। बहुत ही प्रतिष्ठित लेखिकाएँ हैं मन्नू भंडारी, मैत्रेयी पुष्पा और प्रभा खेतान हिंदी साहित्य की। लेकिन मुझे पढ़ते हुए हमेशा लगा कि मैं महान साहित्य नहीं पढ़ रहा हूँ। एक ऐसा साहित्य नहीं पढ़ रहा हूँ कि जो मुझे बेचैन कर रहा हो। मुझे उनकी भाषा में कोई भी ऐसा नया मुहावरा नहीं दिखा जो कि पुरुषों की भाषा में नहीं दिखाई पड़ता है। मुझे तो उसके अंदर कई चीज़ें बहुत ही सपाट लगीं। हाँ, मैं उनकी विषयवस्तु से बहुत प्रभावित हुआ। लेकिन जहाँ तक भाषा का सवाल है, रूप का सवाल है, शिल्प का सवाल है, उस धरातल पर मुझे उन रचनाओं के अंदर ऐसी कोई विशेष बात नहीं दिखाई दी कि जो पुरुष न लिखता हो और स्त्री होने के कारण उसके अंदर कोई नई बात पैदा हो गई हो। इसके उलट जब मैं दलित-साहित्य पढ़ता हूँ, दलित-साहित्य के ऊपर यह आरोप लगाया जाता है कि भाई रूप और शिल्प के मामले में वह कमज़ोर है, दलित-साहित्यकारों के लेखन में मैं बहुत से मुहावरे, बहुत सी युक्तियाँ देखता हूँ, जो कि ग़ैर दलित-साहित्यकारों में नहीं मिलते। जैसे एक दलित कहानी का मुझे शीर्षक याद नहीं आ रहा है, पर उसके अंदर जब प्रेमी अपनी प्रेमिका के गोरे होने का वर्णन करता है तो वह कहता है कि उसकी त्वचा बाघ की जीभ की तरह गोरी थी। तो बहुत चौंकाने वाला शिल्प है यहाँ पर।

लेखिकाओं में मुझे सिर्फ़ कृष्णा सोबती इस मामले में अपवाद लगती हैं जिन्होंने सायास कोशिश करके एक नई भाषा गढ़ने और पुरुष लेखकों से भिन्न होने की कोशिश की है। वरना जो प्रतिष्ठित लेखिकाएँ हैं वे कितनी भी लोकप्रिय हों, कितना भी उनको हाथों-हाथ लिया गया हो, और कितनी भी उनकी किताबें बिकी हों, लेकिन मुझे शिल्प के स्तर पर वहाँ कहीं भी नई ज़मीन तोड़ते हुए नहीं दिखतीं। लेकिन एक ऐसा प्रश्न है जहाँ पर मेरी इस बात का खंडन होता है। जब मैं मैत्रेयी पुष्पा को पढ़ता हूँ तो मुझे लगता है कि उनके नेरेटिव में जब यौन प्रसंग आते हैं, वहाँ पर मैत्रेयी पुष्पा की भाषा में, शिल्प में, उसकी जो कथावस्तु है, उस यौन प्रसंग में जो पॉवर डिस्कोर्स है जो सत्ता का समीकरण है, पुरुष की यौनिकता और स्त्री की यौनिकता की सत्ता का जो समीकरण है, मैत्रेयी पुष्पा अपने कथ्य में उस चीज़ को उलट देती हैं। चाहे वे अपनी कल्पनाओं से उपजी नायिका के संदर्भ में यह काम कर रही हों या ख़ुद अपने जीवन के संदर्भ में यह काम कर रही हों। उन्होंने अपनी माँ के जीवन के ऊपर, जिसमें वे ख़ुद किशोरवय या युवावस्था में मौजूद हैं, *कस्तूरी कुंडल बसै* में जब उसका वर्णन करती हैं, तो अपने जब प्रेम-प्रसंगों का और अपनी जब यौन पहलक़दमियों का वर्णन करती हैं, उस वक़्त, चाहे वह *अल्मा कबूतरी* में हो, जिस तरह का वर्णन करती हैं तब लगता है। तब मुझे केट मिलेट की याद आती है जिसमें उन्होंने हेनरी मिलर और ज्याँ जेने की रचनाओं में जब यौनिक सत्ता और शिश्न सत्ता की आलोचना पेश की है। मुझे लगता है कि मैत्रेयी पुष्पा

जैसी लेखिकाएँ उस काम को कर पाने में कामयाब रही हैं। शायद इसलिए कामयाब रही होंगी शायद वे अपनी मानसिक दुनिया में कहीं न कहीं देह के प्रति सहज होंगी। और देह के प्रति यह सहजता हिंदी में जब अभिव्यक्त की जाती है तो वहाँ पर मुझे बहुत ही अनुपलब्ध लगती है। देह के प्रति हिंदी की कवयित्रियाँ और हिंदी का साहित्य, कहीं भी मुझे सहज नहीं लगता और वह असहजता ही है कि जब परिवार के बारे में बात होती है तो देह का प्रश्न अजीब तरीक़े से अंडरग्राउंड कर दिया जाता है, कोने में धकेल दिया जाता है। और उसके ऊपर कभी चर्चा नहीं की जाती।

जब अपने पार्टनरों, प्रेमियों और पतियों को स्त्रियों ने सार्वजनिक रूप से कठघरे में खड़ा करना शुरू किया और उनकी हरकतों की थोड़ी छिलाई हुई, ... तो फिर उसके उस सवाल पर हिंदी जगत में बहुत बेचैनी फैली, यहाँ तक कि हिंदी जगत में सक्रिय स्त्रियाँ, जो अपने आपको नारीवादी कहती हैं, उन्होंने उस छिलाई को सकारात्मक रूप से नहीं लिया। और वह उन स्त्रियों के पक्ष में नहीं खड़ी हो पाईं जिन्होंने अपने पति और पार्टनरों की आलोचना की।

और, यही कारण है कि जब हिंदी में आत्मकथाएँ लिखनी शुरू हुईं, जब अपने पार्टनरों, प्रेमियों और पतियों को स्त्रियों ने सार्वजनिक रूप से कठघरे में खड़ा करना शुरू किया और उनकी हरकतों की थोड़ी छिलाई हुई, चाहे मन्नू भंडारी ने राजेंद्र यादव की छिलाई की हो या मान लीजिए मल्लिका अमर शेख ने नामदेव ढसाल की छिलाई की हो या कुछ और स्त्रियों ने जिन्होंने आत्मकथा नहीं लिखी सिर्फ़ एक लेख ही लिखा, आलोक धन्वा की पत्नी ने आलोक धन्वा की छिलाई की हो, तो फिर उसके उस सवाल पर हिंदी जगत में बहुत बेचैनी फैली, यहाँ तक कि हिंदी जगत में सक्रिय स्त्रियाँ, जो अपने आपको नारीवादी कहती हैं, उन्होंने उस छिलाई को सकारात्मक रूप से नहीं लिया। और वह उन स्त्रियों के पक्ष में नहीं खड़ी हो पाईं जिन्होंने अपने पति और पार्टनरों की आलोचना की।

सुधीर : देखिए मैं एक बात आपसे कह दूँ, क्योंकि बहुत ही महत्त्वपूर्ण हस्तक्षेप अभी हुआ है। तो, अगर किसी को इसी से संबंधित कोई टिप्पणी करनी हो, कोई प्रश्न पूछना हो तो अभी पूछें, वरना अनामिका को जो कहना है, कह दें।

वाल्मीकि : मेरा एक संक्षिप्त सवाल है। जहाँ अभयजी ने ख़त्म की बात मैं वहीं से शुरू कर रहा हूँ कि आपने महादेवी वर्मा का बहुत ही गहन अनुभूति और बहुत ही रोमांटिसिज़म के साथ वर्णन किया है उनकी कविताओं और उनके साहित्य का। मेरा यह प्रश्न है कि आज का जो नारी मुक्ति आंदोलन है उसमें महादेवी वर्मा कितनी प्रासंगिक हैं और कितनी नहीं हैं? यह मैं आपसे जानना चाहता हूँ। दूसरा सवाल इसी के साथ है कि महादेवी वर्मा में जो अंतर्निहित पीड़ा और वेदना है, उसका उद्‌गम स्रोत क्या है? और उस पर महादेवी वर्मा कितनी मुखर हैं और कितनी नहीं हैं?

विमल : बहनापे की भाषा की बात आपने कही है कि स्त्रियों के बीच में आपसी संबंध जो है, वह बहनापे की भाषा का है। और आपस के सुख-दुख भी वह बाँट लेती हैं, उसी के ज़रिए। उनकी भाषा में कहीं फुलस्टॉप नहीं होता है। लेकिन, जब नारी मुक्ति आंदोलन में यह बार-बार सवाल उठाया गया कि जो सीमांत की महिलाएँ हैं जो सीमांत में रहने के लिए मजबूर हैं, उनके प्रश्नों को भीतर लाएँ और एक विस्तार दे करके बहुत बड़े फलक पर यह आंदोलन अपना काम करे, जिससे कि हर क्षेत्र की हर तरह से वंचित स्त्री की बात वहाँ कही जाए और उसे भी न्याय मिलने का एक मौक़ा मिले। जैसे ही दलित महिला आंदोलन का आगाज़ हुआ तो यह कहा गया कि बहनापा टूट रहा है। फिर दूसरा कि आप अपना चूल्हा अलग बना रही हैं। अब यह दोनों ही शब्दावलियाँ स्त्री की शब्दावली से आ रही हैं। लेकिन दोनों में कहीं पर भी संवाद नहीं है। संवादहीनता यहाँ पर नज़र आ रही है और उससे जो यह सवाल कर रही है जो शामिल होना चाहती है उस पूरे धड़े में वहाँ पर पूरा एक गैप हो जाता है। आपने जो कहा है कि स्त्री की भाषा में एक अपनापन एक-दूसरे के साथ जुड़ने में एक बहुत बड़ा संवाद होता है, और भाषा उसी तरह से होती है, क्योंकि वह एक-दूसरे की समस्याओं को, दुख को और सब समझ सकती है।

जैसे ही दलित महिला आंदोलन का आगाज़ हुआ तो यह कहा गया कि ... आप अपना चूल्हा अलग बना रही हैं। अब यह दोनों ही शब्दावलियाँ स्त्री की शब्दावली से आ रही हैं। लेकिन दोनों में कहीं पर भी संवाद नहीं है। ... आपने जो कहा है कि स्त्री की भाषा में एक अपनापन एक-दूसरे के साथ जुड़ने में एक बहुत बड़ा संवाद होता है, और भाषा उसी तरह से होती है, क्योंकि वह एक-दूसरे की समस्याओं को, दुख को और सब समझ सकती है।

एक थोड़ा सा क्रूर अनुभव बता रही हूँ मैं कि जब खैरलांजी की घटना हुई। खैरलांजी में दलित महिलाओं के साथ बहुत ही क्रूरता का व्यवहार हुआ। तब गाँव की महिलाओं ने, जो सवर्ण महिलाएँ हैं उन्होंने वही गालियाँ, वही कंडेमनेशन, सुरेखा और उनकी बेटी प्रियंका के साथ उसी शब्दावली का इस्तेमाल किया जो पुरुष करते हैं। वही व्यवहार किया जो पितृसत्ता का था। और वही भावनाएँ और उसी तरह का एक माहौल, उसी तरह का उनका व्यवहार दिखाई दिया चालीस दिन तक। चालीस दिन के बाद जब पुलिस ने पहली बार अत्याचारियों को पकड़ा, तो सबसे बड़ा विरोध उनकी महिलाओं ने किया कि हमारे घर के पुरुषों को आप बिना कारण पकड़कर ले जा रहे हैं। और उन्होंने वहाँ पर कड़ी बनाकर पुलिस को रोकने की कोशिश की। अब यहाँ पर गाँव की दो महिलाएँ हैं और एक युवा है और एक अधेड़। अब उनके साथ उनका क्या संबंध रहा है। भाषा के स्तर पर, व्यवहार के स्तर पर। और तमाम जितने भी गाँव में संबंध हो सकते हैं सामाजिक, सांस्कृतिक और आर्थिक संबंध। तो अब यहाँ पर जाति का क्या रोल हो सकता है। वर्ण व्यवस्था ने पूरी व्यवस्था को बाँट कर, जातियों को बाँट कर और महिलाओं को भी आपस में बाँट कर किस तरह की भाषा का व्यवहार किया है ? और यह क्यों होता है ?

शीबा : बहुत ख़ूबसूरत पर्चे में जो चीज़ें उभर कर आईं, उन पर एतराज़ नहीं है, लेकिन जो चीज़ मिस हो रही है, उस पर ध्यान दिलाना चाहती हूँ कि जो पूरी रियक्शनरी राइटिंग है औरतों की, पुरुषवादी व्यवस्था के ख़िलाफ़, वह तो पूरी उभर रही है, लेकिन एक जो तबक़ा है जो बिल्कुल अपने कबीले की मेंबरशिप के साथ हमाहंग है, वह कोआप्टिड मेंबरशिप है। उस बारे में क़ुर्रतुल-ऐन- हैदर की बहुत अज़ीम राइटिंग हो, या साउथ इंडिया में दलित औरतों के ब्लाउज़ पहनने पर एतराज़ करने वाली उच्च वर्ग की औरतों का एतराज़ हो, या गुजरात जीनोसाइड में उनका फुल पार्टीशिपेशन था, तो उसको कहीं नहीं उभारा गया है। तो वह मुझको समझ में नहीं आया कि यह जो कबीले की मेंबरशिप है, जो हर चीज़ के ऊपर आ जाती है वह कहाँ है इस पर्चे में?

अनामिका : देखिए, पितृसत्ता के आभ्यंतरीकरण की समस्याएँ तो रही हैं। पितृसत्ता की एजेंट स्त्रियाँ बनती रही हैं। जो कमज़ोर होगा, वह बन जाएगा। कंज्युगल बांड और फिलयल बांड में जब तनातनी होती है, तो क्या होता है बीच के व्यक्ति के साथ? क्यों ऐसा होता है कि जो स्त्रियाँ किसी तरह से कमज़ोर हो रही हैं, उम्र जिनकी बढ़ रही है, या किसी तरह की असुरक्षा है, जिनको लग रहा है कि यौवन और सौंदर्य जो उसके जीवन के केंद्रीय सत्य थे, हाथ से फिसल रहे हैं, तो वह क्यों सास के रूप में पितृसत्ता की एजेंट बन जाती हैं? आख़िर उसकी भी मनो-सामाजिक समस्याएँ हैं।

एक अभी किताब आई है शीबा, काली फॉर वुमॅन से, जिसमें अध्ययन किया गया है कि गुजरात वाली हिंसा में कौन सी स्त्रियाँ भागीदार हुईं। मेरे लिए भी यह बहुत चौंकाने वाला था कि जो स्त्रियाँ शांति-सेनानी कही जाती हैं, वे कैसे कोआप्ट हो गईं। किताब में स्टडी की गई है उन स्त्रियों की जो इस तरह से हिंसक पितृसत्ता की एजेंट बनीं। उसमें कहा गया है कि हत्याएँ तो उन्होंने नहीं कीं, लेकिन बहुत तरह के उत्पात मचाए। और, यह बताया गया है कि कैसे उन लोगों की कमज़ोरी का फ़ायदा उठाया गया। ज़ैसे बुजुर्ग होती हुई स्त्री की अपनी मानसिक असुरक्षाओं का फ़ायदा उठाते हुए पितृसत्ता उससे अपनी तरह के छल-छद्म करवा देती है नई बहू, नई लड़की के साथ। इसी तर्ज़ पर झुग्गी-झोंपड़ियों में जाकर, पूरी तैयारी के साथ उनसे कहा गया कि तुम तो उद्‌बोधन-शक्ति हो हमारी, भारत की अस्मिता पर जो ख़तरा आ रहा है उससे निबटने में तुम बहुत सहायक होगी। और इस तरह से उनको लेजिम और जूडो-कराटे की ट्रेनिंग दी गई। कैसे उसके पीछे लगातार तैयारियाँ चलीं, कैसे पितृसत्ता ने उन्हें कोआप्ट किया, इस पहलू का वह अध्ययन बहुत अच्छी तरह शिनाख्त करता है। एक स्त्री-चरित्र का ज़िक्र था। कौन थीं वे मैं भूल रही हूँ। वे कैसे एक तरह का फीमेल गुंडा बनके वहाँ राज करती थीं। लेकिन उसके बाद उन्हें कैसे ममता उमड़ती थी, और कैसे एक रिक्शावाले को, जिसे मार लगी थी जिसे ख़ुद ही उसके लोग जला कर आए थे, उसे फिर घर लाकर उन्होंने कैसे राहत दी।

मैं बहुत ज़्यादा मातृग्रंथि को ग्लोरीफ़ाई नहीं करना चाहती। लेकिन अभयजी, यह जो स्थापनाएँ हैं नैंसी शोदरो और इरिगेरी की स्थापनाएँ हैं, जो वैज्ञानिक शोधों के आधार पर हैं। अब पैराडाइम शिफ़्ट हो जाए, या बदल जाए तो अलग बात है। सीमोन दि बुइवार कहती थीं कि स्त्री पूरी की पूरी सोशल कंस्ट्रक्ट ही है। लेकिन ये स्थापनाएँ कहती हैं कि ऐसा नहीं है। अतिरिक्त रूप से उग्र बनाने वाला वाई-फैक्टर स्त्री में नहीं होता। वे यह नहीं कहतीं कि पुरुष की उग्रता से पार नहीं पाया जा सकता, लेकिन कुछ ऐसा होता है जो स्त्रियों में ममता का उद्वेलन करता है और उन्हें एक मातृ-लैंस से युद्ध और दंगे की समस्याएँ देखने पर विवश करता है। और अगर कभी उससे किसी तरह के प्रशिक्षण या किसी तरह के दबाव में हिंसा कराई जाती है, जैसे दलित महिलाओं का संदर्भ है, उन्होंने भी पितृसत्ता की भाषा सीखी, उन्होंने भी अपने बाप-भाइयों की भाषा सीखी, लेकिन जब आप दोबारा से जाएँगी तो मुझे लगता है कि वे रिसेप्टिव ज़्यादा होंगी। साम, दाम, दंड, भेद : चार नीतियाँ होती हैं न किसी को भी अपना बनाने की। तो साम, दाम तो शुरू में बहुत तरह के प्रेशर से गुज़रता है, लेकिन भेद के पहले या दंड से पहले साम, दाम आजमा लेना चाहिए।

अतिरिक्त रूप से उग्र बनाने वाला वाई-फैक्टर स्त्री में नहीं होता। ... कुछ ऐसा होता है जो स्त्रियों में ममता का उद्वेलन करता है और उन्हें एक मातृ-लैंस से युद्ध और दंगे की समस्याएँ देखने पर विवश करता है। और अगर कभी उससे किसी तरह के प्रशिक्षण या किसी तरह के दबाव में हिंसा कराई जाती है, जैसे दलित महिलाओं का संदर्भ है, उन्होंने भी पितृसत्ता की भाषा सीखी, उन्होंने भी अपने बाप-भाइयों की भाषा सीखी, लेकिन जब आप दोबारा से जाएँगी तो मुझे लगता है कि वे रिसेप्टिव ज़्यादा होंगी।

तो मुझे लगता है कि सेकिंड डायलॉग जो होता है स्त्रियों से, वहाँ ज़्यादा संभावना होती है। मुझे लगता है कि स्त्रीवाद जो है वह एक साँझा चूल्हा है। जैसे एक स्त्री को शिक्षित करना मतलब पूरे समाज को, पूरे परिवार को शिक्षित करना होता है, उसी तरह एक स्त्री की मुक्ति का अर्थ है कि सारे बेरोजगार, दलित, अल्पसंख्यक जितने भी दुनिया के दुखी लोग हैं वे स्त्रीवाद के आँचल की छाया में एक नए तरह के लोकतंत्र का सृजन करेंगे। ऐसा मुझे इसलिए भी लगता है कि मैंने बहुत अंतरंग ढंग से उनकी रचनाएँ पढ़ी हैं। पहले झटके के बाद जब दूसरा डायलॉग मैंने किया है, क्योंकि पुनर्मूल्यांकन में, आत्मवीक्षण में हमेशा पहले झटके के बाद दूसरा जो राउंड ऑफ़ डायलॉग होता है, उसमें ज़्यादा मुलायमियत समझ में आती है। जैसे एक पेड़ लगाने पर तुरंत जलवायु नहीं बदल जाती, लेकिन इसका मतलब यह नहीं है कि हम पेड़ लगाना छोड़ दें। पेड़ लगाने का कोई ड्रैमेटिक प्रभाव नहीं होता, लेकिन यह तय है कि पेड़ लगाएँगे तो कभी न कभी शहर की जलवायु बदलेगी। स्त्री-संवाद ही वह पेड़ है और आप प्रजातंत्र में करेंगे क्या? एक हिटलरबाजी का जवाब दूसरी हिटलरबाजी से तो दे नहीं सकते। तो डायलॉग ही एक मीडियम है, और भाषा ही डायलॉग का कारण है। एक एटेम्प्ट गया, दो एटेम्प्ट गए। राजा किंग ब्रूस की तरह सात एटेम्प्ट लीजिए, फिर भी नहीं होता,

आख़िर आप एंडलेसली और कर ही क्या सकती हैं!

और, वह प्रश्न पूछने की भाषा इसमें मदद करती है। आख़िर जैसे मैंने कहा कि कोई ऐसा नहीं होता, जिसमें कुछ न कुछ प्यार करने लायक न हो। कांस्टेंट डायलॉग करने से वह प्यार करने वाला तत्त्व उभर जाता है। मैं किसी तरह के इसेंशियलिज़म या पूर्वग्रह के पक्ष में नहीं हूँ। स्त्रीवाद जो है वह किसी भी तरह के पूर्वग्रह का निषेध करता है। वह मानकर चलता है कि कोई भी लड़ाई लड़ी ही इसलिए जाती है कि सामने वाले की नैतिक संरचना में आपको आस्था है। अगर कोई कह रहा है दुख के चलते कि यहाँ बहुत हिंसा है, तो वह इसेंशियलिज़्म के चलते नहीं कह रहा है, और यह वह मान के चल रहा है कि इसमें विकास की संभावनाएँ हैं। नहीं तो वह कभी भी हम पेड़ से नहीं कहते, चिड़िया से नहीं कहते। पर चिड़िया से कहते हुए भी हम लकड़ी से नहीं कहते, टेबिल से नहीं कहते। अगर हमें कुछ कहना होता है तो हम प्रतिपक्षों से कहते हैं। क्योंकि उसके नैतिक विकास में हमारी आस्था अभी बाक़ी है।

और, यौन-तंत्रियों की जहाँ तक पूरे शरीर में फैलाव की जो स्थापना है, वह इरिगेरी की बहुत सारे शोधों के बाद की स्थापना है। मैंने इसलिए इन चीज़ों की स्थापना और शोदरो की बात नए सिरे से यहाँ उठाई नहीं कि यह आयातित स्थापनाएँ हैं, लेकिन हैं। कम से कम यह हमें बाख़बर तो करती हैं, और ये स्थापनाएँ ढह जाएँगी तो नए सिरे से नई स्थापनाएँ, नए संवादों को हमारे सामने प्रस्तुत करेंगी। लेकिन फिलहाल जो पैराडाइम हमारे पास है, हम उसके आधार ही पर अपने निष्कर्ष निकाल सकते हैं। और जूलिया क्रिस्तेवा की मैं तीसरी स्थापना बता दूँ। वे कहती हैं कि पुरुष-भाषा और स्त्री-भाषा जैसी कोई चीज़ नहीं होनी चाहिए। दोनों के बीच वे कहती हैं कि पेंडुलम की तरह डोलना चाहिए। उनकी भाषा की स्थापना है कि दूध पिलाने और छुड़ाने की लय, लाइट जलने और बुझने की लय ... नए तरह के स्पंदन पैदा करती है। उससे भी स्त्री की भाषा प्रभावित होती है।

बहुत ज़्यादा हम इसमें न भी उतरें, लेकिन जहाँ तक भाषा की स्थापनाओं का सवाल है, संवाद की संभावनाएँ हमेशा, वे भी कहती हैं, कि होनी चाहिए। स्त्री अपने संवेदन को, अपने सबकांशस को लिखने दे, अपनी तरह से बोलने दे, तो उससे होगा यह कि एक रॉ एरिया आएगा। रॉ एनर्जीज़ का एरिया आएगा, जहाँ तुमुल कोलाहल कलह में हृदय की बात संभव हो पाएगी। जहाँ तक महादेवी वर्मा की बात है, घरे-बाहिरे का जो द्वैत है, जिसको पार्थ चटर्जी कहते हैं कि ड्राइंग रूम प्रजेंस जो था स्त्रियों का, जिसके बारे में कहा जाता है कि इतना पढ़-लिख जाए कि पोर्शिया और सावित्री का मणिकांचन संयोग हो जाए स्त्री। महादेवी वर्मा उस युग में यौनिकता नैतिकता की नई भाषा गढ़ती हैं। और, जो *सेकंड सेक्स* नाम का ग्रंथ है, उससे पहले की रचना है *शृंखला की कड़ियाँ* । और उसमें वह द्वैत, जिनकी हम कल से चर्चा कर रहे हैं, वह पूरी तरह से फुलब्लॉन है। तो टेक ऑफ़ पॉइंट के रूप में मैं जो बात कह रही थी वह परंपरा से संवाद करने की बात कह रही थी। सूप और डगरा जो होता है, वह फटकने की चीज़ें होती हैं, वह हमारा बेसिक यंत्र है, हमारे भाषा के औजार भी वही हैं, जो हमारे चौके के औजार हैं। तो हम परम्परा को फटकने की बात कह रहे हैं, और हम कह रहे हैं कि

जो उसमें ग्रहण करने वाली चीज़ होगी, वह तो हम लेंगे ही ना। सर्वोच्छेदन में स्त्री-भाषा की आस्था नहीं है। सर्वोच्छेदन से क्या होगा? फिर वही सारा डैज़र्ट उठ खड़ा होगा। फिर वही होगा बिना परम्परा के रह जाएँगे। फिर इथ्निक कांशसनेस का कोई मतलब नहीं रह जाएगा। फिर एक ही तरह की पीत्ज़ा और बरगर खाती हुई, जींस पहनकर एक ही भाषा बोलती हुई भाषा-संस्कृति सामने आएगी। फिर जो इतने फूल खिले हैं जो इतनी तरह के फूल हैं, अपनी तरह की जो सलाद बॉल पालिसी है उसका क्या होगा, अगर हम अपनी परम्परा से संवाद नहीं करेंगे। एक ही रंग में रँगते चले जाएँगे। प्रेम के रंग में तो, एक रंग में रँगना, अच्छा है। बाक़ी तो किसी तरह से एक रंग में रँगना अच्छा नहीं है। मतलब जीवन में तो हर तरह के रंग घोलें तो यही अच्छा है। परम्परा में जो श्रेय देने लायक चीज़ें हैं, उसको तो हम करें। और जो ध्वस्त करने लायक चीज़ें हैं, जैसे समता का जो नोशन है, उसको तो हम ऊपर रखेंगे ही। लेकिन विभिन्नता के साथ भी समता हो सकती है। आप अपने रंग में रहिए, लेकिन फिर भी बराबर रहिए।

महादेवी वर्मा को मैं इसलिए महत्त्व देती हूँ। उनका जो विद्रोह था, मैं नहीं समझती कि वह किसी तरह के वैयक्तिक वियोग में कीलित था। मैं तो उनके वियोग को एक तरह की पोटली मानती हूँ, ठकुरी बाबा की पोटली। मुझे तो यह लगता है कि जीवन में जहाँ भी शून्य था, किसी तरह का एब्सेंस हो, वैचारिक या कुछ और, वे जो यूटोपिया बनाना चाहती थीं, जिस तरह का वे समाज चाहती थीं, उसका वियोग उनको हो रहा था। उन्होंने व्यक्तिगत जीवन अपने ढंग से जिया। लेकिन जो अपना एक यूटोपिया जैसा समाज गढ़ा, बंधु-परिवार गढ़ा, वह क्रिटीक था उस समाज का, जो समाज नहीं था तो जहाँ-जहाँ अनुपस्थिति है, यानी जहाँ अन्याय है— उसका प्रतिकार है वैकल्पिक ढंग का जहाँ रिश्तेदारियाँ रक्त या यौन संबंधों की मोहताज़ नहीं।

महादेवी वर्मा को मैं इसलिए महत्त्व देती हूँ। प्रयाण-बिंदु उनको इसी तरह से मानती हूँ, क्योंकि उनका जो विद्रोह था, मैं नहीं समझती कि वह किसी तरह के वैयक्तिक वियोग में कीलित था। मैं तो उनके वियोग को एक तरह की पोटली मानती हूँ, ठकुरी बाबा की पोटली। मुझे तो यह लगता है कि जीवन में जहाँ भी शून्य था, किसी तरह का एब्सेंस हो, वैचारिक या कुछ और, वे जो यूटोपिया बनाना चाहती थीं, जिस तरह का वे समाज चाहती थीं, उसका वियोग उनको हो रहा था। उन्होंने व्यक्तिगत जीवन अपने ढंग से जिया। लेकिन जो अपना एक यूटोपिया जैसा समाज गढ़ा, बंधु-परिवार गढ़ा, वह क्रिटीक था उस समाज का, जो समाज नहीं था तो जहाँ-जहाँ अनुपस्थिति है, यानी जहाँ अन्याय है— उसका प्रतिकार है वैकल्पिक ढंग का जहाँ रिश्तेदारियाँ रक्त या यौन संबंधों की मोहताज़ नहीं। उनके यहाँ जो फ़ेमिली ऑफ़ फ्रेंड्स में हैं वहाँ जो स्त्रियाँ आती हैं वह अलग-अलग वर्गों, अलग-अलग जातियों की हैं, और सबसे वह कैसे डायलॉग क़ायम करती हैं, तो वह एक यूटोपिया है उनका और वह वियोग, किसी पर्सनल वियोग को निवेदित वियोग नहीं है। वह एक पोलिथिन है। वह एक तरह का झोला है जिसमें दुनिया में जितनी भी तरह की परतंत्रताएँ हैं, सब टँगी हुई हैं। जितनी

भी तरह के अन्याय हैं सब टँगे हुए हैं। आदर्श का वियोग है वह। मुझे ऐसा लगता है कि महादेवी वर्मा का वियोग एक आदर्श का वियोग है जिसको वह लगातार ही टेरती रहती हैं। फॉर्म्स ऑफ़ एब्सेंस की तरह से हम उसको ग्रहण कर सकते हैं।

सुधीर : देखिए, दस मिनट और हैं। डेढ़ घंटे से ज़्यादा अगर एक प्रस्तुति को दिया तो दूसरी प्रस्तुति के साथ अन्याय होगा। और छह बजे तक बैठने को, या सात बजे तक बैठने को हम भी नहीं तैयार होंगे। दस-दस मिनट पर हमने शुरू किया था। तो ग्यारह मिनट और हैं। तो अब आप से कृपापूर्वक निवेदन है कि दो लोग अभी बोलने को बाक़ी हैं। उनके अलावा अब पहली बार यह कहना पड़ रहा है कि मेहरबानी करें। बहुत संक्षेप में अपनी बात कहें। प्रश्न पूछना हो तो वह बाद में पूछ लें। टिप्पणी संक्षेप में करें। सविता।

सविता : मैं तो बहुत ही संक्षेप में कहूँगी। जो सवाल की लिस्ट को मैंने विस्थापित कर दिया। मुझे, अनामिका ने जो जवाब दिए, वे पर्चे से बेहतर लगे। इसमें ज़्यादा स्पष्टता है, इसमें आर्ग्यूमेंट का प्रोपर आर्टिकुलेशन है। जो पर्चा था वह बिखरा-बिखरा सा था और वह कांशस था, यह मैं नहीं जानती। क्योंकि वह भी एक थीम है, थीमेटिक स्ट्रक्चर वह भी बनाता है।

मुझे दो-तीन छोटी-छोटी बातें कहनी हैं। जहाँ-जहाँ मुझे डाउट हुआ अनामिका की स्थापनाओं को लेकर। एक तो जो प्रजेंटिड पेपर है, उसमें इतनी सारी डायकॉटमीज़ का इस्तेमाल किया गया है कि आप यह सोचने लगते हैं कि यह अब इसका आगे क्या होने वाला है। अगर आर्ग्यूमेंट्स को बिल्ड करने के लिए डायकॉटमीज़ हैं, एक स्ट्रेटजी है तब तो ठीक है। लेकिन अगर वे इसेंशियल कैटेगरीज़ हैं सोच की, तो उनके बारे में फिर से सोचना पड़ेगा। क्योंकि नारीवादी एप्रोच, नारीवादी चिंतन इन डायकॉटमीज़ के बारे में बहुत ही सीरियस और कांशस है। *(**सुधीर :** यह तो तोड़ने के लिए प्रपोज़ कर रही हैं डायकॉटमीज़ को। यह नहीं मानती हैं डायकॉटमीज़ को।)* नहीं, हम यह नहीं कह सकते कि पूरा पेपर डायकॉमिटीज़ से भरा पड़ा है। और, मेरा ख़याल है कि एक नारीवादी भाषा, रिटिन भाषा के बारे में जहाँ तक मैं जानती हूँ कि लूसिडिटी उसका प्राण है। और लूसिडिटी की, जिस तरलता की बात यह कर रही थीं, वही एलिमेंट उसमें काम कर रहा होता है। ज़्यादा डायकॉटमीज़ उसको ऊबड़-खाबड़

मुझे नहीं लगता कि जो जेपी आंदोलन हुआ बिहार में उसने स्त्रियों के जीवन में कोई ऐसा वर्ल्ड क्रियेट किया, जिससे एक नई भाषा का जन्म हुआ। अगर कोई साधारणतः यह बात करता होता तो मैं उसको बिल्कुल प्रिपोस्चरस कहती। क्योंकि, स्त्रियों के जीवन में, जिन चीज़ों ने उनके यहाँ परिवर्तन किया, वे पूरी तरह से अलग हैं। मुझे ऐसा लगता है। वे दूसरे मूवमेंट्स हैं, जो उनके द्वारा चलाए गए हैं, या जो बहुत ही ज़्यादा ओप्रेसिव स्थितियाँ हैं उन्हें पार करने के लिए जब उन्होंने क़दम उठाए हैं तो उस प्रक्रिया में वे सब चीज़ें आई हैं। भाषा ऐसी चीज़ नहीं है जो इतनी आसानी से बदल जाए।

बनाते हैं और उससे थोड़ी प्राब्लम होती है। दूसरी चीज़ कि यह जो अनामिका ने समय का क्रम रखा है हिंदी भाषा को लेकर, उसमें मुझे नहीं लगता कि जो जेपी आंदोलन हुआ बिहार में उसने स्त्रियों के जीवन में कोई ऐसा वर्ल्ड क्रियेट किया, जिससे एक नई भाषा का जन्म हुआ। अगर कोई साधारणत: यह बात करता होता तो मैं उसको बिल्कुल प्रिपोस्चरस कहती। क्योंकि, स्त्रियों के जीवन में, जिन चीज़ों ने उनके यहाँ परिवर्तन किया, वे पूरी तरह से अलग हैं। मुझे ऐसा लगता है। वे दूसरे मूवमेंट्स हैं, जो उनके द्वारा चलाए गए हैं, या जो बहुत ही ज़्यादा ओप्रेसिव स्थितियाँ हैं उन्हें पार करने के लिए जब उन्होंने क़दम उठाए हैं तो उस प्रक्रिया में वे सब चीज़ें आई हैं। भाषा ऐसी चीज़ नहीं है जो इतनी आसानी से बदल जाए। भाषा एक सबसे गहरी संरचना है, या उसके बिम्ब या साइन हैं उसके अंदर वे इतने एपेरेंट नहीं हैं कि आप उनको फिर से गढ़ लें। इसलिए मुझे यह डाउट, इसके बारे में।

और तीसरी चीज़। डायलॉग, ह्यूमर, या हास्य या क्या इस्तेमाल किया है एक अच्छा सा हिंदी का शब्द। *हँसमुख।* हाँ, हँसमुख। अगर जनरली भाषा, जिसको पुरुष और स्त्री के बीच में बोलने वाली भाषा का अंतर न करें, तो जैसे विटगेंस्टाइन, जैसे गैडमर, इन लोगों ने जिस तरह से भाषा के सोच-विचार को, भाषा के रूप को सामने रखा, उसमें डायलॉग बहुत अहम चीज़ है। विटगेंस्टाइन ने तो भाषा के बारे में पूरा सोच ही बदल दिया। उन्होंने कहा कि भाषा कोई अलग से ऐसी चीज़ नहीं है, वह आपका जीवन ही है। वह लाइफ़ फ़ॉर्म है। उसी चीज़ को बाद में गैडमर कह रहे हैं ज़्यादा ओंटोलॅजीकल रूप में : लैंग्वेज़ इज़ बीइंग। तो बहुत ही मेडिकेटिड ढंग से वहाँ पर भी चिंतन किया गया है। जहाँ तक इरिगरे और सिसू का पता नहीं तुमने क्यों ज़िक्र नहीं किया ... *(**अनामिका :** इरिगरे का मैंने पर्चे में किया है। लेकिन अब मैं तो ...)।* एनी वे लीव इट। तो मेरा यह कहना है कि स्त्री की भाषा द्वंद्वात्मकता के पार जाने की कोशिश है, अनौपचारिक संवाद की पहल है यह। बस इतना ही कहना है।

सुधीर : अब एक और सवाल। यह अंतिम होगा।

प्रमोद रंजन : अनामिकाजी ने कई दौरों की भाषा का ज़िक्र किया है। आज़ादी के पहले की भाषा, सत्तर के बाद की भाषा, संयोग से या दुर्भाग्य से इसमें दलितों की भाषा का ज़िक्र नहीं है। महिला दलित लेखकों की भाषा का कोई उदाहरण आपने नहीं दिया है। दूसरी बात और कि उनके अध्ययन में उन्होंने पाया कि ... *(**अनामिका :** मैंने किया है।)* होगा, हमें ध्यान न हो, पर्चे में मैंने देखा भी नहीं। फिर अभयजी ने कहा कि दलितों के साहित्य में नयापन है। मैं तो सहमत हूँ कि कई तरह की भाषा हम देखते हैं। हालाँकि वहाँ भी एक गिरावट देखते हैं। कबीर की भाषा आज के दलितों की भाषा नहीं है। वे काफ़ी काट-छाँट करते हैं। वे नहीं कह पाते कि जी तू बामन-बामनी के जाया। ... ... *(**अनामिका :** लोक की जो भाषा है वह ज़्यादातर दलित लोक की ही भाषा है, और उससे बहुत कुछ लिया है, ऊर्जा भी ली है, और गढ़ंत लिया है, मुहावरे लिये हैं।)* जी हाँ, यह तो मैं समझ रहा था कि वह लिया है, लेकिन

हम तुलना नहीं करते दोनों भाषाओं की, दलित महिलाओं की और ग़ैर-दलित महिलाओं की भाषा उसकी हम तुलना नहीं करते। मेरी आपत्ति यहाँ थी, क्योंकि अगर हम तुलना करें तो कई और नई चीज़ें निकल सकती हैं।

अनामिका : अच्छा, मैं सबसे पहले यह कहूँ कि विस्थापन की बात उन्होंने भी उठाई थी। सतहत्तर के बाद जो मास एक्सोडस हुआ बिहार और उत्तर प्रदेश से, उसके चलते जो भाषा बदली, मैंने उसकी बात की थी। सविता यह बात मिस कर गईं कि उस समय जो स्त्रियाँ घर छोड़कर लॉज में रहने आ गईं, हॉस्टल्स में, जो देहली यूनिवर्सिटी और जेएनयू के कैंपस में और जामिया मिलिया के कैंपस के बाहर घर में लॉज में रहने लगीं स्त्रियाँ, उस मास एक्सोडस में, चाहे वह शिक्षा के चलते ही विस्थापन हुआ हो, मायका और ससुराल वाला विस्थापन नहीं, उसमें उनकी भाषा यक़ीनन बदली। और उसके बाद भूमंडलीकरण के बाद जो विस्थापन हुआ, फुट लूज़ श्रम की जो भाषा हुई, जो बहुत सारे लोग नई नौकरी की तलाश में आए, उसमें भाषा बदली।

जब दो तरह की संस्कृतियों का संवाद और एक-दूसरे का सामना होता है, वह शहराती या गँवई संस्कृति हो, या फिर दो तरह की जीवन-पद्धतियों का हो, तो भाषा बदलती ही है। विट्गेंस्टाइन ने भी कहा था कि लिमिट्स ऑफ़ दि लैंग्वेज़ इज़ द लिमिट्स ऑफ़ द वर्ल्ड। तो ये बातें कि किसने क्या कहा है, ऐसी क्विज़िंग का कोई अर्थ नहीं दिखता। और विस्थापन एक रूपक भी है, और यह भूमंडलीकरण के बाद जो बिहार और पूर्वी उत्तर प्रदेश में हर तरह की टूट-फूट हुई, उसके बाद जो लोग छोड़ कर आए, वह भी एक तरह का विस्थापन और मास एक्सोडस था, जिसमें यक़ीनन भाषा बदली। हिंग्लिश जो बोलने लगीं कामगार स्त्रियाँ, उनकी भी भाषा बदली और बहुत तरह की। उस पूरे अध्ययन में जाने का अभी नहीं बनता, न समय है।

अध्यक्ष ▣ सुधीर चंद्र

सविता सिंह ▣ परिवार में जनतंत्र

परिवार में जनतंत्र की ज़रूरत पर ज़ोर दिया जा रहा है, लेकिन ज़ोर पूँजीवादी जनतंत्र पर है। पूँजीवादी जनतंत्र में समता, स्वतंत्रता और बंधुत्व की बातें तो की जाती हैं, जबकि वास्तव में वह एक प्रकार की वर्गीय तानाशाही ही है। परिवार में यह तानाशाही सामंतवादी ढंग के परिवार में भी होती है, और पूँजीवादी ढंग के परिवार में भी। क्या परिवार में जनतंत्र की ज़रूरत का अर्थ इस तरह की किसी तानाशाही को चुनौती देना है? अथवा, आज की तथाकथित जनतांत्रिक व्यवस्था को बनाए रखकर पूँजीवादी व्यवस्था को अधिक सुचारु रूप से चलाना?

एक मान्यता है कि परिवार स्त्री-पुरुष के जैविक संबंधों के आधार पर बनी एक प्राकृतिक संरचना है, जो शाश्वत है और समाज के विकास या प्रगति के नियमों से निरपेक्ष है, जबकि दूसरी मान्यता यह है कि सामाजिक परिवर्तनों के साथ-साथ परिवार का ढाँचा भी बदलता है। एक तीसरी मान्यता यह भी है कि स्त्री-पुरुष के जैविक संबंधों से जो पितृसत्ता पैदा होती है, वह सामाजिक रूपांतरण के बावजूद, यानी उत्पादन की पद्धति बदल जाने के बावजूद, क़ायम रहती है, अतः समाज का रूप बदल कर चाहे कुछ भी हो जाए, परिवार का रूप कुछ ऊपरी परिवर्तनों के बावजूद लगभग अपने मूल रूप में अपरिवर्तित ही बना रहता है। ऐसी मान्यताओं के संदर्भ में हमें क्या कहना है?

कुछ पिछड़ी हुई और प्रतिक्रियावादी विचारधाराओं वाले लोग, जैसे हमारे यहाँ हिंदुत्ववादी लोग किसी प्राचीन भारतीय आदर्श परिवार की कल्पना करते हुए नितांत जनतन्त्र-विरोधी विचार प्रस्तुत करते हैं। आज की दुनिया में स्त्रियों के बढ़ते हुए शोषण और दमन के कारण व्यापक रूप में जनतंत्र की जो हालत है, उसे देखते हुए परिवार में जनतंत्र की बात को हमें कैसे समझना चाहिए?

आजकल एक तरफ़ स्त्रियों का घरेलूकरण हो रहा है, और दूसरी तरफ़ सर्वहाराकरण। यह दोनों प्रक्रियाएँ परस्पर घनिष्ठ रूप से संबंधित भी हैं। इन प्रक्रियाओं के चलते परिवार में जनतंत्र कैसे सम्भव है?

पुरुषों को स्त्रियों का 'सपोर्टिव पार्टनर' (समर्थन और सहयोग करने वाला साथी) होना चाहिए, यह एक आदर्श तो हो सकता है, लेकिन आज की दुनिया की वास्तविकता तो इसके

विपरीत ही जाती दिखाई पड़ती है। ऐसी स्थिति में इस आदर्श की दिशा में आगे कैसे बढ़ा जा सकता है?

मेरा मानना है कि परिवार और जनतंत्र की जो अवधारणाएँ हैं, वे एक ऐतिहासिक प्रक्रिया में हैं, और अभी इनको समय के संदर्भ में अस्थायी और अनिश्चित ढंग से ही परिभाषित किया जा सकता है। स्त्रीवादी हलक़ों में परिवार की बातचीत इस अर्थ में होती रही है कि यह एक इकाई है, जिसको 'हाउसहोल्ड' या घर-परिवार कहते हैं और जिसको मुख्यतः दो लोग मिलकर बनाते हैं—स्त्री और पुरुष। अतः परिवार में जनतंत्र का अर्थ यह होगा कि स्त्री-पुरुष के बीच समानता के संबंध हों, दोनों के व्यक्तित्व के विकास की संभावना और गुंजाइश हो और घर-गृहस्थी से सम्बन्धित निर्णयों में साझेदारी हो। मसलन, बच्चों के बारे में, घर के खर्चों के बारे में, घर में किए जाने वाले काम के बँटवारे के बारे में और इसी तरह के अन्य घरेलू मामलों में स्त्री-पुरुष मिलकर निर्णय लें। जनतंत्र की बुर्जुआ समझ के अनुसार परिवार में समानता, स्वतंत्रता और न्याय के मूल्यों के अनुसार जीने का जो एक ढंग हो सकता है, उसी को जनतांत्रिक कहते हैं। लेकिन 'पारिवारिक जनतंत्र' जैसी किसी चीज़ को अभी तकनीकी शब्दावली में परिभाषित नहीं किया गया है।

स्त्रीवादी हलक़ों में परिवार की बातचीत इस अर्थ में होती रही है कि यह एक इकाई है, जिसको 'हाउसहोल्ड' या घर-परिवार कहते हैं और जिसको मुख्यतः दो लोग मिलकर बनाते हैं—स्त्री और पुरुष। अतः परिवार में जनतंत्र का अर्थ यह होगा कि स्त्री-पुरुष के बीच समानता के संबंध हों, दोनों के व्यक्तित्व के विकास की संभावना और गुंजाइश हो और घर-गृहस्थी से सम्बन्धित निर्णयों में साझेदारी हो। मसलन, बच्चों के बारे में, घर के खर्चों के बारे में, घर में किए जाने वाले काम के बँटवारे के बारे में और इसी तरह के अन्य घरेलू मामलों में स्त्री-पुरुष मिलकर निर्णय लें। जनतंत्र की बुर्जुआ समझ के अनुसार परिवार में समानता, स्वतंत्रता और न्याय के मूल्यों के अनुसार जीने का जो एक ढंग हो सकता है, उसी को जनतांत्रिक कहते हैं। लेकिन 'पारिवारिक जनतंत्र' जैसी किसी चीज़ को अभी तकनीकी शब्दावली में परिभाषित नहीं किया गया है।

परिवार में जनतंत्र की बात को हम आज के अपने पूँजीवादी विकास के संदर्भ में भी समझने की कोशिश कर सकते हैं। यानी जब समाज में प्रौद्योगिकी का विकास होता है, उत्पादन बढ़ने लगता है, आर्थिक संवृद्धि होने लगती है, तो यह विकास अपने साथ कुछ मूल्य भी लेकर आता है, जिनको समानता, स्वतंत्रता और भाईचारे के मूल्य कहते हैं। लेकिन इस विकास की ऐतिहासिक सीमा है। यह पूँजीवादी ढंग का विकास है, जबकि इसके आगे समाजवादी या साम्यवादी ढंग का विकास भी हो सकता है। लेकिन आज परिवार में जनतंत्र की जो बात हो रही है, वह पूँजीवादी विकास और पूँजीवादी जनतंत्र के संदर्भ में ही हो रही है, जो ऐतिहासिक रूप से सीमित है।

परिवार आज भी वही परिवार है, जो अठारहवीं-उन्नीसवीं शताब्दियों में बना था, जब

समाज में उद्योगीकरण हुआ और पूँजीवादी उत्पादन-प्रणाली शुरू हुई। एंगेल्स ने अपनी पुस्तक *परिवार, व्यक्तिगत सम्पत्ति और राजसत्ता का उदय* में कहा है कि पूँजीवादी उत्पादन की इस प्रणाली से ही एकल परिवार पैदा हुआ, क्योंकि संयुक्त परिवार की ऐतिहासिक भूमिका समाप्त हो गई थी। इसलिए आज जिस परिवार की बात हम कर रहे हैं, वह एकल परिवार ही है। लेकिन स्त्रीवादी यह नहीं चाहते कि परिवार समाज में किसी स्थायी रूप में रहे, क्योंकि वे परिवार में जनतंत्र चाहते हैं, जो न तो संयुक्त परिवार में था और न एकल परिवार में ही कभी रहा। परिवार ही वह पहली जगह है, जहाँ से स्त्री-पुरुष में भेदभाव शुरू होता है। अतः इस भेदभाव को समाप्त करना चाहनेवाले स्त्रीवादी परिवार के इस रूप या ढाँचे को ही बदलने की बात करते हैं। स्त्री-पुरुष में भेदभाव का मतलब है स्त्री पर पुरुष का आधिपत्य। इसके चलते समानता परिवार में हो ही नहीं सकती। मार्क्स ने भी कहा है कि परिवार वर्ग-विभक्त समाज का 'न्यूक्लियस' (नाभिक) है और एक तरह से असमानता का प्रतीक है। इतना ही नहीं, वहाँ असमानता की नींव डाली जाती है। इसलिए स्त्री-पुरुष की समानता चाहने वाले स्त्रीवादी परिवार की जगह किसी और तरह का परिवार नहीं, बल्कि उसकी जगह कोई और ही चीज़ चाहते हैं, जिसमें स्त्री-पुरुष में कोई और ही संबंध बने, जो समानता और स्वतंत्रता पर आधारित हो।

हालाँकि समानता और स्वतंत्रता बुर्जुआ मूल्य हैं, लेकिन किसी दूसरी उत्पादन-प्रणाली में, जैसे समाजवादी उत्पादन-प्रणाली में, इनका विकास हो सकता है और इन्हें एक नया अर्थ मिल सकता है। अर्थात् समाजवादी समाज में इन्हीं मूल्यों के साथ हम एक दूसरे ही ढंग से जी सकते हैं। उदाहरण के लिए, पूँजीवादी समाज में स्वतंत्रता का इस्तेमाल पूँजी की ज़रूरतें पूरी करने के लिए किया जाता है, जबकि समाजवाद में स्वतंत्रता मानवीय आवश्यकताओं की पूर्ति के लिए होगी। हमारी बुनियादी ज़रूरतें दरअसल निजी नहीं, बल्कि सामाजिक ज़रूरतें होती हैं। मार्क्स ने चीज़ों के 'उपयोग मूल्य' और 'विनिमय मूल्य' का फ़र्क़ बताते हुए कहा था कि हमारी सामाजिक ज़रूरतें कोई विनिमय मूल्य नहीं हैं, उनके लिए हम जो काम करते हैं, उनसे पैदा होने वाला मूल्य उपयोगी मूल्य होता है। अतः उत्पादन का समाजीकरण हो जाने पर मनुष्य उस स्वतंत्रता का अनुभव कर सकता है, जो मुनाफ़े के लिए किये जाने वाले पूँजीवादी उत्पादन में वह अनुभव नहीं कर सकता। मालिक-मज़दूर वाला रिश्ता समाज में ख़त्म होकर बराबरी के रिश्ते में बदल जाता है, तो पारिवारिक या निजी संबंधों में भी समानता आ जाती है, या प्रयास करके लाई जा सकती है। ऐसी ही व्यवस्था में स्त्री की वास्तविक मुक्ति और स्त्री-पुरुष संबंधों में सच्ची जनतांत्रिकता सम्भव है।

आज इस सवाल पर सबसे ज़्यादा ध्यान स्त्रीवादी सिद्धांतकार दे रहे हैं। मेरा मानना है कि स्त्रीवादी चिंतन का आना एक बहुत बड़ा 'ब्रेकथ्रू' है। इसने स्त्री-पुरुष संबंधों के सवाल को समाज की उत्पादन-प्रणाली के सवाल से जोड़ दिया है और इस संबंध में मार्क्स, एंगेल्स, लेनिन और त्रात्स्की के स्त्री-मुक्ति से सम्बन्धित विचार नए ढंग से उभर कर सामने आ रहे हैं। अब यह बात भी स्पष्ट हो गई है कि रूस में समाजवादी क्रांति से जो स्त्रीवादी उपलब्धियाँ

हुई थीं, उन्हें १९३० के बाद किस तरह समाप्त किया गया, किस तरह एक समाजवादी राज्य ने स्त्री-विरोधी रुख़ अपनाया, किस तरह स्तालिनवाद ने पितृसत्ता को बचाया, किस तरह त्रात्स्की जैसे लोगों ने स्तालिनवाद का विरोध किया और उनकी हार हुई और किस तरह समाजवाद के विरोधियों को यह कहने का अवसर मिला कि समाजवाद में भी पितृसत्तात्मक परिवार बना रहता है, जिसमें जनतंत्र नहीं होता।

सोवियत संघ में— और ख़ासतौर से लेनिन के बाद स्तालिन के ज़माने में— जो कुछ हुआ, उसको हम परिवार के प्राकृतिक या शाश्वत होने का प्रमाण नहीं मान सकते। केट मिलेट ने *सेक्शुअल पॉलिटिक्स* में लिखा है कि रूस में क्रांति के बाद स्त्रियों की समानता और स्वतंत्रता के लिए जो नियम बने थे, स्तालिनवादी दौर में उन्हें उलट दिया गया। लेकिन तब वहाँ समाजवाद भी कहाँ रहा? सोवियत संघ एक औद्योगिक राज्य बनता गया। इसलिए वहाँ परिवार का कोई नया, जनतांत्रिक और समाजवादी रूप सामने नहीं आ सका।

इस तरह देखें, तो परिवार एक परिवर्तनशील संस्था है। वह प्राकृतिक या शाश्वत नहीं है कि उसके बारे में यह कहा जा सके कि वह सदा से इसी तरह चली आ रही है और सदा इसी तरह चलती रहेगी। आदिम समाजों में परिवार का रूप कुछ और था, सामंतवादी समाज में कुछ और, पूँजीवादी समाज में कुछ और। समाजवाद में उसका रूप क्या होगा या होना चाहिए, यह हमें सोचना है। सोवियत संघ में— और ख़ासतौर से लेनिन के बाद स्तालिन के ज़माने में— जो कुछ हुआ, उसको हम परिवार के प्राकृतिक या शाश्वत होने का प्रमाण नहीं मान सकते। केट मिलेट ने *सेक्शुअल पॉलिटिक्स* में लिखा है कि रूस में क्रांति के बाद स्त्रियों की समानता और स्वतंत्रता के लिए जो नियम बने थे, स्तालिनवादी दौर में उन्हें उलट दिया गया। लेकिन तब वहाँ समाजवाद भी कहाँ रहा? सोवियत संघ एक औद्योगिक राज्य बनता गया। इसलिए वहाँ परिवार का कोई नया, जनतांत्रिक और समाजवादी रूप सामने नहीं आ सका। लेकिन इसकी संभावना थी और वह संभावना उस राज्य के ख़त्म हो जाने से ख़त्म नहीं हो गई है। भविष्य में कोई ऐसा राज्य और समाज बन सकता है, जिसमें पूँजीवादी उत्पादन- प्रणाली और उस पर आधारित बुर्जुआ ढंग के परिवार की जगह समाजवादी उत्पादन-प्रणाली और समाजवादी जनतंत्र पर आधारित परिवार हो अथवा परिवार के बदले किसी और तरह से मिल-जुलकर जीना सम्भव हो।

पूँजीवादी व्यवस्था में परिवार न तो ख़त्म हो सकता है और न सही मायने में जनतांत्रिक बन सकता है, क्योंकि वह पूँजीवादी उत्पादन-प्रणाली का अंग है। वह पूँजीवाद के लिए काम करने वाली मानव-शक्ति के— या आज की भाषा में कहें तो मानव-संसाधन के— पुनरुत्पादन की जगह है। वहाँ श्रमिक पैदा किए जाते हैं, पाल-पोस कर बड़े किए जाते हैं, उनको ज़िंदा और तरोताज़ा रखा जाता है और पूँजीवादी मूल्यों के अनुसार रहना-सहना सिखाया जाता है। इसलिए पूँजीवादी राज्य परिवार में बुर्जुआ जनतंत्र के कुछ मूल्यों को, जैसे व्यक्तिवाद को, तो पनपने दे सकता है, लेकिन सच्चे जनतांत्रिक या समाजवादी मूल्यों का पनपना बर्दाश्त नहीं कर सकता। इसलिए परिवार में जनतंत्र की बात करते समय हमें बुर्जुआ जनतंत्र की नहीं,

समाजवादी जनतंत्र की बात करनी चाहिए। दोनों के बीच की एक अवस्था 'पीपुल्स डेमोक्रेसी' (जनता का जनतंत्र) मानी जा सकती है, लेकिन इसका कोई निश्चित रूप अभी तक हमारे सामने नहीं है। इसकी बात चीन के संदर्भ में की जाती थी, लेकिन हम देख रहे हैं कि चीन धीरे-धीरे एक पूँजीवादी राज्य में तब्दील हो रहा है और यह बात मेरी समझ में नहीं आती कि वहाँ 'जनता का जनतंत्र' है। हालाँकि इस समय दुनिया में कोई राज्य ऐसा भी नहीं है, जिसे हम ठीक-ठीक समाजवादी जनतंत्र वाला राज्य कह सकें, लेकिन समाजवादी जनतंत्र के बारे में इतनी बातचीत हो चुकी है कि हम सैद्धांतिक स्तर पर उसे परिभाषित कर सकते हैं और उसमें यह संभावना देख सकते हैं कि उसके अंतर्गत या तो परिवार की जगह कोई और चीज़ आएगी या उसका रूप इस प्रकार बदल जाएगा कि उसमें स्वतंत्रता, समानता और सहयोग के मूल्य अथवा आदर्श साकार हो सकें।

पूँजीवादी उत्पादन-प्रणाली के बदल जाने पर यह संभावना साकार हो सकती है, इतना मानने में— और इस दृष्टि से मार्क्सवाद को स्वीकार करने में— किसी स्त्रीवादी को आपत्ति नहीं हो सकती। लेकिन मार्क्स, एंगेल्स या लेनिन जैसे लोग यह नहीं सोच पाए कि सामाजिक रूपांतरण के बारे में स्त्रीवादी दृष्टिकोण से भी सोचा जा सकता है, या कोई ऐसा राज्य बन सकता है, जहाँ जेंडर की वैसी समानता हो, जैसी स्त्रीवादी चाहते हैं। कारण यह है कि उनकी सारी चेतना वर्ग से संबंधित चेतना थी, जिसमें जेंडर की चेतना के लिए अलग से कोई जगह नहीं थी। उसमें स्त्रियों का सवाल वर्ग के सवाल का ही हिस्सा था। इसलिए आज के बहुत-से मार्क्सवादी यह मानते हैं कि स्त्रीवाद भी एक ख़ास क़िस्म की बुर्जुआ विचारधारा है, क्योंकि यह वर्ग की सर्वप्रधानता को नहीं मानती है या समानता-असमानता का निर्णय करने में वर्ग-विश्लेषण को ही सर्वोपरि आधार नहीं मानती है। स्त्रीवादियों का कहना है कि समानता-असमानता का निर्णय करने का एक दूसरा आधार भी है और वह है स्त्री और पुरुष के बीच का संबंध। यानी यह वर्ग का ही सवाल नहीं है, जेंडर का सवाल भी है। मार्क्सवादी लोग स्त्रीवादियों की इतनी बात मान लें, तो शायद किसी स्त्रीवादी को स्वयं को समाजवादी स्त्रीवादी या मार्क्सवादी स्त्रीवादी कहने में दिक़्क़त नहीं होगी।

उत्पादन की प्रणाली में जैसी अहमियत वर्ग की है, वैसी ही जेंडर की भी है। यह बात सही है कि विभिन्न वर्गों में स्त्रियों का शोषण और दमन अलग-अलग ढंग से होता है, लेकिन इस तथ्य को नकारा नहीं जा सकता कि उनका शोषण होता है। यह मार्क्सवादियों का पूर्वग्रह ही कहा जा सकता है कि श्रमिक वर्ग की स्त्रियों को स्त्रीवाद नहीं चाहिए, क्योंकि श्रमिक होने के नाते दोनों सर्वहारा हैं, मुक्त हैं, और समाज को बदलने में दोनों की समान भागीदारी है। वे कहते हैं कि स्त्रीवाद तो बुर्जुआ स्त्रियों के लिए है, क्योंकि उनके श्रम का कोई मूल्य नहीं है, वे घर में जो काम करती हैं, उसका कोई मूल्य नहीं होता, इसलिए उन्हें उत्पीड़न महसूस होता है और वे स्त्रीवादी बनती हैं। लेकिन मेरा कहना यह है कि श्रमिक स्त्रियों का अनुभव हो या कम्युनिस्ट आंदोलन में आई स्त्रियों का अनुभव, वह यही रहा है कि स्त्री-पुरुष कहीं भी बराबर नहीं हैं और पुरुषों जैसी स्वतंत्रता उन्हें कभी प्राप्त नहीं होती। यह समानता

और स्वतंत्रता उन्हें तभी मिल सकती है, जब समाज में वर्ग के आधार पर ही नहीं, जेंडर के आधार पर भी भेदभाव न हो। अगर जेंडर के आधार पर भेदभाव होता रहेगा, तो वर्ग-विहीन समाज में भी स्त्री को पुरुष के समान नहीं माना जाएगा और उसका शोषण तथा दमन होता रहेगा। स्त्री उस समाज में भी स्वतंत्र नहीं होगी और परिवार यदि तब भी बना रहा, तो उसमें जनतंत्र नहीं होगा, तानाशाही ही होगी।

परिवार में तानाशाही क्या है? यह बुनियादी तौर पर पुरुष का प्रभुत्व है और परिवार जब तक है, उसमें पुरुष का प्रभुत्व होगा। श्रमिक वर्ग की स्त्रियों ने ही नहीं, मध्यवर्ग की कामकाजी स्त्रियों ने भी, जो कमाकर लाती हैं— और कुछ मामलों में तो पुरुषों से अधिक कमाती हैं—परिवार को जनतांत्रिक बनाने के प्रयास किए हैं। ऐसी कई संघर्ष-कथाएँ मेरे सुनने में आई हैं कि स्त्रियों ने अपने घरों में ऐसा माहौल बनाने की कोशिश की है कि पुरुष स्त्री पर अधिकार और धौंस जमाना भूल जाए और एक जनतांत्रिक संबंध में अपने-आपको आश्वस्त पाए। लेकिन यह हो नहीं पा रहा है। उन मज़दूर स्त्रियों के घरों में भी नहीं हो पा रहा है, जिनमें उनकी स्वतंत्रता की संभावना अधिक है।

परिवार में तानाशाही क्या है? यह बुनियादी तौर पर पुरुष का प्रभुत्व है और परिवार जब तक है, उसमें पुरुष का प्रभुत्व होगा। श्रमिक वर्ग की स्त्रियों ने ही नहीं, मध्यवर्ग की कामकाजी स्त्रियों ने भी, जो कमाकर लाती हैं— और कुछ मामलों में तो पुरुषों से अधिक कमाती हैं—परिवार को जनतांत्रिक बनाने के प्रयास किए हैं। ऐसी कई संघर्ष-कथाएँ मेरे सुनने में आई हैं कि स्त्रियों ने अपने घरों में ऐसा माहौल बनाने की कोशिश की है कि पुरुष स्त्री पर अधिकार और धौंस जमाना भूल जाए और एक जनतांत्रिक संबंध में अपने-आपको आश्वस्त पाए। लेकिन यह हो नहीं पा रहा है। उन मज़दूर स्त्रियों के घरों में भी नहीं हो पा रहा है, जिनमें उनकी स्वतंत्रता की संभावना अधिक है। मार्क्सवाद के मुताबिक़ तो श्रमिक स्त्री और श्रमिक पुरुष में समानता का संबंध होना चाहिए, लेकिन वास्तव में ऐसा है नहीं। कारण यह है कि स्त्री-पुरुष के बीच जो लैंगिक संबंध है, वह पुरुष के प्रभुत्व का एक अलग ही आधार है। इसलिए रैडिकल स्त्रीवादियों का कहना है कि अपने शरीर पर हमारा अधिकार और अपनी लैंगिकता पर हमारा अपना नियंत्रण होना चाहिए। उनका कहना है कि ऐसा करके ही हम एक नया समाज बना सकते हैं। मेरे विचार से मामला इतना सीधा नहीं है। जब तक उत्पादन का तरीक़ा नहीं बदलता, यानी पूँजीवाद समाप्त नहीं होता, तब तक केवल इसी आधार पर एक नया समाज बना सकने की कल्पना एक यूटोपियाई कल्पना है—एक ऐसा सपना, जो कभी साकार नहीं हो सकता। लेकिन उत्पादन के तरीक़े को बदलने की बात के साथ-साथ अगर अपने शरीर पर अपने अधिकार तथा अपनी लैंगिकता पर अपने नियंत्रण की बात की जाए, तो इसे ख़ारिज़ नहीं किया जा सकता।

स्त्री का अपने शरीर पर अधिकार हो जाए, तो सबसे पहले वह पुरुष से अपने संबंध को फिर से परिभाषित करेगी। और जब ऐसा होगा, परिवार नहीं रहेगा। परिवार का आधार है स्त्री पर पुरुष का प्रभुत्व, और मेरे विचार से ऐसा परिवार ऐतिहासिक रूप से किसी भी तरह बना

नहीं रह पाएगा। स्त्रीवादी चेतना के आ जाने पर उसको बनाए रखना बड़ा मुश्किल है। यदि परिवार किसी रूप में रहा भी, तो उत्पादन के साधनों के समाजीकरण की तरह उसका भी समाजीकरण होगा, स्त्री-पुरुष संबंधों का भी समाजीकरण होगा। तब तलाक़ और पुनर्विवाह बहुत आसान हो जाएँगे। विवाह किए बिना भी स्त्री-पुरुष साथ रह सकेंगे। और-और, नए-नए रिश्ते भी बनेंगे और बार-बार नए ढंग से परिभाषित होते रहेंगे। लेकिन यह सब तभी होगा, जब पूँजीवाद और पितृसत्ता, दोनों ही नहीं रहेंगे। इसलिए आज अगर हम परिवार को जनतांत्रिक बनाने की सोचते हैं, तो इन दोनों के विरुद्ध साथ-साथ संघर्ष करना ज़रूरी है।

कुछ लोग, जो पूँजीवाद और पितृसत्ता तो नहीं चाहते, लेकिन समाजवादी भविष्य में भी विश्वास नहीं रखते, वे अतीत की ओर देखते हैं, और किसी आदिम समाज में जनतंत्र के होने की कल्पना करके आज के आदिवासी समाजों में जनतंत्र देखते हैं। मुझे लगता है कि आदिवासी समाज या लोक-जीवन के प्रति यह ललक, या ऐसे जीवन को अपनाने की आकांक्षा, बहुत ही रूमानी है। ऐसे जीवन को चुनना ऐतिहासिक रूप से सम्भव भी नहीं है, क्योंकि ऐसा समाज एक ख़ास क़िस्म की बहुत ही आदिम अर्थव्यवस्था वाला समाज होगा। मैं तो ऐसे जीवन को ठीक भी नहीं समझती, क्योंकि पहले चाहे जो स्थिति रही हो, आज वहाँ ग़रीबी और भुखमरी है, जिसके कारण लोग अपने बच्चों तक को बेचते हैं। ऐसे समाज और ऐसी ज़िंदगी को किसी भी तरह 'आदर्शीकृत' नहीं किया जाना चाहिए।

इसलिए मैं यह मानती हूँ कि हमें अतीत की ओर नहीं, भविष्य की ओर देखना चाहिए, और वहाँ से बात शुरू करनी चाहिए, जहाँ आज हम खड़े हैं। आज हम एक ख़ास क़िस्म के जनतंत्र में रह रहे हैं, जो बुर्जुआ जनतंत्र है। इस जनतंत्र में बहुत सारी ख़ामियाँ और ख़राबियाँ हैं, लेकिन इसको यहीं छोड़कर पीछे की तरफ़ कहीं लौट जाना सम्भव नहीं है। इसलिए इसी को आगे बढ़ाने की बात होनी चाहिए। इसके लिए हमें दो काम एक साथ करने होंगे—एक तो पूँजीवादी उत्पादन-प्रणाली से जो भौतिक समृद्धि पैदा हुई है, उसको पूँजीपति वर्ग के

> **स्त्री का अपने शरीर पर अधिकार हो जाए, तो सबसे पहले वह पुरुष से अपने संबंध को फिर से परिभाषित करेगी। और जब ऐसा होगा, परिवार नहीं रहेगा। परिवार का आधार है स्त्री पर पुरुष का प्रभुत्व, और मेरे विचार से ऐसा परिवार ऐतिहासिक रूप से किसी भी तरह बना नहीं रह पाएगा। स्त्रीवादी चेतना के आ जाने पर उसको बनाए रखना बड़ा मुश्किल है। यदि परिवार किसी रूप में रहा भी, तो उत्पादन के साधनों के समाजीकरण की तरह उसका भी समाजीकरण होगा, स्त्री-पुरुष संबंधों का भी समाजीकरण होगा। तब तलाक़ और पुनर्विवाह बहुत आसान हो जाएँगे। विवाह किए बिना भी स्त्री-पुरुष साथ रह सकेंगे। और-और, नए-नए रिश्ते भी बनेंगे और बार-बार नए ढंग से परिभाषित होते रहेंगे। लेकिन यह सब तभी होगा, जब पूँजीवाद और पितृसत्ता, दोनों ही नहीं रहेंगे। इसलिए आज अगर हम परिवार को जनतांत्रिक बनाने की सोचते हैं, तो इन दोनों के विरुद्ध साथ-साथ संघर्ष करना ज़रूरी है।**

नियंत्रण से मुक्त करके उसका समाजीकरण करना होगा, और दूसरा यह कि स्त्रियों पर पुरुषों के प्रभुत्व को समाप्त करना होगा। इसी प्रक्रिया में परिवार को जनतांत्रिक बनाना संभव है और इस संभावना को साकार करने का प्रयास हमें हर हालत में करना चाहिए। लेकिन साथ ही यह बात भी हमारे ध्यान में रहनी चाहिए कि इस प्रक्रिया में परिवार का आज जो एक निश्चित अर्थ और पारिभाषिक रूप है, वह यथावत नहीं रह पाएगा। परिवार का जनतंत्रीकरण होगा, तो उसकी संरचना भी बदलेगी और बहुत संभव है कि वह इतनी बदल जाए कि परिवार आज जिस रूप में है, उसका वह रूप कहीं रहे ही नहीं, या वह कोई नई ही चीज़ बन जाए, जिसे परिभाषित करके हमें कोई नया ही नाम देना पड़े। हमें इसके लिए तैयार रहना चाहिए। मसलन, इस बात के लिए कि स्त्री-पुरुष कुछ समय के लिए साथ रहें, फिर अलग हो जाएँ। इससे स्थायी रूप से घर बसाकर एक ही जगह रहने का तरीक़ा तो बदलेगा ही, सम्पत्ति और उत्तराधिकार के संबंध भी बदलेंगे। बच्चों के पालन-पोषण का ढंग बदलेगा और उन पर माता-पिता के प्रभुत्व की अथवा उनको अनुशासित रखनेवाले की भूमिका में पिता की ज़रूरत नहीं रहेगी। उत्पादन के साधनों का समाजीकरण होगा, तो उत्तराधिकार वग़ैरह का प्रश्न ही नहीं रहेगा, जिसके कारण आज स्त्रियों को पतिव्रता बनाकर नियन्त्रण में रखना ज़रूरी होता है। मेरा मतलब है कि भविष्य में यह सब चीज़ें बदलेंगी।

परिवार एक सामाजिक संस्था है। विवाह भी एक सामाजिक संस्था है। विवाह से परिवार बनता है। लेकिन विवाह का रूप क्या होना चाहिए? वह दो व्यक्तियों के परस्पर प्रेम और साथ रहने की इच्छा के आधार पर होना चाहिए। लेकिन इसके बीच में आ जाता है धर्म, जात-पाँति, रौब-रुतबा, दहेज का लेन-देन वग़ैरह, क्योंकि अब ज़्यादातर विवाह यह देखकर किए जाते हैं कि लड़के का परिवार कैसा है, कितना पैसे वाला है, लड़का कितना कमाता है, वग़ैरह-वग़ैरह।

इस तरह लड़की की शादी उसके माँ-बाप करते हैं कि लड़की 'सुखी' यानी आर्थिक रूप से पति या ससुराल पर निर्भर तथा 'सुरक्षित' यानी नियन्त्रण में रहे। फिर, पूँजीवादी समाज में स्त्री स्वयं एक सम्पत्ति होती है। उससे कैसा भी काम लिया जा सकता है, उसे पशु की तरह मारा-पीटा जा सकता है, भूखा-प्यासा रखा जा सकता है, यहाँ तक कि मार भी दिया जा सकता है। यही नहीं, उसका जीवन एक वेश्या की तरह होता है। उसे कुछ सुविधाओं के बदले अपनी इच्छा के विरुद्ध भी पति को अपना शरीर देना पड़ता है। ऐसी स्थिति में प्रेम की तो कोई संभावना बचती ही नहीं। अख़बारों में आए दिन ख़बरें छपती हैं कि अमुक गाँव में लड़के-लड़की ने जाति के बंधन तोड़कर प्रेम-विवाह कर लिया और पंचायत ने दोनों को मौत की सज़ा दे दी। इस प्रकार जब प्रेम के आधार पर विवाह नहीं होगा, तो परिवार किस तरह का बनेगा? वहाँ स्त्री का हर तरह का शोषण, दमन और उत्पीड़न होगा। इसलिए जब परिवार को जनतांत्रिक बनाने की माँग उठेगी, तो सामाजिक संस्थाओं को भी जनतांत्रिक बनाने की माँग उठेगी और उन्हें बदलने के लिए समाज को भी बदलना होगा। अच्छी बात यह है कि अब विवाह और परिवार की संस्थाओं से लोगों का मोहभंग

होने लगा है और यह ज़रूरी भी है।

यहीं पर एक मान्यता यह सामने आती है कि समाज का रूप बदलकर चाहे कुछ भी हो जाए, परिवार का रूप कभी नहीं बदलेगा और उसमें पितृसत्तात्मक संबंध हमेशा बने रहेंगे। इसके बारे में मेरा कहना यह है कि यह संबंध अभी तक तो बने रहे हैं और जब तक पूँजीवादी उत्पादन-प्रणाली बनी रहेगी, तब तक समाज में शिक्षा, तकनीक, उद्योग, व्यापार, नौकरी-चाकरी की नई ज़रूरतों के अनुसार समाज का रूप थोड़ा-बहुत बदल जाने पर भी यह संबंध बने रहेंगे। लेकिन जिस तरह पूँजीवादी उत्पादन-प्रणाली बदलेगी और उसकी जगह एक नई समाजवादी उत्पादन-प्रणाली आएगी, तो यह संबंध भी अवश्य बदलेंगे। कैसे बदलेंगे, यह मैं नहीं बता सकती, लेकिन पूँजीवादी समाज में यह संबंध क्यों नहीं बदल सकते, यह बता सकती हूँ।

इस तरह लड़की की शादी उसके माँ-बाप करते हैं कि लड़की 'सुखी' यानी आर्थिक रूप से पति या ससुराल पर निर्भर तथा 'सुरक्षित' यानी नियन्त्रण में रहे। फिर, पूँजीवादी समाज में स्त्री स्वयं एक सम्पत्ति होती है। उससे कैसा भी काम लिया जा सकता है, उसे पशु की तरह मारा-पीटा जा सकता है, भूखा-प्यासा रखा जा सकता है, यहाँ तक कि मार भी दिया जा सकता है। यही नहीं, उसका जीवन एक वेश्या की तरह होता है। उसे कुछ सुविधाओं के बदले अपनी इच्छा के विरुद्ध भी पति को अपना शरीर देना पड़ता है। ऐसी स्थिति में प्रेम की तो कोई संभावना बचती ही नहीं।

बात यह है कि पूँजी के लिए पितृसत्तात्मक संबंधों वाला परिवार बहुत ज़रूरी है। पूँजी का अगर कोई 'जेंडर' हो सकता है, तो वह 'मेल' है। इसलिए पूँजीवाद के अंतर्गत तो पुरुष का प्रभुत्व रहेगा ही। इसके अंतर्गत मुनाफ़ा कमाने के लिए शोषण की जो व्यवस्था है, वह केवल पुरुषों की श्रम-शक्ति को बाज़ार के भाव पर ख़रीदकर केवल उसी के शोषण के बल पर न तो चल सकती है, न टिक सकती है। उसे चाहिए ऐसी श्रम-शक्ति, जो उसे बहुत सस्ती मिले या जिससे काम लेने पर उसे कुछ न देना पड़े। यह उन स्त्रियों की श्रम-शक्ति होती है, जो घरेलू स्त्रियाँ कहलाती हैं, जिन्हें बाक़ायदा नौकरी पर नहीं रखा जाता, लेकिन उनसे उनके घरों में ही बहुत कम मज़दूरी देकर या पुरुष-आधिपत्य के ज़रिए मुफ़्त में ही काम कराया जाता है। दरअसल इसी श्रम-शक्ति के शोषण पर पूँजीवादी व्यवस्था ज़िन्दा रहती है। दूसरे शब्दों में, स्त्रियों से दासों की तरह बिना कुछ दिए कराया जाने वाला श्रम ही पूँजीपतियों के मुनाफ़े का सबसे बड़ा और मुख्य आधार है। इसीलिए पितृसत्तात्मक संबंधों वाला परिवार बनाए रखना और तरह-तरह से उसका आदर्शीकरण करना पूँजीवाद के लिए आवश्यक है। अगर आज दुनिया भर की स्त्रियाँ यह माँग करने लगें कि परिवार को चलाने में वे अपना जो श्रम लगाती हैं, उसका भुगतान उन्हें मिलना चाहिए, तो व्यवस्था संकट में पड़ जाएगी। अब चूँकि स्त्रीवाद ऐसी बातें करता है, इसलिए पूँजीवाद को स्त्रीवाद फूटी आँख नहीं सुहाता।

यहाँ मैं अपना एक निजी अनुभव बताती हूँ। मैंने अपनी पढ़ाई दिल्ली विश्वविद्यालय से की है। रनधीर सिंह मेरे शिक्षक थे। उन्होंने मार्क्सवाद बहुत अच्छे ढंग से पढ़ाया और मेरे मन

में समाजवाद के लिए एक मोह-सा भी पैदा किया। उन्होंने हमें सब चीज़ों को 'क्लास' (वर्ग) की नज़र से देखना सिखाया, लेकिन 'जेंडर' के सवाल पर वे ख़ामोश रहे। जब मैं मांट्रियल गई, तो वहाँ एक फ़िल्म देखकर मेरी चेतना में एक बदलाव आया। फ़िल्म का नाम था *फॉल ऑफ़ दि अमेरिकन एम्पायर*। उसमें एक महिला पत्रकार एक स्त्रीवादी प्रोफेसर से सवाल करती है कि अमरीकी साम्राज्य का पतन कैसे होगा, तो वह प्रोफ़ेसर कहती है— राइज़ ऑफ़ फ़ेमिनिज़्म विल लीड टु दि फॉल ऑफ़ अमेरिकन एम्पायर। (स्त्रीवाद के उदय से अमरीकी साम्राज्य का पतन होगा।) कितनी बड़ी बात थी! इसका विश्लेषण किया जाए, तो स्त्रीवादी लोग जो नीतियाँ चाहते हैं, उन्हें लागू करने पर अमरीकी साम्राज्यवाद का पतन भी सम्भव है। अर्थात्, परिवार की व्यवस्था दास-श्रम से मुक्त हो जाए, तो पूँजीवादी उत्पादन-प्रणाली ढेर हो जाएगी।

लेकिन यह चेतना अभी स्त्रियों में बहुत कम है। कारण यह है कि परिवार को तथा उसमें मुफ़्त ही खटकर पूँजीवादी व्यवस्था का पुनरुत्पादन करने वाली स्त्रियों में स्त्रीवादी चेतना या तो उत्पन्न ही नहीं होने दी जाती, या उत्पन्न होती भी है, तो दबा दी जाती है। पूँजीवाद एक बहुत ही जटिल उत्पादन-प्रणाली है। यह पहले की उत्पादन-प्रणालियों को—जैसे दासता और सामंती युग की उत्पादन-प्रणालियों की कई चीज़ों को—साथ लेकर चलती है। अगर पूँजीवाद की अपनी ही मान्यताओं के हिसाब से देखा जाए, तो दास प्रथा और सामंतवाद के लिए उसमें कोई जगह नहीं होनी चाहिए, लेकिन वह स्वयं से पहले की इन समाज-व्यवस्थाओं तथा अर्थव्यवस्थाओं की कई चीज़ें अपने लाभ के लिए साथ लेकर चलता है। उनको क़ायम रखने के लिए वह पिछड़ी हुई प्रतिक्रियावादी विचारधाराओं का प्रचार भी करता है, नई चेतना को उभरने न देने के अनेक तरीक़े अपनाता है, जिनमें से एक तरीक़ा धर्म, संस्कृति, परम्परा आदि के नाम पर लोगों को पीछेदेखू बनाने का है और दूसरा अपवर्जन तथा सीधी हिंसा का।

ये दोनों तरीक़े आज हम अपने यहाँ सम्प्रदायवादी राजनीति और उससे जुड़ी धार्मिक-सांस्कृतिक गतिविधियों तथा हिंसा की कार्रवाइयों में देख सकते हैं। उदाहरण के लिए, जो हिंदू या हिंदुत्ववादी लोग इस राजनीति का समर्थन करते हैं— और उन लोगों में बहुत-सी स्त्रियाँ भी शामिल हैं, वे समझते हैं कि हम हिंदू हैं और हिंदुत्ववादियों का साथ देकर अपने धर्म की सेवा कर रहे हैं, लेकिन वे यह सोच नहीं पाते कि हिंदुत्व की मदद करना वास्तव में पूँजीवाद की मदद करना है और आज के संदर्भ में वह भूमण्डलीय पूँजीवाद और एक नए ढंग के साम्राज्यवाद की मदद करना है, चाहे वह हिंदू राष्ट्र के नाम पर ही की जाए! जब वे हिंदू धर्म और भारतीय संस्कृति के नाम पर परिवार के मौजूदा ढाँचे का आदर्शीकरण करते हैं, या परिवार में शोषित-उत्पीड़ित स्त्री को दया, क्षमा, करुणा, त्याग आदि की प्रतिमा बनाकर प्रस्तुत करते हैं, तो वे समझते हैं कि वे समाज, देश और मानवता के लिए बहुत अच्छा काम कर रहे हैं, लेकिन वास्तव में वे अपने देश में शोषण, दरिद्रता, अन्याय, अत्याचार और हिंसा को बढ़ाते हैं, जिसकी सबसे बुरी मार स्त्रियों पर पड़ती है। इसीलिए हम स्त्रीवादियों को जिस तरह पूँजीवाद के विरुद्ध लड़ना है, उसी तरह हिंदुत्ववादी जैसी चीज़ों के विरुद्ध भी लड़ना है।

कुछ लोग परिवार में जनतंत्र का मतलब यह समझते हैं कि पुरुष यदि घर के काम में थोड़ा हाथ बँटाने लगे, या घर के मुखिया मनमानी करने की बजाय स्त्रियों और बच्चों से राय-मशविरा करके काम करने लगें, तो परिवार में जनतंत्र आ गया। यह बात १९६० के बाद से, जब से स्त्रीवादी आंदोलन का उभार हुआ और बुर्जुआ संस्कृति पर एक संकट-सा आया, तब से शुरू हुई। उस संकट को समझने और उससे पार पाने के लिए बहुत-से लोगों ने यह सब सोचना शुरू किया। राज्य भी इस बात के लिए राजी हो गया कि वह कामकाजी स्त्रियों की सुविधा के लिए दिन-भर बच्चों की देखभाल करने वाले 'क्रैच' बना देगा और उन्हें कुछ दूसरी सुविधाएँ मुहैया करा देगा। लेकिन मैं यह नहीं मानती कि ऐसी चीज़ों से जनतंत्र आ जाता है। इससे यह बात ज़रूर समझ में आती है कि पितृसत्तात्मक सोच संकट में है, लेकिन यह समझना सही नहीं है कि इससे जनतंत्र आ जाएगा। मेरे विचार से परिवार में जनतंत्र तब तक सम्भव नहीं है, जब तक आर्थिक स्तर पर पूँजीवाद और सांस्कृतिक स्तर पर पितृसत्तात्मक व्यवस्था की समाप्ति नहीं होती। ऐसा होने पर परिवार या तो समाजवादी अर्थों में जनतांत्रिक बन जाएगा, या समाप्त हो जाएगा और उसकी जगह उससे बेहतर कोई व्यवस्था आ जाएगी।

[कुछ लोग परिवार में जनतंत्र का मतलब यह समझते हैं कि पुरुष यदि घर के काम में थोड़ा हाथ बँटाने लगे, या घर के मुखिया मनमानी करने की बजाय स्त्रियों और बच्चों से राय-मशविरा करके काम करने लगें, तो परिवार में जनतंत्र आ गया। ... लेकिन मैं यह नहीं मानती कि ऐसी चीज़ों से जनतंत्र आ जाता है। ... कुछ लोग यह भी मानते हैं कि स्त्रियों के शोषण और दमन का मुख्य कारण उनका 'घरेलूकरण' है, इसलिए यदि वे नौकरी-चाकरी करने के लिए घर से बाहर निकलें, तो परिवार में जनतंत्र आ जाएगा। मैं इससे भी सहमत नहीं हूँ।]

कुछ लोग यह भी मानते हैं कि स्त्रियों के शोषण और दमन का मुख्य कारण उनका 'घरेलूकरण' है, इसलिए यदि वे नौकरी-चाकरी करने के लिए घर से बाहर निकलें, तो परिवार में जनतंत्र आ जाएगा। मैं इससे भी सहमत नहीं हूँ। दरअसल, पूँजीवादी उत्पादन-प्रणाली में ऐसे उतार-चढ़ाव आते रहते हैं कि उसमें कभी तो स्त्रियों के घरेलूकरण की ज़रूरत पड़ती है और कभी उनको घरों से बाहर के कामों पर लगाना ज़रूरी हो जाता है। इसीलिए कभी तो यह नारा दिया जाता है कि 'स्त्री का कार्यक्षेत्र घर ही है' और कभी यह कि 'स्त्रियों को घरों से निकलकर सामाजिक जीवन में आना चाहिए।' लेकिन ऐसा कभी नहीं होता कि सारी स्त्रियाँ घरेलू बना दी जाएँ, या सारी स्त्रियाँ बाहर के कामों पर लगा दी जाएँ। यथार्थ यह है कि ज़्यादातर स्त्रियाँ घर-बाहर दोनों जगह काम करती हैं, जैसे छोटे किसानों की स्त्रियाँ अथवा स्वयं कोई मज़दूरी या नौकरी करने वाली स्त्रियाँ। पूँजीवाद में कई प्रक्रियाएँ एक साथ चलती हैं, जिनमें से कुछ परस्पर-विरोधी भी होती हैं। उसमें कहीं स्त्रियों का घरेलूकरण होता है, तो कहीं उनका सर्वहाराकरण। कभी पुरुष श्रमिकों को ही श्रमिक माना जाता है और स्त्रियों को या तो काम पर लगाया ही नहीं जाता, या बहुत कम मज़दूरी पर लगाया जाता है, तो कभी

'फ़ेमिनाइजेशन ऑफ़ लेबर' (श्रम के स्त्रीकरण) की ज़रूरत पड़ जाती है। कभी बड़े-बड़े कारख़ाने बनाकर, उनके आसपास मज़दूर-बस्तियाँ बसाकर, मज़दूरों को उनके गाँवों से निकालकर शहरों में लाया जाता है, तो कभी नई टेक्नॉलॅजी के सहारे कारख़ानों को छोटा करके बहुत-से मज़दूरों की छँटनी कर दी जाती है। आजकल स्थिति यह है कि नौकरियाँ ख़त्म की जा रही हैं या कम्प्यूटर की मदद से तीन-चार कामों को मिलाकर एक काम बनाया जा रहा है और वह काम किसी घरेलू स्त्री को निजी कम्प्यूटर पर करने के लिए दिया जा रहा है, ताकि उसे और भी कम पैसा देना पड़े और मालिकों का मुनाफ़ा कई गुना बढ़ जाए। अतः ऐसी तमाम प्रक्रियाओं को एक साथ देखने और समझने की ज़रूरत है।

स्वतंत्रता का सवाल समानता के सवाल से ज़्यादा बड़ा है। मार्क्सवादी लोग इस पर आपस में लड़ते रहे हैं कि पहले आर्थिक समानता ज़रूरी है या सामाजिक स्वतंत्रता। एक विचार यह है कि स्वतंत्रता तो एक बुर्जुआ धारणा है, समाजवादी मूल्य है समानता, और वही प्राथमिकता है। लेकिन मुझे लगता है कि समानता के आ जाने पर भी स्वतंत्रता का सवाल बाक़ी रह जाता है। इसलिए हमें चाहिए कि हम अपनी मुक्ति के सवाल को प्राथमिकता दें।

मैंने अब तक जो कहा है, उससे ऐसा लगता है कि जब तक पूँजीवाद है, तब तक परिवार में जनतंत्र की कोई जगह या संभावना नहीं है। लेकिन मेरा यह मतलब नहीं है। मैं पूँजीवाद और पितृसत्तात्मकता के गठजोड़ से बने आज के बुर्जुआ परिवार की आलोचना भविष्य के समाजवादी जनतंत्र के दृष्टिकोण से कर रही हूँ और यह बता रही हूँ कि पूँजीवाद में सच्चा जनतंत्र सम्भव नहीं है और जब वह सम्भव होगा, तब शायद परिवार नामक संस्था की ज़रूरत ही नहीं रह जाएगी। जहाँ तक बुर्जुआ जनतंत्र का सवाल है, उसमें भी स्त्रियों के हित की कई चीज़ें हैं। अतः परिवार में पुरुष की तानाशाही की जगह अगर बुर्जुआ जनतंत्र भी—मूल्यों के स्तर पर ही सही—आता है, तो अच्छी बात है। आज हम 'लेट-कैपिटलिज़्म' (आज के पूँजीवाद) के दौर में जी रहे हैं, जो पूँजीवाद का एक दूसरा दौर है। इसमें भूमण्डलीकरण के साथ पश्चिमीकरण की जो प्रक्रिया चल रही है, उसके कारण हमारे सामाजिक और पारिवारिक जीवन में बहुत-से परिवर्तन हो रहे हैं। यह सारे परिवर्तन जन-विरोधी और स्त्री-विरोधी ही हों, ऐसा नहीं है। उदाहरण के लिए, मध्यवर्गीय घरों में देखें, तो बहुत-सा काम मशीनों से होने लगा है और जिन परिवारों में पति-पत्नी दोनों शिक्षित हैं, नौकरी करते हैं, उनमें रहन-सहन पश्चिमी ढंग का-सा हो गया है। घर का काम दोनों मिल-बाँटकर करने लगे हैं। इससे स्त्रियों को जो थोड़ी फ़ुर्सत मिलती है, उसका उपयोग वे अपने लिए कर सकती हैं। थोड़ी स्वतंत्रता उनको मिलती है। कुछ काम, जो पहले पुरुष करते थे, अब स्त्रियाँ भी करने लगी हैं। मसलन, बच्चों की पढ़ाई-लिखाई का जिम्मा पहले पिता का होता था, अब माँ का हो गया है। पहले बच्चों को घर में पढ़ाने या उनका होमवर्क कराने का काम पिता का था, अब माँ का हो गया है। स्कूल में शिक्षकों-अभिभावकों की मुलाक़ात के समय पहले अकसर पिता जाया करते थे, अब माँएँ जाती हैं। इससे माँ के अपने व्यक्तित्व का कुछ न कुछ विकास होता है

और बच्चों के साथ उसका संवाद भी बढ़ता है, जिसका कुछ प्रभाव परिवार पर, स्त्री-पुरुष संबंध पर भी पड़ता है। इससे एक प्रकार का जनतांत्रिक वातावरण बनता है। इसमें स्त्रीवादी, प्रगतिशील, जनवादी विचारों और आंदोलनों का भी कुछ हाथ हो सकता है। इस प्रकार मेरा कहना यह है कि परिवार में जनतंत्र की बात करते समय हमें पूरे संदर्भ को ध्यान में रखना चाहिए।

लेकिन यह बात मैं फिर कहूँगी कि ऐसे छोटे-मोटे परिवर्तनों को ही परिवार का जनतंत्रीकरण मान लेना और उससे संतुष्ट हो जाना ठीक नहीं है। पूँजीवाद में वास्तविक जनतंत्र कभी हो ही नहीं सकता। इसमें जनतंत्र की बातें बहुत होती हैं, लेकिन काम जन-विरोधी और जनतंत्र-विरोधी किए जाते हैं। परिवार में जनतंत्र लाने में सबसे अधिक सहायक स्त्रीवाद है, लेकिन स्त्रीवाद का जिस तरह विरोध किया जाता है, वह पूँजीवाद की नीति को स्पष्ट कर देता है। यह विरोध अनेक प्रकार से और अनेक रूपों में किया जाता है। उदाहरण के लिए, स्त्रीवाद के उभार के बाद दुनिया में हर जगह स्त्रियों का शोषण बढ़ा है, दमन बढ़ा है, बलात्कार जैसे अपराध बहुत बढ़े हैं। पश्चिम में स्त्रीवादी आंदोलन की प्रतिक्रिया में एक नए ढंग के 'मेल शॉवनिज़्म' (मर्दवाद) का जन्म हुआ, जिससे 'पोर्नोग्राफ़ी' यानी अश्लील क़िस्म के लेखन और प्रकाशन का धन्धा इतना बढ़ गया है कि वह एक बहुत बड़ा उद्योग ही बन गया है। इस पर *दिस इज़ नॉट अ लव स्टोरी* नाम से एक फ़िल्म भी बनी है। इसी के साथ-साथ भूमण्डलीकृत अर्थव्यवस्था में स्त्रियों का आर्थिक शोषण और राजनीतिक दमन बहुत बढ़ गया है। स्पष्ट है कि पूँजीवाद के लिए जनतंत्र नहीं, मुनाफ़ा सर्वोपरि है। मुनाफ़े के लिए जनतंत्र को नष्ट करने में भी पूँजीवाद कोई संकोच नहीं करता। अपने मुनाफ़े के लिए वह लूटमार, हत्या, हिंसा, जनसंहार, दूसरे देशों पर आक्रमण वग़ैरह कुछ भी कर सकता है।

सवाल उठता है : इस सबका जवाब क्या है? जवाब यह है कि हम अपनी स्त्रीवादी चेतना को तेज़ी से राजनीतिक चेतना में बदलें और आज के पूँजीवाद के संकट को तथा उससे उबरने के लिए उसके द्वारा अपनाए जाने वाले तौर-तरीक़ों को समझते हुए उसका प्रतिरोध करें। यह तभी हो सकता है, जब स्त्रीवाद को हम कोई अलग-थलग चीज़ न मानकर इस दौर की सबसे महत्त्वपूर्ण विचारधाराओं में से एक मानें और अपने आंदोलन को सशक्त बनाएँ। छोटे-मोटे सुधारों के लिए भी काम करें, पर अपनी मुक्ति के बड़े लक्ष्य को हमेशा ध्यान में रखें। स्त्री-पुरुष की समानता और स्वतंत्रता का सवाल वर्तमान व्यवस्था में ही कुछ हेर-फेर कर देने से हल होने वाला नहीं है। इसमें हमें यह भी ध्यान रखना होगा कि समानता और स्वतंत्रता के बीच यदि प्राथमिकता तय करनी हो, तो हम स्वतंत्रता को प्राथमिकता दें।

मेरे विचार से स्वतंत्रता का सवाल समानता के सवाल से ज़्यादा बड़ा है। मार्क्सवादी लोग इस पर आपस में लड़ते रहे हैं कि पहले आर्थिक समानता ज़रूरी है या सामाजिक स्वतंत्रता। एक विचार यह है कि स्वतंत्रता तो एक बुर्जुआ धारणा है, समाजवादी मूल्य है समानता, और वही प्राथमिकता है। लेकिन मुझे लगता है कि समानता के आ जाने पर भी स्वतंत्रता का सवाल बाक़ी रह जाता है। इसलिए हमें चाहिए कि हम अपनी मुक्ति के सवाल को प्राथमिकता दें।

मौखिक प्रस्तुति

जो पर्चा आप लोगों को दिया गया है *परिवार और जनतंत्र,* यह काफ़ी पहले लिखा गया था और अभयजी के लगातार आग्रह के बावजूद, मैं जो अभी कहने जा रही हूँ, उसको किसी लिखित रूप में मैं आप लोगों को नहीं दे पाई हूँ।

मैं जो चर्चा करने जा रही हूँ आज उसमें कोई बड़ा दावा नहीं है। एक तरह से मैं कुछ सूचनाएँ आप लोगों के साथ साझा करूँगी जो सैद्धांतिक हैं लेकिन जो विशुद्ध सैद्धांतिकी से न हो कर राजनीतिक अर्थशास्त्र की देन हैं। और इसके लिए मैं छोटी-छोटी दो बातें करना चाहती हूँ। जोड़ने के लिए। जो बातें मैं करने जा रही हूँ, उसमें घरेलूपन की जो धारणा है उसकी बात समाजशास्त्रीय नज़रिये से न करके, राजनीतिक अर्थशास्त्र के परिप्रेक्ष्य से करने जा रही हूँ, क्योंकि बहुत कुछ विमलजी और अभी अनामिका के परचों में कहा जा चुका है। अगर उसको एक दूसरा कोण, एक दूसरा आयाम देना है, या देना चाहिए, तो बस उतने ही अंतराल को भरने के लिए मैं यह कहने जा रही हूँ। उसे संदर्भित किया जा सकता है आधुनिकता के साथ। मैं एक बार फिर साफ़ कर देना चाहती हूँ कि मैं जो कहने जा रही हूँ उसका संबंध आधुनिकता के उस पक्ष से है जो उसका राजनीतिक अर्थशास्त्र है।

मेरा यह मानना है कि आधुनिकता, जिसको हम ज्ञानोदय से उद्भूत आधुनिकता कहते हैं, यानी ज्ञानोदय के विमर्श से निकल कर जो आधुनिकता आई, निश्चित तौर से वह दुनिया के तमाम देशों में पूरी तरह से वैसी की वैसी ही नहीं बनी। उसके तमाम आग्रहों और महत्त्वाकांक्षाओं के बावजूद। उसके दूसरे-दूसरे रूप उभर करके आए, और ख़ास करके, जैसे कि यह बात जो मैं कहने जा रही हूँ, हो सकता है कि विवादास्पद भी हो, लेकिन मेरा यह पूरी तरह से मानना है कि जो समाजवाद सोवियत यूनियन में या चीन में या कहीं और अगर दिखता है वह भी आधुनिकता का एक रूप ही है। और किस हद तक ज्ञानोदय के जो मुद्दे हैं, जो मुख्य सिद्धांत हैं, ख़ास कर के विवेक को लेकर, रैशनलिटी या प्रज्ञा, उसको जो भी हिंदी में कहते हैं, उसको ले कर, उसके सबसे ज़्यादा मंच पर वह यूरोप में ही है, यानी कि वह यूरोपियन है। प्रामाणिकता उसकी यूरोपियन रूप में जिस तरह से आई है, मैं थोड़ा-सा अभी उसके बारे में कहूँगी। उसका परिमार्जन, उसका रिवीज़न, उसकी पुनः अभिव्यक्ति और पुनः व्याख्या दुनिया के तमाम दूसरे देशों में हुई। और उसका कारण सिर्फ़ यह नहीं था कि सिर्फ़ बौद्धिक विरोध था या सांस्कृतिक विरोध था, या सांस्कृतिक अंतर्विरोध की वजह से ऐसा हुआ। वह इसलिए भी हुआ कि जो आर्थिक आधार था इस ज्ञानोदय की आधुनिकता का, वह निश्चित रूप से पूँजीवाद था। और जिस-जिस तरह से पूँजीवाद दूसरे देशों में आया, दूसरे संदर्भों में, उसी हद तक वहाँ उसका रीइंटरप्रिटेशन भी हुआ, राजनीतिक और

सांस्कृतिक अर्थों में।

ये एक मार्क्सवादी पोज़ीशन मैं ले रही हूँ। लेकिन इसको मैं समझा सकती हूँ, क्योंकि दुनिया-भर में साम्राज्यवाद और उपनिवेशवाद का असर अलग-अलग ढंग से हुआ है। उपनिवेशवाद का भी अपना अर्थशास्त्र है। साम्राज्यवाद आप जानते ही हैं कि आर्थिक विस्तार था पूँजीवाद का। ये सब बातें जो कॉमन हैं, लेकिन कह रही हूँ क्योंकि मुझे घर-परिवार पर जो बात करनी है वह राजनीतिक अर्थशास्त्र के परिप्रेक्ष्य से करूँगी। तो हिंदुस्तान में भी उसका अपना एक ख़ास एक्सप्रेशन हुआ। यहाँ पर जो डिबेट हुई, जो डिस्कोर्स हुआ आधुनिकता को लेकर, वह बहुत ही समृद्ध, बहुत ही संश्लिष्ट है। इसमें दो मुद्दे हमेशा रहे। एक जो मॉडर्निस्ट पोज़ीशन है, जिसमें कई पोज़ीशंस आती हैं— जैसे कि मार्क्सवादी पोज़ीशन उसके अंदर आती है, और दूसरी एंटी-मॉडर्निस्ट पोज़ीशन है। कल जो बहस हो रही थी, उस वक़्त थोड़ा सा इशारा किया था मैंने जिसमें आधुनिकता को एक सांस्कृतिक आक्रमण के रूप में देखा गया, और जो यहाँ की सांस्कृतिक इयत्ता को या इंडिविडुअल सेल्फ़ को या इंडियन सेल्फ़ को, अगर कोई ऐसा सेल्फ़ है, तो माना गया कि उसको वह नुक़सान पहुँचा रहा था, उसको उसने बदल डाला, विकृत किया। इस तरह की तमाम बातचीत होती है, और एक सांस्कृतिक साम्राज्यवाद की फ़िक्र बहुत ज़्यादा दिखती है ऐसे लोगो में।

जो दूसरा स्कूल है, वह आधुनिकता की एक विचार के रूप में भर्त्सना नहीं करता। लेकिन उसके आर्थिक आधार को, उसके साम्राज्यवाद को बहुत साफ़ नज़रिये से देखता है और उसको पूरी तरह जन-विरोधी, भारत-विरोधी और राष्ट्र-विरोधी मानता है। आप देख रहे हैं कि आलरेडी उसके अंदर एक पोज़ीशन डिवेलप हो चुकी है कि जीवन में आधुनिकता के फुल रेप्लिकेशन की पॉसिबिलिटी बनती नहीं है। उस ख़ेमे में भी, उस स्कूल में भी इस बात को लेकर के बहुत चेतना है कि ये दो तरह के फ़ोर्सिस कांट्रिडक्टरी हैं, पैराडॉक्सिकल इसका इम्पलिकेशन है, और हम क्या लें और क्या नहीं लें, इसके बारे में हमें सचेत रहना चाहिए। इस तरह से कॉम्प्लेक्स ढंग से परिलक्षित होते हुए आर्थिक प्रणाली का इंपेक्ट यहाँ के पूरे समाज पर इस तरह से कुछ पड़ा कि यहाँ नेशन, हाउसहोल्ड और सोसाइटी की स्ट्रक्चरिंग एक अनूठे ढंग से हुई। और, इसलिए जो बातें मैं आपको कह रही हूँ उसका मुख्य कारण यही है कि उस अनूठेपन को देखते हुए यहाँ हिंदुस्तान में घर-परिवार, घरेलूपन, घरेलू दायरा, रेल्म, घरेलूपन, उसमें बदलती हुई संभावनाएँ, उसका बदलता हुआ रूप, यह सब ऐसे कुछ मुद्दे हैं जिस पर आज मैं बातचीत करना चाहती हूँ।

पहली बात तो यह है कि साम्राज्यवाद और पूँजीवाद ने नया घरेलूपन पैदा किया हो, ऐसा नहीं है। घरेलूपन था, वेस्ट का था और उसका जो कांसेप्चुलाइज़ेशन हुआ, वह भी मैं दो मिनट के अंदर आप लोगों को बता देना चाहती हूँ ताकि मैं हिंदुस्तान पर आऊँ, क्योंकि वह डिस्कोर्स यहाँ भी है।

जो नारीवादी अंडरस्टैंडिंग है उसके तहत, उसका जो कंस्ट्रक्शन है डोमेस्टिसिटी को लेकर, यानी उसकी सेल्फ़-कांशसनेस जो है, उसके बारे में मैं बताना चाहती हूँ। शुरू में जो

> **शुरू में जो पहला दौर नारीवादी आंदोलन का पश्चिम में आया उसमें डोमेस्टिसिटी या घरेलूपन एक ऐसा सामाजिक, राजनीतिक और आर्थिक स्पेस था जिसमें सिर्फ़ डिनायल था, और ऑप्रेशन था और इसको मार्क्सवादी नारीवादियों से पहले लिबरल फ़ेमिनिस्टों ने भी महसूस किया। इसलिए उन्होंने कहा कि यह जो दायरा है, यह असमानता का दायरा है।**

पहला दौर नारीवादी आंदोलन का पश्चिम में आया उसमें डोमेस्टिसिटी या घरेलूपन एक ऐसा सामाजिक, राजनीतिक और आर्थिक स्पेस था जिसमें सिर्फ़ निषेध था, और उत्पीड़न था और इसको मार्क्सवादी नारीवादियों से पहले लिबरल नारीवादियों ने भी महसूस किया। इसलिए उन्होंने कहा कि यह जो दायरा है, यह असमानता का दायरा है। उत्पीड़न को उस तरह से उन्होंने परिभाषित नहीं किया, क्योंकि टेक्निकल टर्म के रूप में उत्पीड़न सिर्फ़ सोशियोलॉजीकल कैटेगरी नहीं है, उत्पीड़न का एक आर्थिक अर्थ है जिसे अभी बातचीत में मैं लाऊँगी। तो उन्होंने कहा कि यह जो रेल्म है, यह असमानता का एक ऐसा रेल्म है जिसका परिणाम पराधीनता में होता है, प्रभुत्व में होता है, और प्रभुत्व का एक नया लक्षण असमानता को माना गया। लेकिन उन लोगों ने, जो लिबरल नारीवादी थे, उन्होंने कहा कि इसको ख़त्म किया जा सकता है, उन्हीं औज़ारों के ज़रिए, उन्हीं संरचनाओं के ज़रिए जिनमें पोटेंशियल है यूनिवर्सल एप्लिकेशन का। जो सार्वभौम हो सकती हैं, क्योंकि पुरुषों के चिंतन में, और इस चीज़ के ख़िलाफ़ हम लोग बार-बार संघर्ष करते हैं, कि एक बहुत बड़ा मूवमेंट उनके फ़िलॉसफ़िकल लाइफ़ में, उनके फ़िलॉसफ़िकल करियर में जो मेल लाइफ़-चार्ट है, जिसको कह सकते हैं उसके इंटलेक्चुअल डिवेलपमेंट में, उन लोगों ने कुछ बड़ी-बड़ी चीज़ें भी पाईं, और उनके लिए तो वह अच्छी रही होंगी, लेकिन स्त्रियों के ऊपर उनका इम्पैक्ट निगेटिव होता रहा, जैसे यूनिवर्सलिज़्म। यूनिवर्सिलिज़म में लिबरल प्रिंसिपल आते हैं, जो पूँजीवाद के साथ आए सत्रहवीं शताब्दी के बाद। पूँजीवाद की शुरुआत सिक्सटींथ सेंचुरी से हो जाती है। वेस्ट में पहले उसका मर्केंटाइल फ़ॉर्म आता है, उसके बाद उसका क्लासिकल फ़ॉर्म आता है। अभी हम जिस दौर में हैं, वह फ़ाइनेंस कैपिटल का दौर है ग्लोबलाइज़्ड फ़ॉर्म में।

तो उन्होंने जब फ़्यूडल मोड ऑफ़ प्रोडक्शन को यानी फ़्यूडल समाज को पीछे छोड़ा, उसको ध्वस्त किया तो जिन उसूलों के साथ लड़े उसमें यह एक बहुत बड़ी बात उन्होंने की—मनुष्य, जिसमें स्त्री-पुरुष दोनों हो सकते हैं, जो है वह यूनिवर्सल है। हर मनुष्य जो जन्म लेता है उसके कुछ नीट अधिकार हैं। उसको कुछ नेचुरल राइट्स मिलते हैं, और वे राइट्स सबके हैं। तो नारीवादियों ने कहा कि इसी को लेते हैं। यह उनका ही कहा हुआ है। अगर सबको अधिकार हैं, जन्म के साथ मिले हैं तो फिर स्त्रियों को क्यों नहीं मिलते। और वे अधिकार कुछ ऐसे थे, जैसे बोलने का अधिकार, वोट का अधिकार, पॉलिटिक्स में यानी कि पब्लिक स्पेस में जाने का अधिकार, तो इस यूनिवर्सल प्रिंसिपल के ज़रिए उन्होंने अधिकारों की लड़ाई लड़ी, जो लिबरल नारीवादी लड़ाई थी।

मार्क्सवाद भी पूँजीवाद की आलोचना के रूप में आता है। जब अर्थव्यवस्था का क्लासिकल रूप विकसित होने लगा यूरोप में, पूँजीवाद का, तो मार्क्सवाद आया। आप जानते हैं कि मार्क्स का क्रिटिसिज़म बहुत ही तीखा और बहुत ही गहरा था। उन्होंने बताया कि इस पूरी पूँजीवादी व्यवस्था के अंदर किस तरह से उसका तर्क काम करता है, कैसे अतिरिक्त मूल्य बनता होता है, कैसे मुनाफ़ा बनता होता है, और श्रम क्या है, इस तरह की तमाम चीज़ें मार्क्सवादी समझ में आ गईं। और जैसे ही अधिकारों का विचार विकसित हुआ और स्त्रियों ने इसके अंदर जो संभावनाएँ थीं, उन्हें कुरेदना शुरू किया, तब तक समाजवादी नारीवादी चेतना का विकास हो पाया। और मेरा ख़याल है इस पीरियड में आ कर घर-परिवार नाम की जो चीज़ है, उस पर तकनीकी ढंग से सोचा गया।

समाजवादी नारीवादियों ने मार्क्सवाद की आलोचना भी की, इसी आधार पर जब वह घर-परिवार नाम की चीज़, घर-परिवार नाम के स्पेस, घरेलूपन को जब वे परिभाषित करने लगीं। उनको लगा कि मार्क्स जैसे चिंतक भी ब्लाइंड है जेंडर के मामले में। हालाँकि मार्क्स के यहाँ स्त्रियों को ले कर विचार काफ़ी विकसित हैं। लेकिन मार्क्स के यहाँ महत्त्वपूर्ण कैटेगरी क्लास थी।

उस दौर की प्रस्थापनाएँ जो हैं उन्हें लेकर, मैं फिर हिंदुस्तान के संदर्भ में कुछ और चर्चा करूँगी। मार्क्स की अपनी समझ थी। समाजवादी नारीवादियों ने मार्क्सवाद की आलोचना भी की, इसी आधार पर जब वह घर-परिवार नाम की चीज़, घर-परिवार नाम के स्पेस, घरेलूपन को जब वे परिभाषित करने लगीं। उनको लगा कि मार्क्स जैसे चिंतक भी ब्लाइंड है जेंडर के मामले में। हालाँकि मार्क्स के यहाँ स्त्रियों को लेकर विचार काफ़ी विकसित हैं। लेकिन मार्क्स के यहाँ महत्त्वपूर्ण कैटेगरी क्लास थी। और क्लास एक ट्रांसेंडेंटल कैटेगरी थी उसके अंदर किसी डिफ़रेंस को वह बरत नहीं सके। उसका जो बेसिक है जिसकी वजह से उन्होंने क्रिटिसिज़म शुरू किया घर-परिवार का, एक बहुत ही फंक्शनल आसपेक्ट अर्थशास्त्र का बताया। कैसे वह काम करता है और कैसे वह एक्सप्लॉयट हो रहा है, इसको बहुत अच्छे ढंग से किया गया। मेरा मानना है कि मार्क्सवादी सोच में यह समाजवादी हस्तक्षेप बहुत ही अच्छा योगदान है। और मेरा ख़याल है कि अब जो भी मार्क्सवादी चिंतन हो रहा है, चाहे वे पुरुष कर रहे हैं या स्त्रियाँ, यह योगदान जाना-माना है। इसमें कोई दो राय नहीं हैं। वह कैसे हुआ? यह थोड़ा तकनीकी मामला है लेकिन प्लीज़ बेयर विद मी, क्योंकि इसको समझने से ही बात समझ में आएगी। मेरा यह मानना है कि जो डॉमिनेशन, जो ऑप्रेशन, जो एक्सप्लॉयटेशन है, औरतों की जो भी बुरी स्थिति है, उसमें इस घर-परिवार को न समझने के कारण अत्यंत पीड़ादायक स्थितियाँ बनीं। और उसका समाधान उसी के ज़रिए हो सकता है। उसको समझने और उसमें जो प्रस्तावित सुझाव हैं, उनको लाने से हो सकता है।

मार्क्स से पहले जो राजनीतिक अर्थशास्त्री थे उन्होंने कम से कम यह बात बता दी थी कि समाज में जो कुछ भी क्रियेट होता है, संपत्ति क्रियेट होती है, उसका स्रोत श्रम है। श्रम से ही मूल्य पैदा होता है। लेकिन अगर श्रम से मूल्य पैदा होता है, तो जो ज़्यादा श्रम करते

हैं, उनको उतना मिलना चाहिए। जो कम करते हैं उनको कम मिलना चाहिए। लेकिन यह कैसे होता है कि जो ज़्यादा श्रम करते हैं, जो श्रम ही बेचते हैं, उनको नहीं मिलता श्रम का वैसा रिटर्न। इसीलिए मार्क्स ने कंसेप्ट डिवेलप किया सरप्लस वैल्यू। उन्होंने बताया कि एक्चुअली सीधे श्रम का मूल्य क्रियेट नहीं होता। सीधा श्रम लगाने से अगर कोई मूल्य क्रियेट होता है तो वह है उपयोग मूल्य। यानी कि हम ऐसी चीज़ों में श्रम लगाते हैं जिनका हमें डायरेक्ट कंज़म्प्शन करना है, इस्तेमाल करना है, जो नीड बेस्ड हैं, जो समाज में सोशल नीड पर आधारित हैं। जैसे खाना बनाना है, तो मुझे एक पतीला चाहिए। तो उसकी ज़रूरत है, इसलिए पतीला बनेगा, उसको बनाने में श्रम भी लगेगा। अगर आप अपने घर-परिवार की ज़रूरतें पूरी करने के लिए इसको प्रोड्यूस कर रहे हैं, तो वह उपयोग मूल्य पैदा करता है। आपकी नीड को सैटिस्फाई कर देता है। लेकिन पूँजीवाद में नीड सैटिस्फाई करने के लिए सिर्फ़ श्रम का इस्तेमाल नहीं होता, वह मुनाफ़ा जैनरेट करने के लिए होता है। और यह एक बहुत बड़ा डिफ़रेंस, पूँजीवाद का स्पेशल फ़ीचर है। और वह वैल्यू जिसको मुनाफ़ा कहते हैं, वह एक्सचेंज के ज़रिए होता है। यानी कि चीज़ों का आपस में विनिमय होता है। उससे वह क्रियेट होता है। और यह सरप्लस वैल्यू का कंसेप्शन और यह इंटरवेंशन, विनिमय मूल्य का पैदा होना सामाजिक मूल्य से अलग यह मार्क्सवाद का स्पेसिफिक कंट्रीब्यूशन है, और यह जो दो कैटेगरीज़ हैं विनिमय मूल्य और सामाजिक मूल्य, यह दो चीज़ें लगातार ऑपरेट करती रहती हैं। मार्क्स ने कहा कि जो डोमेस्टिसिटी है, जो घर-परिवार है वहाँ पर उपयोग मूल्य के लिए प्रोडक्शन या रिप्रोडक्शन जो भी होता है, जो रियल वैल्यू पैदा होती है, वह उत्पादक मूल्य उत्पादक श्रम के कारण मार्केट में होता है। विनिमय मूल्य जहाँ जेनरेट होता है, मार्क्स ने उसको सैपरेट कर दिया। मार्क्स के लिए कोई बहुत बड़ी बात नहीं थी कि सामाजिक मूल्य का दायरा डोमेस्टिक स्फेयर है, और विनिमय मूल्य का दायरा मार्केट है। मार्क्स के लिए यह कैटेगरीज़ को पैदा कर देना ही अपने आप में एक बहुत बड़ी बात थी, क्योंकि वह जो श्रम का शोषण बाज़ार में, फैक्ट्रीज़ में हो रहा है वहाँ पर वे ज़्यादा कंसर्न्ड थे। उसमें स्त्री और पुरुष दोनों ही आ सकते हैं। दोनों ही विनिमय मूल्य पैदा कर सकते हैं। लेकिन यह जो उपयोग मूल्य पैदा करने वाला दायरा है, इसको उन्होंने ज्यों का त्यों छोड़ दिया, यह कह कर कि यहाँ पर यूज़ वैल्यू क्रियेट होता है और उपयोग मूल्य का जो उद्देश्य होता है वह कंज़म्प्शन होता है, न कि एक्सचेंज प्रॉफ़िट के लिए।

इसी जगह पर आकर समाजवादी फ़ेमिनिज़्म ने अपना कंट्रीब्यूशन किया और घर-परिवार को एक ऐसा एक्सप्लॉयटेशन का, सिर्फ़ असमानता का ज़ोन नहीं, एक्सप्लॉयटेशन का स्पेसिफ़िक ज़ोन बताया, जिसको घर-परिवार कहते हैं। घर-परिवार इसलिए नहीं, कि हम बच्चे पैदा कर रहे हैं, और घर की देख-रेख कर रहे हैं, और डस्टिंग कर रहे हैं, और खाना बना रहे हैं। वह तो उसका विशेष परिणाम है ही। जो तकनीकी अर्थ में जिस तरह से यह घर-परिवार मेंटेन होता है, उसका कारण ही यही है कि उपयोग मूल्य का दायरा घर-परिवार को बना दिया गया। तो उन लोगों ने यह कहा कि इस क्षेत्र में सिर्फ़ यूज़ वैल्यू नहीं पैदा होता,

इस रेल्म में उत्पादक श्रम पैदा किया जाता है जो कि कमोडिटी है। सिर्फ़ कंज़म्प्शन के लिए ही चीज़ें नहीं, उस उत्पादक श्रम को क्रियेट करने में दो तरह के श्रम और लगते हैं, जिनकी तरफ़ ब्लाइंडनेस है टोटली, एक है नेसेसरी लेबर, जो आवश्यक श्रम है, और वह आवश्यक श्रम इस अर्थ में है, एक है प्रजननकारी श्रम, जिससे कि जीव तैयार होते हैं, जो फ़ैक्ट्री में जाते हैं। परपेचुएशन इज़ लाइव फार्म एज़ इट इज़ सेड। बिना इस प्रजननकारी श्रम के, जब मनुष्य पैदा ही नहीं हुआ तो वह मज़दूर कैसे बनेगा। तो यह कोई ऐसी मामूली चीज़ नहीं है, सिर्फ़ कि स्त्रियाँ जो हैं, वही पुरुषों और महिलाओं को पैदा करती हैं। बाद में वे सोल्जर्स बनते हैं, और वर्कर्स बनते हैं।

सोशलिस्ट फ़ेमिनिज़्म ने अपना कंट्रीब्यूशन किया और हाउसहोल्ड को एक ऐसा एक्सप्लॉयटेशन का, सिर्फ़ असमानता का ज़ोन नहीं, एक्सप्लॉयटेशन का स्पेसिफ़िक ज़ोन डिक्लेयर किया, जिसको हाउसहोल्ड कहते हैं। घर-परिवार इसलिए नहीं कहते, कि हम बच्चे पैदा कर रहे हैं, और क्लीन कर रहे हैं, और डस्टिंग कर रहे हैं, और खाना बना रहे हैं। वह तो उसका स्पेसिफ़िक आउटकम है ही। जो तकनीकी अर्थ में जिस तरह से यह घर-परिवार मेंटेन होता है, उसका कारण ही यही है कि उपयोग मूल्य का रेल्म घर-परिवार को बना दिया गया। तो उन लोगों ने यह कहा कि इस रेल्म में सिर्फ़ यूज़ वैल्यू नहीं पैदा होता, इस रेल्म में उत्पादक श्रम पैदा किया जाता है जो कि कमोडिटी है।

ये भी एक श्रम का ही मामला है। उनको अपकीप करना, उनको खाना खिलाना। उनको तैयार करना, उनको फ़ैक्ट्री भेजना, उनको स्कूल भेजना। घर के तमाम डोमेस्टिक काम करना। इन सब में भी श्रम जाता है। वह श्रम सिर्फ़ कंज़म्प्शन के लिए नहीं होता, क्योंकि सबसे बड़ी कमोडिटी, जो मार्केट में जाने से पहले तैयार होती है, वह घरों में होती है, और वह है श्रम शक्ति। और श्रम-शक्ति, जो मज़दूर है, उसमें ही होता है, और जो कैपिटलिस्ट हैं, ईविन मार्क्स की बात सही है, वह कभी भी श्रम नहीं ख़रीदता, वह श्रम नहीं ख़रीदता, वह शक्ति खरीदता है। श्रम पॉवर ख़रीदता है, और श्रम पॉवर जो है वह इससे नहीं तय होती कि आप कितना श्रम कर सकते हैं, कितने समय तक श्रम कर सकते हैं, वह आपसे श्रम पॉवर के रूप में श्रम टाइम ख़रीदता है। आठ घंटा, नौ घंटा, दस घंटा, उसके आधार पर वेज तय होता है। अगर आपकी तबीयत ख़राब है, और उस दिन भी आप आठ घंटे काम कर रहे हैं, तो उससे आपका वेज घट नहीं जाता। वह टाइम अग़र आपने दिया तो आपका वेज वही है। तो इसका मतलब यह है कि यह जो कैपिटलिस्ट है, वह आपका श्रम टाइम ख़रीदता है। और वह एक ऐसी एब्सट्रेक्ट चीज़ है जो कंक्रीट को वायलेट करती हुई कैपिटलिस्ट के पास पहुँचती है और इस पूरे ठोस दायरे में जो श्रम जाता है उसे तैयार करने में वह घरेलू श्रम है। वह एक ऐसा श्रम है जिसको घरेलू श्रम कहा जाता है।

जो घरेलूपन है, या जो घर है, जो घर-परिवार है, वह इसी श्रम की वजह से मेंटेन और सस्टेन होता है। अब बात इसमें यह है कि क्यों यह घर-परिवार मेंटेन किया गया। क्यों इसे

कोई भी पूँजीवादी व्यवस्था ख़त्म नहीं करना चाहती, न ख़त्म कर सकती है। अगर घर-परिवार को वह डिस्ट्रॉय करेगी, तो पूँजीवाद का डिस्ट्रक्शन उसमें है। उसकी भी दो-तीन बातें हैं, जिसको मैं धीरे-धीरे कह दूँगी। तो इसमें बात जो निकलकर आ रही है, वह यह है कि एक पूरा श्रम, जो श्रम पॉवर, कैपिटलिस्ट ख़रीदता तो है, पर उस पूरे श्रम का कोई पेमेंट नहीं करता। पूँजीपति की किताब में इस श्रम का कोई मूल्य नहीं है। यानी यह पूरा का पूरा दास-श्रम है।

समाजवादी नारीवादी चिंतन ने यही दावा किया कि पूँजीवाद सिर्फ़ मज़दूर के श्रम के उस हिस्से से ही प्रॉफ़िट नहीं बनाता जिसका उसने भुगतान नहीं किया है, बल्कि वह फ़ीमेल श्रम का भी शोषण करता है। यह जो डिवीज़न ऑफ़ श्रम है, बिटवीन मेन एंड वुमेन, यह जो घर-परिवार और मार्केट में हुआ, यह प्रि-कैपिटलिस्ट है। मेरा ख़याल है कि प्रिमिटिव कम्युनिज़म के बाद धीरे-धीरे जब इकॉनॉमी बदलने लगी, एग्रीकल्चर आया, उसके पहले स्लेव इकॉनॉमी में भी यह सब चीज़ें आ चुकी थीं। यह डिवीज़न ऑफ़ श्रम तब हो गया था। अब पता नहीं कहाँ तक यह सही है। लेकिन यह कहा जाता है कि हंटिंग-गेदरिंग समय में ही इसकी शुरुआत हो गई थी।

नारीवादी इसको प्रूव भी करती हैं, डिसएप्रूव भी करती हैं कि गेदरिंग का जो पूरा फ़ील्ड है वह घर-परिवार और घरेलूपन में बदल गया। हंटिंग जो है वह उत्पादक श्रम की तरफ़ चला गया। तो यह सरलीकृत विश्लेषण हो सकता है। लेकिन इसका कहीं न कहीं, कोई न कोई फ़ॉर्म हिस्टोरिकली सशक्त होते-होते कैपिटलिज़म तक आया है। इसके दो-तीन और रूप निकलकर आते हैं। पहला, यह श्रम पेड नहीं है। यह सदा इनविज़िबिल रहता है। इसका परिणाम औरतों की हिस्टोरिकल डिफ़ीट में निकला है। इसका कारण यही है कि इसे स्वीकारा ही नहीं जाता। इसे श्रम के रूप में मान्यता ही नहीं दी जाती। पूँजीपति इसे अपनी उत्पादन व्यवस्था और विधि में कोई स्थान नहीं देता।

तो, मेरा ख़याल है कि यह जो घरेलूपन है, यह बेहद तकनीकी रूप से क़ायम रखा गया है, पूँजीवाद को क़ायम रखने के लिए। असल मार्जिन यही है। इसी को मार्जिनलाइज़ेशन कहते हैं। दूसरी और चीज़ों के अलावा जो रियल बेस है उस मार्जिनलाइज़ेशन का, वह यही है। क्योंकि डिवेलुएशन ऑफ़ श्रम का मतलब है, उन स्त्रियों के श्रम का डिवेलुएशन जो घरों में काम करती हैं। एकदम सीधा संबंध है इसका, क्योंकि उस श्रम का कोई मूल्य ही नहीं दिया जाता।

इस तरह हाउसहोल्ड के स्ट्रक्चर में असमानता ही नहीं गहरा शोषण भी होता है जो ऑप्रेशन में बदल जाता है। जो डॉमिनेशन का असल कारण है, वह इसी जगह इमर्ज़ करके आया है। तो इसलिए अब जो नारीवादी हैं, या हम भी उस पर काम कर रहे हैं, तो अगर कोई हमको कहेगा कि आप घर-परिवार को डिफ़ाइन कीजिए तो मैं कहूँगी कि घर-परिवार इज़ प्रोड्यूस्ड बाई डीप एक्सप्लॉयटेशन एंड डॉमिनेशन। इट इज़ ए प्रोडक्ट ऑफ़ सर्टेन काइंड ऑफ़ मेल डॉमिनेशन एंड दैट इज़ व्हाई इट इज़ पैट्रियार्कल। पितृसत्ता का एक बहुत ही डार्क स्ट्रक्चर

है, जो अलक्ष्य है। इसलिए अब घरेलूपन पर जो भी राइटिंग हो रही है यह पता लगने के बाद कि यह एक्सप्लॉयटेशन है जो सीधे मुनाफ़े में तब्दील हो जाता है, उसमें हाउसहोल्ड की सच्चाई बदल गई है। जो वाइफ़ है, जो बहन है, वह जितना भी श्रम करती है अपने भाइयों के लिए, अपने पतियों के लिए और अपने बेटों के लिए, खाना बनाना, घर को देखना, लकड़ी लाना अगर ग़रीब परिवारों की बात करें, तो यह सारे काम डिवेल्यूड हैं।

घर-परिवार की इस सच्चाई को ढँकने के लिए तमाम दूसरी चीज़ें बताई जाती हैं। जैसे प्रेम, जैसे सौहार्द, जैसे समन्वय, यह सब हाउसहोल्ड के फ़ीचर्स बताए जाते हैं। यह सब निजी दायरे की चीज़ें हैं आद्रित किया सेक्रेड बताया जाता है। हेगेल जैसा चिंतक कहता है कि इस दायरे को मैं नहीं छुऊँगा। जॉन रॉल्स जो इतने प्रखर पोस्ट-लिबरल चिंतक हैं, उन्होंने *प्रिंसिपल ऑफ़ जस्टिस* नाम की किताब लिखी जिसमें उनका सेकिंड प्रिंसिपल ऑफ़ जस्टिस बहुत अहम है। उनका एप्रोच बड़ा रैडिकल है। पर इस रैडिकल एप्रोच में भी उन्होंने इस घर-परिवार को कोई थर्ड प्रिंसिपल ऑफ़ जस्टिस नहीं दिया जो इसे ईक्वलाइज़ करता। डिस्ट्रिब्यूशन ऑफ़ वैल्थ तो है, पर उसमें जेंडर का पहलू नहीं है।

घर-परिवार में दावा किया जाता है कि प्रेम सबको मिलना चाहिए। घर में पति को मिलना चाहिए, सास-ससुर को मिलना चाहिए, सास को नहीं तो ससुर को तो ज़रूर मिलना चाहिए, बेटे को मिलना चाहिए, बेटियों को भी थोड़ा-बहुत मिलना चाहिए। और यह जो प्रेम है वह स्त्री को ही देना है। वह स्त्री जो प्रेम जानती नहीं, जिसे प्रेम मिलता ही नहीं। अगर वह घर में जो काम करती है अगर वह काम न करे, अगर वह नियमपूर्वक खाना न बनाए, कपड़े न धोए, झाड़ू न लगाए, वह जो उसके काम हैं निश्चित तौर पर जन्म से ही उसको यह काम जो मिले हुए हैं, जो उसको लगातार डिवेल्यू करते जा रहे हैं, अगर वह न करे तो दूसरे दिन देखिए उसको क्या प्रेम मिलता है।

घर-परिवार में दावा किया जाता है कि प्रेम सबको मिलना चाहिए। घर में पति को मिलना चाहिए, सास-ससुर को मिलना चाहिए, सास को नहीं तो ससुर को तो ज़रूर मिलना चाहिए, बेटे को मिलना चाहिए, बेटियों को भी थोड़ा-बहुत मिलना चाहिए। और यह जो प्रेम है वह स्त्री को ही देना है। वह स्त्री जो प्रेम जानती नहीं, जिसे प्रेम मिलता ही नहीं। अगर वह घर में जो काम करती है अगर वह काम न करे, अगर वह नियमपूर्वक खाना न बनाए, कपड़े न धोए, झाड़ू न लगाए, वह जो उसके काम हैं निश्चित तौर पर जन्म से ही उसको यह काम जो मिले हुए हैं, जो उसको लगातार डिवेल्यू करते जा रहे हैं, अगर वह न करे तो दूसरे दिन देखिए उसको क्या प्रेम मिलता है। यह जो वायलेंस है, बहुत हद तक परिवारों में घर के अंदर, उसका कारण भी यही है।

अफ़ग़ानिस्तान से ज़्यादा खुली पितृसत्ता क्या हो सकती है! आप उसको अब छुपा भी नहीं सकते कि कोई औरत अगर अपने पति के साथ संभोग से मना करती है, तो उसको खाना नहीं दिया जायेगा। मैं हाउसहोल्ड के संदर्भ में यह कहने नहीं जा रही हूँ कि आधुनिकता की वजह से, आर्थिक प्रगति की वजह से क्या फ़र्क़ पड़ा और क्या आरामदेह चीज़ें आईं। क्योंकि

यह सब उसको मेंटेन करने के लिए है। टेक्नॉलॅजी पर ही बात कर लें। वाशिंग मशीन या घरेलू काम को आसान बनाने वाले जितने इक्विपमेंट्स हैं, उनके आने के बाद स्त्री के जीवन में घरेलू व्यस्तताएँ घटने के बजाय बढ़ी हैं। क्योंकि मेन स्ट्रक्चर में ही दोष है। अगर हाथ से कपड़े धोने हैं, घर में मान लीजिए मशीन नहीं है, और हाथ से कपड़े धोती है स्त्री, तो जैसा भी कपड़ा धुला हो लोग पहन लेते हैं। लेकिन जब वाशिंग मशीन आ गई, तो कपड़ा बहुत ठीक से धुला होना चाहिए। अगर एक सप्ताह में चादर बदली जाती है घर के बिस्तरों की, तो वाशिंग मशीन जब आई है तो सफ़ेद से भी ज़्यादा सफ़ेद चादर हफ़्ते में दो बार बदली जानी चाहिए। जैसे घरेलूपन को बढ़ाने के लिए हो, एक अंतहीन घरेलू जीवन चलता रहे भले उसकी प्रकृति बदलती-सी दिखे।

वाशिंग मशीन या घरेलू काम को आसान बनाने वाले जितने इक्विपमेंट्स हैं, उनके आने के बाद स्त्री के जीवन में घरेलू व्यस्तताएँ घटने के बजाय बढ़ी हैं। ... अगर हाथ से कपड़े धोने हैं, घर में मान लीजिए मशीन नहीं है, और हाथ से कपड़े धोती है स्त्री, तो जैसा भी कपड़ा धुला हो लोग पहन लेते हैं। लेकिन जब वाशिंग मशीन आ गई, तो कपड़ा बहुत ठीक से धुला होना चाहिए। अगर एक सप्ताह में चादर बदली जाती है घर के बिस्तरों की, तो वाशिंग मशीन जब आई है तो सफ़ेद से भी ज़्यादा सफ़ेद चादर हफ़्ते में दो बार बदली जानी चाहिए।

यानी सुविधाएँ, इसका दायरा अक्षय रहे इसके लिए उसकी प्रकृति बदलती जाती है। अपेक्षाएँ बदलती जाती हैं। बच्चों की देख-रेख के बारे में जो पेपर मैंने दिया है उसमें इसका थोड़ा ज़िक्र किया है। बच्चों की देखरेख की जिम्मेदारी पहले पुरुषों की थी, क्योंकि स्त्री पढ़ी-लिखी नहीं थी। जब वह पढ़ने-लिखने लगी, जब उदारवादी संघर्ष की वजह से उसको पढ़ने-लिखने की सुविधा मिलने लगी, तो उससे एक उम्मीद और जुड़ गई कि वह ख़ुद ही न पढ़े, बच्चों को भी पढ़ाए। वह पढ़े-लिखे किसलिए? अपने रोज़गार के लिए नहीं। वह पढ़े-लिखे इसलिए कि वह पूरे परिवार को शिक्षित कर सके। यह सब चीज़ें गाँधीजी के यहाँ भी हैं कि एक महिला पूरे परिवार को शिक्षित करती है। नारीवादी परिप्रेक्ष्य से डिकंस्ट्रक्ट करते ही इसकी सच्चाई समझ में आने लगती है। लेकिन किसी भी डिवेलपमेंट का एकतरफ़ा असर नहीं होता। सच्चाई की संरचना ही अंतर्विरोधों से भरी है। हर स्थिति को अगर आप गहराई से विश्लेषित करने जाएँगे तो उसके कम-से-कम दो या तीन परिणाम दिखेंगे। नारीवादी चेतना के मुताबिक़ राइट परिणाम को चुना जाए और उसी के मुताबिक़ अपने जीवन का आधार बनाते हुए आगे बढ़ा जाए।

अगर वह पढ़ रही है तो उस पर जिम्मेदारी भी बढ़ रही है। पूँजीवादी व्यवस्था में जो परिवार की संरचना बनी, उसमें संयुक्त परिवार ख़त्म होना शुरू हो गया। एक न्यूक्लियर फ़ैमिली की संरचना स्थिर हुई। उस न्यूक्लियर फ़ैमिली में बुजुर्ग माँ-बाप, पति, अगर उसका एक-आध भाई हुआ तो वह या बहन और उसका अपना परिवार होता है। यह यूनिट बना। इसमें जो आने वाली बहू है या स्त्री जिसका नया पदार्पण होता है, इस परिवार में और अगर वह पढ़ी-लिखी है तो उससे क्या-क्या उम्मीदें होती हैं वह एकदम घर को साफ़ रखेगी, अच्छा

ये जो हाउसहोल्ड यूनिट ऑव कंज़म्पशन है, उसके तहत घरेलू स्त्रियों को क्रिप्टो सर्वेंट्स का नाम दिया गया है। यही टर्मिनॉलॅजी इस्तेमाल की गई है। यही वह स्त्री है जिसके डॉमिनेशन की हम बात कर रहे हैं। बहुत उम्मीदें आप अगर व्यवस्था से लगाते हैं तो आपको कुछ हासिल नहीं होने का, क्योंकि उसके श्रम का जो शोषण हो रहा है, जो इनविज़िबिल है उसका समाधान अर्थव्यवस्था और बाज़ार के माध्यम से करना ज़रूरी है।

खाना बनाएगी। रेसिपी का तो पूरा रूप, पूरा नैरेटिव ही यही है। किस तरह से खाना बनना चाहिए। कौन सा खाना कौन खाएगा। एक घर में एक औरत तीन-चार तरह का खाना बनाती है। मेरी अपनी एक कुलीग है जो अपने इन-लाज़ के लिए बिना लहसुन का खाना बनाती है, फिर अपने लिए खाना बनायेगी। फिर अपने बच्चों के लिए दूसरी तरह का। तीन तरह का खाना बना के वह ऑफ़िस आती है। एकदम थकी हुई। इतना ही नहीं सबकी केयर उन्हीं पर है। पढ़ी-लिखी है, दवाइयों के नाम पढ़ सकती है, डिस्पेंसरी जा सकती है, हॉस्पिटल जा सकती है, हॉस्पिटल ले जा सकती है, अपने सास-ससुर को अगर वे बीमार हैं तो। घर में आने पर ज़ो भी काम हो सकता है केयर इकॉनॉमी से जुड़ा हुआ, वह सब काम वह कर रही है। और अगर उसमें कहीं कोताही होती है तो उसका नतीजा भुगतना पड़ता है।

न्यूक्लियर फ़ेमिली के पहले ज़्यादा बच्चे पैदा करने की जो स्थिति थी स्त्रियों के लिए उसके कारण उन्हें कोई समय नहीं मिलता था खुद पर सोचने का। उनकी मुक्ति का ताला-चाबी बंद घर की चाबी की तरह फेंक दिया जाता था। दस-बारह बच्चे आप पैदा कीजिए और लगातार उनकी परवरिश में लगे रहिए। जिसकी कोई मान्यता नहीं, वह श्रम कीजिए, और घर से बाहर भेजते जाइए —किसी फ़ैक्ट्री में, किसी आर्मी में, किसी ब्यूरोक्रेसी। उसके बाद जीवन के अंत में अकेले होकर बैठिए, और आपके मन की स्थिति ऐसी भी नहीं रहती कि आप सोच सकें कि आपने क्या किया।

ये जो हाउसहोल्ड यूनिट ऑफ़ कंज़म्पशन है, उसके तहत घरेलू स्त्रियों को क्रिप्टो सर्वेंट्स का नाम दिया गया है। यही टर्मिनॉलॅजी इस्तेमाल की गई है। यही वह स्त्री है जिसके डॉमिनेशन की हम बात कर रहे हैं। बहुत उम्मीदें आप अगर व्यवस्था से लगाते हैं तो आपको कुछ हासिल नहीं होने का, क्योंकि उसके श्रम का जो शोषण हो रहा है, जो अलक्ष्य है उसका समाधान अर्थव्यवस्था और बाज़ार के माध्यम से करना ज़रूरी है। जब तक ऐसा नहीं होगा, तब तक संघर्ष के पूरे लाभ नहीं मिलेंगे। ऐसी बात नहीं कि संघर्ष के अपने अर्थ नहीं हैं, मैं यूनिडायमेंशल ढंग से नहीं सोचती, लेकिन इसका समाधान अत्यंत आवश्यक है। इस घर-परिवार का डिस्ट्रक्शन, या इसका सब्लिमेशन, या इसका मिटिगेशन, या इसका ट्रांसफ़ॉर्मेशन, जब तक इस यूनिट को हम दुरुस्त नहीं करते, और इसमें पुरुषों की साझेदारी चाहिए, तब तक यह संभव नहीं है। बहुत सारी स्त्रियों ने सोचा है कि यह जो अर्थव्यवस्था है, हिडिन इकॉनॉमी, इसका मूल्य हम ख़ुद नापें। जो काम मैं आजकल कर रही हूँ,— मैज़रिंग द वैल्यू ऑफ़ डॉमेस्टिक श्रम। और यह इतना मुश्किल काम है, क्योंकि कोई भी मापदंड नहीं है

जिससे आप उसको नया कर सकें।

एक छोटा सा काम जो हम कर पाते हैं, वह है टाइम को मापने का कि कितना समय एक औरत घर का काम करने में ख़र्च करती है। और वह मार्केट जो पहले से ही ख़िलाफ़ खड़ा है, वह जो देता है, उससे हमको तुलना करनी है। आपके पास कोई दूसरा यूनिवर्सल स्टैंडर्ड नहीं है, जिससे आप इस बेहद शोषित श्रम को माप सकें और उसके लिए कोई मूल्य माँग सकें। हाल ही में सरकार ने घरेलू औरतों के लिए एक वेतनमान तैयार किया, हज़ार रुपया। मुझे देखना है कि कैसे इसको तय किया गया है, कैसे वह छह हज़ार रुपया बनता है! पहले एक सुझाव स्त्रीवादी चिंतकों ने दिया था, पारिवारिक भत्ते (फ़ेमिली वेज) का। उनका कहना था कि बाज़ार जो मूल्य स्त्रियों के श्रम का नहीं देता, वह कुछ हद तक पुरुषों को मिलने वाली उजरत में ही जोड़ कर दे, क्योंकि पुरुषों की श्रम-क्षमता स्त्रियों के ज़रूरी श्रम से पैदा होती है और इस तरह ज़रूरी श्रम उत्पादन श्रम (प्रोडक्टिव लेबर) में शामिल रहता है। बहुत सारी जो नारीवादी थिंकर्स हैं वे फ़ेमिली वेज की बात कर रही हैं कि जो उत्पादक श्रम वे तैयार करती हैं, उसका श्रम जाता है, जो उसमें जुड़ा हुआ है, उसको आप कंसीडर करके, इंक्लूड करके, इस तरह वेज जो है वह बहुत हद तक ऊपर चला जाएगा। लेकिन उसमें यह है कि फ़ेमिली का स्ट्रक्चर पैट्रियार्कल है, तो वह पैसा उसी जगह उसको फिर फ़ैमिली के अंदर रिडिस्ट्रीब्यूट करने का मैकेनिज़म बनाना पड़ेगा। तो यह बहुत सारे उलझे हुए मुद्दे हैं। और यह फ़ेमिनिज़म कोई आसान चीज़ नहीं है, न संघर्ष कोई आसान चीज़ है। और, इसके बारे में सोचना उतना ही ज़रूरी है जितना पुरुषों के, या स्त्रियों के लिबरेशन के लिए सोचना ज़रूरी है। यहाँ पर यह कहना ज़रूरी है कि आधुनिकता स्त्री के जीवन पर उस तरह नहीं असर डाल पाई जैसे पुरुषों के जीवन पर। इसका रूप और असर दोनों ही यौनिकता की भिन्नता पर आधारित हैं। 'घरेलूपन' की बदलती परिभाषा और स्थिति से ही आधुनिकता का आकलन हो सकता है। आपने इस बातचीत में देखा ही है कि घरेलूपन एक मुद्दा रहा है, और स्त्री के श्रम का शोषण आधुनिकता की दूसरी अवधारणाओं, जो स्वतंत्र रूप से जुड़ी हैं, से विलग रहा है।

▣ बहस

पंकज : कई रूप होते हैं अभिव्यक्तियों के। आपने अभी जिस तरह कहा है, उसमें नफ़ासत दूसरे तरह से आई है जो दिखता भी है। मैं इस बात पर टिप्पणी करूँगा। आपकी परिवार की परिभाषा क्या है? परिवार क्या है, मतलब आपने कहा कि दो लोगों के मिलने, स्त्री-पुरुष के मिलने से परिवार बनता है। अब मैं एक ऐसे परिवार में पला हूँ जिसको यक़ीनन आप सामंतवादी कहेंगे। मुझे अच्छी तरह याद है कि मेरे पिताजी एक बाल केंद्रीय विद्यालय चलाते थे, जिसमें मेरे भाई पढ़ाते हैं। जब मैं दस-बारह साल का था और उसी विद्यालय में

पढ़ता था, तो मुझसे वह कहते थे कि बिट्टू आपकी इस बारे में क्या राय है।

आपने इसमें लिखा है, स्त्रीवादी नज़र से लिखा है। स्त्रीवाद को मैं कोट में कहूँगा, क्योंकि स्त्रीवाद को लेकर मेरी एक दूसरी तरह की नज़र है। बच्चों के बारे में, घर के खर्चों में और घर के लिए किए जाने वाले काम के बारे में, स्त्री-पुरुष मिल कर फंक्शन की बात आप कर रही हैं। तो परिवार की परिभाषा और परिवार के फंक्शन। तो परिवार की परिभाषा में नदीम साहब और सुधीर चंद्र साहब जैसे दादा या दादी, नाना या नानी की उम्र में पहुँच गए लोग शामिल होंगे, या उनकी जगह किसी ओल्ड एज होम में होगी। बच्चे उसमें सहभागी होंगे या उनकी हैसियत प्रजा की होगी। उनके बारे में निर्णय किया जाएगा। उनके जाग्रत माता और पिता करेंगे। अलावा इसके मामा, मामी या मौसा, मौसी होने की संभावना बिल्कुल भी दूर कर दें। संयुक्त परिवार तो आपकी नज़रों में पूँजीवाद के आते ही समाप्त हो गया। अब बात यह हुई कि परिवार चलता कैसे है? स्त्री की परिवार में पार्टनरशिप जो होती है, उसमें कई जगह से साझा होता है। मतलब, कपड़े हमेशा नई आने वाली बहू नहीं धोती, उसको साँझा करने के लिए एक बहनापे का सिलसिला होता है, जैसे एक प्रेस वाली होती है, कपड़े धोने वाली होती है, एक कुत्ते को टहलाने वाली होती है। तो स्त्रीवादी नज़र से उसको भी देखा जा सकता है। एक दृष्टि परिवार की ऐसी भी हो सकती है जिसमें कि वह भी कहीं न कहीं स्थान रखती हो। परिवार के भीतर के जनतंत्र में उनका भी स्थान कहीं न कहीं हो सकता है।... मेरे लिए बड़ा गहरे अवसाद से भरा पेपर था जिसमें कहीं ज़िक्र तक नहीं था इन बातों का। वह क्यों नहीं था, यह आगे आप साफ़ कर दीजिएगा।

परिवार चलता कैसे है? स्त्री की परिवार में पार्टनरशिप जो होती है, उसमें कई जगह से साझा होता है। मतलब, कपड़े हमेशा नई आने वाली बहू नहीं धोती, उसको साँझा करने के लिए एक बहनापे का सिलसिला होता है, जैसे एक प्रेस वाली होती है, कपड़े धोने वाली होती है, एक कुत्ते को टहलाने वाली होती है। तो स्त्रीवादी नज़र से उसको भी देखा जा सकता है। एक दृष्टि परिवार की ऐसी भी हो सकती है जिसमें कि वह भी कहीं न कहीं स्थान रखती हो।

तो यह परिवार की संरचना क्या होगी? और परिवार कैसे चलेंगे? और जैसे चलेगा तो उसका एक्नॉलिजमेंट कहाँ तक होगा? उनकी क्या भूमिका है। बर्तन वाली से लेकर अनाज-सब्जी पैदा करने वाली तक, क्योंकि काफ़ी लंबी चेन है यह। तीसरी बात, एक पेज पर आप कहती हैं लोक-जीवन और आदिवासी जीवन के बारे में। बहुत ही वाजिब आर्ग्यूमेंट है। आदिवासी समाज को लोग बहुत ही ललक से देखते हैं। लेकिन आप उसके दूसरे छोर पर पहुँची हुई हैं। आपने काफ़ी हट के राजनीतिक अर्थशास्त्र से बातें उठाई हैं, तो आपने उचित ही कहा होगा... ख़ासतौर से आपने कहा कि वहाँ ग़रीबी और भुखमरी होगी। आप एक मार्क्सवादी चिंतक भी हैं। मैं आपसे थोड़ी यह इल्तिजा करना चाहता हूँ कि आप हमें यह बता दीजिएगा कि आदिवासी समाज में ग़रीबी है, या शोषण है? यह दो फ़ंडामेंटली डिफ़रेंट बेसिक प्रिमाइसिस हैं। आप जहाँ से शुरू करेंगी, आप ग़रीबी से शुरू करेंगी तो आप यूएनडीपी पर

पहुँचेंगी, आप शोषण से शुरू करेंगी तो आप आंदोलन करेंगी। मेरी अपेक्षा बेजा हो तो आप मुझे बता दीजिए। दूसरे आप बताएँ कि आपने कहा कि अतीत की ओर नहीं भविष्य की ओर देखना है। तो यहाँ आप इतिहासकार और भविष्यवक्ता एक साथ हो जाती हैं। मुझे बड़े दुख के साथ कहना पड़ता है कि आपने कहा कि यह ऐतिहासिक रूप से संभव नहीं होगा, लोक-जीवन की तरफ़ या आदिवासी जीवन की तरफ़ जाना। लेकिन मैडम माफ़ करते हुए मुझे बताएँ कि बहुत लोगों की थीसिस वर्तमान है। बस्तर में आप जाइएगा, स्त्रीवाद का एक पाठ मिलता है। आप जहाँ पढ़ाती हैं वहाँ से तीन किलोमीटर दूर एक हमारा प्रकाशन गृह है वहाँ एक किताब हमने छापी है। यह बस्तर में स्त्री-जीवन का दूसरा पार्ट है। दूसरा यथार्थ है उसको लेकर के दूसरी चीज़ें हुई हैं। उसको भी कहीं आप दर्ज कर लें तो बड़ी कृपा होगी।

ये जो अतीत की ओर नहीं, भविष्य की ओर देखने की बात है, इसमें केवल मेरा निवेदन यह है, क्योंकि आप मार्क्सवादी हैं, पूरे इतिहास को आपने बड़ी बारीक़ी से देखा है, और मैं जानना चाहता हूँ कि १९९० के क्यूबा के लिए भविष्य आप बताइए क्या था। जब सोवियत संघ हाथ छोड़ कर खड़ा हो गया। ख़ुद भी ढह गया। और सारे दोस्तों को निरीह छोड़ दिया। छोड़ क्या दिया, क़ुव्वत ही नहीं थी। अब बताइएगा कि उन्नीस सौ नब्बे के क्यूबा ने क्या रास्ता चुना। हालाँकि आप तो बख़ूबी जानकार होंगी। क्यूबा का जो एनर्जी इनवेस्टमेंट, एनर्जी कंज़म्प्शन और बुनियादी मामलों में विकास का एक अनुपात है वह पूरी दुनिया में सर्वोत्तम है। यह अलग बात है कि यूएनडीपी की रपटों में नहीं आता है। क्यूबा की राजधानी के अंदर जो सब्जी पैदा होती है वह क्यूबा की राजधानी के फ़्लैटों की छतों पर पैदा होती है। कहीं प्रदेश के दूसरे हिस्सों से नहीं आती। तो वहाँ वही है, जिसको आप ख़ारिज़ कर चुकी हैं।

अतीत का हम एक महाख्यान रच देते हैं, और जहाँ हम हैं वहाँ से बैठ कर समय को, स्पेस को देखते हैं। मेरा निवेदन यह है कि आपके सरोकारों में बहुत गहरी संभावना है। उसका जो बरताव है विश्लेषण के स्तर पर वह उन सरोकारों के ख़िलाफ़ जाता है।

... आदिवासी जीवन के बारे में मैं अतिरेक कर रहा हूँ, इसलिए क्योंकि बात आगे बढ़े। बड़ी ऊँची सीलिंग की याद दिलाई थी अभयजी ने। बाक़ी जो आदिवासी जीवन के बारे में आप लिख रही हैं, उसका सबसे ज़्यादा समर्थन आपको जहाँ मिलेगा वह आरएसएस के बनवासी आश्रम में मिलेगा। वह कांग्रेस की जो लंपट आधुनिकता है, उसमें मिलेगा। जो बात उनकी साझा है कि उनको डिज़ॉल्व होना है। उनको ख़त्म होना है। उनको मनमोहन सिंह और मोंटेक सिंह की नई आधुनिकता में प्रवेश करना है।

सुधीर : भाई, अगर कुछ मिलते-जुलते सवाल हैं तो किए जाएँ। चूँकि यह अवसाद और दुख है, वह अपने आप में एक टिप्पणी है इनके पर्चे पर। तो शायद इनके जवाब की ज़रूरत भी उतनी नहीं है। अगर आप क्यूबा के बारे में बात करना चाहें तो बात अलग है। शीबा।

शीबा : यह प्रस्तुति चूँकि मार्क्सवादी नज़रिए से की गई है, इसलिए मुझे इसकी यही

सीमा भी महसूस हो रही है। जो अक्सर होती ही है कि जिन कैटेगरीज़ को आपने इंटेरोगेट किया है वह काफ़ी नहीं है। उसमें सबसे बड़ी परेशानी तो यह है कि जो आइडियॉलॅजिकल सोर्सिज़ हैं स्त्री के शोषण के, जिसमें धर्म भी शामिल है, जिसमें मॉरलिटी शामिल है, उसको आपने निगेट किया है, या निगेट नहीं भी किया तो कम से कम मेंशन नहीं किया है। तालिबान वाला जो एग्ज़ाम्पिल है, वह तभी मुमकिन हो पाता जब उसमें इस्लाम का छौंका लगाते। उसी तरह से मॉरलिटी का सवाल है। कल मैं विमलजी से कह रही थी कि एक दलित स्त्री जो कि श्रम करती है, और वेज लाती है, वह क्यों दबती है अपने मर्द से। तो उसका जवाब जो उन्होंने दिया था, उसमें मुझे आगे यह जोड़ना था कि, यौन शुचिता की बात आपने कही थी, विमलजी ने, जो मर्द उसे रेप से नहीं बचा सकता, उसको क्या हक़ है कि वह अपनी बीवी से या अपनी औरतों से यौन शुचिता की बकवास करे। ठीक है। तो यह जो पूरा मॉरलिटी का जो कन्सेप्ट है, वह सारी जिम्मेदारी उस पर डाल दी गई है, जो रिसीविंग एंड पर है और जो एजेंट ख़ुद नहीं है शोषण का। उसके अलावा मॉरलिटी के जो तसव्वुर हैं, उसमें सिर्फ़ और सिर्फ़ औरत के हिस्से में कुछ शब्द हैं। जैसे कि व्यभिचारिणी का बड़ा ज़िक्र था दलित स्त्री को लेकर। और वह अदरवाइज़ भी होता है। उसमें प्रोमिस्क्यूटी, एडल्ट्री, एब्स्टिनेंस, वग़ैरह यह सारी बहुत ही मासूम-सी कैटेगरीज़ लगती हैं मुझे, तब तक इसी तरह के सोशल सैक्शुअल परवर्ज़न्स, बल्कि यह परवर्ज़न नहीं हैं, दूसरी चीज़ को मैं कह रही हूँ कि सोशल परवर्ज़न में मर्द सैक्शुअल वॉयलेंस पर जाता है जबकि औरत सैक्शुअल वॉयलेंस पर नहीं जाती है। वह रेप करता है, जबकि औरत रेप नहीं करती है। वह किलिंग करता है, वह स्टॉकिंग करता है, वह हर तरह के उस क्रिमिनल एक्ट में जाता है। उसी प्लेज़र और उसी वजह के लिए। दूसरी तरफ़ औरतों की जो प्रोमिस्क्यूटी है वह अलग फ़ार्म है बदचलनी का, पर उसमें कम से कम वॉयलेंस नहीं है, और वह म्यूचुअल है। तो यह जो पूरा मॉरलिटी का जो तसव्वुर है, यह बिल्कुल ग़ायब है आपके वक्तव्य से।

प्रस्तुति चूँकि मार्क्सवादी नज़रिए से की गई है, इसलिए मुझे इसकी यही सीमा भी महसूस हो रही है। जो अक्सर होती ही है कि जिन कैटेगरीज़ को आपने इंटेरोगेट किया है वह काफ़ी नहीं है। उसमें सबसे बड़ी परेशानी तो यह है कि जो आइडियॉलॅजिकल सोर्सिज़ हैं स्त्री के शोषण के, जिसमें धर्म भी शामिल है, जिसमें मॉरलिटी शामिल है, उसको आपने निगेट किया है, या निगेट नहीं भी किया तो कम से कम मेंशन नहीं किया है।

तीसरी बात यह है कि कैपिटलिज़म ने जो दो विश्व-युद्ध दिए, उनमें बहुत बड़ी संख्या में मर्दों को युद्ध में ले जाया गया, जिसकी वजह से औरत को घर से बाहर आना पड़ा, सारे काम अपने निपटाने के लिए और घर चलाने के लिए, और उसके बाद जब वह मर्द वापस आए तो वह औरतों को वापस घरों में नहीं भेज सके। उनको यह क़बूल करना पड़ा कि वे अब बाहर ही रहेंगी। और जो केयर का मामला है, नर्सिंग केयर का जो मामला है, उसमें सबसे बड़ी मुश्किल यह है कि जब वही औरत नर्स बनके किसी बुजुर्ग के लिए घर में लगाई

जाती है तो उसको वेज मिलता है। क्यों नहीं औरतें इनकार करती हैं कि हम यह श्रम जो है, हम वेजिज़ के अगेंस्ट करेंगे। और दूसरी बात, इसका सीधा सोल्यूशन यह भी हो सकता था कि जो फ़ेमिली इनकम है वह या तो सार्वजनिक खाते में जाए, बैंक में, या उसका बँटवारा बराबर-बराबर होता रहे। तो ये आप्शन्स भी एक्सप्लोर किए जा रहे हैं कि घर में बैठी औरत जो अपने घर के मर्दों को इस लायक़ बनाती है कि वे बाहर जा कर कमा सकें, उसके साथ इनकम शेयरिंग बिल्कुल ईमानदारी से हो। यह तब ज़्यादा उभर के आता है जब डायवोर्स की सिचुएशन आती है, सेपरेशन की नौबत आती है कि उस वक़्त उसको क्या मिलता है? हमारे क़ानून अभी भी इस पर बात नहीं करना चाहते। इनकम शेयरिंग पर। तो यह कुछ चीज़ें थीं, जो मुझे ग़ायब लग रही थीं।

सविता : यह जो पर्चा अभय जी ने दिया, इसमें पहले कुछ सवाल किए गए हैं। लेकिन उसका रिस्पांस नहीं मिला। निश्चित तौर पर उन सवालों के जवाब नहीं मिल रहे हैं। यह जो पर्चा आप लोगों ने मेरे बोलने से पहले पढ़ा, उसमें दरअसल परिवार में प्रजातंत्र के बहाने आधुनिकता की ही बात की गई है। बिना नारीवादी आलोचना के आधुनिक राज्य, समाज और अर्थव्यवस्था अपनी आधुनिकता को परख भी कैसे सकते हैं। आधुनिक उदारतावाद की असली परीक्षा तो परिवार में प्रजातंत्र लागू करने से ही होती है। अभी स्थिति यह है कि परिवार में एक स्तर पर स्त्री को मनुष्य के सार्वभौमिक अधिकार मिले हैं, जैसे शिक्षा के क्षेत्र में। लेकिन जैसे ही परिवार की अर्थव्यवस्था की बात आती है, वहाँ एक दूसरा ही मानदंड, अर्धसामंती काम करता हुआ दिखता है।

यह पर्चा इस सेमिनार के लिए नहीं लिखा गया था, बल्कि वह तो कई सवालों के जवाब के तौर पर *कथन* पत्रिका के लिए तैयार किया गया था। इसलिए, जो पहला सवाल मुझसे किया गया है आदिवासी जीवन और अर्थव्यवस्था को लेकर इस सेमिनार में, उसका हमारे इस सेमिनार के साथ वैसा संबंध नहीं है। लेकिन मैं यह मानती हूँ कि पूँजीवादी अर्थव्यवस्था उसी दूसरी व्यवस्था को बर्दाश्त करती है जो उसके अपने तर्क के लिए मुफ़ीद हो। यानी वह हर वैसी व्यवस्था को खा-पचा जाती है जो उनके मुनाफ़े के इजाफ़े के काम नहीं आती, इसमें आदिवासी जीवन के लिए कोई हीन बात मैं नहीं कह रही हूँ। उनके जीवन को बेहतर स्थिति में लाने के लिए ही हम सब कार्य कर रहे हैं।

संजीव : मैं आपकी पूरी बात में बहुत सारे डिटेल्स से पूरी तरह सहमत हूँ। लेकिन जहाँ असहमति है, मुझे लगता है कि वह आपके पर्चे की बिल्कुल बुनियाद है। वह असहमति इस चीज़ से कि पूँजीवाद परिवार के पुराने रूप को नष्ट नहीं कर सकता, और नष्ट क्यों नहीं कर सकता, इसके लिए आपने मार्क्सिस्ट राजनीतिक इकॉनॉमी का पूरा ढाँचा उठाया है और यह बताया है कि एक शुद्ध मुनाफ़ा है जो उस परिवार में होने वाले श्रम से मिल रहा है। मुझे लगता है कि इस तरह के थियराइज़ेशन में हमें इस चीज़ से बचना चाहिए कि जो बिल्कुल

पश्चिम से स्त्रीवादी चिंतन उभर कर आया, ... घरेलू कामों का सार्वजनिकीकरण हुआ और उसके चलते औरत की मुक्ति शुरू हुई। ... ग़ुलामी की पिछली पूरी परम्परा पर दृष्टिपात करने का एक नया जज़्बा उसमें पैदा हुआ। ... बहुत मुश्किल है एक मार्क्सवादी के तौर पर इस बात को इस रूप में कह पाना कि संघर्ष करके स्त्री ने यह सब सुविधाएँ पाईं। लेकिन, उस संघर्ष के लिए कौन सी भौतिक परिस्थितियाँ थीं, एक मार्क्सवादी को पहले उसमें जाना पड़ेगा।

तकनीकी शब्द हैं, उनको किसी ख़ास जगह पर लगा देने से कितना फ़र्क़ पड़ जाता है। जैसे मुझे लगता है कि अगर प्रॉफ़िट शब्द को उठा कर हम उस जगह लगा देंगे जो कि विनिमय मूल्य और बाज़ार की ही चीज़ है, प्रॉफ़िट शब्द का उससे बाहर कहीं एग्ज़िस्टेंस ही नहीं है, उसका वजूद ही नहीं उससे बाहर, तो अगर आप परिवार की कैटेगरी के भीतर वहाँ जो श्रम हो रहा है उसमें शुद्ध मुनाफ़ा शब्द ले आते हैं, और इस शब्द की वजह से यह कहते हैं कि चूँकि पूँजीवाद मुनाफ़ा कमाने की उत्पादन-पद्धति है, सरप्लस जेनरेट करते हुए, और परिवार के पुराने ढाँचे को नष्ट करने का मतलब है कि शुद्ध मुनाफ़ा आने की इस संस्था को हमने तबाह कर दिया। तो इसलिए पूँजीवाद उसको नष्ट नहीं करेगा। तो आप देख रही हैं कि कैसे बिल्कुल आपका भाषण अंततः जिस थीसिस को क़ायम कर रहा है, उस थीसिस की जड़ हिल जाती है। जैसे ही आप मुनाफ़ा शब्द को हटा दें। क्योंकि आपने ही पहले कहा कि उपयोग मूल्य वहाँ जेनरेट हो रहा है, वहाँ विनिमय मूल्य नहीं हो सकता। और मुनाफ़ा शब्द विनिमय मूल्य का शब्द है।

मैं इसके ज़रिए जो कहना चाहता हूँ वह यह कि आख़िर कोई वजह थी कि एंगेल्स ने तमाम विश्लेषण करते हुए यह कहा कि पूँजीवाद लाख बुरा हो, और जितनी भी तरह से औरत की सत्ता को बाज़ारू बनाता हो, उसके शोषण के नए रूप उभार कर लाता हो, लेकिन कम से कम इतनी ख़ासियत तो इसमें है कि यह छोटे-छोटे घरेलू कामों को भी एक सोशल प्रोडक्शन के रेल्म में लाने का संकल्प रखता है, क्योंकि उन सब में मुनाफ़ा कमा पाने की क्षमता पैदा करना चाहता है। बच्चा पालन करने के काम को भी वह क्रेच में तब्दील करेगा, वो खाना बनाने के काम को एक बहुत बड़े व्यवसाय में तब्दील करेगा, क्योंकि फिर इससे वह सभी मुनाफ़ा कमाने के ज़रिए के रूप में स्थापित होंगे। और, मुझे लगता है कि जिस पश्चिम से स्त्रीवादी चिंतन उभर कर आया, उस पश्चिम में उसके उभरने की ठोस भौतिक परिस्थिति शायद यही थी कि वहाँ पर उन घरेलू कामों का एक तरह से सार्वजनिकीकरण हुआ और उसके चलते औरत की मुक्ति शुरू हुई। और इस मुक्ति के साथ ग़ुलामी की पिछली पूरी परम्परा पर दृष्टिपात करने का एक नया जज़्बा उसमें पैदा हुआ। मतलब मेरे लिए यह बहुत मुश्किल है एक मार्क्सवादी के तौर पर इस बात को इस रूप में कह पाना कि संघर्ष करके स्त्री ने यह सब सुविधाएँ पाईं। लेकिन, उस संघर्ष के लिए कौन सी भौतिक परिस्थितियाँ थीं, एक मार्क्सवादी को पहले उसमें जाना पड़ेगा।

याद होगा कि हम अर्चना वर्मा की पुस्तक पर चर्चा कर रहे थे और उनकी किताब में एक बहुत महत्त्वपूर्ण बात आती है भाषा के साथ यथार्थ के संबंधों को लेकर। जो भारतीय

भाषा-शास्त्री सोचते रहे थे ठीक उसी तरह से सास्युर ने सोचा, और उन्होंने कहा कि सास्युर के चिंतन ने एक पूरा का पूरा लिंग्विस्टिक टर्न दे दिया, पूरे समाज-वैज्ञानिक चिंतन को, और भारतीय भाषा-शास्त्री चिंतन ने वह काम नहीं कर पाया। इसके आगे उन्होंने इस चीज़ पर कुछ नहीं कहा था। मैंने उनसे यही सवाल किया कि, बतौर मार्क्सवादी मुझे लगता है कि दोनों जगहें, अगर एक ही तरह का चिंतन था, तो एक जगह उस चिंतन के आगे तक फैल जाने की कोई वजह है, और शायद मैं मैटीरियल कंडीशन्स में जाकर वह वजह ढूँढ़ना चाहूँगा। एक मार्क्सवादी के रूप में।

मैं इसमें आपको एक बिल्कुल व्यक्तिगत बात बताऊँ। और जहाँ हम स्त्रीवाद की चर्चा कर रहे हों वहाँ इस तरह की व्यक्तिगत बातों की बहुत बड़ी भूमिका है तो उससे ... आप काम भी कर रही हैं उस दिशा में आपके सामने वह आँकड़े होने चाहिए। मैंने अपनी पत्नी से क्या कहा कि जिस समय मेरा बच्चा बहुत छोटा था, और मेरी पत्नी जो पत्रकार थी वह सोच रही थी कि शायद काम छोड़ना पड़े इसकी देखरेख के लिए, तो मैंने बिल्कुल एक व्यवसायी की तरह कहा उससे भैया, चालीस-पचास हज़ार रुपया कमा के लाती हो, क्या तुम्हारा श्रम इतना सस्ता है कि उसको मैं खाना बनाने के काम में लगवा दूँ। खाना बनाने के काम और घर के मेंटिनेंस के काम के लिए मुझे बड़े आराम से तीन-चार हज़ार रुपए और पेट भर का खाना दे कर काम करने वाली मिल जाएगी। तो इसलिए तुम नौकरी क्यों छोड़ोगी। मैं जो कहना चाहता हूँ वह यही है कि इन सारी चीज़ों के विकल्प हैं। मतलब, अगर विनीता उस वक़्त अपना इंडियन एक्सप्रेस का जॉब छोड़ देतीं, तो आज तक वह कह रह होतीं कि मेरा खाना बनाना चालीस हज़ार रुपये का है, आज मैंने उसे तीन हज़ार रुपये में रिड्यूस करवा दिया। और मैं कह रहा हूँ कि तुम जो पचास हज़ार कमा कर ला रही हो तो लाओ।

सुधीर : साथ में यह और बता दो कि इस दूरदर्शिता के तहत तुमने यह कहा था, तुम्हारे इस वक्तव्य को अभिधा के स्तर पर ही लिया जा सकता है, इसके पीछे भी बहुत कुछ छुपा हुआ है। आदित्य।

आदित्य : मैं जो सवाल पूछना चाहता हूँ, वह बहुत छोटा सवाल है। एक बड़ा सवाल तो जब मेरे हाथ में माइक आयेगा तब मैं उसको करूँगा। लेकिन आपने जो प्रेज़ेंटेशन रखा, उससे मुझे एहसास हो रहा था जैसे मैं तीस साल पहले के किसी सेमिनार में बैठा हूँ, जहाँ हर चीज़ को पूँजीवाद और पूँजीवाद के इतिहास और उसकी साज़िशें और उसके साथ जोड़ कर दिखाया जा रहा है। एक बार

मुझे एहसास हो रहा था जैसे मैं तीस साल पहले के किसी सेमिनार में बैठा हूँ, जहाँ हर चीज़ को पूँजीवाद और पूँजीवाद के इतिहास और उसकी साजिशें और उसके साथ जोड़ कर दिखाया जा रहा है। एक बार भी घरेलू आधुनिकता या डोमेस्टिसिटी के सवाल या उसकी विशेषताएँ क्या हो सकती हैं, इनका कोई ज़िक्र नहीं हुआ। इतना काम तो समाजवादी नारीवादियों ने सत्तर के दशक में कर दिया था। मगर उसके आगे क्या हुआ?

भी घरेलू आधुनिकता या डोमेस्टिसिटी के सवाल या उसकी विशेषताएँ क्या हो सकती हैं, इनका कोई ज़िक्र नहीं हुआ। इतना काम तो समाजवादी नारीवादियों ने सत्तर के दशक में कर दिया था। मगर उसके आगे क्या हुआ? उसके आगे का रास्ता बतातीं, तो कुछ समझ में आता। आई वाज़ कम्प्लीटली फ्लेबरगास्टिड। दैट इट वाज़ लाइक एक्चुअली सिटिंग इन ए नाइंटीन सेंविंटीज़ सेमिनार।

अभय : आदित्य ने जो बात कही उससे जुड़ी हुई बात कहना चाहता हूँ। उससे सविताजी को एक साथ एक और चीज़ निबटाने का मौक़ा मिल जाएगा। मैं बिल्कुल इस पचड़े में पड़ने के लिए तैयार नहीं हूँ कि मार्क्सवाद और नारीवाद के बीच में जो अन्योन्यक्रिया चली वह क्या थी। मेरी दिलचस्पी बहुत पहले ही इसमें ख़त्म हो चुकी है। सविताजी ने हम लोगों का जो क्लास लिया है, मैं उसमें अनुपस्थित विद्यार्थी की तरह बैठा रहा। मेरा कहना यह है कि जब मैंने घरेलू आधुनिकता के प्रश्न का विषय सविताजी को थमाया था तो मेरे दिमाग़ में एक कल्पना थी। ज़ाहिर है कि वह कल्पना सविताजी तक नहीं पहुँच पाई। यह मेरी अपनी संप्रेषण की समस्या थी।

तो मेरी कल्पना यह थी कि मैं एक ऐसे परिवार के बारे में सोच रहा था जिसमें आधुनिकता आ चुकी है, जिसमें लोग अपने आपको आधुनिक कहते हैं। जहाँ पर स्त्री को उस तरह के शोषण, अत्याचार और उस तरह के अनाचार का सामना नहीं करना पड़ता जो कि अनामिकाजी की भाषा में उलुक बंदर की तरह झगड़ा, गाली-गलौज़ और मारपीट करने वाला पति या पार्टनर करता है। इस तरह की

> तो मेरी कल्पना यह थी कि मैं एक ऐसे परिवार के बारे में सोच रहा था जिसमें आधुनिकता आ चुकी है। जिसमें लोग अपने आपको आधुनिक कहते हैं, और जहाँ पर स्त्री को उस तरह के शोषण, अत्याचार और अनाचार का सामना नहीं करना पड़ता। इस तरह की स्थितियों का सामना नहीं करना पड़ता। स्त्री को संतोष लगता है। ख़ुशी होती है कि वह ख़ुशक़िस्मत है। वह आज़ाद है उस परिवार के अंदर। एक ऐसे परिवार में जब स्त्री उसकी सीमाओं को लाँघ कर बाहर निकलना चाहती है जहाँ उसे लगता है कि हमारा पति भी हमें समर्थन करेगा, वह भी हमें आगे बढ़ाएगा और बाहर की दुनिया में क़दम रखने में हमारी मदद करेगा। परिवार के बाहर जो एक विशाल दुनिया फैली हुई है, उस दुनिया के साथ अपना तादात्म्य बनाने में और अपनी छवि को दोबारा गढ़ने में हमारी मदद करेगा। तो ऐसा जो परिवार है, वहाँ पर घरेलू आधुनिकता क्या खेल खेलती है, स्त्री के साथ। वह समस्या क्या है? वे जो दृश्य दीवारें हैं, जो दिखाई पड़ रही हैं, मैं मान के चलता हूँ कि आधुनिकता के विकास ने, सेकुलरिज़्म ने, प्रौद्योगिकीय विकास ने और दूसरी तमाम चीज़ों ने उन्हें निबटा दिया है। लेकिन सवाल यह है कि और भी कुछ मौजूद है उसके अंदर? वह ऐसा क्या है। यह बात मेरे दिमाग़ में कब आई? जब मैं मन्नू भंडारी और मैत्रेयी पुष्पा की आत्मकथाएँ पढ़ रहा था। तब मुझे लगा कि यह दोनों स्त्रियाँ ऐसे परिवारों में मौजूद हैं जहाँ पर उन्हें ऐसे किसी भी शोषण-अत्याचार या रुकावट, झगड़े-फसाद का सामना आमतौर पर नहीं करना पड़ रहा है। उसके बावजूद भी उनकी दुनिया काफ़ी तक़लीफ़देह है।

स्थितियों का सामना नहीं करना पड़ता। स्त्री को संतोष लगता है। ख़ुशी होती है कि वह ख़ुशक़िस्मत है। वह आज़ाद है उस परिवार के अंदर। एक ऐसे परिवार में जब स्त्री उसकी सीमाओं को लाँघ कर बाहर निकलना चाहती है जहाँ उसे लगता है कि हमारा पति भी हमें समर्थन करेगा, वह भी हमें आगे बढ़ाएगा और बाहर की दुनिया में क़दम रखने में हमारी मदद करेगा। परिवार के बाहर जो एक विशाल दुनिया फैली हुई है, उस दुनिया के साथ अपना तादात्म्य बनाने में और अपनी छवि को दोबारा गढ़ने में हमारी मदद करेगा। तो ऐसा जो परिवार है, वहाँ पर घरेलू आधुनिकता क्या खेल खेलती है. स्त्री के साथ। वह समस्या क्या है ? वे जो दृश्य दीवारें हैं, जो दिखाई पड़ रही हैं, मैं मान के चलता हूं कि आधुनिकता के विकास ने, सेकुलरिज़्म ने, प्रौद्योगिकीय विकास ने और दूसरी तमाम चीज़ों ने उन्हें निबटा दिया है। लेकिन सवाल यह है कि और भी कुछ मौजूद है, उसके अंदर ? वह ऐसा क्या है। यह बात मेरे दिमाग़ में कब आई ? जब मैं मन्नू भंडारी और मैत्रेयी पुष्पा की आत्मकथाएँ पढ़ रहा था। तब मुझे लगा कि यह दोनों स्त्रियाँ ऐसे परिवारों में मौजूद हैं जहाँ पर उन्हें ऐसे किसी भी शोषण-अत्याचार या रुकावट, झगड़े-फसाद का सामना आमतौर पर नहीं करना पड़ रहा है। उसके बावजूद भी उनकी दुनिया काफ़ी तक़लीफ़देह है।

तो मेरा कहना है कि घरेलू आधुनिकता के प्रश्न को हम लोग वहाँ पर जाकर अटेन्ड करें। उस जगह जाकर उसको थ्रेश-आउट करें। वहाँ पर उसका विश्लेषण करें, तो वास्तव में हम कुछ ऐसी बातों का पता लगा पाएँगे जो कि अभी तक हमें पता नहीं हैं। वरना हम उसी पुरानी बहस में फँस के रह जाएँगे और हम देखते हैं कि भारत की कम्युनिस्ट पार्टी जब एक अविभाजित कम्युनिस्ट पार्टी थी, जब उसने तेलंगाना मूवमेंट किया था, तो बहुत सी औरतों को उसने अपने कंधे से कंधा मिलाकर क्रांतिकारी संघर्ष में उतारा। उन सब महिलाओं को पार्टी ने आदेश दे कर दोबारा आंदोलन ख़त्म हो जाने के बाद घरों को वापस भेजा और चूल्हा-चक्की में झोंक दिया। उसके बाद जब श्रीकाकुलम में नक्सलवादी आंदोलन हुआ जो मार्क्सवाद का सबसे रैडिकल फ़ॉर्म है हिंदुस्तान के अंदर, वहाँ पर जब छापामार दलमों में जब महिलाओं को उन्होंने उतारा, इसके तमाम अनुभव आज हमारे पास किताबों में लिखे हुए मौजूद हैं, उसके बाद उन दलमों में महिलाओं की क्या दुर्गति हुई ? तो जिसको समाजवादी फ़ेमिनिज़्म आप कहती हैं, व्यवहार के धरातल पर वह एकदम फ़र्ज़ी विचार साबित हो चुका है। इसलिए मैं उसमें पड़ने की कोई ज़रूरत नहीं समझता।

सविता : मैं एक छोटा जवाब दे कर निबटा देती हूँ।

सुधीर : छोटा जवाब कैसे, माँग तो बड़े जवाब की है।

विमल : छोटा जवाब नहीं चाहिए, थोड़ा बड़ा जवाब चाहिए। क्योंकि यह सारी बहस जो है वह मार्क्सवादी सिद्धांत और श्रम की बात को लेकर हो रही है कि किस-किस तरह

के सिद्धांत हैं। क्या हम आज भी अगर मार्क्सवादी सिद्धांतों के आधार पर श्रम का, जो श्रमजीवी वर्ग का जो एक्सेसिव श्रम जो ख़रीदा जा रहा है, उसकी परिभाषा कैसे कर सकेंगे, वहाँ पर भी मार्क्स बहुत ज़्यादा संवेदनशील रवैया अपनाते हैं। लेकिन जो आदिवासी, दलित और जो घुमंतू जनजातियाँ हैं, जो महिलाएँ हैं, यह छह हज़ार वाली जो डोमेस्टिक श्रम वाला तबक़ा है, उनके साथ यह कैसा सलूक़ करेगा। और एक वाक़या जो एक आत्मकथन में आया है, आत्मकथन नहीं, आत्म-स्वीकृति, जिसमें रामशरण जोशी जी ने लिखा था कि वहाँ पर ढाई रुपए में और तीन रुपये में महिलाएँ अपनी देह बेचती हैं, और एक ख़रीदार की तरह, और उन्होंने ढाई रुपए में वह देह ख़रीद ली और वह देह थी गर्भवती स्त्री की, जिसकी छातियों में दूध भरा हुआ था। उसके बच्चों की जगह, जिसने देह ख़रीदी, उसे यह दुग्धपान करने के लिए मिला। अब यह जो श्रम क्लास है, जो पूरे दिन भर अगर काम करे, आठ या बारह घंटे, वहाँ पर कोई घंटे के हिसाब से काम नहीं होता है, तो उसके बारह घंटे का जो मिनिमम वेजिज़ है, उससे भी पूरा नहीं पड़ रहा है तभी तो वह ढाई रुपए में अपनी देह बेच रही है। उसके लिए मजबूर है और यह जो समाजवादी विचारधारा के तहत काम करने के लिए जो लोग जा रहे हैं, उनका अगर उनके साथ यह रवैया है, तो यह मार्क्स और सोशलिज़म के सिद्धांत की जो बात आपने कही वह बात बड़ी अजीब सी लगती है कि कहाँ पर इसका डिमार्केशन हो, और कैसे इसका नज़रिया उस तरफ़ बदलता है, और इस तरफ़ कैसे बदलता है।

जिस आधुनिकता की बात आप कर रही हैं उसमें केवल मध्यवर्ग तक ही हम पहुँचते हैं। आपकी सारी बात या मार्क्स का जो सिद्धांत है, जो नारीवादी आंदोलन ने लिया है, जो पश्चिम से मिला सिद्धांत है, क्या हम उसी के तहत सारा नारीवादी विमर्श बनाएँगे? जितना भी हमारा डिस्कोर्स है या जितनी भी हमारी जो ज़रूरतें हैं, वह केवल वहीं से ली जाएँगी या ले सकते हैं, या ऐसे कोई और भी विद्वान हैं जिनसे कुछ लिया जा सकता है! उसका भी मिलान करके देखें तो कुछ और ही तस्वीर हमारे सामने आती है। मार्क्स के यहाँ दलित और आदिवासी समुदाय नहीं हैं। हम बेस और सुपर-स्ट्रक्चर के भीतर ही बहुत देर से, बहुत सालों से, लगता है सत्तर-अस्सी सालों से, वहीं चक्कर लगाते आ रहे हैं। सारे सिद्धांत यहीं पर आ कर, जो मूलभूत ऊर्जा है या मूलभूत सिद्धांत की जो मूल्यवत्ता है, वह खो देते हैं, क्योंकि वहाँ पर वह लागू ही नहीं हो रहा है। तो हम इसकी बात बार-बार क्यों करते रहें!

एक बात और है कि जिस आधुनिकता की बात आप कर रही हैं तो उसमें केवल मध्यवर्ग तक ही हम पहुँचते हैं। आपकी सारी बात या मार्क्स का जो सिद्धांत है, जो नारीवादी आंदोलन ने लिया है, जो पश्चिम से मिला सिद्धांत है, क्या हम उसी के तहत सारा नारीवादी विमर्श बनाएँगे? जितना भी हमारा डिस्कोर्स है या जितनी भी हमारी जो ज़रूरतें हैं, वह केवल वहीं से ली जाएँगी या ले सकते हैं, या ऐसे कोई और भी विद्वान हैं जिनसे कुछ लिया जा सकता है! उसका भी मिलान करके देखें तो कुछ और ही तस्वीर हमारे सामने आती है। मार्क्स के यहाँ दलित और आदिवासी समुदाय नहीं हैं। हम बेस और सुपर-स्ट्रक्चर के भीतर ही बहुत

देर से, बहुत सालों से, लगता है सत्तर-अस्सी सालों से, वहीं चक्कर लगाते आ रहे हैं। सारे सिद्धांत यहीं पर आ कर, जो मूलभूत ऊर्जा है या मूलभूत सिद्धांत की जो मूल्यवत्ता है, वह खो देते हैं, क्योंकि वहाँ पर वह लागू ही नहीं हो रहा है। तो हम इसकी बात बार-बार क्यों करते रहें!

नवीन : मैं दो सवाल छोड़ देता हूँ, बाद में पूछ लूँगा। दो सवाल छोटे-छोटे हैं। मैं आपके कंसर्न को समझते हुए कह रहा हूँ कि जो बेसिक फ्लॉ और लिमिटेशन है आर्ग्यूमेंट का, वह यहाँ से पैदा होता है। मार्क्सवाद के भीतर पितृसत्ता या घर-परिवार या फ़ैमिली को समझने के दो तरह के ट्रेंड्स देखे जाते हैं। एक तरफ़ बेस और सुपरस्ट्रक्चर की समझ है जिसके तहत घर-परिवार के भीतर जो शोषण है वह बेस का हिस्सा हो जाता है, और जो पितृसत्ता और आइडियॉलजी है वह सुपरस्ट्रक्चर का हिस्सा हो जाती है, और फ़ैमिली एक सिंगल साइट है। तो अक्सर पितृसत्ता का मैटीरियल बेस, हमेशा हर चीज़ में मैटीरियल बेस ढूँढ़ने की कोशिश की जाती है, जबकि उस पर बहस हो सकती है, लेकिन मेरा ऐसा मानना है कि बेस और सुपरस्ट्रक्चर की जो अंडरस्टैंडिंग थी वह प्रोडक्शन रिलेशन को एक्सप्लेन करने के लिए थी न कि सारी सोशल रियलिटी को बेस और सुपरस्ट्रक्चर के मैकेनिज़म से समझने के लिए थी।

उसी रूप में जेंडर ख़ुद अपने लिए एक बेस पैदा करता है। यह भी समझने की ज़रूरत है। सारे इतिहास को फ़्यूडल मोड ऑफ़ प्रोडक्शन या किसी एक मोड ऑफ़ प्रोडक्शन की रोशनी में समझना एक समस्या रही है। हम जानते हैं कि पितृसत्ता या कास्ट किसी पूँजीवादी मोड ऑफ़ प्रोडक्शन की उत्पत्ति नहीं है। अगर वह पुराने मोड ऑफ़ प्रोडक्शंस की उत्पत्ति रही है और सरवाइव करती रही है आगे के मोड ऑफ़ प्रोडक्शन में भी, तो इस बात की कोई गारंटी नहीं दी जा सकती कि एक मोड ऑफ़ प्रोडक्शन ख़त्म होने के बाद वह सारी सोशल सांस्कृतिक प्रैक्टिस ख़त्म हो जाएँगी। मैं यह नहीं कह रहा हूँ कि हम जेंडर को, पितृसत्ता को या कास्ट को सिर्फ़ एक सोशल प्रेक्टिस की तरह देखें। उसका आर्टिकुलेशन भी हो रहा है जो आपने सही बोला कि कैसे सोशली नैसेसरी वेज श्रम फैमिली में पितृसत्ता की वजह से कमतर माना जाता है। लेकिन इन दोनों बातों में आप संपर्क बिठाना चाहती हैं कि पितृसत्ता जिसका एक हिस्टोरिकल कांटेक्स्ट है, पूँजीवाद के इतर, पूँजीवाद से ज़्यादा, और दूसरी तरफ़ जो उसका आर्टिकुलेशन है बाज़ार के साथ, एक्सप्लॉयटेशन के साथ, वे दोनों चीज़ें जुड़ी हुई हैं। अक्सर समस्या यह पैदा होती है कि हम ज़्यादा फोकस उसके वैल्यू निकालने के पार्ट पर देते हैं जबकि डॉमिनेशन का, एक्सप्लॉयटेशन का एक बड़ा विचारधारात्मक पार्ट सिर्फ़ पूँजीवाद से जुड़ा हुआ नहीं है। वह पूँजीवाद के पहले के उत्पादन-संबंधों में भी बहुत साफ़ तौर पर देखा जा सकता है। वह रिसर्च में आया है।

सुधीर : अब इसके बाद कोई प्रश्न नहीं होगा। अब सविता, जितनी देर तक इनको भूख नहीं सताती है, बोलें। लेकिन मेरी एक ही इनसे प्रार्थना है कि अब जो सवाल उठे हैं, जिन पर इन्होंने कहा कि अब मैं बोलूँगी, वह नया पर्चा जो अभय ने जिस कल्पना से, जो कल्पना

संप्रेषित नहीं कर पाए, और वह उन्होंने बिल्कुल स्पष्ट कर दी कि उनका इरादा क्या था, वह जो हिस्सा है उस हिस्से पर सविता अब बात की जाए।

सविता : मैं आदित्य निगम का जो कमेंट था, उससे शुरू करती हूँ। आदित्य ने जो बात कही, बिल्कुल सही है कि जिस विमर्श को मैंने एक्सप्लोर किया, वह सेवंटीज़ का डिस्कोर्स था, और उसके आगे जो भी इसका विस्तार हुआ है। ... मैंने आपको पहले ही कहा था कि मैं एक राजनीतिक-आर्थिक परिप्रेक्ष्य से बोलना चाहती हूँ, और इसमें कुछ जो ख़ास टैक्निकल बातें हैं उन्हें उजागर करना चाहती हूँ। एक स्टैंडर्ड, एक तकनीकी क़िस्म का जवाब लोग देते हैं, वह मैं भी देना चाहती हूँ, क्योंकि अभी तक तकनीकी होने के बावजूद उसका महत्व नहीं ख़त्म हुआ है।

पहली बात तो यह है कि अभी तक जो स्त्री का श्रम है, उसका प्रॉपर वस्तुकरण नहीं हुआ है। अंतर्विरोध है पूँजीवाद का और इस पर वैलस्टाइन का ही शायद काम है और बहुत अच्छा काम है। उन्होंने यह बात कही है तमाम विश्लेषण के बाद कि पूँजीवाद की मंशा है ऐसा करने की कि क्योंकि उससे प्रॉफ़िट जेनरेट होता है टु कमोडिफ़ाई फ़ैमिली लाइफ़। बहुत हद तक जो रिश्ते हैं जिनके बारे में अभयजी कह रहे हैं। घरेलूपन जो है, जो हाउस-होल्ड है उसमें मार्केट का बहुत ही इंटरवेंशन है, लेकिन जिस बिंदु से मैं बात कर रही हूँ उसमें मार्केट के साथ जो इंटरेक्शन घर-परिवार का होना है, वह एक ख़ास अंडरस्टैंडिंग और टर्म्स पर होना चाहिए। मेरा यह कहना है। मार्केट तो चाहता है कि कमोडिफ़ाई करे वह रिलेशनशिप को। वह तो चाहता है कि हस्बैंड और वाइफ़ का रिलेशन भी कमोडिफ़ाई हो। इन द सेंस कि वह कांट्रेक्ट बेस्ड हो। पश्चिम में बहुत हद तक हो भी चुका है। विवाह आलमोस्ट काइंड ऑफ़ थिन एपियरेंस इन द कंज़्यूमर लाइव्ज़ ऑफ़ पीपुल देअर। तो यह उसका ही हिस्सा है। जो घरेलूपन है, उसकी जो थिनिंग हो रही है, उसमें मैरिज़ एक कैजुअल्टी है। आप जानते हैं कि लोग स्टेबल रिलेशनशिप में बहुत समय तक इस वजह से भी नहीं जी पा रहे हैं, क्योंकि उनके ऊपर तमाम तरह के आर्थिक दबाव हैं। नौकरी का दबाव है, अपने मूल्यों को लेकर दबाव है। ... आधुनिकता ने घर-परिवार को मार्केट के ज़रिए जिस तरह से ट्रांसफ़ॉर्म किया है, वैसा बाक़ी और किसी चीज़ के ज़रिए नहीं किया। क्योंकि वह एक डेफ़िनिट फ़ोर्स है, उसका एक डेफ़िनिट कांसिक्वेंस होता है। तो मेरा यह कहना है कि कमोडिफ़िकेशन ऑफ़ फ़ैमिली मार्केट की मंशा में है, लेकिन वह तभी तक जब तक कि वह प्रॉफ़िटेबिल हो।

तो जिस आधार पर मैं यह कह रही थी कि मार्केट एक पॉइंट के बाद, जब पूँजीवाद घर-परिवार को ख़त्म नहीं करेगा, परिवार को ख़त्म नहीं करेगा, वह यहीं पर आ करके टोटल कमोडिफ़िकेशन होने का मतलब है कि आपको उसके वैल्यू को आँकना होगा। इसका सीधा परिणाम है। इफ़ यू डिस्ट्रॉय हाउसहोल्ड, देन यू हैव टु एकाउंट फॉर श्रम दैट विल बी परफ़ार्म्ड। या तो मार्क्स ने कहा था, आप जैसे कह रहे थे कि मार्क्स की परिकल्पना रही है कि एक जगह उपयोग मूल्य है, और एक जगह विनिमय मूल्य है। जो टेंडेंसी है, वह यह

उपयोग मूल्य का महत्त्व बहुत हद तक विनिमय मूल्य इनगोबिल कर ले। क्योंकि उसी से मुनाफ़ा जेनरेट होगा। लेकिन वह एक प्रक्रिया है। दूसरी प्रक्रिया पूँजीवाद के अंदर यह है कि टोटल कमोडिफ़िकेशन उसका न हो, क्योंकि उसके ज़रिए भी उसको प्रॉफ़िट है। आप इस शब्द पर एतराज़ कर रहे थे मुनाफ़े को लेकर के।

इस दायरे को मुनाफ़े के रूप में दिखाना नारीवादियों का काम है, मार्क्सवादियों के यहाँ यह नहीं है। और उस अर्थ में मैं मार्क्सवादी नहीं हूँ। मैं एक समाजवादी नारीवादी पूँजीवादी व्यंबस्था में हूँ और मेरा यह मानना है कि मार्क्स की सीमाएँ बेहद स्पष्ट हैं। उसके अलावा भी वह रह रहे थे? स्त्री का जो रूप बदल रहा था, जो जीवन बदल रहा था कैपिटलिज़म के अंदर, उन्होंने कहा कि वह एक तरह का प्राइवेटाइजेशन था, प्रोस्टिट्यूशन डोमेस्टिक रेल्म एक तरह के प्रोस्टिट्यूट के रूप में, प्राइवेट प्रॉपर्टी के रूप में स्त्री का विकास हो रहा है। जब वे प्रोस्टिट्यूट शब्द का इस्तेमाल कर रहे हैं तो उस पर वह नैतिक भार नहीं है। उसका एक बहुत ही टेक्निकल अर्थ है कि औरत एक कमोडिटी में तब्दील होती जा रही है। आपका श्रम एक कमोडिटी में तब्दील होता जा रहा है। लेकिन उनका जो हल था वह यह था कि जब स्त्रियाँ घर-परिवार से निकल कर मार्केट में और इंडस्ट्री में काम करने लगेंगी तो उनकी मुसीबतें ख़त्म हो जाएँगी। उनके श्रम का वैल्यू होने लगेगा। उनका श्रम उत्पादक श्रम हो जाएगा। लेकिन ऐसा हुआ नहीं, और न होने जा रहा है। यह जो घर-परिवार है यह तब तक मेंटेन रहेगा जब तक कि पूँजीवाद की संकल्पना में वह बार-बार तार्किक ढंग से मुनाफ़ा देने वाली व्यवस्था होगी। इसमें बार-बार तार्किक उतरता है कि इससे प्रॉफ़िट जेनरेट हो रहा है, यह फ़ायदेमंद है पूँजीवाद के लिए। यह डेफ़िनिट बात है, इसको कोई काट नहीं सकता है। मेरा अपना यह मानना है और ये समाजवादी नारीवादी पोज़ीशन है, वहाँ से मार्क्सवादी एडवांसमेंट है, वहाँ से मैं बोल रही हूँ। तो यह टेक्निकली भले ही सही हो कि जिस श्रम का आप शोषण कर रहे हैं और उसका कोई मूल्य चूँकि नहीं है इसलिए वह प्रॉफ़िट जेनरेट नहीं कर सकता तो आप उसको प्रॉफ़िट नहीं कहेंगे। पर वह मुनाफ़ा जेनरेट कर रहा है। बस उसको प्रॉफ़िट कहा नहीं जा रहा है। अगर ऐसा नहीं होता तो कैपिटलिज़म के लिए बहुत आसान होता घर-परिवार को कमोडिफ़ाई करना। वह श्रम है, लाइव श्रम है, इट इज़ प्रोड्यूसिंग कमोडिटी आलरेडी। यह चीज़ कहीं से भी काटी नहीं जा सकती।

रही बात आदिवासी जीवन को लेकर, और अतीत को लेकर। मार्क्सवादी या सोशलिस्ट फ्रेमवर्क में अतीत को लेकर के इतना मोह नहीं है। और मुझे भी नहीं है। मुझे लगता है कि जो भविष्य है, जो हम अपने संघर्ष के ज़रिए रच रहे हैं उसमें उस जीवन की स्निग्धता ज़रूर बचा ली जानी चाहिए, लेकिन जो व्यवस्था होगी वह कितना और कुछ बचा पाएगी, कहना मुश्किल है। द्वंद्वात्मक सोच में निगेशन का मतलब विध्वंस नहीं होता। उसका सकारात्मक विकास होता है, जो उसे पहले जैसा नहीं रहने देता, बल्कि ज़्यादा परिष्कृत करके नए ढंग से समाहित कर लेता है।

अनामिका ने कहा कि अतीत को भी आप निगेट कर रही हैं। वैसे भी अतीत की अगर

जहाँ तक बात है, मेमरी, पास्ट, इन सब चीज़ों का बहुत इंटेलिजेंट उपयोग आप करें, तभी वह कारगर हैं, नहीं तो उनका ज़्यादातर बहुत ही प्रतिक्रियावादी रोल होता है। अनएकाउंटिड फ़ार, अनक्रिटिकल वे से अगर वह आता है, तो बहुत ख़तरनाक चीज़ है। और मैं किसी भी तरह से आरएसएस या इसके बारे में बात नहीं करना चाहती, लेकिन अतीत का यह जो मोह है, यह काफ़ी ख़तरनाक है, और रोमांटिक है, और रोमांटिसिज़म का एक डेफ़िनिट रोल था हिस्ट्री में, वह वहीं पर ठीक है। अभी इस वक़्त जो हम लोग सोच-विचार करते हैं, अपने पास्ट का सिर्फ़ हरम्युनिटिकल यूज़ हो सकता है, वर्तमान को अर्थगार्मिक बनाने के लिए हम उसको साथ ले चल सकते हैं।

रहा आदिवासी जीवन को अतीत में डालने का सवाल, तो मैंने इसलिए उसमें लिखा होगा, क्योंकि उनका जो मेटीरियल बेस है, वहाँ जो उत्पादन की क्षमता है, वह न्यूनतम है, इसीलिए उनका शोषण भी होता है, क्योंकि मुख्य-धारा में उत्पादन की जो नई तकनीक है, जो नई व्यवस्था है, उसमें उनको उस तरह से इनक्लूड नहीं किया गया है। इसलिए वह कंज़म्प्शन के लेवल पर, प्रोडक्शन के लेवल पर उनका जो मिनिमम वेज हो सकता है, वही उनको मिलता है, न उनका कोई प्रशिक्षण होता है, न उनको टैक्निकली मॉडर्न श्रम फ़ोर्स की तरह इस्तेमाल किया गया है। उसे साज़िश के तौर पर प्रिमिटिव फ़ॉर्म में रखा गया है। उनका शोषण जिस तरह से होता है, शहर में जो श्रमिक काम करते हैं उस तरह से उनका शोषण नहीं होता है। यह तो जानी हुई बात है। रही बात यह कि आप क्या उनको ज़्यादा शोषण किए जाने लायक़ बनाना चाहते हैं? यह बहुत बड़ा मुद्दा है। या आप वहीं से कोई दूसरा फ़ॉर्म डेवलप करना चाहते हैं? मेरा अपना यह मानना है कि अभी इस ग्लोबल पूँजीवाद में उनके प्रति नृशंसता और बढ़ रही है।

आदित्य : एक सवाल पूछें आपसे क्लियरेफ़िकेशन के लिए। अगर यह मान लिया जाए कि वह जो पंकज का सवाल था वह अतीत के हवाले से आ रहा है। इस हवाले से आ रहा है कि वह एक बैकवर्ड मोड ऑफ़ प्रोडक्शन है, बेशक वह आज आपके बीच में मौजूद है। लेकिन उसका मैटीरियल बेस बैकवर्ड है, इसलिए वह बैकवर्ड है, और उसको ख़त्म होना है किसी न किसी रूप में। तो जो दूसरा एकमात्र मॉडल बचता है उनके इमेंसिपेशन का, वह उनके बेरहमी से, बेदर्दी से सर्वहाराकरण का है। उनको अरबन श्रम मार्केट में, जहाँ यह तय नहीं है कि उसे नौकरी मिलेगी भी या नहीं मिलेगी, वहाँ फेंक़ने का है। तो आप क्या उस मॉडल की ताईद कर रही हैं या आपके पास कोई तीसरा मॉडल है? यह जो कह रहे हैं, मैंने जो सुना वह यह नहीं था कि उनको जहाँ हैं, वहाँ वह रहें। उनका सवाल कुछ और था कि यह जो एक प्रोग्रेसिविस्ट नैरेटिव है, जो आपकी तक़रीर में, शायद आपके लेख में भी लगातार मिल रहा है, उसके बरक़्स यह जो जीवन-पद्धतियाँ हैं, जो हमारी आज की ज़िंदगी का एक बहुत बड़ा हिस्सा हैं, उनके बारे में इस प्रोग्रेसिविस्ट डिस्कोर्स के बाहर कोई जगह है या नहीं है?

सविता : बिल्कुल है, क्योंकि उनका संघर्ष भी बहुत ही अहम है। और वह संघर्ष मेरे ख़याल से मार्क्सिस्ट लाइन पर नहीं कर रहे हैं। वह प्लोरितेरियत में तब्दील होने के लिए संघर्ष नहीं कर रहे हैं। वे अपने जीवन को बचाने के लिए, और उनके पास जो समझ है, जो विज़डम है, उसको लेकर कर रहे हैं। मेरा ख़याल है कि पूँजीवाद के अंदर कई संभावनाएँ हैं। एक समाजवादी संभावना जो सोवियत यूनियन में मैनिफ़ेस्ट हुई वह ख़त्म हो गई। एक संभावना जो चाइनीज़ मॉडल में है, वह पहले ही पूँजीवाद में तब्दील हो रही है। इसलिए एकायामी चिंतन मैं नहीं कर रही हूँ, किसी भी नारीवादी को नहीं करना चाहिए।

लेकिन मेरा सवाल यह है कि वहाँ जो संघर्ष है, और वहाँ जो सोच है, उसकी अपनी उन्नति अभी क्या है? यह सोचने की बात है। अभी तो हम जो देख रहे हैं पूँजीवाद का जो आदित्य का ही अपना यह मानना है कि प्रिमिटिव एक्युमिलेशन अभी भी चल रहा है। इसके शिकार आदिवासी, उनकी ज़मीन, उनके जंगल, उसके नीचे के खनिज, यह सब हो रहे हैं। लेकिन क्या हम इसको पूँजीवाद के बाहर रख कर, यह जो प्रक्रिया है, एक बहुत डॉमिनेटिंग प्रक्रिया चल रही है, उसके बाहर रख कर कुछ भी उनके भविष्य के बारे में सही-सही सोच सकते हैं, या वह ख़ुद भी सोच सकते हैं? यह भी तो मुद्दा है, इसलिए मैं कह रही हूँ कि मुझे ऐसा लगता है कि अभी जो कंटम्परेरी सिचुएशन है वर्ल्ड कैपिटल की, उसमें उनके प्रति मैं नृशंसता ज़्यादा देख रही हूँ। उनको राइट्स उस तरह से कभी मिले नहीं, लेकिन जो कुछ भी उन्होंने हासिल किया है, उसका भी पूरा मूवमेंट इस देश में चल रहा है, उनको ख़त्म करने के लिए, सप्रेस करने के लिए। और इसीलिए आल्टरनेटिव मूवमेंट्स हैं इस देश में। मैं कहाँ कह रही हूँ कि नहीं हैं। लेकिन मैं यह समझती हूँ कि जो एक डॉमिनेटिंग प्रोसेस चल रहा है, उसकी पड़ताल, उसका जो तर्क है उसको समझने से जो कुछ भी हम वैकल्पिक मोड चाहते हैं, उसमें भी फ़ायदा होगा। इसलिए मैं सोचती हूँ कि जैसा अभयजी ने कहा कि यह एक अतीत की चीज़ है, इट इज़ नॉट, अतीत की चीज़ नहीं है। क्योंकि मार्क्सिस्ट बहसें जो हैं, या नारीवादी समाजवादी दलीलें जो हैं, वह अब उस तरह की उत्तेजना नहीं पैदा करतीं या जो रियलिटी है या जो परिवर्तन उसमें है उसको वे एक्सप्लेन नहीं कर पा रही हैं। लेकिन, पूँजीवाद अभी भी अपने ही ढंग से काम कर रहा है। अभी भी पूँजीवाद का लक्ष्य और इरादा प्रॉफ़िट है। अभी भी प्रॉफ़िट सबसे ज़्यादा मूव करता है रूलिंग क्लास को। और अभी भी श्रम की एक्सप्लॉयटेशन से वैल्थ क्रियेट हो रही है। अभी तक किसी राजनीतिक इकॉनॉमिस्ट ने यह थियरी सामने ला कर नहीं रखी है कि ज़ीरो श्रम इनवेस्टमेंट से मुनाफ़ा जेनरेट हो सकता है, या कि जो प्रॉफ़िट है वह मैकेनाइज़ेशन और ऑटोमाइज़ेशन से हो सकता है। अभी भी जो ह्यूमन फ़ैक्टर है, श्रम फ़ैक्टर, वह उसमें काम कर रहा है। यह सब पुराने आर्ग्यूमेंट्स हैं, जो मैं रख रही हूँ। और मेरा ख़याल है कि इन आर्ग्यूमेंट्स को आइडियालॅजिकल ढंग से ही ख़ारिज़ किया जा सकता है। इनको किसी भी सीरियस थियरीटिकल ढंग से अभी तक डिसमिस नहीं किया गया है। पोस्ट-मॉडर्निज़म में जो मोस्ट सोफ़ेस्टिकेटिड थियरी है, देरिदा

वग़ैरह की, जो पूँजीवाद पर भी उन्होंने लिखा उसमें जो पॉलिटिकल और सोशल लाइफ़ है, उसमें सेक्शुअल रेवोल्युशन की वजह से, सोशल कांशसनेस की वजह से, लोकल फ़ैक्टर की वजह से, कुछ परिवर्तन थियरीटिकल आए हैं। लेकिन डॉमिनेंट मोड ऑफ़ प्रोडक्शन पूँजीवाद है।

पूँजीवाद को ख़तरा अगर है तो कहाँ से है यह अभी मैं बता देती हूँ। अगर वह जो रेशनल सेल्फ़ था जिसको तैयार किया पूँजीवाद ने और जो लिबरलिज़म का बहुत बड़ा हिस्सा बना। उस सेल्फ़ में जो फ्रेक्चर आया, उस सेल्फ़ को जो ओब्लिटरेट करने की जो बात कही गई, वह रेशनल स्ट्रक्चर जो डिस्टर्ब किया गया, उसके निश्चित रूप से कई कांसिक्वेंसिस हैं जिनका असर ह्यूमन रिलेशनशिप पर, चाहे वह फ़ैमिली में हो, या मार्केट में हो, पड़ा है। वह इंटीग्रेटिड रेशनल सेल्फ़, जो लेबरिंग बॉडी को कैरी करता है, अगर वह डिस्टर्ब कर दिया जाता है, एट दि लेबल आव फिलॉसफ़ी तो निश्चित रूप से ज़ो वर्क का कांसेप्ट है, वह चेंज कर जाएगा, जो रिलेशनशिप का कांसेप्ट है, वह चेंज कर जाएगा। और यह बात सही है कि जो पुराने ढंग का काम था, जिस तरह से काम इंडस्ट्री में होता था, अब उस तरह से काम नहीं होता है। निश्चित रूप से प्रौद्योगिकी की वजह से वर्क प्लेस का लॉजिक चेंज कर गया है। आईटी इंडस्ट्री आ गई। टेक्नॉलॅजी की अवधारणा बदल गई, और उसके ज़रिए भी सुपर प्रॉफ़िट पैदा होता है। पूँजीवाद में साइक्लिक डिप्रेशन बहुत टेक्नॉलॅजिकल एडवांसमेंट लाता है, लेकिन उसको इस प्रोसेस से अलग करके देखने से फिर हम दिशाहीन होते हैं। फिर हम पोस्ट–मॉडर्न इनफ़ाइनाइट पॉसिबिलिटीज़ ऑफ़ न्यू लाइफ़ के बारे में सोच तो सकते हैं, लेकिन उसके बारे में कोई ख़ाक़ा पेश करने में बहुत दिक़्क़त होती है।

सुधीर : अच्छा भाई, एक लेविल पर पर्चे पर जो डिस्कशन था, वह पूरा हो गया। अब इनफ़ॉरमली बातें होंगी, ज़रूरी नहीं कि सविता जवाब दें, या न दें।

सविता : एक और चीज़ थी जिसके बारे में मैं बात नहीं कर पाई। जैसे, यह परिवार की जो कल्पना है, जिसमें पति और पत्नी की कल्पना है, यह आउटडेटिड है निश्चित रूप से, क्योंकि यह हेट्रोसेक्शुअल और मोनोगेमस रिलेशनशिप पर आधारित परिवार है, जिसके बारे में मैं बात कर रही हूँ। यह सब प्रजम्शंस हैं इसमें। अभी भी स्टैंडर्ड फ़ॉर्म फ़ैमिली का यही है। मैं किसी भी तरह से इसको आदर्श नहीं मान सकती लेकिन मेरे नहीं आयडियलाइज़ करने के पीछे एक रैडिकल फ़ेमिनिस्ट कांशसनेस यह है, यह नहीं कि उस तरह से सेक्स को ज़्यादा इंजाय किया जा सकता है, या ज़्यादा आपको सैटिस्फैक्शन मिलेगा, इस तरह से कि हेट्रो–सेक्सुअल फ़ैमिली मोनोगेमस लाइफ़ वह ज़मीन तैयार करती है जिसमें डॉमेस्टिक श्रम वर्कर्स को प्रोड्यूस करने के लिए इस्तेमाल होता है। अगर आप इससे बाहर जाते हैं, अगर मैरिज का प्रोडक्शन चिल्ड्रन नहीं है, प्रोडक्शन ऑफ़ लेबरिंग बाडीज़ नहीं है, अगर विवाह का परपज़ शारीरिक संतोष है, प्लेज़र है या दूसरा कोई रूहानी लेविल का कोई सैटिस्फैक्शन

है, तो वह पूँजीवाद के लिए कोई बहुत फ़ायदेमंद चीज़ नहीं है। और उसको वह बहुत हद तक टालरेट नहीं करने की ही कोशिश करेगा। तो मेरा अपना मानना है कि स्टैंडर्ड फ़ॉर्म हेट्रोजेनियस मोनोगेमस फ़ैमिली स्ट्रक्चर में आसानी है पूँजीवाद को डोमेस्टिक श्रम में, औरतों के श्रम को एक्सप्लॉयट करने के लिए। इसलिए उसकी अपनी सेल्फ़ कांशसनेस में यह हमेशा कोशिश रहेगी कि यह फ़ैमिली मेंटेन रहे, बच्चे पैदा हों, पॉप्युलेशन बढ़े। तमाम जो स्ट्रक्चर है पूँजीवाद का वह मेनटेन रहे। मैं ज़रा भी रैडिकल ट्रीटमेंट इसमें स्टेबलिशमेंट की तरफ़ से नहीं देखती। हालाँकि, मैं इसको आयडियलाइज़ नहीं करती।

आप कह रही हैं कि जब तक पूरी दुनिया में हर शै कमोडिफ़ाई हो कर बिक न जाए, या बिकने की स्थिति में न आ जाए, तब तक समाजवादी, या कम्युनिस्ट जो हैं, मार्क्सवादी जो हैं, उन लोगों के पास कोई काम नहीं है करने को। आपका लेमेन्ट यह था कि औरतों का लेबर कमोडिफ़ाई नहीं हुआ है। अभी यह कमोडिफ़ाई नहीं हुआ है, वह कमोडिफ़ाई नहीं हुआ है। अभी आदिवासी भी घूमे जा रहे हैं बेचारों की तरह। तो, आपकी बात में कुल मिला के मैं दुनिया में पूँजीवाद का और मार्क्सवाद का इतिहास देखता हूँ, वह यह है कि चीन में पूँजीवाद बना रहे हैं, बंगाल में पूँजीवाद बना रहे हैं, जहाँ देख रहे हैं वहीं पूँजीवाद की रचना कर रहे हैं। यानी मार्क्सिज़्म इज़ दि हाइएस्ट स्टेज ऑव कैपिटलिज़्म।

आदित्य : बस दो शब्दों में। मैं आपसे पूरी तरह इत्तिफ़ाक़ रखता हूँ कि पूँजीवाद एक बहुत बड़ी रियलिटी है हमारी कंटेम्परेरी दुनिया की, और इससे इनकार नहीं किया जा सकता। यह अलग बात है कि आपकी और मेरी अंडरस्टैंडिंग में शायद पूँजीवाद का मतलब थोड़ा सा अलग हो सकता है। अगर मैंने आपकी बात को सही सुना है, तो मैंने यह सुना कि आप कह रही हैं कि जब तक पूरी दुनिया में हर शै कमोडिफ़ाई हो कर बिक न जाए, या बिकने की स्थिति में न आ जाए, तब तक समाजवादी, या कम्युनिस्ट जो हैं, मार्क्सवादी जो हैं, उन लोगों के पास कोई काम नहीं है करने को। आपका लेमेन्ट यह था कि औरतों का श्रम कमोडिफ़ाई नहीं हुआ है। अभी यह कमोडिफ़ाई नहीं हुआ है, वह कमोडिफ़ाई नहीं हुआ है। अभी आदिवासी भी घूमे जा रहे हैं बेचारों की तरह। तो, आपकी बात में कुल मिला के मैं दुनिया में पूँजीवाद का और मार्क्सवाद का इतिहास देखता हूँ, वह यह है कि चीन में पूँजीवाद बना रहे हैं, बंगाल में पूँजीवाद बना रहे हैं, जहाँ देख रहे हैं वहीं पूँजीवाद की रचना कर रहे हैं। यानी मार्क्सिज़्म इज़ दि हाइएस्ट स्टेज ऑफ़ कैपिटलिज़्म। इफ़ फ्राम वाट आई कुड हियर। आपकी तक़रीर में जो मुझे समझ में आया वह यही है। आपकी पहली प्रस्थापना से मैं सौ फ़ीसदी सहमत हूँ। लेकिन उसके बाद फिर नतीजा यह निकलता है कि जब तक पूँजीवाद का पूरी दुनिया में बोलबाला न हो जाए, और कुछ बीच का नहीं। आपके पास सिर्फ़ लेमेन्ट है इस बात का कि पूँजीवाद अभी पूरी तरह से दुनिया को तहस-नहस नहीं कर पाया है।

शीबा : तालिबानी एग्ज़ाम्पिल दिया था। वह दूसरे रेल्म से है, उसमें पूँजीवाद नहीं है। मैं कंट्राडिक्शन की बात कर रही हूँ कि हर हालत में नतीजा एक ही है। तो जो फ्रेमवर्क है वह मार्क्सवादी क्यों हो इसेंशियली, यह परेशानी है।

सविता : नहीं, यह मार्क्सवादी नहीं है। मैं बार-बार कह रही हूँ कि यह एक समाजवादी नारीवादी पोज़ीशन है, जो मार्क्सवाद से हट चुकी है। मार्क्स के यहाँ तो कांशसनेस है ही नहीं कि सैक्शुअल कोई ऑटोनोमस कैटेगरी है। वे क्लास कैटेगरी में देखते हैं। तो यह मार्क्सवादी पोज़ीशन नहीं है। बार-बार उसको कनफ़्यूज़ नहीं करना चाहिए। इट इज़ ए डिफ़रेंट पोज़ीशन। मैं ज़रा आदित्य की बात पर एक मिनट आना चाहती हूँ। क्योंकि कोई किसी आर्ग्यूमेंट को आप किसी नतीजे पर पहुँचाना चाहते हैं, उसको परत दर परत आप खोलना चाहते हैं, इसका यह मतलब नहीं है कि वही एक विज़न है। सबसे अच्छा विज़न क्या होता है कि आप अलाऊ करें कि कई विज़ंस आ सकते हैं, क्रियेट हो सकते हैं। जो कि नारीवादियों की भी पोज़ीशन है। पूँजीवाद ताकि लॉजिकली ढंग से काम कर रहा है, उसको बिना ख़त्म किए हुए आप उसके डॉमिनेंट लॉजिक से पार नहीं पा सकते। यह निश्चित रूप से मैं मानती हूँ। पूँजीवाद पूरी दुनिया में जहाँ भी चाहता है स्ट्राइक कर सकता है, जहाँ भी चाहता है युद्ध कर सकता है। मैं जब यह कह रही हूँ तो आप जान रहे हैं कि पूरी दुनिया में युद्ध चलाने का कोई और दूसरा कारण नहीं दिखता है। अफ़ग़ानिस्तान में जो हो रहा है, इराक़ में जो हुआ। यह सब इम्पीरियलिस्ट वार हैं, और यह सब पूँजीवाद के कारण हुआ है। इसमें कोई दो राय नहीं है। तो मेरा यह कहना है कि हम कभी भी पूँजीवाद को कोई बहुत आसान चीज़, कोई वीक फ़ॉर्म न मानें। क्योंकि पोस्ट-मॉडर्निज़म डिवेलप कर गया। पूँजीवाद अपने को बार-बार पुनर्स्थापित कर रहा है, तमाम कोशिश से गुज़रने के बाद वह पुनः अपने को आनवकृत करता है, कुछ मार्क्सवादियों का तो अब यह कहना है कि यह कोशिश है इसके ज़रिये बड़ी पूँजी छोटी पूँजी वर्चस्व को बार-बार ख़त्म करती है ताकि उसे उससे बड़ा ख़तरा पैदा हो जाए। उसका एक्यूट विश्लेषण यही है उसको स्टेब्लिश करने के लिए नहीं, उसको ख़त्म करने के लिए। और यहाँ पर मैं मार्क्सवादी हूँ। क्योंकि मेरा मानना है कि पूँजीवाद में जो पितृसत्ता का फ़ॉर्म है, वह काफ़ी सशक्त है, वह ज़्यादा सोफिस्टिकेटिड है, पहले से, और अब जो क्रांति की संभावना लोग बनाना चाहते हैं वह ज़्यादा मुश्किल काम है। इसलिए मैं यह नहीं कहती कि एक रेवोल्यूशनरी पॉलिटिक्स के ज़रिए आप इसे बदल देंगे। फ़ेल होने की गुंजाइश उसमें ज़्यादा है। दूसरी चीज़ें जो हो रही हैं, उन्हें देख कर आप अपने मॉडल बना सकते हैं। लेकिन मेरा यह मानना है कि पूँजीवाद अभी भी एक प्रॉब्लम है। पूँजीवाद अभी भी अपने नए फ़ॉर्म्स तैयार कर रहा है। जब मैंने यह कहा कि आधुनिकता के डिफ़रेंट फ़ॉर्म्स हो सकते हैं, तो मैं कह रही हूँ कि पूँजीवाद की नई पासिबिलिटीज़ इसके ज़रिए तैयार होती हैं। मैं आधुनिकता को अलग से सेलिब्रेट करने के मूड में नहीं हूँ। सेलिब्रेशन भी है बहुत लोगों के मन में कि आधुनिकता के दूसरे फ़ॉर्म्स भी हैं। लेकिन उसका जो डार्क फ़ॉर्म है, उसका जो डार्क पक्ष है,

वह यह कि पूँजीवाद अपने को इनवेंट करने की कैपेसिटी अभी भी रखता है इसलिए उसके डॉमिनेंट लॉजिक को हम बहुत ही समझदारी से एनालाइज़ करें। और मुक्ति का जो प्रश्न है यह पहले से कहीं ज़्यादा कांप्लिकेटिड है और इसका रिलेशन प्रॉफ़िटिंग सिस्टम ख़त्म करने से नहीं होता, किस तरह से प्रॉफिट जेनरेट होता है, किस तरह से नए रिसोर्सिज मुनाफ़े के सोर्स बनते हैं। अभी तो आपको थोड़ी सी बात यह भी बता दूँ कि जो ग्लोबलाइज़ेशन है पूँजीवाद का उसमें एक नया फ़ैक्टर सामने आया है, आदित्य जानते होंगे, उसको कहते हैं फ़ैमिनाइज़ेशन ऑफ़ श्रम। इस पर थोड़ी सी बात कर ही लें, तो अच्छा रहेगा।

फ़ैमिनाइज़ेशन ऑफ़ लेबर के तहत इस ग्लोबल कैपिटल के दौर में सबसे ज़्यादा स्त्रियों का श्रम के रूप में इस्तेमाल हुआ है और हो रहा है। पूँजीवाद के इस हिस्टोरिकल फ़ेज़ में इसको सबसे ज़्यादा प्रॉफ़िटेबिल माना गया है। इसलिए नहीं कि उनके श्रम की अलग कोई वैल्यू है, कोई इमोशनल वैल्यू है, स्पिरिचुअल वैल्यू है। उनके श्रम का नतीजा सुपर प्रॉफ़िट है, क्योंकि इस दौर में उसको सुपर प्रॉफ़िट चाहिए। सिर्फ़ प्रॉफ़िट से वह अपने आपको ईजाद नहीं कर सकता दोबारा। पूँजीवाद ने, बार-बार आफ़्टर पीरियड ऑफ़ साइकिल थ्रू डिप्रेशन इट हैज़ टु रिवाइव इटसेल्फ़। हर बार उसने नई चीज़ें तलाशी हैं। प्रौद्योगिकी के ज़रिए उसने किया हो या श्रम के पार्शलाइज़ेशन के ज़रिए किया हो या श्रम का एक ख़ास तरह का कमोडिफ़िकेशन करके किया हो। जो आईटी इंडस्ट्री है, उसको मस्कुलर क़िस्म का एबिल बॉडी श्रम नहीं चाहिए। उसको सोफ़िस्टिकेटिड फ़ास्ट वर्किंग फिंगर्स चाहिए। चिप इंडस्ट्री के लिए उसने औरतों को सही पाया। उनका जब भी मार्केट में जाती हैं तो उसके साथ-साथ उनका हाउसहोल्ड ख़त्म नहीं होता। श्रम का रूप उनके साथ बदलता है। श्रम जो है वह कैज़ुअल बन जाता है, और यह स्टैंडर्डाइज़ हो रहा है। पुरुषों के लिए श्रम का स्टैंडर्ड फ़ॉर्म अब बनने जा रहा है, वह है कैज़ुअल श्रम। यानी कि आठ घंटे का श्रम उसको नहीं चाहिए। उसको चार घंटा, तीन घंटा चाहिए। इसी तरह से वह नए ढंग से घर-परिवार को स्ट्रक्चर कर रहा है कि वह काम औरतों को घर पर देता है। घर पर ले जाकर आप काम कीजिए ताकि आप अपना वहाँ का भी काम करें और यहाँ का भी। उसका जो बर्डन है स्त्री के ऊपर, वह पुरुषों से ज़्यादा है। तो तरह-तरह के दौर में आप पाएँगे कि इनडेफ़िनिट कैपेसिटी है पूँजीवाद की कि वह इनवेंट करे नए तरीक़े से, श्रम के साथ नया डाइमेंशन जोड़े या उसको रीफ़ार्म्यूलेट करे।

सुधीर : भई, अगर संभव हो तो अभय और विमल अंतिम वक्ता हो जाएँ।

विमल : मेरा इतना ही कहना है कि अगर हम इस टर्म का इस्तेमाल कर रहे हैं कि श्रम टर्न्स इन टु कमोडिटी, तो अगर इसे लेकर हम बात करें तो फ़ेमिनिज़्म ने एक और भी बहुत अच्छी बात स्त्री के संबंध में सोची थी कि देह पर स्त्री का अधिकार है। यह बिल्कुल नारीवादी आर्ग्यूमेंट है, और होना भी चाहिए। उसके शरीर का दुरुपयोग करके उसके ऊपर अन्याय,

अत्याचार का जो सिलसिला है वह जुड़ा हुआ है। अब पूँजीवाद इसी नारे को अपने लिए इस्तेमाल कर रहा है। पिछले दस-बीस साल की जितनी भी फ़िल्में हम देखें, जितने भी विज्ञापन देखें तो लगेगा कि उसका सीधा-सीधा बार गर्ल्स के कंसेप्ट से ताल्लुक़ है। स्त्री के एक अधिकार की बात हमने कही और पुरज़ोर कोशिश की हमने उसे हासिल करने की। और वह कंसेप्ट स्त्रियों के बीच स्वीकृत भी हुआ। अब इसी को पूँजीवाद ने कमोडिटी में प्रस्तुत करके हमारे ही सामने फेंक कर हमारे ही मुँह पर थप्पड़ मारने शुरू कर किए। अब यहाँ पर नारीवादी तर्क क्या होगा? हम अपने तर्क से हटें, तो अन्याय अत्याचार का फिर सिलसिला झेलें, या फिर हम पूँजीवाद के चंगुल में फँस कर, उसकी कमोडिटी बन कर एक वस्तु बन कर प्रस्तुत हों। जिस तरह से फ़िल्मों की नायिकाएँ हैं, और जो रैम्प पर चलने वाली मॉडल्स हैं, उनके साथ जिस तरह का सुलूक हो रहा है, क्या यह जो दलील आप दे रही हैं, मतलब घरेलू श्रम की बात, तो उसका भी कमोडिटी में इस्तेमाल हो सकता है? तो यहाँ पर फिर नारीवाद का क्या तर्क होगा? और हमारे हाथ में क्या उसका सिरा होगा? या हम पूरा का पूरा उनके पाले में छोड़ देंगे?

सविता : पहली स्ट्रैटजी तो यह होगी कि यू आस्क फॉर बेटर वेजिज़। मैं कहीं से रोमांटिक नहीं हूँ। इस मामले में अगर कमोडिफ़िकेशन हो रहा है, इफ समबडी इज़ प्रॉफ़िटिंग, यू शुड आस्क फ़ॉर ए प्रोपर वेज। यह एक क्लेयरिटी फ़ेमिनिज़म में ही है, और वह चाहिए भी। कमोडिफ़िकेशन पूँजीवाद में एक ऐसा प्रोसेस है जिससे लॉजिकली कोई अछूता नहीं रहना चाहिए। औरतें जो बार गर्ल्स हैं, जिनकी हिस्ट्री आपने मुझे थोड़ी बताई थी, क्योंकि उनका पिछला जीवन और भी नारकीय है, तो यह लॉजिकल है न कि उनकी स्थिति कुछ बेहतर हुई है। अब वहाँ पर उनका कमोडिफ़िकेशन जो होता है, उससे उनका एक्सप्लॉयटेशन बढ़ गया। कम से कम भ्रम ही सही, यह मानना तो है कि वे अपने मन का काम कर रही हैं। जब वे देवदासी थीं तब तो वह सीधे तवायफ़ थीं। उनको ज़बरन तवायफ़ बनाया गया। लगातार कंट्राडिक्शन है इस प्रोसेस में है। इस तरह से कुछ इमेज़िन कर लेना कि एक बहुत रीसेंट टाइम में कोई एक नया फ़्यूचर बना लेंगे आप, मुश्किल ही लगता है मुझे।

अभय : मैं कहना यह चाहता हूँ कि मार्क्सवाद भी है और नारीवाद भी है। यह तमाम चीज़ें हम लोगों ने किताबों में पढ़ी हैं, और कुछ-कुछ व्यवहार में जुड़कर उसके साथ उसको समझने की कोशिश भी की है। लेकिन यह तमाम जो किताबी ज्ञान है, उसका भारतीय परिस्थिति में कुछ अनुवाद होगा? कुछ हमारी भारतीय समझ बनेगी? फिर उसका हिंदी की परिस्थिति में कुछ अनुवाद होगा? मैं यहाँ वीरेन्द्र सहवाग का रोल प्लेकर रहा हूँ। उसका सिर बिल्कुल स्थिर रहता है। बॉलर की तरफ़। मैं अपने इस वर्कशॉप को डिरेल नहीं होने दूँगा किसी भी क़ीमत पर। इस तमाम सैद्धांतिक ज्ञान का हिंदी की परिस्थिति में भी अनुवाद होगा?

यहाँ इतनी देर जो बहस हुई है, इससे बहुत ज़्यादा आगे एकेडेमिक काम हो चुका है।

बहुत ज़्यादा चिंतन हो चुका है। मुझे कहने में कोई संकोच नहीं है, और मैं अफ़सोस के साथ कह रहा हूँ कि सविताजी एकेडेमिक दुनिया के पिछले ज़माने में गुज़र-बसर कर रही हैं। आज परिवार की संस्था में सारी दुनिया के पैमाने पर और भारत के अंदर भी कितने बड़े परिवर्तन घटित हो रहे हैं। व्यक्तिगत रिश्तों में कितना परिवर्तन घटित हो रहा है। निजी रिश्ते नए सिरे से नई ज़मीन पर निगोशिएट हो रहे हैं। उनमें कौन-कौन सी सामाजिक शक्तियाँ काम कर रही हैं। कौन-कौन सी वैचारिक शक्तियाँ काम कर रही हैं। सैक्शुअलिटी स्टडीज़ नामक एक नया पूरा डिसप्लिन डेवलप हो चुका है। हमें ऐसा लगता है कि हिंदी की दुनिया में जो नारीवादी काम कर रहे हैं, उनका फ़ेमिनिज़्म पूरी तरह सैक्शुअलिटी स्टडीज़ के डिसिप्लिन से धुला-पुँछा है। उन्हें नहीं दिखाई पड़ रहा है कि समाज के धरातल पर क्या हो रहा है। जब मैं दिल्ली आया था रहने के लिए १९८१ में, तब एक तलाक का कोर्ट था। तीस हज़ारी में। आज दिल्ली में सात-आठ तलाक़ के कोर्ट हैं। जहाँ पर तलाक़ के मुक़दमों की फ़ाइलों का अंबार लगा हुआ है। आख़िरकार क्यों है कि इतने बड़े पैमाने पर भारतीय समाज में और हिंदी समाज में इतने बड़े पैमाने पर तलाक़ हो रहे हैं?

आख़िरकार क्यों है कि पूँजीवादी दुनिया में मोनोगेमी जो है वह सीरियल मोनोगेमी में बदल गई है। अब विवाह जो है, वह जन्म-जन्म का बंधन नहीं रह गया है। अब वह सात जन्म का बंधन नहीं है। अब आप एक जिंदगी में पाँच-छह बार विवाह कर सकते हैं। मोनोगेमस रहते हुए भी आप कई विवाह कर सकते हैं। तो विचार की दुनिया, डिस्कोर्स की दुनिया और व्यवहार की दुनिया, यह तीनों दुनियाएँ बदल गई हैं। जब हम इसके बदलते हुए संदर्भों पर ग़ौर करेंगे तो पता चलेगा कि आधुनिकता क्या गुल खिला रही है हिंदी के साथ और हिंदी आधुनिकता के साथ। स्त्रियों का लेखन किस तरह की आधुनिकता की पैरोकारी कर रहा है, तज्वीज़ कर रहा है हम लोगों के सामने, उसके ऊपर हम लोग ग़ौर कर पाएँगे। अगर हम लोग इसी सब में उलझे रहेंगे जो कि मार्क्सिस्ट शास्त्र में उपलब्ध है, तो मैं तो नहीं समझता कि हम लोग कोई नई ज़मीन तोड़ सकते हैं। न हम विचार के धरातल पर कोई नई ज़मीन तोड़ पाएँगे, और न व्यवहार के धरातल पर कोई नई ज़मीन तोड़ पाएँगे।

अब सविताजी ज़ोर देकर लगातार कह रही हैं कि वे समाजवादी नारीवादी हैं। जब मैंने एक्टिविज़्म और मार्क्सिज़्म की दुनिया से थोड़ा परे हट कर फ़ेमिनिज़्म की स्टडी शुरू की तो सबसे पहले मेरा ध्यान स्वाभाविक रूप से समाजवादी नारीवाद की तरफ़ आकर्षित हुआ। तो मैंने जो समाजवादी नारीवाद के जो प्रमुख हस्ताक्षर थे, उनको पढ़ना शुरू किया और फिर साथ में मैंने कम्युनिस्ट पार्टियों का, यानी जो कि समाजवाद को लागू करने वाली प्रमुख संस्थाएँ हैं, उनके व्यवहार पर ग़ौर किया। यहाँ तक कि भारतीय कम्युनिस्ट आंदोलन में स्त्रियों की क्या स्थिति रही, उसके व्यवहार के ऊपर ग़ौर किया। उसके ऊपर लिखा भी, *हंस* में लेख भी लिखा और उस पर मेरी लानत-मलामत भी हुई। लेकिन मैंने देखा कि समाजवादी फ़ेमिनिज़्म तो एक तरह की इंजीनियरिंग है। जो वर्ग केंद्रीयता है, यानी वर्ग घटाववाद है, वह जेंडर की श्रेणी को एप्रोप्रिएट करना चाहता है। उसको एप्रोप्रिएट करके हड़प लेना चाहता है,

ताकि वह अपनी सुपीरियरिटी, अपनी श्रेष्ठता जेंडर के ऊपर क़ायम रख सके। धीरे-धीरे करके दुनिया के तमाम नारीवादियों की समझ में आ गया। इसलिए धीरे-धीरे करके समाजवादी फ़ेमिज़िम नाम की चीज़ अब बिल्कुल तिरोहित हो गई है। उसके ऊपर न कोई ग़ौर करता है, न कोई बात करता है। और कम्युनिस्ट पार्टियों ने भी उसमें दिलचस्पी लेना बिल्कुल बंद कर दिया है। कम्युनिस्ट पार्टियाँ भी अब उस पर बात नहीं करतीं।

तो मेरा कहना है कि एक पुरानी चीज़ को हम बार-बार दोहराते रहें, जैसे सविताजी ने अपने वक्तव्य में कह दिया कि इस मामले में मैं मार्क्सवादी हूँ, तो हर समाजवादी नारीवादी अभिशप्त है नारीवादी न रह जाने के लिए, और सिर्फ़ समाजवादी रह जाने के लिए। यह एक बड़ी विचित्र क़िस्म की समस्या है। दूसरे, हम लोग यहाँ पर जमा हुए हैं हिंदी की आधुनिकता पर विचार करने के लिए। मेरा निवेदन यह है कि हम लोग उसके ऊपर अपना फ़ोकस क़ायम रखें। अगर हम लोग उसके ऊपर अपना फ़ोकस क़ायम नहीं रखेंगे, तो हमारी यह सात दिन की एक्सर्साइज़ जो है, सात दिन की क़वायद जो है, उसमें हम लोग थक जाएँगे, पसीना छोड़ देंगे, लेकिन उसका कोई ख़ास नतीजा नहीं निकलेगा। मेरा निवेदन सिर्फ़ इतना है।

सविता : मुझे नहीं मालूम कि हिंदी की आधुनिकता क्या है। मुझे मालूम है कि आधुनिकता क्या है।

अभय : गिरिधर राठी ने कहा कि हम आपके सेमिनार में भाग लेंगे, बड़े उत्साह के साथ फिर बाद में उन्होंने यह कह दिया कि यह हिंदी की आधुनिकता क्या है मेरी समझ में नहीं आ रहा, हम नहीं आएँगे। तो ठीक है हम इस पर सहमत हैं। तो जब आपको हिंदी की आधुनिकता के बारे में मालूम ही नहीं है, तो क्यों बहस की जाए।

सुधीर : नहीं-नहीं सविता इसको इस तरह लो। अभय ने जैसे भी इस बात को फॉर्म्युलेट किया हो, पर वीरेन्द्र सहवाग और अर्जुन की आँख ज़रूरी है। हिंदी की अपनी कोई विशेष आधुनिकता हो या न हो, पर यही सवाल क्या हिंदी की दुनिया में उठे हैं? और अगर उठे हैं तो उनका क्या रूप रहा है?

अभय : एग्ज़ेक्टली, आप कम से कम उस पर बात तो कीजिए।

सविता : देखिए, हिंदी की आधुनिकता कोई ऐसी चीज़ नहीं है जो भारत की आधुनिकता से बहुत अलग है। अब आप कहेंगे कि आप फिर सबज़्यूम कर रही हैं। लेकिन हिंदी भाषा में, अगर आप साहित्य की बात करें, हिंदी भाषा में लिखे गए साहित्य की बात करें तो वह एक अलग विषय-वस्तु है। लेकिन अगर हम सोशल साइंस के परिप्रेक्ष्य से बातचीत कर रहे हैं, तो अभी हम आपसे उस आधुनिकता के बारे में बात कर रहे हैं, जो भारतवर्ष में है, जो

हिंदी की दुनिया में भी है। कोई ऐसा ट्रांसलेशन का प्रॉब्लम नहीं है अंग्रेजी से हिंदी में कि यह चीज़ अलग हो गई, और वह चीज़ अलग हो गई। मुझे नहीं लगता कि ऐसा है। और यह मैं बहुत सोच-समझ कर के यह बात कह रही हूँ। निश्चित रूप से हिंदी की आधुनिकता, हिंदी भाषा में जो आधुनिकता है, उसका रिलेशन इस चीज़ से है कि मैं यह इमेज़िन नहीं कर सकती कि ब्रज में या अवधी में आधुनिकता पॉसिबल थी। यह जो हिंदी भाषा की आधुनिकता है वह इस अर्थ में है कि वह एक इनडीड बहुत इम्पोर्टेंट जंक्चर है। हिंदुस्तान में पूँजीवाद के आने में, हिंदुस्तान में आधुनिक कांशसनेस के आने में, क्योंकि इस भाषा के अंदर जो आधुनिक चीज़ें घटित हुईं, माहौल घटित हुआ, ऑटोबायोग्राफ़ी घटित हुई, एक ख़ास तरह की पोइट्री घटित हुई, और अभी हो रही है।

इस भाषा में आधुनिक चिंतन भी हुआ। पुराने समाज का विश्लेषण भी हुआ। लेकिन भाषा का अपना कोई कांसेप्ट नहीं था, जिसकी वजह से हुआ। कांसेप्ट्स दूसरे थे, जो भाषा के अंदर आए। प्योरली लिंग्विस्टिक आधुनिकता की अगर बात कोई करना चाहे तो उसमें मुझे नहीं लगता है कि साहित्य पर बात होनी चाहिए। लिटरेचर पर मुझे बात करनी चाहिए थी, कुछ नॉवेल्स पर मुझे बात करनी चाहिए थी। लेकिन अगर आप एक सोशियोलॉजीकल विश्लेषण करना चाहते हैं कि हिंदीभाषी प्रदेश में जो घरेलू जीवन है, उसमें क्या परिवर्तन हुए तो वह उतने अलग नहीं हैं जिनके बारे में मैं अभी तक बातचीत कर रही थी। मेरा यह कहना है कि घर-परिवार का जो रूप बदला, ज्वाइंट फ़ैमिली से न्यूक्लियर फ़ैमिली में जो आप आए, वहाँ पर जो पितृसत्ता बनी जिसमें उनकी सब्जेक्टिविटी को इस तरह से एक्सेप्ट किया गया कि वे पढ़-लिख सकती हैं, वह कांशस हो सकती हैं। पुरुष की तरह ही बाहर नौकरी करने के लिए पॉसिबिलिटी जॉब क्रिएट की गईं। यह सारी चीज़ें हैं, लेकिन यह तो किसी भी भाषा में हुई होंगी। स्पेसिफ़िसिटी को लेकर अगर बात सिर्फ़ करनी है तो वह साहित्य में ही हम बातचीत कर सकते हैं। जहाँ तक उस भाषा के सामाजिक आधार का सवाल है, उस सामाजिक आधार में मोटे तौर पर मेरा ख़याल है कि वही सारी चीज़ें घटित हुई हैं जो पूरे हिंदुस्तान में हुईं। एक पोज़ीशन यह है मेरी।

दूसरा, मेरा यह मानना है कि हिंदी स्पीकिंग एरिया में, हिंदीभाषी क्षेत्र में पितृसत्ता का एक ज़्यादा ही वायलेंट और स्टिकी फ़ॉर्म रहा है। अगर आप यह जानना ही चाहते हैं तो। और वह हो सकता है कि इसलिए हुआ हो कि हिंदी का संबंध संस्कृत से बहुत क़रीब था। हालाँकि आपने अपने पर्चे में कहा है कि जो दूसरी भाषाएँ हैं वहाँ भी संस्कृत का पहलू रहा है। तो भाषा के ज़रिए, मिथ भाषा के ज़रिए तमाम कांसेप्ट्स ट्रेविल करके आपकी भाषा में आ जाते हैं। लेकिन मेरा यह भी मानना है कि हिंदी में वह भी दौर आया जब उसको हिंदुस्तानी बनाने की बात की गई। जब परस्पर दूसरी भाषाओं के साथ उसको मिलाकर के कम संश्लिष्ट और संस्कृत से मुक्त करने की थोड़ी बातचीत की गई। गाँधीजी का भी यह सपना था, वग़ैरह-वग़ैरह। यह सारी बातें हैं। लेकिन यह जो भाषा के स्तर पर परिवर्तन हुए, जो ट्रांजीशन हिंदी का होता है हिंदुस्तान में, उससे पूँजीवाद के आने में कोई रुकावट पड़ी हो, ऐसा मुझे नहीं

लगता। मुझे नहीं लगता कि उस भाषा के होने की वजह से कहीं से पैट्रियार्कल इनफ़िल्ट्रेशन जो हुआ, जो नया उसका स्ट्रक्चर बना, उसमें कहीं से कोई हस्तक्षेप हुआ हो, यह मुझे नहीं लगता। हमको लगता है कि भाषा के अंदर बहुत आसानी से यह चीज़ें अवतरित होती गईं, और स्ट्रक्चर बनते गए। अभी हिंदी भाषा में जो लेखन हम लोग कर रहे हैं, साहित्य में मैं भी कर रही हूँ, अनामिका कर रही हैं, बहुत सारे और लोग जिनके नाम अभयजी ने लिये। तो हम लोग उस भाषा में क्या कर रहे हैं! हम अपने को समझने का नया तरीक़ा ढूँढ़ रहे हैं, और वह नया तरीक़ा क्यों ढूँढ़ रहे हैं क्योंकि उसी भाषा में स्टेब्लिश हुआ है वह। वह तमिल से आ कर हिंदी में नहीं हुआ या हिंदी से आकर वह तमिल में नहीं हुआ है। तो भाषा कोई ऐसा बैरियर नहीं है, मेरे ख़याल से इस तरह के सोशल प्रोसेस के चलने का।

सुधीर : भाई देखो सविता, आई नो कि बहुत देर हो गई है, लेकिन तुमने ख़ुद कहा कि सार्वभौमिक आग्रह और आकांक्षा जो भी रही हो, वह आधुनिकता सार्वभौमिक नहीं हो पाई। जगह-जगह उसने नए रूप लिये। यहाँ जब हम लोग इकट्ठे हुए हैं तो एक कोशिश यह रही है पता लगाने की कि हमारे यहाँ इस आधुनिकता ने जो रूप लिया वह क्या था। और मैं तुम से सहमत हूँ कि हिंदी में जो आधुनिकता आई है, वह बाक़ी भारतीय भाषाओं और क्षेत्रों से कोई बहुत अलग और विशिष्ट नहीं है, लेकिन कम से कम उसकी तो बात हो। लेकिन दुर्भाग्य से वह बात भी नहीं हो पाई तुम्हारे परचे में। तो जो अभय की या यहाँ के आयोजकों की समस्या है या परेशानी है कि कम से कम वह संदर्भ ज़हाँ से तुमने ख़ुद ही शुरू किया कि जहाँ वे असफल हुए अपने आग्रह और आकांक्षा में। यहाँ एक दूसरी आधुनिकता आई तो उस आधुनिकता का रूप तो हम को पता लगे। चाहे वह हिंदी के माध्यम से हो, या पूरे भारत के माध्यम से हो। साहित्य के माध्यम से हो, या किसी और माध्यम से हो। हम चाहें तो इस पर फिर वापस आ सकते हैं पर यह एंडलेस तो हो नहीं पाएगा। मुझे लगता है, ओनेस्टली सविता, क्योंकि तुमने पूरा एक फ्रेमवर्क दिया है तो इस फ्रेमवर्क को तुम हमारे यहाँ पूरा का पूरा लागू होते देखती हो। या कुछ इंपोर्टेंट वेरिएशंस मोडिफ़िकेशंस इस फ्रेमवर्क में तुम्हें करने पड़ेंगे। विद रिगार्ड टु दिस रियलिटी, तो इस पर चाहो तो कभी पंद्रह-बीस मिनट बोल लेना।

◙ पश्च-लेख

जहाँ तक सत्तर के दशक के बाद आए विमर्श में घरेलू जीवन की स्थिति की और उसकी आधुनिकता की बात है, तो मैं यही कह सकती हूँ कि पितृसत्ता अपनी व्यवस्था को, अपनी संरचना को लगातार विकसित करती गई है। पूँजीवाद में विकास के ज़रिए जितना उत्पादन दुनिया-भर की पूँजीवादी पितृसत्तात्मक व्यवस्थाओं में बढ़ा है, प्रकृति और स्त्री के श्रम का जितना शोषण बढ़ा, जितनी नई प्रणालियाँ और स्थितियाँ विकसित हुई हैं पूँजीवाद के अपने उत्थान और विकास के लिए, उतनी ही स्त्री की स्थिति बदली है— पितृसत्ता के भीतर अगर उसे अपने आत्म-विकास के लिए कुछ अधिकार संघर्ष करके लेने पड़े हैं तो उनके आधार पर उसने अपनी सामाजिक और पारिवारिक स्थितियों में बदलाव लाने के लिए ठोस कदम आगे बढ़ाए हैं। शिक्षा के क्षेत्र में उसने बहुत हद तक समानता हासिल करने के उपक्रम किए हैं, लेकिन दुनिया भर की ज़्यादातर स्त्रियाँ तो अभी तक अनौपचारिक क्षेत्र में ही काम करती हैं। आज भारत में २९ प्रतिशत स्त्रियाँ श्रम के क्षेत्र में भागीदारी कर रही हैं। बात समझने की यह है कि पितृसत्ता अपने को बार-बार निर्मित करती रहती है ताकि जो भी मुनाफ़ा स्त्री को हो, उसका नई संरचना में अवमूल्यन होता रहे। अगर वह श्रम के क्षेत्र में महत्त्वपूर्ण हो रही है तो कैसे समूचे श्रम को कैजुअलाइज़ कर दिया जाए कि उसका आंशिक फ़ायदा ही उस तक पहुँच सके।

ज़्यादातर स्त्रियाँ घरों में काम करती हैं, पूरे टाइम काम करती हैं, कम वेतन पर काम करती हैं, ताकि उनका परिवार पोषित होता रहे। फिर भी उन्हें सम्पूर्ण श्रमिक के तौर पर पूँजीवादी व्यवस्था पहचानना नहीं चाहती। यदि वे राजनीति में अपना वर्चस्व चाहती हैं तो पार्लियामेंट की जगह उन्हें पंचायती राज व्यवस्था में जगह दी जाती है। एक ही समय में महिला रिज़र्वेशन बिल संसद में ठुकरा दिया जाता है और पंचायती राज में तैंतीस प्रतिशत से बढ़ा कर पचास प्रतिशत कर दिया जाता है। तीस लाख महिलाएँ सरकार की तमाम योजनाओं के तहत कम वेतन वाले कामों में लगी हुई हैं, सेल्फ़-हेल्प ग्रुप और माइक्रो-क्रेडिट की सच्चाई यही है। उन्हें पूर्ण श्रमिक होने से वंचित कर दिया गया है।

भारत की आधुनिकता की कहानी में स्त्री के घरेलू जीवन में थोड़ा परिवर्तन इसलिए भी पुरुषों ने आने दिया या किया, क्योंकि वह उपनिवेशवाद से निपटने का एक सशक्त माध्यम था। एक पढ़े-लिखे भद्र समाज के पुरुषों को पढ़ी-लिखी, घर के काम-काज में निपुण, बच्चों को शिक्षित कर सकने वाली स्त्रियाँ चाहिए थीं। शादी-ब्याह, बच्चे, घर-परिवार, इन सबकी संरचनाओं में तब्दीली नई पितृसत्ता के गठन के साथ होती है। एक वाक्य में कहूँ तो आधुनिकता ने अपने सब्जेक्ट्स को एक साथ स्वतंत्र और परतंत्र बनाने की गहन प्रक्रिया से गुज़ारा है। आज भी हम उसी प्रक्रिया में हैं। परिवार नाम की संस्था एक बैरोमीटर है, यह वह

रिपब्लिक है जिसे अपना फ़ार्म अभी पाना है। वहाँ की श्रमिक स्त्रियाँ असल में कमतर नागरिक हैं। राष्ट्र-राज्य जो भी नीतियाँ बनाते हैं, उनमें दोहरा अर्थ छिपा रहता है। नीतियाँ बनाने और लागू करने के बीच जो खाई है, उसका कारण यही है। पितृसत्ता का एक नया फ़ॉर्म पूँजीवादी भूमंडलीकरण से घर में निर्मित हो रहा है। उसमें भी घरेलू जीवन बदल रहा है। संबंधों का वस्तुकरण बढ़ रहा। वस्तुएँ एक नई आभा से लोगों को चमत्कृत कर रही हैं। स्त्री का घरेलू श्रम अब मूल्यांकन की राह पर है। सुप्रीम कोर्ट ने अपनी रूलिंग में छह हजार रुपये वेतन घरेलू कामगारों को देने की बात कही है। कहीं कोई प्रक्रिया सरकार के भीतर पूँजी की सहमति के साथ चल रही है। अपने हाथ में अपने श्रम का मूल्य पा कर संबंधों में बदलाव लाना चाहेगी घरेलू स्त्री। साथ ही यह भी देखना है कि सेल्फ़-हेल्प ग्रुप में फँसी तमाम स्त्रियों के श्रम-अवमूल्यन की तरह ही घरेलू श्रम का यह मूल्यांकन एक लंबे समय तक स्थिर रहने के कारण अवमूल्यन ही तो नहीं है।

हिंदी की आधुनिकता का रिश्ता क्या श्रम, पूँजी इत्यादि से नहीं है? क्या भारत की सरकार तमिलनाडु और बिहार के लिए अलग पूँजीवादी व्यवथाएँ बना सकती है? हम यदि जानना चाहते हैं कि हिंदी क्षेत्र में परिवारों में क्या कुछ इतना विशिष्ट है कि जो दूसरे भाग के लोगों के जीवन में नहीं है, तो इतना ज़रूर कर सकते हैं कि हिंदी क्षेत्र में पितृसत्ता की जो ठेठ संरचना रही है उसमें, और केरल में जो सामाजिक संरचना रही है जिसमें मातृसत्ता का वर्चस्व रहा है, उनके बीच के क्या परिवर्तन दिख रहे हैं। आधुनिकता ने केरल में भी नए पितृसत्तात्मक मूल्यों का समावेश किया है।

मणिपुर जैसे समाज में पुरुषों का अधिकार जमीन और अपने परिवार के दूसरे सदस्यों पर बढ़ा है। पितृसत्ता की संरचना की ऐसी रूपरेखा निखर कर आई है जिसमें ऐसा लगता है कि स्त्रियों को कई स्वतंत्रताएँ हासिल हुई है, यथार्थ यह है कि पितृसत्ता और सघन हुई है। यदि बिहार से आई लड़कियाँ दिल्ली जैसे शहर में किराये के मकान में परिवार से अलग रह रही हैं, पढ़-लिख रही हैं, अपने संबंधों में थोड़ी स्वतंत्र महसूस कर रही हैं, इतने भर से हम असली परिवर्तन जो हमारी अर्थव्यवस्था में आ रहा है, उसको नज़रअंदाज़ नहीं कर सकते। फ़ेमिनाइजेशन ऑफ़ लेबर का हश्र हम जानते हैं क्या है। स्त्री के श्रम को सार्वभौमिक तौर पर सस्ता करना। पूँजी के लिए सुपर मुनाफ़े की व्यवस्था करना।

क्या विवाह में, वैवाहिक जीवन में कोई समानता पैदा हुई है जो आधुनिकता के सैद्धांतिक वायदे के हिसाब से होनी चाहिए, तो मैं कहूँगी कि विवाह और महँगे हुए हैं, दहेज की संस्था फल-फूल रही है। बल्कि आधुनिकता ने अपने आर्थिक ढाँचे के लिए अच्छा इंतज़ाम किया है, स्त्री को ही संपत्ति बना कर। बाक़ी वस्तुओं से उसे और सस्ता बना कर।

मेरा मानना है कि आधुनिकता हिंदी संसार में मुक्ति का कोई सपना नहीं रच पाई है। उसने सामंती व्यवस्था को थोड़ा-सा खुरचा भर है। ज़मीन-जायदाद पर कहीं से स्त्रियों का अधिकार नहीं बन पाया है। बिहार, उत्तर प्रदेश, मध्य प्रदेश, राजस्थान कहीं भी ज़मीनों का बँटवारा, सम्पत्ति के अधिकारों में परिवर्तन नहीं हुआ है। मामूली सामाजिक परिवर्तनों को

आधुनिकता न मानें। यह एक ऐसा लक्ष्य है जिसे दूसरी अर्थव्यवस्था और सामाजिक व्यवस्था चाहिए, जो पितृसत्तात्मक न हो।

बिहार, उत्तर प्रदेश आदि हिंदीभाषी क्षेत्रों से बहुत बड़े स्तर पर मज़दूर पुरुषों का पलायन हुआ है। गाँवों में स्त्रियाँ अकेले अपने बच्चों के साथ खेती-बाड़ी, मज़दूरी कर रही हैं— उन्हें अपने घर की मालकिन बनने का अवसर प्राप्त हुआ है। वे बहुत हद तक फ़ैसला लेती हैं घर के मामले में। ढेर सारे दलित परिवारों में ऐसा हुआ है— लेकिन यह स्थिति जो बन रही है, कृषि के बदलते स्वरूप की वजह से, उसका आधुनिकता के विभिन्न रूपों से कम ही रिश्ता है, आधुनिकता के डार्क रूप का ज़्यादा असर है।

अध्यक्ष ▣ चौधरी मुहम्मद नईम

रोहिणी अग्रवाल ▣ स्त्री-विमर्श और नारीत्व की विशिष्ट संरचनाएँ

नारीवादी विमर्श औरत की मानवीय अस्मिता की प्रतिष्ठा के लिए लड़ी जाने वाली वैचारिक लड़ाई है। इसका अभिप्रेत पुरुष को पछाड़ कर अपने वर्चस्व का परचम फहराना नहीं, बल्कि समाज में स्त्री-पुरुष के लैंगिक विभाजन और पहचान पर आधारित पितृसत्तात्मक व्यवस्था का कोई बेहतर समतामूलक मानवीय विकल्प खोजना है। यह एक सर्जनात्मक आंदोलन है जो स्त्री-पुरुष दोनों को बद्ध-भूमिकाओं और रूढ़ छवियों से मुक्त कर आत्मविश्लेषण एवं आत्मपरिष्कार का उदात्त संवेदनात्मक आधार देता है। ज़ाहिर है, नारीवाद न घृणा का विस्तार है, न प्रतिशोध का ड्राफ़्ट और न ही यह मुक्ति के नाम पर उच्छृंखलता का आख्यान रचता है। हालाँकि अपनी विकास-यात्रा के हर चरण में यह विघटित और नकारात्मक होता दीखता है, किंतु हर विचलन किसी भी आंदोलन का कुल परिचय नहीं हुआ करता। विचलन और स्खलन के बीच ही अपने को जाँच और माँज कर वह सही दिशा अख़्तियार करता चलता है। दरअसल जिसे हम विघटन या स्खलन कहते हैं, वह मूलतः परम्परा से कट कर कुछ अलग साबित करने की चेष्टा है। परम्परा-विच्छिन्नता यूँ भी सुखद नहीं हुआ करती। यह आवेशजनित प्रतिक्रियाओं का परिणाम है जो प्रतिपक्ष के हृदय में आवेशात्मक प्रतिक्रिया ही उत्पन्न करती है। ज़ाहिर है यहाँ परम्परा से विच्छिन्न होने के मूल कारणों का तटस्थ विश्लेषण नहीं होता, सतही तौर पर तात्कालिक नुक़सानों पर हाय-हाय का सामूहिक क्रंदन हुआ करता है और आत्मरक्षा के प्रयास में पुलिसिंग की कड़ी चेष्टा भी। विचलन और स्खलन को हाइलाइट और मल्टीप्लाई करके आंदोलन की गति और दिशा को बाधित करना दरअसल प्रतिक्रियात्मक ताक़तों की ओछी रणनीति है, जो अपने वर्चस्व को बनाए रखना चाहती है। दुर्भाग्यवश नारीवाद को पितृसत्तात्मक व्यवस्था की अपेक्षा इस वर्चस्ववादी मानसिकता से अधिक टकराना पड़ रहा है। यही कारण है कि मानव-मुक्ति के इस आंदोलन को सतही तौर पर लैंगिक लड़ाई का अभियान कह कर लांछन लगाया जाता है

कि यह भारत की ज़रूरतों से उपजा ही नहीं बल्कि एक आयातित आइडिया भर है।

क्या नारीवादी विमर्श सचमुच पश्चिम से आयातित है ? यदि नहीं, तो क्या यह अपने परिवेश की उपज है ? यदि हाँ तो क्या पिछले पचास-साठ वर्षों में भारत / हिंदी में नारीवाद अपनी कोई सैद्धांतिकी विकसित कर सका है ? लेकिन ज़्यादा ज़रूरी सवाल यह है कि क्या सैद्धांतिकी के सहारे ही लेखन संभव है ? या आक्रोशजनित लेखन को सुस्थिर वैचारिक आधार देने के लिए कालांतर में वैचारिक सैद्धांतिकी का निर्माण किया जाता है ? दरअसल समस्या / विसंगति के आइडेंटीफ़िकेशन के बाद ही सैद्धांतिकी अस्तित्व में आती है। इसलिए पश्चिम के अनुकरण पर भारत में नारीवाद की विशिष्ट संरचनाओं का अध्ययन करने से पूर्व ज़रूरी है नारीत्व की विशिष्ट संरचनाओं का अध्ययन करना जिनसे मुठभेड़ करके पहले स्त्री को नारीत्व से मुक्त करना है और फिर मानव रूप में प्रतिष्ठित।

नारीत्व की ये विशिष्ट संरचनाएँ हैं— सतीत्व, मातृत्व और गृहिणीत्व। इनके केंद्र में है पुरुष, स्त्री की पुरुष-सापेक्ष भूमिकाएँ और स्त्री का अपने को निरंतर अलक्षित करते रहने का प्रशिक्षण। उन्नीसवीं सदी के उत्तरार्द्ध और बीसवीं सदी के पूर्वार्द्ध में भारतीय नवजागरण में स्त्री-चिंतकों / लेखकों के स्वर इन तीनों रूढ़ छवियों का विरोध करने के लिए प्रखरतापूर्वक उठे। पण्डिता रमाबाई, ताराबाई शिंदे, रुक्माबाई, रुकैया सखावत हुसैन, रशीद जहाँ, इस्मत चुग़ताई, अज्ञात हिंदू महिला, दुखिनी बाला, शिवरानी देवी, सुभद्रा कुमारी चौहान और महादेवी वर्मा स्त्रीत्व को परम्परागत ढंग से महिमामंडित करते हुए ओढ़ने-बिछाने से इंकार करती हैं।

नारीत्व की ये विशिष्ट संरचनाएँ हैं— सतीत्व, मातृत्व और गृहिणीत्व। इनके केंद्र में है पुरुष, स्त्री की पुरुष-सापेक्ष भूमिकाएँ और स्त्री का अपने को निरंतर अलक्षित करते रहने का प्रशिक्षण। उन्नीसवीं सदी के उत्तरार्द्ध और बीसवीं सदी के पूर्वार्द्ध में भारतीय नवजागरण में स्त्री-चिंतकों / लेखकों के स्वर इन तीनों रूढ़ छवियों का विरोध करने के लिए प्रखरतापूर्वक उठे। पण्डिता रमाबाई, ताराबाई शिंदे, रुक्माबाई, रुकैया सखावत हुसैन, रशीद जहाँ, इस्मत चुग़ताई, अज्ञात हिंदू महिला, दुखिनी बाला, शिवरानी देवी, सुभद्रा कुमारी चौहान और महादेवी वर्मा स्त्रीत्व को परम्परागत ढंग से महिमामंडित करते हुए ओढ़ने-बिछाने से इंकार करती हैं। वे आत्मस्थ होकर महसूसती हैं कि स्त्री होने के नाते वे जो चाहती और पाती हैं, उसमें बहुत अंतर है। वे पत्नी, गृहिणी, माँ हो कर परिवार और समाज में सहज स्वस्थ जीवन जीना चाहती हैं, लेकिन पाती हैं कि इस प्रक्रिया में निरंतर उनकी मनुष्यता, संवेदना, आकांक्षा और सपनों को छला और तोड़ा जाता है। वे स्वतंत्र नहीं हैं, न विचार करने के लिए, न कर्म करने के लिए। धर्म कहीं धार्मिक अनुष्ठानों के ज़रिए संस्कार बन कर उसके पाँवों में बेड़ियाँ डाल रहा है, तो कहीं महिमामंडन के ज़रिए उसकी भरी-पूरी ठोस भौतिक इयत्ता को अमूर्त अलौकिक किए दे रहा है। परिवार की धुरी के रूप में वह धरती के बिम्ब में उभरती है, तो पुरुष के संदर्भ में देह के रूप में। यूँ वह पीटी-पछाड़ी जाने वाली देह से अधिक कुछ भी नहीं। अर्गलाएँ

भी इसी देह पर, और अलंकरण भी। उसे तो सब कुछ स्वीकारना है, बस।

आइडेंटीफ़िकेशन की प्रक्रिया में इन प्रश्नों–असुविधाओं और विकलताओं के साथ उभरे स्त्री–स्वरों की अभिव्यक्ति मोटे तौर पर तीन रूपों में हुई है। एक, विवाह संस्था के मौजूदा स्वरूप का विरोध; दूसरे, आर्थिक स्वावलम्बन और समाज में निजी ठोस पहचान; और तीसरे, दैहिक वर्जनाओं से मुक्ति। नारीवाद के विचलन और विरोधी स्वर भी यहीं कहीं हैं। मसलन दैहिक मुक्ति का अर्थ क्या है ? अपनी देह की ख़रीद–फरोख़्त के अधिकार अपने पास रखना ? या देह के भीतर स्थित विवेक को जाग्रत कर पितृसत्तात्मक व्यवस्था का पुनरीक्षण करना ? ये प्रश्न बहस का मुद्दा हैं, लेकिन स्त्री–विमर्श के अनौचित्य या विघटन को साबित करने के लिए इन्हें संदर्भ से विच्छिन्न नहीं किया जा सकता। स्त्री–विमर्श चूँकि संवाद की अनवरत प्रक्रिया है और संवाद सकारात्मक मुठभेड़ों के बाद नारीवादी सैद्धांतिकी गढ़ने का ज़रिया, इसलिए विघटनकारी स्वरों के साथ रचनात्मक स्वरों को सुनना–गुनना बेहद ज़रूरी है। ये सकारात्मक स्वर हैं : मातृत्व, परिवार एवं संबंधों का स्वीकार, संवेदनशील मानव–समाज की संकल्पना यानी साझी दुनिया की अवधारणा, बृहत्तर सामाजिक मुद्दों से जुड़ाव।

इन्हें भारतीय संदर्भ में नारीवाद की सैद्धांतिकी का नाम तो नहीं दिया जा सकता, हाँ, नारीवाद के स्वस्थ स्वरूप को पहचानने की दिशा–निर्देशिकाएँ ज़रूर कहा जा सकता है। इन प्रश्नों में स्त्री की स्थिति के तटस्थ और समग्र मूल्यांकन के लिए पूरी सामाजिक–सांस्कृतिक–आर्थिक व्यवस्था की गहरी पड़ताल का आग्रह भी है, और नव–निर्माण की दिशाओं का संकेतन भी।

▣ मौखिक प्रस्तुति

विषय में थोड़ी सी तब्दीली करना चाहूँगी। मैं नारीत्व की विशिष्ट संरचनाओं पर बोलना पसंद करूँगी। असल में अभय जी ने कहा था कि नारीवाद की विशिष्ट संरचनाओं पर बात करूँ, और मैंने कहा था कि मुझे नारीवाद का ए बी सी डी भी नहीं आता। मैं तो जो लिखती हूँ, एक स्पांटेनियस ऑब्ज़र्वेशन के साथ लिखती हूँ। तो वो विषय टाइप होने में नारीवाद ही रह गया, पर मैंने जब सोचा और ज़्यादा से ज़्यादा खोजा तो मुझे सिर्फ़ नारीत्व की विशिष्ट संरचनाएँ ही दिखाई पड़ीं। मैं लिखती हूँ स्त्री के बारे में, उस स्त्री के बारे में जो मेरे अपने भीतर है, मेरे आसपास है, विरासत से जो मुझे मिली है। और मुझे लगता है कि उस स्त्री के बारे में भी सोचती हूँ, सोचना चाहती हूँ, महसूसती हूँ जिसे हमें गढ़ना है, अपनी नई पीढ़ी के लिए।

इसीलिए बात भी शुरू करूँगी, न नारीत्व से, न नारीवाद से, सिर्फ़ स्त्री से। जब मैं इस बिल्डिंग का स्थापत्य देख रही थी। चूँकि ये विक्टोरियन आर्कीटेक्चर है इसलिए मुझे अंग्रेज़ी

की कक्षाओं में पढ़ी हुई औरतें, उनके क़िले, उन क़िलों में रहते हुए लोग-बाग, उनकी पोशाकें याद आती रहीं। अचानक इधर गोल-गोल जो एक मेहराब है, उसे देख कर मेरी यादों में सुबह ही कौंध गई 'द लेडी ऑफ़ शैलोट'। यहाँ कोई द्वीप नहीं है, कोई नदी नहीं है। लेकिन जाने क्यों कल्पना ने एक ताना-बाना रचा और लगा कि ये लेडी ऑफ़ शैलोट अपने मैजिकल वेब के साथ यहाँ बैठी है। टेनिसन की वह एकाकिनी, एक दुखियारी स्त्री, मुझे लगा दुखियारी है, पीठ किए हुए है, दीन-दुनिया की तरफ़। खिड़की के नीचे सारी दुनिया चल रही है। अबाध गति से रीपर्ज़ आ रहे हैं, चरवाहे आ रहे हैं, विवाहित जोड़े आ रहे हैं, प्रेमी युगल आ रहे हैं। रोज़मर्रा की ज़िन्दगी चल रही है। जन्म और मृत्यु का अनवरत सतत प्रवाह चल रहा है। अर्थियाँ उठ रही हैं। रात की चाँदनी में प्रेमी युगल एक दूसरे को बाँहों में बाँधे चूमने को आतुर हैं। वह उन सब दृश्यों को निस्संग यांत्रिक भाव से देखती हुई अपने सामने जो लूम है, उसका जो करघा है, उस पर बुनती जा रही है। लेकिन कभी उसके मन में टीस उठती है। एक ठंडी आह भरती है वह। बस, और अचानक एक दिन वह खिड़की से देखती है एक नाइट को घोड़े पर सवार।

नाइट की बात सुनते ही एक गति, एक चेतना, एक कर्मठता की याद आती है। वह उसके प्रेम में पागल हो गई। उसे लगा कि मुझे उस नाइट से मिलना ही है। उस नाइट से मैं प्रेम करती हूँ। जब तक मैं उसके पास नहीं पहुँचूँगी, मेरी ज़िन्दगी अकारथ रहेगी। और वह जानती है कि यदि वह पीठ मोड़ कर खिड़की की तरफ़ देखेगी, तो उसके ऊपर जो अभिशाप है और जिसकी छाया में वह जी रही है, वह टूट जाएगा। जो ये करघा है वह भी बिल्कुल टूट जाएगा। वह यहाँ से उखड़ जाएगी। एक तूफ़ान आएगा और शायद उसकी मृत्यु भी हो जाए। लेकिन उस नाइट को देखने से ख़ुद को रोक नहीं पाती। वह पलट कर देखती है। वाक़ई अभिशाप उस पर आ गिरता है। वह जादुई तिलस्मी माहौल टूट जाता है। और वह सीढ़ियाँ उतर कर नीचे आती है। और नीचे नदी में एक नौका बँधी है। उस नौका पर अपना नाम लिखती है। उस नौका पर लेटती है। पानी का प्रवाह उसे जहाँ बहा कर ले जा रहा है, वह बहती हुई चली जा रही है। वह नाइट उसे देखता है और कहता है कि कितना सुन्दर चेहरा है इस स्त्री का। ख़ैर, कविता यहाँ ख़त्म हो जाती है। कभी बीए में पढ़ी थी।

मेरे आस-पास जीती, मेरे अड़ोस-पड़ोस में रहती, मेरी माँ, दादी, नानी के रूप में जीती, विरासत से जिस स्त्री के साथ हम संवाद करते आए हैं, क्या वह स्त्री लेडी ऑफ़ शैलोट नहीं है? वह स्त्री जो अपनी दिनचर्या में, अपनी गृहस्थी में एक यांत्रिक निस्संग भाव से लगी हुई है। जितना कुछ उसे करना है, वह कर रही है। कुछ भी तो इन्वेस्ट करने के लिए कोई स्पेस ही नहीं है उसके पास। निर्धारित रोल मॉडल्स हैं। निर्धारित काम हैं। निर्धारित भूमिकाएँ हैं।

लेकिन आज जब मुझे उसकी याद आई तो मुझे लगा कि वह पाठ साथ-साथ नहीं आ रहा है, जो क्लास में पढ़ाया गया था। इस कविता के साथ मेरा एक निजी पाठ चलता रहा है। वह लेडी ऑफ़ शैलोट क्या मैं नहीं? क्या मेरे आस-पास जीती, मेरे अड़ोस-पड़ोस में रहती, मेरी माँ, दादी, नानी के रूप में

जीती, विरासत से जिस स्त्री के साथ हम संवाद करते आए हैं, क्या वह स्त्री लेडी ऑफ़ शैलोट नहीं है ? वह स्त्री जो अपनी दिनचर्या में, अपनी गृहस्थी में एक यांत्रिक निस्संग भाव से लगी हुई है। जितना कुछ उसे करना है, वह कर रही है। उसमें उसकी अपनी ऊर्जा कुछ भी नहीं है। कुछ भी तो इन्वेस्ट करने के लिए कोई स्पेस ही नहीं है उसके पास। निर्धारित रोल मॉडल्स हैं। निर्धारित काम हैं। निर्धारित भूमिकाएँ हैं। और जब वह नाइट को देखती है, तो उसे लगता है कि एक पल ऐसा है ऊर्जा का, कर्मठता का, सक्रियता का, ज़िंदगी की बागडोर अपने हाथ में ले लेने का, तो क्या उस एक क्षण को उसे छोड़ देना चाहिए ? जब-जब स्त्री उस एक बागडोर को अपनी मुट्ठी में करने के क्षण को पकड़ कर उस बँधी-बँधाई दिनचर्या से पीठ मोड़ कर उस दुनिया में क़दम रखना चाहती है, तो व्यवस्था के परखच्चे उड़ जाते हैं। नहीं सह पाता कोई भी उस पैसिव कर दी गई, निष्क्रिय, अकर्मक कर दी गई, भूमिकाओं में, स्त्रीत्व में, छवियों में बाँध दी गई स्त्री की अभिव्यक्ति। कोई नहीं चाहता कि वह अपने ढंग से इस दुनिया को समझे। अपने ढंग से इस दुनिया के ऊपर कोई राय दे। और जब वह स्त्री उस नौका पर अपना नाम लिखती है, तो मुझे लगता है कि वह अपनी उपस्थिति दर्ज करा रही है।

जब-जब स्त्री उस एक बागडोर को अपनी मुट्ठी में करने के क्षण को पकड़ कर उस बँधी-बँधाई दिनचर्या से पीठ मोड़ कर उस दुनिया में क़दम रखना चाहती है, तो व्यवस्था के परखच्चे उड़ जाते हैं। नहीं सह पाता कोई भी उस पैसिव कर दी गई, निष्क्रिय अकर्मक कर दी गई, भूमिकाओं में, स्त्रीत्व में, छवियों में बाँध दी गई स्त्री की अभिव्यक्ति। कोई नहीं चाहता कि वह अपने ढंग से इस दुनिया को समझे। अपने ढंग से इस दुनिया के ऊपर कोई राय दे। और जब वह स्त्री उस नौका पर अपना नाम लिखती है, तो मुझे लगता है कि वह अपनी उपस्थिति दर्ज करा रही है।

मरना तो है ही उसे, अपने उस आईलैंड में भी मरना है। और मरना है उसे उस नौका में बहते हुए भी। लेकिन मृत्यु का वह क्षण क्या उसका अपना चयनित क्षण नहीं है ? उस एक क्षण से पहले वह जीवन में जाने कितना कुछ कर सकती है। तो जीवन की बागडोर को अपनी मुट्ठी में कर लेने की संभावनाओं से लबरेज हर स्त्री के ऊपर जाने क्यों अभिशाप टूटता रहता है ? तो मुझे लगता है कि अगर आज उस स्त्री के सामने सवाल किया जाए तो वह क्या करे। क्या उसे कोई समझाने आएगा ? कि आप सीता बनिए। गीता पढ़िए किसी मूर्ख की परिणीता हो जाइए। और अपना घर-बार बसाइए। हाँ, अगर वो पूछे कि ठीक है, मैं अपना घर-बार बसा लेती हूँ। तो कैसा घर-बार ? वह बता देगा कि दयावती के कुनबे जैसा। क्या वह दयावती का कुनबा ही जीती रहे ता-उम्र ? कि घर में वह जन्म-मृत्यु के चक्र से विधवाओं के साथ रहे। और वह क़िले में बंद औरत हो जाए जहाँ विधवाएँ हैं, चाहे तीन विधवाएँ हों, या बीस विधवाएँ हों। औरत बीमार पड़े तो यह माना जाए कि औरताना बीमारी है। औरताना बीमारी, मतलब कोई ख़ास तवज्जो देने की ज़रूरत नहीं है। औरतें शायद मक्कर करती हैं, फरेब करती हैं, जो बीमारी का नाम लेती हैं।

या औरतें चूँकि अदृश्य होती हैं, और अदृश्य होते हैं प्रेत और भूत, तो उनको तो कोई

जब सीता और सावित्री की बात करती हूँ, तो मुझे लगता है कि इन्हें भी हम रोल-मॉडल्स में बाँध कर उस दृष्टि से क्यों देखें। ज़रा सा पन्ने पलट लीजिए। ज़रा सी परतें हटाइए, सीता के रूप में पुरज़ोर विरोध करती है वह स्त्री। और सावित्री के तौर पर वह भरपूर ताप और ओज से सम्पन्न है। यम से दो-दो हाथ कर के आना आसान नहीं है। अपनी शर्तों पर अपनी मन-वांछित चीज़ें लौटा लाना तो और भी कठिन है।

बीमारी नहीं लगती। वो तो बीमारी बन कर चिपटते हैं। तो इसलिए औरत को अलक्षित रहने दिया जाए। वह मर जाए। और जब मरेगी तो परिवार में जाने कितनी ही पोतियाँ हैं जो दादी की काठी लेकर, दादी का वजूद लेकर, दादी के अनुभव लेकर, दादी का मस्तिष्क लेकर आएँगी। उसी रोल-मॉडल में फ़िट होने के लिए। यानी औरत सीता है, सावित्री है। लेकिन जब सीता और सावित्री की बात करती हूँ, तो मुझे लगता है कि इन्हें भी हम रोल-मॉडल्स में बाँध कर उस दृष्टि से क्यों देखें। ज़रा सा पन्ने पलट लीजिए। ज़रा सी परतें हटाइए, सीता के रूप में पुरज़ोर विरोध करती है वह स्त्री। और सावित्री के तौर पर वह भरपूर ताप और ओज से सम्पन्न है। यम से दो-दो हाथ कर के आना आसान नहीं है। अपनी शर्तों पर अपनी मन-वांछित चीज़ें लौटा लाना तो और भी कठिन है। और पति-पुत्र-पोतों के साथ समृद्धि और इन सबको भरपूर जीने का वरदान लेकर लौटना? यह तो सचमुच कितनी बड़ी जिजीविषा, कितने बड़े संघर्ष, कितनी बड़ी इच्छा-शक्ति और जुझारूपन की ओर संकेत करती है। लेकिन सावित्री के साथ इन रूपकों को नहीं बाँधा जाता। सावित्री का निरूपण तो बहुत ही पतिव्रता स्त्री के रूप में है। सीता-सावित्री की तरह बनने का आशीर्वाद दिया जाता है। यानी पति के अतिरिक्त किसी अन्य चीज़ की तरफ़ जहाँ दृष्टि ही नहीं जाती, वह सावित्री है। लेकिन मुझे सावित्री में ये सब चीज़ें नहीं दिखतीं। मुझे सावित्री में दिखती है जिजीविषा, संकल्प-शक्ति, जुझारू शक्ति। लेकिन अदृश्य कर दी जाती हैं उसकी सभी सकारात्मकताएँ जो स्त्री को उसका वजूद देती हैं। क्यों कर दी जाती है? क्यों उसकी भरी-पूरी हस्ती एक नामालूम और मामूली कर दी जाती है कि वह अँगूठे की ओट में छुप जाए।

दरअसल मुझे लगता है कि ये जो स्त्री-लेखन है, या स्त्री-विमर्श जिसे हम कहते हैं, वह इन्हीं सवालों से जूझने का एक उपक्रम है। क्या है स्त्री? उन्हीं रूढ़ छवियों में बँधी हुई? कुछ डूज़ एंड डांट्स की आचार संहिता? या भरपूर मनुष्यत्व को जीती, अपने लिए एक बेहतर स्पेस तलाशती और पूरे के पूरे मानवीय संबंधों को, एक समाज को नई जुगत देने की कोशिशें करती, एक मानवीय ओजस्विता? क्या यह है स्त्री? या नारीवाद? यहाँ से मुझे लगता है कि हमें बात करनी है कि क्यों स्त्री की भरी-पूरी शख़्सियत को उड़ा कर उसे नारीत्व की अमूर्त छवियों में बाँध दिया जाता है? और नारीत्व की वही तीन अमूर्त छवियाँ परम्परा से रही हैं। स्त्री माँ है, स्त्री सती है। सतीत्व, पत्नीत्व और गृहिणीत्व। इन तीनों छवियों को नवजागरण काल से पुष्ट किया गया जो हमारी आधुनिकता को रूपायित करता है। वहीं से हमारा टेकऑफ़ पॉइंट है, हमारी आधुनिकता का। अगर हम *आनंदमठ* को, बंकिम के उपन्यास को उठाएँ तो

उसमें हिदुत्ववादी स्वरूप और मर्दवादी स्वरूप के दोनों डिस्कोर्सिज़, आज के डिस्कोर्सिज़, मिल जाते हैं। उपन्यास संन्यासी-विद्रोह पर आधारित है। संन्यासी बड़े मजे से कहते हैं कि हम चाहते हैं विष्णु-पूजा करना। और विष्णु-पूजा का मतलब है कि पड़ोस की मुस्लिमबहुल बस्ती को पूरी तरह से नष्ट-भ्रष्ट कर देना। लूट-पाट कर देना। स्त्रियों और बच्चों में आतंक फैलाना। हम चाहते हैं कि हमारा सपना कब पूरा होगा कि मस्जिदों को तोड़ कर हम राधा-माधव के मन्दिर बनाएँगे।

ठीक वही उग्र हिंदुत्ववाद, जो आज हमें बाबरी मस्जिद में और आज के डिस्कोर्स में दिखाई पड़ रहा है, जो बहुत चुनौती बन कर और चेतावनी बन कर और एक बहुत बड़ा सवाल बन कर हमें मथ रहा है। इसी के साथ अनिवार्य रूप से मर्दवादी विमर्श दिखाई पड़ता है। निगेशन है स्त्रियों का। आप संन्यासी बनना चाहते हैं, इस महा-सांस्कृतिक पुनरुत्थान के महा-अभियान में जुड़ना चाहते हैं तो अपनी पत्नी से कोई संबंध नहीं रखेंगे। संन्यासी बनने की सबसे पहली यह शर्त है। और यदि किसी व्यक्ति की पत्नी स्वयं पुरुषवेश में, संन्यासी के रूप में दीक्षित होना चाहे तो अपनी आइडेंटिटी रिवील न करे। जब तक उसकी आइडेंटिटी रिवील नहीं हुई है, वह स्वामी जीवानंद या स्वामी नवीनानंद के रूप में स्वीकार्य है। लेकिन जिस दिन उसकी आइडेंटिटी रिवील हो जाती है, यह माना जाता है कि स्त्री नरक का द्वार है, कामिनी है, कामनाओं का उद्वेग करेगी, पुरुष को बहलाएगी, बरगलाएगी और उसे उसके साधना के मार्ग से च्युत कर देगी। क्या यह स्त्री का नकारात्मक प्रभाव है, या अपनी ही काम-लिप्साओं से भय है जो स्त्री को दुरदुराने में अभिव्यक्ति पाता रहा है? यहीं एक और स्वरूप उभरा है स्त्री को देवी के रूप में प्रतिष्ठित करने का। *आनंदमठ* में ही दुर्गा और काली दो देवियों की प्रतिष्ठा की जाती है। और समय के अनुसार ढेर सारी देवियों की प्रतिष्ठा है। स्त्री मूलतः क्या है? स्त्री मूलतः देवी है। वह शक्ति का स्रोत हो सकती है, दुर्गा बन कर सृजन की बात करेगी। काली बन कर विध्वंस की बात करेगी। लक्ष्मी बन कर जब-जब सृजन का दौर आएगा, वह समृद्धि की बात करेगी। इसके अतिरिक्त स्त्री कुछ भी नहीं है।

यह एक बहुत बड़ा प्रश्न था जिसे *गोरा* में रवींद्रनाथ ने उठाया। कल *गोरा* की बात चली थी। बहुत अच्छे संदर्भों में बात हुई।

हिंदूवाद कहता है कि दिन में चौबीस घंटे हैं, लेकिन दिन के साथ अनिवार्य रूप से रात लगी हुई है। जब हम दिन की बात करते हैं, हम रात नहीं कहते। रात अपने आप अंडरस्टुड है। दिन में अन्तर्निहित है। सोलह घंटे हमारे ऊर्जा के, काम के, सक्रियता के घंटे हैं, और वे आठ घंटे विश्रांति के हैं। लेकिन उन विश्रांति के घंटों की जब हम बात नहीं करते तो हम रात का अपमान नहीं करते। रात के होने को स्वीकारते हैं। ठीक उसी तरह से हम पुरुषों की बात करते हैं। पुरुष दिन है। स्त्रियाँ रात हैं। रात की तरह वे ओझल रहते हुए बल देती हैं, शक्ति देती हैं, स्फूर्ति देती हैं, तो स्त्रियों को रात के अँधेरे की तरह यदि नहीं गिनाते हैं तो उनका अपमान नहीं है। यह गोरा का जवाब है विनय के इस प्रश्न का कि स्त्रियों की उपेक्षा करके क्या हम अपने आधे सत्व की उपेक्षा नहीं कर रहे हैं?

गोरा में मुझे लगता है कि एक और डिस्कोर्स है विनय के रूप में। विनय असल में चैलेंज करता है गोरा के उद्धत प्रचंड हिंदूवाद को। हिंदूवाद कहता है कि दिन में चौबीस घंटे हैं, लेकिन दिन के साथ अनिवार्य रूप से रात लगी हुई है। जब हम दिन की बात करते हैं हम रात नहीं कहते। रात अपने आप अंडरस्टुड है। दिन में अन्तर्निहित है। सोलह घंटे हमारे ऊर्जा के, काम के, सक्रियता के घंटे हैं, और वे आठ घंटे विश्रांति के हैं। लेकिन उन विश्रांति के घंटों की जब हम बात नहीं करते तो हम रात का अपमान नहीं करते। रात के होने को स्वीकारते हैं। ठीक उसी तरह से हम पुरुषों की बात करते हैं। पुरुष दिन है। स्त्रियाँ रात हैं। रात की तरह वे ओझल रहते हुए बल देती हैं, शक्ति देती हैं, स्फूर्ति देती हैं, तो स्त्रियों को रात के अँधेरे की तरह यदि नहीं गिनाते हैं तो उनका अपमान नहीं है। यह गोरा का जवाब है विनय के इस प्रश्न का कि स्त्रियों की उपेक्षा करके क्या हम अपने आधे सत्व की उपेक्षा नहीं कर रहे हैं?

इस प्रश्न को रवींद्रनाथ उठाते हैं, क्योंकि उन्हें लगता है कि स्त्री सिर्फ़ न कामिनी की तरह दुरदुराई जाने वाली है, न माँ की तरह पूजा की जाने वाली है। स्त्री वह भी है जो नई चेतना से जुड़ी है। ब्रह्मसमाजियों के प्रयास से स्त्री शिक्षित हुई है। वह स्कूल चला रही है और इसीलिए यहाँ सुचरिता, ललिता जैसे स्त्री पात्रों के माध्यम से बात की जा रही है कि क्यूँ नहीं स्त्री में चेतना पैदा करने के लिए प्रयास किए जा रहे हैं? वे प्रयास स्त्रियों की ही ओर से हों, स्त्रियों के साथ एक समन्वयवादी पुरुष भी खड़ा हो, क्यों नहीं हम एक ऐसे समाज की संरचना करते जो स्त्री और पुरुष को दिन और रात की तरह न कहे। जो ये न कहे कि पुरुष यज्ञ-भूमि की तरह है और स्त्री यज्ञ के भंडारे की तरह जो सदा पीछे और अलक्षित ही रहता है।

तो दरअसल यहाँ से जो तीन भूमिकाएँ बनती रही हैं और उनका निगेशन बेशक रवींद्रनाथ ने किया है, लेकिन हमें उन स्त्री-स्वरों को भी चुनना होगा जो इन तीन छवियों का विरोध करते आए हैं। लेकिन हमारे हिंदी साहित्य में या हमारी हिंदी चिंतन-परम्परा में उन्हें स्थान नहीं दिया जाता। यहाँ मैं बात सिर्फ़ हिंदी की ही नहीं कर रही हूँ। यदि हम प्रारंभिक नारीवादी स्वरों को सुनना चाहें तो रमाबाई की बात की जा सकती है, या उनसे भी पहले सावित्रीबाई फुले की। हालाँकि ये कहा जाता है कि फुले के साथ उन्होंने दलितों के उद्धार के लिए काम किया। लेकिन बहुत पहले एक प्रखर नारीवादी चिंतक की तरह उन्होंने १८५३ में शिशु हत्या प्रतिबंधक गृह की स्थापना की। और १८६३ में उन्होंने विधवाओं के लिए एक सदन की स्थापना की। बाल-विधवाओं के लिए एक प्रसूति गृह की स्थापना की। अब अपने आप में बहुत अंतर्विरोधी बात है बाल-विधवाएँ और प्रसूति। उन्होंने समाज के मुँह पर एक करारा तमाचा मारा यह पूछ कर कि ये बाल-विधवाएँ प्रसूति की अवस्था तक क्यों पहुँच रही हैं? क्या यह सिर्फ़ उनका अपना निजी व्यभिचार है? वे स्त्रियाँ जिन्हें खाना भी ठीक से नहीं दिया जा रहा है, जिन्हें घर के पिछवाड़े में अँधेरे कोनों में धकेल दिया जाता है, जिन्हें खुलकर साँस लेने और बतियाने का अवकाश भी नहीं है, वे स्त्रियाँ अपनी कामवासना की पूर्ति के लिए घर से बाहर जाने कहाँ-कहाँ डोलती फिरी होंगी : इस पुरुष-पोषित छद्म का विरोध करती है यह

बाल-विधवाओं के प्रसूति गृह की स्थापना। इससे पता चलता है कि अब घर के अँधेरे कोनों में अपने ही रक्त-संबंधियों की या अपने विवाह-संबंधियों की वासना का शिकार होकर वे इस परिणति तक पहुँची हैं। तो क्या उनकी संतानें अवैध हो गई हैं ? क्या उनकी यह दशा उन्हें व्यभिचारिणी, कुलटा, पतिता बनाती है ? क्या वे मनुष्य नहीं हैं ? क्या उनके साथ अत्याचार, शोषण नहीं हुआ है ? क्या उसका काग्निजेंस नहीं लिया जाना चाहिए ? क्या उनके कल्याण के लिए कोई बेहतर विकल्प नहीं खोजे जाने चाहिए ? और यहीं से एक अनकहा-अनगूँजा सवाल भी उठता है कि क्या उन शख़्सियतों को भी बेनक़ाब नहीं किया जाना चाहिए जो अपनी कोरी लम्पटता के कारण स्त्री से एक स्वस्थ जीवन जीने का अधिकार छीनती हैं ?

इसी डिस्कोर्स को आगे बढ़ाते हुए दूसरा स्वर हमें मिलता है पंडिता रमाबाई का १८८९ में और १८९८ में। वे बाक़ायदा शारदा सदन और कृपा सदन की स्थापना करती हैं। यह एक ऐसी महिला है जो हंटर कमीशन के सामने इस बात की सिफ़ारिश क़रती है कि स्त्रियों को सिर्फ़ पाक कला, सीना-पिरोना और थोड़ा बहुत अक्षर ज्ञान, जोड़-घटा की शिक्षा नहीं दी जानी चाहिए। स्त्रियों को बाक़ायदा डॉक्टरी की शिक्षा दी जानी चाहिए, क्योंकि सबसे ज़्यादा प्रसूति के समय स्त्रियों की मृत्यु होती है। कोई प्रशिक्षित डॉक्टर नहीं है। यह एक बहुत बड़ा ब्रेक थ्रू है। बहुत बड़ी क्रांतिकारी घटना है जिसे प्रायः अलक्षित रखा जाता है। हम जानते हैं आनंदी गोपाल अपने पति के कहने पर डॉक्टर बन कर आईं। ज़्यादा डॉक्टरी नहीं कर पाईं क्योंकि भारत लौटने के तीन महीने बाद उनकी मृत्यु हो गई। रुक्माबाई की बात हम करते हैं। रुक्माबाई अपने आप में एक बहुत बड़े विद्रोह के रूप में सामने आती हैं। हमारे पारम्परिक नारीत्व की तीनों संकल्पनाओं का विरोध करते हुए। रुक्माबाई एक बेहद ठोस शख़्सियत के रूप में उभरते हुए इनकार करती हैं उस शख्स के साथ घर बसाने के लिए जिससे उनका बचपन में विवाह हो गया था। बाल विवाह था, लेकिन वह व्यक्ति उतना ही जड़ रहा। रुक्माबाई वैचारिक प्रगति कर के एक बहुत बड़े पेडस्टल पर पहुँच गईं। उनका तर्क था कि मेंटल इनकॉम्पेटिबिलिटी विवाह-संबंध में नहीं रहनी चाहिए। कोर्ट तक यह केस जाता है। पहले उसके पक्ष में फ़ैसला है फिर विपक्ष में। लेकिन वह सजा और जुर्माना भुगतने को तैयार रहती है। और उसके बाद वह स्वयं डॉक्टरी पढ़ने इंग्लैंड जाती है। और वहाँ से डॉक्टर बन कर आती है। ९१ वर्ष की आयु तक जीवित रह कर वह अपनी सेवाएँ समाज को अर्पित करती है। जिस मोड़ पर ये महिलाएँ स्वयं डॉक्टर बनीं और रमाबाई ने स्त्रियों को डॉक्टरी शिक्षा देने की पैरवी की, उस समय एक सामान्य डिस्कोर्स में स्त्री की शिक्षा को लेकर बहुत बहस हो रही थी। और हम सब जानते हैं कि स्त्री शिक्षा के सभी हिमायती थे। लेकिन प्रॉब्लम थी उसके पाठ्यक्रम को निर्धारित करने की। लेकिन पाठ्यक्रम निर्धारित करने की समस्याएँ भी ज़्यादा देर तक नहीं आईं, क्योंकि सभी चिंतक, सभी लेखक, सभी राजनीतिज्ञ सहमत थे कि स्त्रियों को गृहिणी बनाने की, सुघड़ गृहिणी बनाने की, कुशल पत्नी बनाने की और त्यागमयी ममतामयी माँ बनाने की ट्रेनिंग दी जानी चाहिए।

अब हम भारतेन्दु पर आएँ। भारतेन्दु कहते थे कि हाँ, स्त्रियों को शिक्षित कीजिए, लेकिन

> भारतेन्दु कहते थे कि हाँ, स्त्रियों को शिक्षित कीजिए, लेकिन उस चाल से नहीं। ऐसी शिक्षा न दीजिए जैसी आज दी जा रही है। शिक्षा उस चाल की नहीं होनी चाहिए जो उपकार के बदले अपकार करे। उन्हें ऐसी शिक्षा दीजिए जिससे वे अपने देश और कुल-धर्म की बात जानें। पति की भक्ति करें और लड़कों को पढ़ा सकें। ऐसी ही टिप्पणी लाला लाजपत राय करते हैं, और ऐसी ही टिप्पणी स्वामी दयानंद सरस्वती करते हैं।

उस चाल से नहीं। ऐसी शिक्षा न दीजिए जैसी आज दी जा रही है। शिक्षा उस चाल की नहीं होनी चाहिए जो उपकार के बदले अपकार करे। उन्हें ऐसी शिक्षा दीजिए जिससे वे अपने देश और कुल-धर्म की बात जानें। पति की भक्ति करें और लड़कों को पढ़ा सकें। ऐसी ही टिप्पणी लाला लाजपत राय करते हैं, और ऐसी ही टिप्पणी स्वामी दयानंद सरस्वती करते हैं। जैसी शिक्षा दी जा रही है और जो उपकार के बदले अपकार कर रही है, उसके बारे में कोई नहीं बोलता। सजग चेतन हो कर कोई व्यक्ति बात नहीं कहता, लेकिन भारतेन्दु की अगर हम रचनाएँ पढ़ें, तो वहाँ एक उनकी व्यंग्य-रचना है *मुशायरा* नाम से। उसमें पूरे भारत के लोग प्रतिनिधित्व कर रहे हैं। सभी अपनी-अपनी शेरो-शायरी कर रहे हैं। अपनी कविताएँ सुना रहे हैं। कविता-पाठ हो रहा है। ललाइनजी कूद कर आईं। भारतेन्दु कह रहे हैं कि जो कविता पाठ हो रहा था तो उससे वे बहुत उत्तेजित हुईं और उन्होंने गाना शुरू किया : लिखाय नहीं देत हो, पढ़ाय नहीं देत हो, सैंया फिरंगन बनाय नहीं देत हो। और आगे यही कि कब तक मैं ये लहंगा-दुपट्टा और चादर ओढ़ूँ, मुझे गाउन क्यों नहीं सिलवा देते। कब तक मैं अँधेरी अटारियों में रहूँ, नदी किनारे डाक बंगला क्यों नहीं बनवा देते। कब तक मैं तेल-उबटन से नहाऊँ, मेरे लिए साबुन की बट्टी क्यों नहीं मँगा देते। भारतेन्दु स्त्री की जब बात करते हैं, तो अपने स्त्री-द्वेष को चाह कर भी नहीं छुपा पाते। *पति-सेवा* एक उनकी व्यंग्य-रचना है। उसमें कहीं लिखते हैं कि ये जो स्त्री है ये अग्नि की तरह पुरुष की हड्डियों को जला डालती है। सहस्त्र नेत्रधारी की तरह ससुराल के दोष देखती है। बज्रपाणि की तरह पति पर शासन करती है और सुदर्शन चक्रधारी की तरह पुरुष का मस्तक काट डालती है। कूट-कूट कर इतना स्त्री-द्वेष। स्त्री आज तक क्या रही है ? सिर्फ़ एक चुटकुला, एक गाली। देह तो है ही, जिसे जब चाहा चूमा-चाटा जब चाहा थूक दिया। स्त्री की भरी-पूरी अस्मिता को क्यों देखे कोई, क्योंकि स्त्री तो उसके रहमो-करम पर जी रही है। उसका अन्न खा रही है। स्त्री कैसे अस्वीकार कर दे उसके बच्चों को पालने को।

हाँ, रशीद जहाँ जैसे नारीवादी चिंतकों की बात करें तो मैं उनका भी नाम लेना चाहूँगी। रशीद जहाँ की एक कहानी है *मर्द और औरत,* सिर्फ़ संवादों पर आधारित। वे दोनों प्रेमी-प्रेमिका हैं और विवाह करना चाह रहे हैं। मर्द कह रहा है कि तुम जल्दी से बताओ, कब ब्याह करोगी। और वह कहती है कि ठीक है ब्याह करेंगे लेकिन पहले मेरी कुछ शर्तें हैं। मुझे जवाब दो क्योंकि बाद में कोई झगड़ा नहीं होना चाहिए। सारी बातें अभी खुलासा हो जानी चाहिए। मर्द कहता है कि ठीक खुलासा तो है ही, मैं दफ़्तर जाया करूँगा। जब लौटूँगा तुम मेरे लिए चाय-वाय लाओगी, नाश्ता बनाओगी। वह कहती है कि दफ़्तर तो मैं भी जाती हूँ।

तो वह कहता है कि कोई बात नहीं, साथ-साथ आएँगे, लेकिन तुम चाय-वाय पिलाओगी क्योंकि औरतों को घर चलाना होता है। वह बार-बार पूछ रही है कि ये घर चलाना क्या होता है? मैं तो तुम्हारे साथ बराबर का काम कर रही हूँ, तो तुम बराबर का घर क्यों नहीं चलाओगे? वह कहता है कि मर्दों का काम घर चलाना नहीं है। तुम घर चलाओगी और बच्चों को पालोगी। तो वह कहती है कि मैं बच्चों को क्यों पालूँ। स्त्री जवाब देती है कि बहुत साल हो गए औरतों को बच्चे पालते हुए। तुम पालो अब। वह कहता है कि नहीं-नहीं, बच्चों को मैं नहीं पालूँगा। बच्चे हमेशा औरतें ही पालती हैं। वह कहती है : ठीक है तुम मुझे बताओ कि बच्चे किसके होते हैं? औरत के या मर्द के? वह कहता है कि यक़ीनन मर्द के बच्चे होते हैं। मर्द का ही नाम दिया जाता है। बाप का नाम दिया जाता है। वंश-वृक्ष में औरत का तो कहीं नाम ही नहीं है। तो वो कहती है कि जब मेरा कहीं नाम ही नहीं, तो मैं क्यों इतनी मेहनत करूँ? मैं क्यों पालूँ? और फिर वह कहती है कि अच्छा एक सवाल का जवाब दो मुझे। मेरी आमदनी तुमसे आठ गुना ज़्यादा है। नौकरी छोड़ने की अगर बात आए तो कौन छोड़ेगा, तुम या मैं? मर्द कहता है यक़ीनन तुम, क्योंकि औरतों का काम नौकरी करना नहीं होता। जितना हम से होगा हम खिलाएँगे तुम बैठ कर खाना।

एक बहुत बड़े झन्नाटे की तरह, एक बहुत बड़े तमाचे की तरह रशीद जहाँ साहित्यिक परिदृश्य में ही नहीं, एक वैचारिक परिदृश्य में उभरती हैं। वे बताती हैं कि नारीत्व की जितनी भी संरचनाएँ हैं, उन्हें उलट-पलट कर देख लिया जाना चाहिए। यहाँ जब मैं डॉक्टरी की बात कर रही थी तो मैं रुकैया सखावत हुसैन की भी बात करूँगी। ... जिस समय हमारा यह डिस्कोर्स चल रहा था कि औरतों को सती होना चाहिए, स्त्रीत्व की बात होनी चाहिए, वह माँ है, पत्नी है, गृहिणी है, ... बंग-महिला हमारे यहाँ हिंदी की बहुत प्रतिनिधि रचनाकार मानी जाती हैं कि वह स्त्री-विमर्श को आगे लेकर गईं। लेकिन बंग-महिला की हम रचनाएँ पढ़ें तो वे क्या कह रही हैं : ... स्त्री को विनम्रता से और झुक कर बात करनी चाहिए। स्त्रियों को ऊँचे स्वर में नहीं बोलना चाहिए। लज्जा उनकी थाती है, स्त्रियों को तर्क नहीं करना चाहिए, क्योंकि तर्क करती हुई बोलती हुई स्त्रियाँ अच्छी नहीं लगतीं। स्त्रियों को सती धर्म की प्रतिष्ठा करनी चाहिए। सती धर्म क्या है? पति के कहने में रहे, पति जैसा चाहे रखे।

मुझे हमेशा एक कथा याद आ जाती है। एक पौराणिक कथा कि कोढ़ी पति है, लाचार और अपंग। इच्छा करता है कि मुझे वेश्यागमन करना है। पत्नी उसे टोकरे में डालकर सिर पर लेकर उसे वेश्या के गृह तक ले जाती है। रात भर उसके घर के बाहर दहलीज पर बैठी रहती है। सुबह जब वेश्या के साथ समागम कर के उसके घर लौटने की इच्छा होती है तो वह उसे घर ले आती है। तो इस सतीत्व की प्रतिष्ठा बंग महिला में है। लेकिन रुकैया सखावत हुसैन अपनी छोटी सी कहानी *सुल्ताना का सपना* में बात करती हैं शिक्षा की। वे एक स्त्री-लोक की बात करती हैं। वह एक फैंटेसी है। स्त्री-लोक असल में हो ही नहीं सकता, जैसे पूरा का पूरा विशुद्ध पुरुष-लोक नहीं हो सकता, उसी तरह विशुद्ध स्त्री-लोक नहीं हो सकता। लेकिन वहाँ जो एक बेहतर बात वे करती हैं, वह यह है कि वहाँ दो यूनिवर्सिटीज़ थीं। वुमॅन

यूनिवर्सिटीज़ थीं। जो रानी थी वह बहुत ही साइंटिफिक और प्रोग्रेसिव एप्रोच की थी। उसने महिलाओं को पढ़ने के लिए अलग से यूनिवर्सिटीज़ बनाई थी। एक यूनिवर्सिटी में स्त्रियों ने सोलर एनर्जी कंज़र्व की। दूसरी यूनिवर्सिटी में स्त्रियों ने बादलों से पानी इकठ्ठा किया। पानी स्टोर किया। उसके बाद कहानी का वितान फैलता है कि किस तरह से दुश्मन ने उस पर अटैक किया उस लोक पर, और किस तरह से फ़ौजें उसका सामना नहीं कर पायीं। दुश्मन बिल्कुल जीतने को था तभी दोनों यूनिवर्सिटीज़ के वाइसचांसलर ने कहा कि हमें मौक़ा दिया जाए। हम शायद देश की रक्षा कर सकें। वे अपने इन्हीं हथियारों को, यानी सोलर एनर्जी और जो पानी को उन्होंने स्टोर किया था उसके साथ दुश्मन से लड़ने गईं। उन्होंने दुश्मन पर जो सोलर एनर्जी छोड़ी उससे तिलमिला कर दुश्मन की सेना भाग गई। चूँकि स्त्रियों ने ये शर्त रखी थी कि हम यदि जाएँगे तो ज़नाने में मर्द जाएँगे। हम आज तक ज़नाने में रहती रही हैं। ज़नाना और मर्दाना अलग-अलग रहा है। तो हम अगर बाहर जाएँगे, तो कुछ दिनों के लिए मर्दों को ज़नाने में रहना पड़ेगा। मर्द थके हुए थे, शिकस्त से टूटे हुए भी थे। उन्होंने फ़ौरन मान लिया। उसके बाद *सुल्ताना का सपना* में आगे तक जो कहानी फैली है कि किस तरह से वह एक आदर्श लोक हो गया है। यह एक फ़ैंटेसी है जिसें हमें ऊपरी तौर पर तिरस्कार दिखाई पड़ रहा है। लेकिन इसको भी एनालाइज़ करने की ज़रूरत है कि ये जो घृणा है, या ये जो प्रतिरोध है, वह क्यों है? क्या यह बहुत ज़्यादा उत्पीड़न और दमन के बाद पहला रिएक्शन नहीं है? जब स्प्रिंग को दबाएँगे तो वह बहुत ज़्यादा फैलता है। यह एक तात्कालिक आवेश की प्रतिक्रिया है जो बहुत जायज़ इसलिए कही जा सकती है कि वह हमें पूरे के पूरे परिवेश के विखंडन का एक विवेक-जनित आधार देती है।

> **रुक़ैया सखावत हुसैन अपनी छोटी सी कहानी *सुल्ताना का सपना* में बात करती हैं शिक्षा की। वे एक स्त्री-लोक की बात करती हैं। वह एक फैंटेसी है। स्त्री-लोक असल में हो ही नहीं सकता, जैसे पूरा का पूरा विशुद्ध पुरुष-लोक नहीं हो सकता, उसी तरह विशुद्ध स्त्री-लोक नहीं हो सकता। ...** **उसके बाद *सुल्ताना का सपना* में आगे तक जो कहानी फैली है कि किस तरह से वह एक आदर्श लोक हो गया है। यह एक फ़ैंटेसी है जिसें हमें ऊपरी तौर पर तिरस्कार दिखाई पड़ रहा है। लेकिन इसको भी एनालाइज़ करने की ज़रूरत है कि ये जो घृणा है, या ये जो प्रतिरोध है, वह क्यों है? क्या यह बहुत ज़्यादा उत्पीड़न और दमन के बाद पहला रिएक्शन नहीं है? जब स्प्रिंग को दबाएँगे तो वह बहुत ज़्यादा फैलता है। यह एक तात्कालिक आवेश की प्रतिक्रिया है जो बहुत जायज़ इसलिए कही जा सकती है कि वह हमें पूरे के पूरे परिवेश के विखंडन का एक विवेक-जनित आधार देती है।**

एक प्रश्न और ज़ेहन में कौंधता है कि बंग महिला को हम बहुत अहमियत क्यों देते रहे हैं? आचार्य रामचन्द्र शुक्ल तो बहुत श्रद्धाविगलित भाव से उनका उल्लेख करते हैं। लेकिन क्यों अज्ञात हिंदू महिला, सीमंतनी उपदेश की रचयिता, या अभी जिन्हें प्रज्ञा पाठक प्रकाश में लेकर आई हैं, *सरला : एक विधवा की आत्म-जीवनी,* ये किताबें क्यों अलक्षित रह गईं?

जब हिंदुत्व या गृहिणी की रूढ़ छवि की बात आती है तो क्यों अंग्रेज़ी चाल का विरोध किया जाता है? मुझे लगता है कि उस समय ये जरूर बताया जाता होगा कि कैसी स्त्रियों से सावधान रहना है। रुक्माबाई जैसी स्त्रियों से, ताराबाई जैसी स्त्रियों से घोड़े पर चलती हैं, हंटर घुमाती हैं, और ये कहती हैं कि जो हमारे पौराणिक ग्रन्थ हैं उनका पुन:पाठ किया जाना चाहिए। और विरोध होना चाहिए रमाबाई जैसी स्त्रियों का, जो कनवर्ट भी हो जाती हैं, और अपने हिसाब से अपने लिए स्पेस ही नहीं, अपने लिए भविष्य भी बाँधती हैं। तो उस समय इन पुस्तकों को अलक्षित किया जाना क्या एक बहुत गहरी साज़िश की ओर संकेत नहीं करता? अचानक तो किताब नहीं खोई कुछ किताबें चलती रहती हैं, परम्परा के साथ कुछ किताबें चलती रहती हैं, परम्परा के साथ कुछ दफ़्न हो जाती हैं, वे स्वयं चयन नहीं करतीं कि मेरी मृत्यु हो गई है, लीजिए मेरा अन्तिम संस्कार कर दीजिए। उन्हें बाक़ायदा दबाया जाता है। उस दबाने में निहित-स्वार्थ बहुत ज़्यादा सक्रिय रहते हैं।

> **बंग महिला को हम बहुत अहमियत क्यों देते रहे हैं? आचार्य रामचन्द्र शुक्ल तो बहुत श्रद्धाविगलित भाव से उनका उल्लेख करते हैं। लेकिन क्यों अज्ञात हिंदू महिला, सीमंतनी उपदेश की रचयिता, या अभी जिन्हें प्रज्ञा पाठक प्रकाश में लेकर आई हैं, *सरला : एक विधवा की आत्म-जीवनी*, ये किताबें क्यों अलक्षित रह गईं? जब हिंदुत्व या गृहिणी की रूढ़ छवि की बात आती है तो क्यों अंग्रेज़ी चाल का विरोध किया जाता है?**

आज जब हम अज्ञात हिन्दू महिला के सीमंतनी उपदेश पढ़ते हैं, तो उसमें मैं सिर्फ़ दो बातों की ओर बताना चाहूँगी कि कौन सी दो बातें मुझे हांट करती हैं। वे स्वयं विधवा रही हैं और यहाँ यह चीज़ भी अंडरलाइन करने लायक़ मुझे लगी कि जिन-जिन ने नारीवादी डिस्कोर्स चलाया, वे सारी विधवाएँ रही हैं। ताराबाई शिंदे, पंडिता रमाबाई, अज्ञात हिंदू महिला, दुखिनी बाला। ये सारी विधवाएँ हैं। अज्ञात हिंदू महिला विधवा की दुर्दशा के बहुत डिटेल में जाती हैं। लेकिन मैं उस विधवा-डिस्कोर्स की बात नहीं करूँगी। मैं बात करूँगी सिर्फ़ दो चीज़ों की। वे कहती हैं कि विधवाओं को विवाह का अधिकार होना चाहिए। पैरवी तो करती हैं लेकिन वे कहीं भी विधवा को पुन: विवाह के लिए प्रेरित करती नहीं दिखाई पड़तीं। समर्थक हैं, लेकिन विधवा को विवाह की वेदी तक नहीं ले जातीं, बल्कि वे तो विवाह-संस्था को निगेट करती हैं। वे कहती हैं कि शादी के बाद अपने सारे अख़्तियारात दूसरे के हवालेकर देने पड़ते हैं। अपने जिस्मी अख़्तियार भी मर्द को सौंप देने पड़ते हैं। और यह चीज़ स्त्रियों के लिए बहुत ख़राब है। यह उनकी स्वतंत्रता को बाधित करती है। पहले स्त्री अपने पिता-भाई के संरक्षण में रहती है। विवाह करके वह जब पति के संरक्षण में रहती है तो वह बिना ख़रीदी लौंडी हो जाती है। वह इस अभिशाप से जिन्दगी भर मुक्ति नहीं पाती। इसीलिए वे विधवाओं को कहती हैं कि अगर तुम अपनी काम-वासना को नियंत्रित कर सकती हो तो विवाह मत करो। पहले तुम्हारा ज़बरन विवाह किया गया था। तुम्हें नहीं मालूम था क्या है विवाह, पर तुम्हें करना पड़ा। लेकिन अब तुम उसके बुरे परिणाम चख चुकी हो तो इसीलिए

मैं तुमसे यही कहूँगी कि तुम विवाह न करो। और दूसरी चीज़ वे यह कहती हैं कि विवाह संबंधों में स्त्री और पुरुष की समानता होनी चाहिए। समानता की उद्घोषिका के रूप में वो पहली स्त्री हैं। जबकि बंग महिला स्त्री और पुरुष, पति और पत्नी को अलग-अलग पेडस्टल पर अलग-अलग हायरार्की में प्रतिष्ठित करने वाली हैं।

इसी तरह से दुखिनी बाला हैं। दुखिनी बाला विवाह को लेकर एक बहुत ही अच्छा प्रारूप हमारे सामने रखती हैं। वे उसका उपहास नहीं करतीं। अज्ञात हिंदू महिला में आवेश है, उपहास है, प्रतिशोध का भाव है। लेकिन दुखिनी बाला में बहुत बड़ा संयम है। वे अपने भाई के साथ डिस्कशन करती हैं। एक बहुत अच्छा सा डिस्कशन भाई-बहन में निरंतर चलता है। भाई कहता है कि दरअसल स्त्री होती ही हीन है। वह यूरोपीय संकल्पनाओं को आधार बना कर ज्ञान बघारते हुए कहता है कि गर्भावस्था में निर्धारण हो जाता है स्त्री और पुरुष का। विकास की अवस्था प्राप्त करते हुए जब पुरुष एक-दो सीढ़ी नीचे रह जाता है तो भ्रूण स्त्री का हो जाता है, भ्रूण में वह स्त्री-लिंग बन जाता है। और जब वह भ्रूण विकास की चरम अवस्था को प्राप्त कर लेता है तो पुरुष हो जाता है। सरला जिसकी नायिका है, वह इस चीज़ का विरोध करती है। लेकिन उसके पास कोई तर्क नहीं है। वह कहती है कि मैं तो ये भी जानती हूँ कि स्त्री विकास की कितनी भी अवस्थाओं को पार कर ले, वह स्त्री ही रहेगी, और पुरुष विकास की कितनी भी अवस्थाओं को पार कर ले वह पुरुष ही रहेगा। अरेस्टिड पुरुष स्त्री नहीं होता।

दुखिनी बाला विवाह को लेकर एक बहुत ही अच्छा प्रारूप हमारे सामने रखती हैं। वे उसका उपहास नहीं करतीं। अज्ञात हिंदू महिला में आवेश है, उपहास है, प्रतिशोध का भाव है। लेकिन दुखिनी बाला में बहुत बड़ा संयम है। वे अपने भाई के साथ डिस्कशन करती हैं। एक बहुत अच्छा सा डिस्कशन भाई-बहन में निरंतर चलता है। भाई कहता है कि दरअसल स्त्री होती ही हीन है। वह यूरोपीय संकल्पनाओं को आधार बना कर ज्ञान बघारते हुए कहता है कि गर्भावस्था में निर्धारण हो जाता है स्त्री और पुरुष का। विकास की अवस्था प्राप्त करते हुए जब पुरुष एक-दो सीढ़ी नीचे रह जाता है तो भ्रूण स्त्री का हो जाता है, भ्रूण में वह स्त्री-लिंग बन जाता है। और जब वह भ्रूण विकास की चरम अवस्था को प्राप्त कर लेता है तो पुरुष हो जाता है। सरला जिसकी नायिका है, वह इस चीज़ का विरोध करती है। लेकिन उसके पास कोई तर्क नहीं है। वह कहती है कि मैं तो ये भी जानती हूँ कि स्त्री विकास की कितनी भी अवस्थाओं को पार कर ले, वह स्त्री ही रहेगी, और पुरुष विकास की कितनी भी अवस्थाओं को पार कर ले वह पुरुष ही रहेगा। अरेस्टिड पुरुष स्त्री नहीं होता।

लेकिन वह भी एक फ़ैंटेसी रचती है। असल में उस ज़माने में नारीवादी चिंतक फ़ैंटेसी रच कर भविष्य का ब्लू प्रिंट तैयार करती थीं। वह एक फ़ैंटेसी रचती है जहाँ न पर्दा है, न लिंग है, न विवाह है। एक दूसरे के साथ कम्पलाइंस है, विश्वास है और उसी में सिर्फ़ एक

ही दायित्व पूरा करना है अपने बौद्धिक-नैतिक-मानसिक विकास का। स्त्री हो या पुरुष, सभी का दायित्व एक ही है कि वे अपने से बेहतर रोल मॉडल प्रस्तुत कर सकें। प्रारम्भिक दौर में ही इस तरह से छलाँग लगाते हुए इसी क्रम में बढ़ते हुए हम बात कर लेते हैं जैनेन्द्र की, प्रेमचंद की। प्रेमचंद कहते हैं कि मैं स्त्री में माँ ही देखता हूँ। माँ के अतिरिक्त स्त्रियाँ कुछ हैं ही नहीं। और जैनेन्द्र स्त्री को जानने का दावा करते हैं। *सुनीता* या *त्यागपत्र* में वे एक बहुत ही रिवोल्यूशनरी अंदाज़ में मृणाल को खड़ा करते हैं। मैं इस विवाद में बिल्कुल नहीं जाना चाहती। मैं इनके बरक्स स्त्री-स्वरों को सुनने की बात करती हूँ। प्रेमचंद के साथ शिवरानी की बात करना चाहती हूँ। उनकी पत्नी की। बनारसी दास चतुर्वेदी *प्रेमचंद घर में* शिवरानी की संस्मरणात्मक पुस्तक में लिखते हैं कि बहुत ही उद्धत स्वभाव की महिला रही हैं, लेकिन उनका उद्धत स्वभाव भी कहीं आकृष्ट करता है। वे स्वयं मानती हैं कि वे उद्दंड हैं। मैं उनकी कुछ बातों की ओर इशारा करना चाहूँगी। वे प्रेमचंद से कहती हैं कि अगर मुझे पता होता कि तुम्हारा पहला ब्याह हुआ है, और तुमने यह झूठ बोला है कि तुम्हारी पत्नी मर गई है। तो में कभी तुम्हारे साथ विवाह न करती, बल्कि मैं ढिंढोरा पीट देती कि इस व्यक्ति के साथ कभी भी विवाह नहीं किया जाना चाहिए। दूसरी बात, प्रेमचंद शराब पी कर घर लौटते हैं। आधी रात को, दो-तीन बजे दरवाज़ा खटखटाते हैं। शिवरानी बहुत देर तक उनको दरवाज़ा खटखटाने देती हैं। उसके बाद दरवाज़ा खोलती हैं, और कहती हैं कि आज हो गया पर रोज़ की आदत नहीं बने। मैं ये सब सहन करने वालों में नहीं हूँ। और अगले दिन फिर प्रेमचंद पी कर आते हैं। शिवरानी को मालूम है। वे दरवाज़ा नहीं खोलतीं। उनके जो घर में बहू आई हुई है रिश्ते की वह दरवाज़ा खोलती है। शिवरानी रात भर उनसे बात नहीं करतीं। प्रेमचंद उलाहना देते हैं कि तुम तो बहुत ही निष्ठुर हो, अगर बहू न होती तो क्या होता? तो वे कहती हैं कि मैंने तो पहले ही कह दिया था कि मैं ऐसी औरतों में से नहीं हूँ जो मर्दों के झाँसों में आ जाऊँ। तुम्हें मेरी बात माननी चाहिए।

> **जिन-जिन ने नारीवादी डिस्कोर्स चलाया, वे सारी विधवाएँ रही हैं। ताराबाई शिंदे, पंडिता रमाबाई, अज्ञात हिन्दू महिला, दुखिनी बाला। ये सारी विधवाएँ हैं। अज्ञात हिन्दू महिला विधवा की दुर्दशा के बहुत डिटेल में जाती हैं। लेकिन मैं उस विधवा-डिस्कोर्स की बात नहीं करूँगी। मैं बात करूँगी सिर्फ़ दो चीज़ों की। वे कहती हैं कि विधवाओं को विवाह का अधिकार होना चाहिए। पैरवी तो करती हैं लेकिन वे कहीं भी विधवा को पुनः विवाह के लिए प्रेरित करती नहीं दिखाई पड़तीं। समर्थक हैं, लेकिन विधवा को विवाह की वेदी तक नहीं ले जातीं, बल्कि वे तो विवाह-संस्था को निगेट करती हैं। वे कहती हैं कि शादी के बाद अपने सारे अख़्तियारात दूसरे के हवाले कर देने पड़ते हैं। अपने जिस्मी अख़्तियार भी मर्द को सौंप देने पड़ते हैं।**

तीसरी बात, प्रेमचंद एक बिजनेस करना चाह रहे थे। शिवरानी के पास पैसा था। शिवरानी नौकरी नहीं करती थीं। लेकिन वे कहती थीं ये मेरा पैसा है। प्रेमचंद अपनी कमाई

अपनी सौतेली माँ को दिया करते थे, घर खर्चे के लिए। और शिवरानी लिखती हैं कि उस कमाई से घर ख़र्च बहुत अच्छी तरह से नहीं चलता था। जैसे-तैसे पूरा पड़ जाता था। कभी-कभी बाद में उधार भी लेना पड़ता था। तो प्रेमचंद ने कहा, और माँ ने बाद में पैसे लेने बंद कर दिए कि मेरे बस का घर ख़र्च चलाना नहीं है इस थोड़ी कमाई में, तो प्रेमचंद ने सकुचाते हुए शिवरानी से कहा कि तुम चलाओगी। शिवरानी ने कहा ठीक है, तो उन्होंने वो खर्चा भी चलाया। अपनी बचत भी की। और तीन-चार महीने के बाद उन्होंने बचत के पच्चीस रुपए प्रेमचंद को दिए कि ये बैंक में जमा करा दो। प्रेमचंद ने पूछा कि ये तुम्हारे पास कहाँ से आए। तो उन्होंने कहा कि ये मेरा पैसा है तुम्हारा नहीं है। क्योंकि तुमने तो घर ख़र्चे के लिए दे दिया। और घर ख़र्चा मैंने बेहतर चलाया है। यह मेरी अपनी बचत है। तो इस तरह से अपनी बचत के नाम पर उन्होंने बहुत सा पैसा जमा कराया जो प्रेमचंद ही जमा कराने जाते रहे थे। तो उस पैसे से बिजनेस की बात शुरू की जा रही है। प्रेस लगाने की बात है। प्रेमचंद ये कहते हैं कि ठीक है जो पार्टनर है जो जैसा कह रहा है जैसी शर्तें हैं उस हिसाब से प्रेस लगेगी। लेकिन शिवरानी कहती हैं कि नहीं इसमें अमृत राय का नाम भी होगा और जो भी शर्तें हैं वो स्याह-सफेद रिटिन में आएँगी, ताकि कल को दूसरी पार्टी मुकर जाए तो हमारे पास सब कुछ रहे। प्रेमचंद कहते हैं कि दूसरे पर विश्वास करो। तो शिवरानी ये कहती हैं कि ठीक है तुम कर लो तुम्हें जो करना हो करो। यदि मेरी नहीं सुनी जाएगी, तो मैं अपना पैसा भी नहीं लगाऊँगी। मैं एक भी पैसा नहीं दूँगी।

नारीत्व की जो संरचनाएँ हैं विलोम रचती हैं शिवरानी अपने निजी जीवन में उनका। और एक और बड़ी बात। प्रेमचंद कहते हैं कि बच्चों के लिए कुछ जोड़ना चाहिए। अमृत राय के लिए, और बच्चों के लिए, हर माँ-बाप जोड़ते हैं, मेरी तमन्ना है कि मैं इन बच्चों के लिए कुछ छोड़ कर जाऊँ। शिवरानी कहती हैं कि मुझे नहीं लगता कि हमें छोड़ना चाहिए? क्योंकि अगर बच्चे सपूत हैं, समर्थ हैं तो वे अपने आप अपना भविष्य बना लेंगे, अपने लिए कर लेंगे, और अगर बच्चे नालायक हैं तो मैं समझूँगी कि ये मेरे बच्चे हैं ही नहीं। उनके ये शब्द कि मैं समझूँगी कि मेरे बच्चे हैं ही नहीं, कितनी बड़ी बात थी उस ज़माने में किसी माँ द्वारा कहना। यह मातृत्व की उस रूढ़ छवि पर प्रहार करती है जो स्त्री का कुल परिचय बना कर उस पर थोपी जाती है। शिवरानी मातृत्व की एक नई संकल्पना रचती हैं कि सिर्फ़ ममता लुटाना, दुलार देना मातृत्व नहीं है। उसके साथ विवेक भी है।

तो यह जितनी भी नारीवादी संरचनाएँ हैं। नारीत्व की जो संरचनाएँ हैं विलोम रचती हैं शिवरानी अपने निजी जीवन में उनका। और एक और बड़ी बात। प्रेमचंद कहते हैं कि बच्चों के लिए कुछ जोड़ना चाहिए। अमृत राय के लिए, और बच्चों के लिए, हर माँ-बाप जोड़ते हैं, मेरी तमन्ना है कि मैं इन बच्चों के लिए कुछ छोड़ कर जाऊँ। शिवरानी कहती हैं कि मुझे नहीं लगता कि हमें छोड़ना चाहिए? क्योंकि अगर बच्चे सपूत हैं, समर्थ हैं तो वे अपने आप अपना भविष्य बना लेंगे, अपने लिए कर लेंगे, और अगर बच्चे नालायक हैं तो मैं समझूँगी कि ये मेरे

बच्चे हैं ही नहीं। उनके ये शब्द कि मैं समझूँगी कि मेरे बच्चे हैं ही नहीं, कितनी बड़ी बात थी उस ज़माने में किसी माँ द्वारा कहना। यह मातृत्व की उस रूढ़ छवि पर प्रहार करती है जो स्त्री का कुल परिचय बना कर उस पर थोपी जाती है। शिवरानी मातृत्व की एक नई संकल्पना रचती हैं कि सिर्फ़ ममता लुटाना, दुलार देना मातृत्व नहीं है। उसके साथ विवेक भी है। बच्चा ग़लती करके आए, उसको एक चाँटा मारने में प्रताड़ना नहीं है। उसे एक शिक्षा देना है, उसे एक सिविलाइज़्ड सिटिज़न बनाना है। तो यह विवेक के अतिरिक्त आयाम को जोड़ कर मातृत्व को एक बहुत बड़ी ज़िम्मेदारी देती हैं जो सिर्फ़ दूध उड़ेलन, मुँह चूमने या बच्चे को छाती में दुबकाने के लिए नहीं है, बल्कि बच्चे को एक आत्मनिर्भर और भविष्य-द्रष्टा और विश्व-निर्माता नागरिक बनाने का संस्कार देना भी है। इस मातृत्व को दृष्टि-ओझल कर दिया जाता रहा है।

> **कहते हैं कि ये जो आज का स्त्री-विमर्श है ये बाहर से आया है। तो मैं बताना चाहती हूँ कि इसकी जड़ें बाहर से नहीं हैं। बहुत भीतर हमारे अपने ही देश में हैं, उस ज़माने में जब स्त्री को हम बहुत ज़्यादा पेसिव और घर की चारदीवारी में, पर्दे में बंद, और गठरी और पोटली से ज़्यादा नहीं मानते थे। समझा जाता था कि इस गठरी को हम अगर अपने कंधे पर रखे-रखे थक गए हैं तो उस गठरी को तो दूल्हे के सर पर लाद दिया और दूल्हे मियाँ थक गए तो बाद में उन्होंने अपने बेटे पर लाद दिया। गठरी इधर से उधर होती रही उसका अपना क़ोई वजूद नहीं था। उस दौर में खड़े होकर ये सारी स्त्रियाँ अपनी बात कह रही हैं।**

इसी के बरक़्स हम शिवरानी की ही कहानियाँ लें, उनके जीवन के बरक़्स उनकी कहानियाँ। जहाँ प्रेमचंद की नायिकाएँ रोती रहती हैं, *निर्मला* उपन्यास में सिर्फ़ सहानुभूति बटोरती है, और पाठकों के भी ढेरों-ढेर आँसू निकलवा देती है। शिवरानी की नायिकाएँ रोती नहीं हैं। हाँ, रुलाने को तैयार रहती हैं। अधेड़ से विवाह निर्मला का भी हुआ है प्रेमचंद की नायिका का। और अधेड़ से विवाह बल्कि बूढ़े से विवाह उनकी कहानी *साहस* की नायिका का भी हो रहा है। और उसके पास कोई रास्ता नहीं है विवाह को निगेट करने का, क्योंकि माँ बाप कहते हैं कि रोग कटेगा, लड़की को पार लगा दिया। वह क्या कर रही है? थोड़ी सी पढ़ाई की है उसने। अपनी एक सहेली के साथ गुपचुप उसने किसी स्कूल में अध्यापकी के लिए आवेदन दिया है। उसका सिलेक्शन होगा या नहीं होगा, वह नहीं जानती। विवाह-मंडप में अधेड़, बल्कि वृद्धावस्था की ओर जाते अधेड़ दूल्हे मियाँ बैठे हैं, तो वह अपनी चप्पल निकाल कर बिरादरी के सामने उनके सर पर चोट करती है। यह शिवरानी की पहली कहानी है। और प्रेमचंद घर आ कर कहते हैं कि तुम इस तरह की कहानियाँ लिखती हो और मुझे पता भी नहीं चलता। आज छप रही थी। सभी इसको पढ़ कर हँस रहे थे और मुझसे बात कर रहे थे। तो मैंने कहा भई मुझे तो पता नहीं। तो वो कहती हैं कि ठीक है आगे से तुम्हें कहानी बता दिया करूँगी, दिखा दिया करूँगी। लेकिन तुम मेरे लेखन में हस्तक्षेप नहीं करोगे। प्रेमचंद

बार-बार कहते कि तुम क्यों अपन ख़ून जलाती हो। वे कहते हैं कि अरे वाह, तुम अपना ख़ून जलाओ तो ठीक है, मैं जलाऊँ तो क्यों जलाती हो।

हम ये जो कहते हैं कि ये जो आज का स्त्री-विमर्श है ये बाहर से आया है। तो मैं बताना चाहती हूँ कि इसकी जड़ें बाहर से नहीं हैं। बहुत भीतर हमारे अपने ही देश में हैं, उस ज़माने में जब स्त्री को हम बहुत ज़्यादा पेसिव और घर की चारदीवारी में, पर्दे में बंद, और गठरी और पोटली से ज़्यादा नहीं मानते थे। समझा जाता था कि इस गठरी को हम अगर अपने कंधे पर रखे-रखे थक गए हैं तो उस गठरी को तो दूल्हे के सर पर लाद दिया और दूल्हे मियाँ थक गए तो बाद में उन्होंने अपने बेटे पर लाद दिया। गठरी इधर से उधर होती रही, उसका अपना कोई वजूद नहीं था। उस दौर में खड़े होकर ये सारी स्त्रियाँ अपनी बात कह रही हैं।

इन्हीं के साथ अगर हम सुभद्रा कुमारी चौहान को लें। सुभद्रा कुमारी को लेकर हम यही जानते हैं कि उन्होंने लिखा था : ख़ूब लड़ी मर्दानी वह तो झाँसी वाली रानी थी। मर्द-स्त्री की बात करती हैं। और जब हम मर्द-स्त्री की बात करते हैं, तो बहुत ख़ुश होते हैं कि वह मर्द-स्त्री मर्दाना वैल्यूज़ को जीती है, उनको चैलेंज नहीं करती, उनके साथ मुठभेड़ की अवस्था में नहीं आ जाती। लेकिन अगर हम सुभद्रा कुमारी चौहान की कहानियों का पाठ करें, तो वे स्त्री और पुरुष के बीच मैत्री के अधिकार की बात करती हैं। यदि स्त्री और पुरुष आपस में बात कर रहे हैं बहुत देर तक, संबंध उनके ऐसे बन रहे हैं जो संबंधों की सुपरिभाषित परिधि से बाहर के हैं तो हम उस स्त्री को पतिता क्यूँ मानें? वो चरित्रहीन क्यों हैं? उस पर आरोप लगा कर उसे निष्कासित क्यों किया जाए पितृगृह से भी या पतिगृह से भी। ऐसे संबंध जो वयस्क दुनिया में वयस्क अंडरस्टैंडिंग के साक्षी बनते हैं तो उन संबंधों में जेंडर आड़े क्यों आता है?

यानी स्त्री-विमर्श असल में क्या है? यह लैंगिक विषमता का विरोध करता है। यह जो हमारी समाज-व्यवस्था है या पितृसत्तात्मक व्यवस्था है। यह उसके पुनरीक्षण का एक बहुत ही संवेदनात्मक और वैचारिक आधार देता है। जिसमें न स्त्री को लिंग के आधार पर देखे जाने का आग्रह है, न पुरुष को लिंग के आधार पर। बल्कि यह मानता है कि स्त्री और पुरुष दोनों ही कुछ रोल मॉडल्स में कुछ बद्ध भूमिकाओं में आबद्ध कर दिए गए हैं, और इसीलिए वो अपनी मनुष्यता खो बैठे हैं। ज़रूरत स्त्री को स्त्रीत्व से मुक्त करने की है तो उतनी ही ज़रूरत पुरुष को भी पुरुषत्व से मुक्त करने की है। यानी अहंमन्यता का भाव, श्रेष्ठ होने का भाव और स्त्री के पास जो दीन या हीन होने का भाव, ये दोनों ही चीज़ें दोनों के संबंधों को कहीं विषाक्त करती हैं, विघटनशील बनाती हैं। तो स्त्री-विमर्श ये कहता है कि ये न प्रतिशोध है, न घृणा है, यह मनुष्यता का प्रसार है। एक दूसरे की अस्मिता को हम तभी पहचान पाएँगे, जब हम ख़ुद अपनी मानवीय अस्मिता को पहचानेंगे।

तो, पूर्वग्रहों से मुक्त हो कर यदि हम बात करेंगे तो हम स्त्री-स्वरों को सुन सकते हैं। हम अभी से नारीवादी संरचनाओं की बात नहीं करते, क्योंकि जो संवाद है, उसमें निरंतर सकारात्मक मुठभेड़ें होती हैं। और वे सकारात्मक मुठभेड़ें ही हमें किसी सैद्धांतिकी की ओर

ले जाती हैं। आज क्योंकि ये सारे संदर्भ बहुत पुराने हो गए, इसलिए आज के स्वर अगर लें तो आज के स्त्री-विमर्श में जो मुख्य स्वर हैं वे विवाह संस्था का रिव्यू कर रहे हैं, आज का स्त्री-लेखन रिव्यू कर रहा है विवाह संस्था का, निगेशन नहीं। न विवाह-संस्था का निगेशन है, न परिवार का निगेशन है, न मातृत्व का निगेशन है। न सामाजिक-पारिवारिक संबंधों का निगेशन है। सिर्फ़ विवाह-संस्था के मौजूदा स्वरूप को बदलने की बात करता है वह। दूसरे, वह एक साझी दुनिया का स्वप्न देखता है। मैं साझी दुनिया शब्द इसलिए देती हूँ कि स्त्री के लिए कहा गया आधी दुनिया। यानी एक यदि आधी दुनिया है तो निश्चित रूप से दूसरा पाला भी आधा ही हो गया। तो दो आधी दुनियाओं में बँट कर हम अपनी ऊर्जा क्यों नष्ट करें क्योंकि दो पालों में तो प्रतिद्वंद्वी ही बचते हैं। तो दोनों दुनियाओं को जोड़ने के लिए एक सह-अस्तित्वपरक मानवीय दृष्टि की ज़रूरत है। न स्त्री अलग है, न पुरुष अलग है। दोनों को एक दूसरे के साथ मिल कर इस सृष्टि के क्रम को अनवरत बनाए रखना है। और तीसरी चीज़, स्त्री अब पारिवारिकता के घेरे से बाहर निकल कर पूरे सामाजिक संदर्भों और सवालों से भी जुड़ने लगी है। उसके सरोकार पर्यावरण से भी जुड़े हैं। ... धार्मिक संरचनाओं से भी जुड़े हैं। यानी वह अपने आज के समाज के साथ मुठभेड़ करके एक बृहत्तर मानवीय समाज की संकल्पना का स्वप्न भी देख रही है।

▣ बहस

विनीत : सबसे पहली बात तो यह कि नारी के सवाल पर आपने अपनी प्रत्यंचा जितनी पीछे खींची, मुझे लगा कि अब यह तीर बहुत आगे तक जाएगा। पर, सुभद्रा कुमारी चौहान तक पहुँचते-पहुँचते यह तीर कहाँ बीच में फुस्स से गिर गया। मुझे तो लगा कि इस प्रत्यंचा के बीच में तीर था भी या नहीं, या वर्चुअल था, नहीं कह सकता। सबसे बड़ी दुविधा और दिक़्क़त की बात हुई कि आपके पेपर से तर्क पैदा ही नहीं हुआ। प्रस्तुति सुन कर हम तर्क करने की स्थिति में आ जाते हैं, लेकिन आपको सुनने के बाद हम तर्क करने की स्थिति में आ ही नहीं पाए हैं। क्योंकि पूरा पेपर अंतर्विरोधों से भरा हुआ है। ऊपर जो पंक्ति बोलती हैं, आप उसे काटती हैं, फिर एक स्थापना देती हैं, फिर काटती हैं। सच बताऊँ तो मुझे बहुत ज़्यादा दिक़्क़त हो रही है। सविता सिंह ने जब स्त्री को घरेलू श्रम और कमोडिफ़िकेशन के स्तर पर लाकर खड़ा कर दिया तो आदित्य निगम ने कहा था कि मुझे लग रहा है कि मैं तीस साल पहले का विमर्श सुन रहा हूँ। अभी इस पेपर को सुन कर मैं अंदाज़ा ही नहीं लगा पा रहा हूँ कि मैं कितने साल पहले का विमर्श सुन रहा हूँ।

अड़तालीस मिनट के विमर्श में सैंतालीस मिनट तक आप सुभद्रा कुमारी चौहान पर पहुँचती हैं, और मौजूदा हालात में स्त्री-विमर्श की जो ज़मीन पैदा हो रही है, उसे आपने एक मिनट में निपटा दिया। ये बहुत बेचैन करने वाली स्थिति लग रही है मुझे। दूसरी बात, स्त्री-

विमर्श को आपने पाश्चात्य और भारतीय संदर्भों में देखने की कोशिश की। क्या स्त्री-विमर्श या नारीवादी आंदोलन या फिर दलित-विमर्श ज़रूरी है कि उसे भारतीय और पश्चिमी ख़ानों में बाँटा जाए? क्या फ़र्क़ पड़ता है कि अगर वह पाश्चात्य विमर्श से जुड़ कर ताक़त पाए? इसमें दिक़्क़त क्या है? दरअसल, हम नास्टेल्जिया के शिकार हो जाते हैं, और इसीलिए अगर कोई विमर्श पश्चिम की ज़मीन से पैदा होने के बावजूद हमारे लिए माक़ूल है तो उसे स्वीकारने में हमें बहुत दिक़्क़त होती है। आपने पूरे परचे में जो पढ़ा शिवरानी के संदर्भ में, सुभद्रा कुमारी चौहान के संदर्भ में, आप बताइए कि समसामयिक विमर्श जो चल रहे हैं, उनमें मूल्य कहाँ से पैदा होते हैं। और, सवाल मूल्यों का भी नहीं है। सवाल टूल्स का है। स्त्री-विमर्श को समझने के लिए वे टूल्स हमें वाक़ई अपने साहित्य की पूरी परम्परा से ठीक-ठीक मिल पाता है। सही-सही अगर मैं कह रहा हूँ तो आप प्यूरीफ़िकेशन की तरफ़ न जाएँ।

स्त्री-विमर्श को आपने पाश्चात्य और भारतीय संदर्भों में देखने की कोशिश की। क्या स्त्री-विमर्श या नारीवादी आंदोलन या फिर दलित-विमर्श ज़रूरी है कि उसे भारतीय और पश्चिमी ख़ानों में बाँटा जाए? क्या फ़र्क़ पड़ता है कि अगर वह पाश्चात्य विमर्श से जुड़ कर ताक़त पाए? इसमें दिक़्क़त क्या है? अगर कोई विमर्श पश्चिम की ज़मीन से पैदा होने के बावजूद हमारे लिए माक़ूल है तो उसे स्वीकारने में हमें बहुत दिक़्क़त होती है।

आपने, लास्ट में, अंत में जो बात कही, माफ़ कीजिए थोड़ा लम्बा हो गया, क्योंकि इसमें आवेश और बेचैनी दोनों हैं, आप लिख रही हैं स्त्री-विमर्श के बारे में कि वह मुक्ति के नाम पर उच्छृंखलता का आख्यान रचता है। आप लिखती हैं कि परम्परा-विच्छिन्नता सुखद नहीं हुआ करती। फिर लिखती हैं कि वह स्त्रीवादी विमर्श सचमुच पश्चिम से आयातित है, यदि नहीं तो क्या यह अपने परिवेश की उपज है? आप सवाल यह कर रही हैं कि यह पश्चिम की उपज है या नहीं है, और फिर पूरे परचे में यह साबित कर देती हैं कि यह नहीं है। आगे लिखती हैं कि यदि हाँ, तो क्या पिछले पचास-साठ वर्षों में नारीवाद अपनी कोई सैद्धांतिकी विकसित कर सका है, लेकिन ज़्यादा ज़रूरी सवाल यह है कि क्या लेखन वैचारिकी के सहारे ही संभव है? देखिए, ऊपर आप कह रही हैं कि वैचारिकी की ज़रूरत है और नीचे तुरंत कंट्राडिक्ट कर रही हैं कि क्या वैचारिकी की आवश्यकता होगी। अब इन अलग-अलग पाटों और घाटों के बीच स्त्री-विमर्श की जो व्याख्या आपने की है, उसे मैं कैसे समझूँ? किसी भी श्रोता और पाठक के लिए बड़ी परेशानी की बात है। अंतिम लाइन। लिखा है : विकल्पों के साथ उभरे स्त्री-स्वरों की अभिव्यक्ति मोटे तौर पर तीन रूपों में हुई है। एक विवाह संस्था के मौजूदा स्वरूप का विरोध, दूसरे आर्थिक स्वावलम्बन और समाज में निजी ठोस पहचान, और तीसरे दैहिक वर्जनाओं से मुक्ति। अगर खँगालने की थोड़ी भी कोशिश करें तो ये सारी बहसें पचहत्तर-अस्सी तक आते-आते बुरी तरह से पिट जाती हैं।

आप समझिए कि जब सविता सिंह कमोडिफ़िकेशन तक आती हैं और यहाँ बैठे लोगों

को वह बहस पुरानी लगती है तो आप अंदाज़ा लगाइए कि यह बहस कितनी पुरानी लग रही होगी। *(**नईम :** हाँ, ये सवाल ऐसे हैं कि आप अभी इनका जवाब दे दें।)* एक अंतिम बात और। देखिए ये बात पूरी हो जाने दीजिए, क्योंकि बाक़ियों को बात दोहराने की ज़रूरत नहीं पड़ेगी क्योंकि कमोबेश बाक़ी लोग भी यही बातें उठाएँगे। अगर अलग उठाते हैं तो बेहतर है। *(**सुधीर :** इतने सर्वज्ञानी न बनो भाई, कि सभी लोग यही सवाल उठाएँगे।)* मैं सुधीर सर से माफ़ी माँगता हूँ। मैं कहना यह चाह रहा हूँ कि मातृत्व, परिवार और संबंधों का स्वीकार, इसको आप एक मूल्य के रूप में देखती हैं, जबकि मदरहुड का जो कांसेप्ट है, वह अपने आप में बहुत कंट्रोवर्सियल है, उससे मुक्ति के संदर्भ में कई सवाल और उलझनें हैं। इन सबको आप किस रूप में देखती हैं।

रोहिणी : मैं यह समझ नहीं पा रही हूँ कि ये सारे सवाल इस एब्सट्रैक्ट पर उठे हैं या जो मैंने बोला है उस पर उठे हैं? *(**विनीत :** आपने जो बोला है, और जो लिखा है, दोनों को मिलाकर सवाल किए गए हैं।)* एब्सट्रैक्ट एक ब्लू-प्रिंट है कि मुझे क्या करना है। यहाँ तक जो मैं आई हूँ, निश्चित रूप से मैंने सुभद्रा कुमारी चौहान तक बात की है। ये सिर्फ़ इसलिए कि जो चीज़ें अलक्षित रह गई हैं, हम उन पर बात करें। आपने यह कहा है कि मैं यह कह रही हूँ कि अगर पश्चिमी संदर्भ से जो बात आती है, उसे हम क्यों नहीं स्वीकार करते—आज तक जब भी स्त्री-विमर्श की बात आती है, पहली बात यही सुनने को मिलती है कि आप तो अपना पूरा विमर्श पश्चिम से उधार ले रहे हैं, आपकी जड़ें आपकी अपनी ज़मीन में ही नहीं। जब हम बताते हैं कि हमारी जड़ें अपनी ज़मीन में हैं तो स्वीकार्य ही नहीं होती वह बात।

स्त्री चाहती क्या है? स्त्री चाहती यह है कि ... सारी की सारी प्रतिक्रियाएँ उसी पल के साथ बँधी हैं। रैशनलिटी डिवेलप होते-होते बहुत समय लगेगा। और, ये जो कहा जा रहा है कि तर्क के लिए कोई स्पेस नहीं दिया है, तो हर चीज़ क्या तर्क से ही होती है, संवाद कोई चीज़ नहीं है। हम अपना पक्ष प्रस्तुत कर रहे हैं। हमसे मतलब यहाँ सिर्फ़ लिंग से नहीं है। मैंने शुरू से ही कहा है कि लैंगिक विभाजनों का विरोध किया जाता है। हम यानी जो हाशिये पर पड़ी अस्मिताएँ हैं, हम उन स्वरों को बता रहे हैं। उसमें तर्क की गुंजाइश की माँग की गई है। हम तो यह बता रहे हैं कि ये-ये स्वर, ऐसे स्वर कैसे आए, वे क्या थे। इससे तर्क की अपने-आप एक श्रृंखला बन रही है। सुभद्रा कुमारी चौहान तक सीमित रह जाने के बाद एक बहुत बड़ी ज़मीन है जो स्त्रियों ने तोड़ी है। उसके तर्क भी, उसके मूल्य भी, उसके टूल्स भी वहीं से मिलते हैं।

मित्रो मरजानी के साथ हम कृष्णा सोबती के बोल्ड स्टेप्स की बात करते हैं। लेकिन वह बोल्डनैस मुझे लगता है कि न आती अगर सुभद्रा कुमारी चौहान स्त्री-पुरुष मैत्री की माँग करती हुई रचनाएँ न लिखतीं। अपनी सैक्शुअलिटी का स्वीकार करती हैं सुभद्रा कुमारी चौहान की स्त्रियाँ और अपनी सैक्शुअलिटी का स्वीकार करने के साथ-साथ उसे समाज में ले जाती

हैं कृष्णा सोबती की स्त्रियाँ। तो यह एक पूरी की पूरी श्रृंखला बनती है। लेकिन इसके सूत्र छिन्न-भिन्न हैं। अलग-अलग द्वीपों की तरह पड़ी हुई हैं। इन्हें साथ जोड़ना बहुत ज़रूरी है।

बहुत समय तक थर्राती रही मित्रो कि बहुत बोल्ड है, लेकिन उसके बाद एक अगला स्टेप लेकर *चितकोबरा* में मनु के माध्यम से मृदुला गर्ग बताती रही हैं कि किस तरह से स्त्री रति-क्रिया के दौरान पैसिव हो कर क्या-क्या सोच रही है। उसके मानस की बात वे कर रही हैं। लेकिन अगर कृष्णा सोबती के पात्रों को मैं आज के संदर्भ में पढ़ूँ, उनकी मित्रो को या उसके बाद *सूरजमुखी अँधेरे के* की उनकी रत्ती को, जो चौदह-पंद्रह पुरुषों के साथ देह-संबंध बना रही है, या महक बानो को जो *दिलो-दानिश* की नायिका है, तो मुझे लगता है कि कृष्णा सोबती ने एक तरफ़ तो बोल्डनैस का परिचय दिया है, और दूसरी तरफ़ वे रियल क्वेश्चंस हैं उनसे मुठभेड़ ही नहीं कर रही हैं। मित्रो बालो की बेटी है जो देह के धंधे में है, वारांगना है। शालीन घरों के प्रतिबंध, वर्जनाएँ, नैतिकताएँ, मित्रो तक नहीं आई हैं। इसीलिए वह मछली की तरह तड़पती है। अपने जेठ के साथ देह-संबंध जोड़ने की बात करती है। राह-रास्ते में कोई सुंदर पुरुष मिल जाए, उसके साथ भी देह-संबंध जोड़ने की बात करती है। *सूरजमुखी अँधेरे के* की रत्ती बचपन से ही बलात्कार की शिकार है, वह अच्छे घरों में घुसने लायक़ नहीं है, वह गंदी रत्ती है। इस अभिशाप को ओढ़ कर वह शालीन घरों की सीमाओं से बाहर कर दी गई रत्ती है। वह अगर एक्सपेरिमेंट कर रही है अपनी सैक्शुअल फ्रिजिडिटी को तोड़ने का तो यह एक आम औरत की बात नहीं कही जा रही है। इसी तरह से *दिलो-दानिश* की बात कहें तो महक बानो एक वेश्या है और अपनी जगह, अपनी सम्पत्ति लेने के लिए लड़ाई कर रही है। उसी के पैरेलल कुटुम्ब प्यारी है। वह हवेलियों में रह रही है, वह जानती है कि उसका पति हर रोज़ वेश्यागमन कर रहा है। लेकिन वह रोती है, पर उसके पास अपने पति को रोकने का कोई विकल्प नहीं है। क्योंकि उसकी सास यह कहती है कि मर्दों को लगे होते हैं जलसे और जुलूस, औरतों को लगे होते हैं चापे और रोने। तो उस कुटुम्ब प्यारी की उस गृहस्थी में क्या स्थिति रही है, उस पर कृष्णा सोबती साइलेंट रही हैं।

इसके उलट आज की स्त्रियाँ हैं, नया स्त्री-लेखन जो है वह इन तमाम सवालों को उठा रहा है। अपने नज़रिए से उन्हें उस परिणति तक पहुँचा रहा है जो हमें पीछे कहीं अनुत्तरित दिख रहे हैं। जैसे, मैं कमलेश्वर की कहानी *तलाश* के साथ *कविता* की कहानी *उलटबाँसी* को लेती हूँ। *तलाश* में सुमि अपनी माँ से इस बात के कारण ख़फ़ा है कि मम्मी दूसरे पुरुष के साथ क्यों घूम रही है, क्यों फ़्लर्ट कर रही है, पापा की मृत्यु हो गई है तो दूसरे पुरुष के साथ उठना-बैठना, घूमना-जाना पापा के साथ कहीं अन्याय है। पापा की स्मृतियों के साथ अन्याय है। वह उस मृत पुरुष को अपनी माँ के पहलू में ही देखते रहना चाहती है। लेकिन आज कविता की *उलटबाँसी* एक ऐसे धुर विलोम की रचना करती है जिसमें स्वयं बेटी अपनी माँ के पुनर्विवाह के ऐलान का समर्थन करती है। तीनों भाई विरोध में हैं, लेकिन वह अकेली लड़की है और भाई की बिटिया, उसकी भतीजी है जो माँ के इस फ़ैसले के साथ खड़ी है।

इसी तरह से नीलाक्षी की कहानी *रंगमहल में राधा नाची* लें। उसमें संबंध भी हैं और

प्रेम भी है। स्त्री जिन-जिन दुविधाओं में, द्वंद्वों में, जिन अंतर्विरोधों में निरंतर जीते हुए भी अपने मन को मार कर जीने की ललक लिये हुए है उसका बहुत ही कनविंसिंग चित्रण इस कहानी में मिलता है। इसके समांतर मुझे हमेशा याद आती है *उसने कहा था* कहानी। सूबेदारनी देखती है लहना सिंह को, तो उससे कहती है कि सूबेदार का ध्यान रखना और मेरा बेटा भी साथ जा रहा है कि इसका भी ध्यान रखना। क्योंकि जैसे ही वह उसकी ड्योढ़ी में क़दम रखता है, उसे याद आता है बचपन का वह दोस्त, जिसने पूछा था कि तेरी कुड़माई हो गई। और, धत, देखता नहीं मेरा शालू। तो जब उसने लहना को देखा होगा तो ये सारी स्मृतियाँ उसके मानस-पटल में नहीं कौंधी होंगी? वह क्षण, प्रेम का क्षण, हालाँकि प्रेम अंकुरित हुआ या नहीं हुआ, पर एक आकर्षण उगा, और उन्हीं स्मृतियों के बल-बूते पर वह अपने बेटे और पति की रक्षा का दायित्व लहना सिंह को सौंप सकी है। उसी कहानी की थीम को आगे ले जा कर रंगमहल में नाची राधा, हालाँकि थीम आगे नहीं है, रंगमहल की दीवान बाई पचास-साठ की है और अपनी गृहस्थी के सारे दायित्वों को निभा चुकी है। पर उसके मन में अभी भी एक अनंकुरित प्रेम है जो अपने पड़ोस में रहने वाले एक लड़के के लिए जगा था। पर उसका विवाह हो गया। जब भी वह मायके जाती है, तीन घर छोड़ कर रहने वाले वकील साहब के घर की तरफ़ दृष्टिपात करना नहीं भूलती। और जब उसे ख़बर मिलती है कि उसकी पत्नी और पुत्रों की रोड एक्सीडेंट में मृत्यु हो गई है तो वह दिन-भर रोती है। अपने पोते के साथ अपने घर जाती है और उसके पोते के हाथ उसी वकील के घर के सामने हरसिंगार के फूल चुनते हैं, और वकील के बूढ़े हाथ उसे सहारा देते हैं तो उसके भीतर कुछ टूटता है। एक दिन अपने बच्चों से, अपने पति से वह पूछती है कि अगर मैं मर जाऊँ तो यह गृहस्थी कैसे चलेगी। तो पति कहते हैं कि मूर्ख हो, ऐसा कुछ नहीं होता। बेटे और पोते कहते है कि अम्मा अगर तुम चली भी जाओगी तो भी घर ऐसे ही चलेगा। और फिर लेखिका एक फ़ैंटेसी रचती है। नहीं, वह निर्णय ही लेती है, वहाँ से निकल जाने का। जाती है वह उसी प्रेमी के घर जिसके साथ उसका कभी संवाद नहीं हुआ। और, फ़ैंटेसी यहाँ तक आती है कि उसकी बूढ़ी सास उसकी उँगली पकड़ कर उसे दरवाज़े तक ले गई है और वहाँ वह दम तोड़ रही है।

तो इस तरह से स्त्री-लेखन है जो वह एहसास पर, अनुभूतियों पर, संवाद पर टिका हुआ है। वह नुकीले प्रश्नों को नहीं उठाता। वह अनुभूतियों के ज़रिए नीचे-नीचे जड़ों को गुनता-गुनता चलता है।

नईम : अब और सवाल ले लें। प्रमोद रंजन, सुधीर, शीबा और अभय। ये चार नाम हैं। हमारे पास पंद्रह-सोलह मिनट हैं।

प्रमोद रंजन : रोहिणीजी का परचा काफ़ी आत्मीयतापूर्ण था। हम नारी-विमर्श की सैद्धांतिकी में नहीं जाएँगे। वहाँ जाने पर शायद सवाल उठें। कुल मिलाकर वह मार्मिक लगा है। दूसरी बात कहना चाहता हूँ, कुछ विषयांतर करूँगा। उन्होंने *गोरा* का ज़िक्र किया। उसी

समय मुझे एक दूसरी किताब का भी ध्यान आया, वह है गाँधी की *हिंद स्वराज*। दोनों का संदर्भ इस तरह से जुड़ता है कि १९०९ में *गोरा* भी आया था, १९०९ में *हिंद स्वराज* भी आया था। यह सौवाँ साल है *हिंद स्वराज* का। हम देख रहे हैं कि *हिंद स्वराज* पर लगातार चर्चा हो रही है। प्रभाष जोशी ने उस पर पहले लिखा। *कथादेश* में एक लेख है। पूरी तैयारी है आयोजनों की। लेकिन *गोरा* का ज़िक्र उस तरह से नहीं हो रहा है। हिंदी में तो नहीं हो रहा है। अगर हो रहा है तो अच्छी बात है। मेरा कहना केवल यह है कि दोनों किताबें एक-दूसरे का विलोम रचती हैं। *हिंद स्वराज* स्त्रियों के मुद्दे पर, वर्ण व्यवस्था के मुद्दे पर, उद्योग के मुद्दे पर एक प्रतिक्रियावादी रवैया अपनाता है। जबकि *गोरा* आधुनिक समाज की प्रस्तावना है। इसे इस तरह देखा जाना चाहिए।

सुधीर : देखिए, जो विनीत ने कहा उस पर एक छोटी टिप्पणी करना मेरे लिए ज़रूरी है। जहाँ तक सुभद्रा कुमारी चौहान पर रुक जाने की बात थी, तो उसकी तो काफ़ी भरपाई रोहिणीजी ने कर दी। मुझे इस बात पर आपत्ति एक दूसरे नज़रिए से भी है। क्या सैद्धांतिकी हमेशा अमूर्त और सार्वभौमिक तरीक़े से ही आएगी? या उसका ठोस ऐतिहासिक आधार भी बनेगा? और अगर ऐसा ठोस ऐतिहासिक आधार बनेगा तो क्या किसी समाज-विशेष की बात होगी या नहीं होगी? और, विनीत हमें यह याद रखना होगा कि इंडियन फ़ेमिनिज़म जब ग्लोबल सीन पर आता है तो पहली बार इसलिए आता है कि वह वेस्टर्न फ़ेमिनिज़म के यूरोपेंट्रिज़म को, एथ्नोसेंट्रिज़म को उघाड़ता है। वह कहता है कि यह फ़ेमिनिज़म नाकाफ़ी है। तो थियरीटिकली जब एक अहम टर्न आता है वर्ल्ड फ़ेमिनिज़म में तो वह हमारे इंटरवेंशन से इस हिस्टोरिकल रियलिटी को दिखाते हुए आता है। यह कोई थियरीटिकल मूव नहीं है। दिस इज़ ए हिस्टोरिकली टेम्पोरली इम्बेडिड मूव विदआउट दैट अदर मूव्ज़ वुड नॉट हैव पॉसिबिल।

तो, अगर हिस्ट्री इम्पोर्टेंट है तो जहाँ से ये शुरू करती हैं, प्रत्यंचा को और पीछे भी ले जाया जा सकता था, तो तुम्हें दिखाई देता कि तीर और आगे तक जा सकता है, उस वजह से ऐतराज़ करते हुए मैं कह रहा हूँ कि सारा जो फ़ार्मूलेशन है तुम्हारा वह मुझे बेसिकली फ़्लॉड लग रहा है, थियरीटिकली फ़्लॉड लग रहा है। हम इस पर बाद में भी बात कर सकते हैं। मैं फिलहाल यह कहना चाहता हूँ कि जहाँ रोहिणीजी ने अपनी बात ख़त्म की वह मुझे इसलिए अच्छी लगी कि वे साझे स्वर की, साझी दृष्टि की बात कर रही हैं। अगर

क्या सैद्धांतिकी हमेशा अमूर्त और सार्वभौमिक तरीक़े से ही आएगी? या उसका ठोस ऐतिहासिक आधार भी बनेगा? और अगर ऐसा ठोस ऐतिहासिक आधार बनेगा तो क्या किसी समाज विशेष की बात होगी या नहीं होगी? और, विनीत हमें यह याद रखना होगा कि इंडियन फ़ेमिनिज़्म जब ग्लोबल सीन पर आता है तो पहली बार इसलिए आता है कि वह वेस्टर्न फ़ेमिनिज़्म के युरोसेंट्रिज़्म को, एथ्नोसेंट्रिज़्म को उघाड़ता है। वह कहता है कि यह फ़ेमिनिज़्म नाकाफ़ी है।

हम उस साझी दृष्टि से चीज़ों को देखना चाहें तो इन्होंने जो इतिहास संवेदना का, विचार का, चेतना का, बंकिम से शुरू करके सुभद्रा कुमारी चौहान तक पहुँचाया, वह एकांगी दिखता है। जितनी बातें आपने कहीं, चाहे वो मेल नॉविलिस्ट की हों, या फ़ीमेल एक्टेंट्स की हों, एक्चुअल हिस्टोरिकल फ़िगर्स की हो, इन सब में, चूँकि समय नहीं है इसलिए मैं इलस्ट्रेट नहीं कर पाऊँगा, हर मूव जो आपने दिखाया वह औरतों की तरफ़ से आ रहा है। वे रमाबाई हों, या रुक्माबाई हों। हर उस मूव में आप मेल फ़िगर्स उसी वक़्त के दिखा सकती हैं जो औरतों के साथ हैं। रुक्माबाई क्या करतीं अगर उनके साथ मलबारी न खड़े होते। रुक्माबाई ने जितना लिखा है, उसमें मलबारी ने घोस्ट राइटिंग न की होती, तैलंग अगर न खड़े होते तो हिंदू लॉ की पूरी व्याख्या न करते रुक्माबाई के फ़ेवर में, जो रुक्माबाई का जो पूरा आर्ग्यूमेंट था, उसका क्या होता!

बंकिम की बात आप करें तो क्या यह बात आप कर सकती हैं, अगर *कृष्णकांत का वसीयतनामा* और *विष वृक्ष* को भी देखें। फिर *गोरा* पर न रुकें। उससे बहुत पहले *चोखेर बाली* में क्या होता है? चूँकि समय का अभाव है तो इसलिए मैं कहना चाहता हूँ कि साझी दृष्टि तभी बनेगी जब उस योगदान को भी हम देखें। पुरुषों का भी लगभग उतना ही महत्त्वपूर्ण योगदान है जितना उन स्त्रियों का जिनकी आपने बात की है।

अभय : रोहिणीजी ने अंत में जो कहा कि आज हिंदी की दुनिया में नारी-लेखन विवाह की संस्था की पुनः समीक्षा कर रहा है— उस पर कुछ कहना चाहूँगा। मैं उनकी इस बात से पूरी तरह से सहमत हूँ। मैं इसे आगे ले जा कर कहना चाहता हूँ कि न केवल विवाह संस्था की समीक्षा की जा रही है, बल्कि प्रेम के, स्त्री-पुरुष प्रेम के जो प्रचलित रूप हैं, और जो सबसे प्रधान रूप है, जिसे हम रोमांटिक लव कहते हैं, उसे भी प्रश्नांकित किया जा रहा है। रोमांटिक लव के बारे में किसी ज़माने में सैद्धांतिक रूप से कहा जाता था कि उसके तहत स्त्री-पुरुष अपने अहंकार को एक-दूसरे में समाहित कर देते हैं तब उसका जन्म होता है। उस रोमांटिक लव के समांतर एक नए क़िस्म के प्रेम की संरचना हिंदी की दुनिया में उभरी है जिसे मैं समाज-विज्ञान की भाषा में कांफ्लुएट लव कहता हूँ। इसकी हिंदी मैंने बड़ी मुश्किल से खोज पाई है, और वह है संगमी प्रेम। इसका मतलब यह हुआ कि दो नदियाँ समांतर चलते हुए एक-दूसरे को एक जगह काटती हैं, एक मुक़ाम पर उनका संगम होता है, और फिर अपने-अपने रास्ते चली जाती हैं। रोमांटिक लव की तरह मिल कर दोनों नदियाँ एक नदी नहीं बनतीं। रोमानी लव जब एक नदी बन जाता है तो उसके भीतर हायरार्की पूरी तरह से अनदेखे रूप से काम करती है। रोमानी लव का समाहार विवाह में होता है। प्रारम्भिक क्षणों के आवेश के बाद एक-दूसरे में समा जाने के हालात ख़त्म हो जाते हैं और पुरुष की बढ़तरी और स्त्री की कमतरी का खेल शुरू हो जाता है। संगमी प्रेम की अवधारणा मन्नू भंडारी की आत्मकथा में पूरी शिद्दत से दिखाई पड़ती है।

शीबा : इस परचे का शीर्षक है *नारीत्व की विशिष्ट संरचनाएँ : भारतीय संदर्भ* और इस वर्कशॉप की एक बहुत अहम कैटेगरी है आधुनिकता। मैं सोच रही थी कि वह अपने आप में अंडरस्टुड होगा और वह दिखेगी मुझे। दूसरे, भारतीय संदर्भ से मुझे यह नहीं पता था कि उसका मतलब हिंदी लिटरेचर होगा। तो बहुत देर तक मैं यह सोचती रही कि वह अब आएगा, अब आएगा, लेकिन वह लिटरेचर ही रहा आख़िर तक। अच्छा, मुझे लगता है कि थोड़ी सी चीज़ें बीच ही में छोड़ दी गई हैं। आपने कहा कि आज की औरत जो है यह कह रही है कि मेरी बात सुनी। लेकिन आपके बहुत से कमेंट्स दिखा रहे हैं कि औरत की शख़्सियत के साथ एजेंसी मिसिंग है। और यह बात लगातार मानी नहीं जा रही है। दूसरी बात आपने कही रैशनेलिटी की। जब रैशनेलिटी की बात होती है तो आस्था से या बिलीफ सिस्टम के रेल्म से एग्ज़ाम्पल्स लाना मुझे बहुत प्रॉब्लमेटिक लगता है। शुरुआत में जिस तरह से आपने इमेनसिपेटरी ट्रेडिशन को आइडेंटिफाई किया था, उसमें उसी रेल्म को इनवोक किया था बिल्कुल सामने से। एक चीज़ यह है। दूसरी बात यह है कि नारीवादी चेतना के जिस अर्ली पीरियड को आपने प्रॉब्लेमेटाइज़ करना शुरू किया था, जेंडर एक्सप्लॉयटेशन का जो आस्पेक्ट था, मॉडर्न पीरियड की तरफ़ जैसे-जैसे आप बढ़ती हैं, मुझे लगता है कि आप अभी कह रही थीं कि कल्पनाओं के सहारे अपनी बात कह रही थीं वो, सुल्ताना का सपना है, रुकैया सखावत हुसैन, मुझे एक बात यह लगी कि आप भी ... ... पीछे छूट गईं। बाक़ी की बात जो है, वह लिटरेचर के ज़रिए कर रही हैं आप। आख़िर तक वही चल रहा है। जो प्रॉब्लेमेटाइज़ेशन है और जो इंडीजीनियस फ़ेमिनिज़म है, जैसा कि आपने कहा कि वह वेस्टर्न, अरबन, मिडिल क्लास फ़ेमिनिज़म की कॉपी नहीं है, और यह भी कहा कि उसे बहुत ज़्यादा इंडिया में क्वालिफ़ाई किया जा चुका है, तो वह चीज़ मुझे नहीं दिखाई दी इसमें।

रोहिणी : सुधीरजी की बात का तो जवाब मैं कैसे दूँ। मुझे लगा कि बहुत ज़्यादा वे मेरी दृष्टि का अनुमोदन ही कर रहे हैं। जो चीज़ें छूटी हैं, जैसे मलबारी वग़ैरह, तो ये जो नवजागरण का पीरियड है, उसमें स्त्रियों की मौजूदगी तो बहुत बाद में दिखाई दी है। हमारे यहाँ तो पुरुष सबसे पहले नारीवादी हुए हैं। उनके बिना स्त्रियों ने न अपना विचार, न अपना भावबोध, कुछ भी अर्जित नहीं किया है। पश्चिम में स्त्री-पुरुष के बीच जो टकराव था, वैसा हमारे यहाँ नहीं रहा है। और, सहअस्तित्व के साथ ही स्त्रियाँ आगे बढ़ी हैं। आपने कहा कि मैंने *आनंदमठ* के साथ *गोरा* लिया और बीच में बहुत सी चीज़ें छूट गईं। निश्चित रूप से वे छूट गईं। मैं *कृष्णकांत का वसीयतनामा* में रोहिणी की व्यथा को बहुत ज़्यादा लेना चाहती थी। जिस तरह से वह *विष वृक्ष* के कुंद में जा कर एक नया रूप लेती है, उन दोनों की ट्रैजेडी को आधार बना कर *चोखेर बाली* की जो विनोदिनी है, वह अपनी आइडेंटिटी को भी बनाए रखती है और कहीं न कहीं सर्जक के द्वंद्व को भी जीती है, क्योंकि विधवा का विवाह नहीं किया जा सकता। उस युग के कुछ द्वंद्व भी रहे हैं जिनके कारण हम समर्थन देने के बावजूद विद्‌ड्रॉ भी कर जाते हैं। जैसे भारतेंदु कहते हैं कि कुछ साधारण धर्म ऐसे हैं जिन्हें करने से पाप नहीं

होता, लेकिन न करो तो पुण्य होता है। जैसे विधवा विवाह न करो तो पुण्य होता है। तो, कुछ संकोच और दुविधा की स्थिति तो रही है जो इन तीनों उपन्यासों के माध्यम से बहुत अच्छे ढंग से दी जा सकती थी। मुझे बहुत सी चीज़ें स्किप करनी पड़ी हैं, और मुझे बहुत से गैप दिखाई भी पड़ रहे हैं।

> **अगर हम उस साझी दृष्टि से चीज़ों को देखना चाहें तो इन्होंने जो इतिहास संवेदना का, विचार का, चेतना का, बंकिम से शुरू करके सुभद्रा कुमारी चौहान तक पहुँचाया, वह एकांगी दिखता है। जितनी बातें आपने कहीं, चाहे वो मेल नॉविलिस्ट की हों, या फ़ीमेल? एक्टेंट्स की हों, एक्चुअल हिस्टोरिकल फ़िगर्स की हों, इन सब में, चूँकि समय नहीं है इसलिए मैं इलस्ट्रेट नहीं कर पाऊँगा, हर मूव जो आपने दिखाया वह औरतों की तरफ़ से आ रहा है। वे रमाबाई हों, या रुक्माबाई हों। हर उस मूव में आप मेल फ़िगर्स उसी वक़्त के दिखा सकती हैं जो औरतों के साथ हैं। रुक्माबाई क्या करतीं अगर उनके साथ मलबारी न खड़े होते। रुक्माबाई ने जितना लिखा है, उसमें मलबारी ने घोस्ट राइटिंग न की होती, तैलंग अगर न खड़े होते तो हिंदू लॉ की पूरी व्याख्या न करते रुक्माबाई के फ़ेवर में तो रुक्माबाई का जो पूरा आर्ग्यूमेंट था, उसका क्या होता।**

जिस संगमी प्रेम की बात अभयजी ने कही है, उसके बहुत ख़ूबसूरत बीज रेखा और भुवन के संबंध में भी दिखाई पड़ते हैं *नदी के द्वीप* में। और, उस ख़ूबसूरत संबंध को जीने के लिए कौन स्त्री न मरेगी। लेकिन ऐसे भुवन हर मोड़ पर पैदा होते हैं? *(**अभय :** संगमी प्रेम मन्नू भंडारी के जीवन में क्राइसिस पैदा कर देता है। **आदित्य :** सुधीरजी के साझा की जो बारिश है ... ...।)* भुवन जैसा पुरुष जो साझी दुनिया की अवधारणा कर सकता है, उसी की ख्वाहिश स्त्री कर रही है, और उसी के लिए यह जो जेंडर डिस्कोर्स है वह सेंसिटाइज़ेशन की बात कर रहा है। कि यह सिर्फ़ संवाद है। आपको अपनी बात कहनी है, हमें अपनी बात कहनी है। बात-बात में से जो कोने हैं, हमारी किरचें हैं, वे ख़त्म होंगी। तो यह सेंसिटाइज़ेशन क्या आज की स्त्री पैदा कर रही है?

यहाँ से मैं शीबा का सवाल लेती हूँ। बहुत सी चीज़ें तो मैंने छोड़ ही दी हैं। मैंने सिर्फ़ साहित्य को लिया है। मैं साहित्य को छोड़ कर बात करती हूँ। सारे स्त्री-स्वरों की मैं पैरवी नहीं कर रही हूँ। जो एक इमेनसिपेटिड, और लिबरेटिड, और आर्थिक रूप से आत्मनिर्भर स्त्री हमारे सामने आ रही है, जो बहुत सुशिक्षित भी है, जिसके लिए हम कह सकते हैं कि वह इंटेलेक्चुल है, वह स्त्री भी क्या ख़ुद को स्त्रीत्व की इन रूढ़ छवियों से मुक्त कर पा रही है? इसके लिए मेरा जवाब होगा कि नहीं कर पा रही है। और मैं किसी दूसरे पर उँगली उठाने से पहले ख़ुद को खँगालूँगी कि मैं स्वयं मुक्त नहीं हो पाई। मेरे मन में आज भी है। मैं मातृत्व की उस रूढ़ छवि का विरोध करती हूँ जो यशोदा और सूरदास के माध्यम से साहित्य में परोसी गई है। जिसे हमें पढ़ाना पड़ता है। मैं कभी इसकी सराहना नहीं कर पाती कि बाल-गोपाल मुख पर दधि लेप किए हुए हैं और घुटनों में रेणुमंडित किए हुए हैं, धूल से सना हुआ आ रहा है तो यशोदा का मातृत्व छलक उठा है और उसने उसे आलिंगन में भींच लिया है।

मैं स्वयं माँ हूँ। मैं जानती हूँ कि मेरे बेटे के साथ मेरे संबंध बहुत अच्छे नहीं रहे हैं, अच्छे बनाने की कोशिश के बावजूद। क्योंकि मैं अगर यूनिवर्सिटी जा रही हूँ और वह कपड़ों पर पानी बिखेर ले तो कपड़े बदलने से पहले मैं उसे चाँटा मारूँगी, क्योंकि मेरी पाँच मिनट का क्लास लेट होने के कारण मुझसे जवाबतलबी हो सकती है। या मुझे उससे बचने के लिए एक दिन की छुट्टी लेनी पड़े। तो, यह बहुत ही क्राइसिस की स्थिति है जो नए संबंधों को बना रही है। मैंने जो बात की, वह उस युग की थी। लेकिन बहुत कुछ है जो हमें पलट रहा है। जैसे, इन दिनों नवरात्रे चल रहे हैं। मुझे काफ़ी बाद में बोध हुआ कि आजकल नवरात्रे चल रहे हैं। नवरात्रे या ऐसे ही किसी धार्मिक अनुष्ठान में, दशहरा से एक दिन पहले जो दुर्गा पूजा होती है, चूँकि मैं पंजाब से हूँ इसलिए मेरा सांस्कृतिक बोध पंजाब से ही आया है, हमारें यहाँ एक कंचक कथा होती है, उसमें दुर्गा अष्टमी या रामनवमी के दिन, छोटी-छोटी लड़कियों को खाना खिलाया जाता है। पाँच से ग्यारह-बारह साल की। कंचकें घर आती हैं अपने घर से प्लेट लेकर। उनके पाँव धुलाए जाते हैं, पोंछे जाते हैं। कहा तो यह जाता है कि वे खाएँ। पर वे कितना खाएँ। जैसे श्राद्ध के दिनों में ब्राह्मण कितना खा सकते हैं। तो वे प्लेटों में खाना भर कर ले जाती हैं। दक्षिणास्वरूप पैसे दिए जाते हैं, आजकल खिलौने वग़ैरह भी दिए जाते हैं। मैं यहाँ एक संस्मरणात्मक उदाहरण देना चाहूँगी। चण्डीगढ़ में हम सेकेंड फ़्लोर पर रहते थे, थर्ड फ़्लोर पर मैं रोती-रोती आई हूँ, प्लेट नहीं, चप्पल नहीं। रोते हुए मैंने कहा कि मुझे क्यों भेजा। मैं कंचक बन कर किसी घर में नहीं जाऊँगी। मुझे अपना इतना रोता हुआ रिएक्शन याद है। उसके कारण क्या रहे होंगे, मुझे पता नहीं। अगर उन्होंने पैर धुलाए होंगे तो मुझे निश्चित रूप से अच्छा लगा होगा। उन्होंने मुझे खाने के लिए दिया होगा तो पता नहीं मेरे मन में क्या बात आई होगी। हो सकता है उस समय बुरा लगा हो। फिर उन्होंने मेरे हाथ में दस का सिक्का दिया होगा। उस समय मुझे बहुत बुरा लगा। लेकिन मैं उसके बहुत साल बाद अड़ोस-पड़ोस के किसी घर में माँ के धमकाने पर कंचक बन कर गई, तो मैं वहाँ से बाक़ायदा विद्रोह के साथ लौट कर आई यह कह कर कि क्या मैं भिखारी हूँ जो किसी के घर खाना लेने जाऊँ।

ये हमारे सांस्कृतिक अनुष्ठान हैं। इनमें हम किसी को भिखारी नहीं बनाते। लेकिन अगर हम इनका बारीक़ विश्लेषण करें तो प्रश्न उठता है कि कंचक में जब किसी को प्लेट लेकर किसी के घर खाना लेने भेजा जाता है तो वह उसके आत्माभिमान और आत्मसम्मान को तोड़ने की चेष्टा नहीं होती ? जब उसके हाथ में दक्षिणा रखी जाती है, तो क्या यह संदेश नहीं दिया जाता कि स्त्री नॉन-अर्निंग होने के कारण, अपने पिता, भाई, पति या संबंधी या पड़ोसी हो या बेटा हो, दूसरे के दिए पर ही निर्भर रहने के लिए मजबूर है। *(**शीबा :** लेकिन ब्राह्मण का तसव्वुर भी तो इसी तरह से किया गया है।)* वह एक अलग चीज़ है कि वहाँ से आवाज़ उठती है या नहीं। वह एक अलग चीज़ है कि विद्रोह की आवाज़ कहाँ से उठती है। इसी तरह से जितने भी हमारे अनुष्ठान हैं, करवाचौथ है, या रक्षाबंधन का त्योहार है, हर बार राखी बाँधने के बदले हज़ार रुपए लेकर या कुछ और लेकर मुझे हर बार डिग्रेडेशन या ह्यूमिलिएशन

की फ़ीलिंग होती है कि क्या मैं अपने उस सेंटीमेंट को बेच नहीं रही हूँ। क्यों उस संबंध को आदान-प्रदान का आधार दिया जाए। अगर मैं भाई की कलाई में सूत बाँध रही हूँ, तो बजाय इसके कि वह मुझे अपनी हैसियत दिखाते हुए कोई उपहार या भेंट दे, वह भी मेरी कलाई में वैसा ही धागा बाँध सकता है। रक्षा की ज़रूरत है, रक्षा कैसी, उस संबंध की रक्षा। सबसे ज़्यादा ख़तरे में संबंध ही हैं। भाई-बहिन के संबंध में सबसे ज़्यादा ज़रूरत यही है कि उस संबंध की रक्षा हो। मुझे भाई से यही ज़रूरत है कि वह मेरे साथ संबंध की रक्षा करे। तो क्या भाई को ज़रूरत नहीं है कि वह मुझसे आग्रह करे कि मैं उसके साथ संबंध की रक्षा करूँ। तो, स्त्री इस मानवीय संबंध को बनाना चाहती है। जब तक हमारी धार्मिक-सांस्कृतिक संरचनाओं का रिव्यू नहीं किया जाएगा, बहुत कड़े ढंग से, बहुत पीड़ा भरे ढंग से, तब तक काम नहीं चलेगा।

अध्यक्ष ◙ बद्री नारायण

चौधरी मुहम्मद नईम ◙ बेग़माती ज़ुबान या औरतों की ज़ुबान

भाई, मैं तो एक तरह का इंटरलोपर हूँ। मैं तो यहाँ बैठा हुआ सुन रहा था, सीख रहा था। लेकिन, रविकांत ने, दुबेजी ने कहा कि आप भी कुछ बोलिए। मुझे जो आपका विषय है उससे सीधी जुड़ी हुई कोई बात कहनी नहीं है। लेकिन एक पेपर जो बहुत दिनों से दिमाग़ में पक रहा है और जिसकी सामग्री मैं जमा करता आ रहा हूँ, पता नहीं कब लिखा जाए, उसकी कुछ चर्चा यहाँ कर दूँ जो सीधे तो आधुनिकता से ताल्लुक़ नहीं रखता, पर हिंदी भाषा और हिंदी-संस्कृति के लिहाज़ से वह शायद दिलचस्प हो। और, फिर आपकी बातों से मुझे नए स्रोतों और कुछ नई बातों का पता चल जाएगा।

यह लेख है : बेग़माती ज़ुबान या औरतों की ज़ुबान। उर्दू और हिंदी के ताल्लुक़ से आमतौर पर यह अक्सर कहा जाता है कि ये जेंडर्ड लैंग्वेजिज़ हैं। और इनमें ग्रैमेटिकल जेंडर है और हर नाउन का अपना जेंडर होता है। उनके लिहाज़ से एडजेक्टिव्ज़ को भी जेंडर दे दिए जाते हैं। और फिर उस ग्रैमेटिकल जेंडर का इज़हार हर स्तर पर होता है। उर्दू में एक और दूसरी बात यह कही जाती है कि उर्दू जो थी वह मुसलमान शुरफ़ा की ज़ुबान थी। और इन शुरफ़ा की औरतें पर्दे में रहती थीं। मुसलमान घरों में ज़नाना और मर्दाना का फ़र्क़ था। तो दो अलग-अलग साइट्स थीं एक तरह से। जो सदियों रहीं इसी तरह से। नतीजे के तौर पर उर्दू में औरतों की एक ज़ुबान बन गई और मर्दों की एक अलग। फिर यह एक लफ़्ज़ गढ़ा गया उर्दू में बेग़माती ज़ुबान, यानी बेग़मों की ज़ुबान। इससे फ़ौरन ज़ाहिर हो जाता है कि यह शुरफ़ा के घरों में पर्दे में रहने वाली औरतों की ज़ुबान है। तीसरी बात और ध्यान में रहनी चाहिए जो बहुत अहम है। अट्ठारहवीं सदी से उर्दू में बहुत सीरियस मसला उठ जाता है लिटरेसी सर्किल में कि सही ज़ुबान क्या है। किसकी ठीक है, किसकी नहीं। ज़ुबान को ठीक करना चाहिए, और इसका तरीक़ा यह है कि अच्छी ज़ुबान पढ़िए या जो अच्छी ज़ुबान बोलते हैं उनके बीच में रहिए। या जो उस्ताद हैं ज़ुबान के उनसे सीखिए तो आपकी ज़ुबान ठीक हो

सकती है। इसके ऊपर शम्सुर्रहमान फ़ारूक़ी का एक उम्दा मोनोग्राफ़ भी है जिसको उन्होंने जोड़ा है कि खुद फ़ारसी जो थी इंडिया में उसमें यह मुद्दा उठता है। इंडियन पर्शियन और ईरानियन पर्शियन के ताल्लुक़ से। इंडियन पर्शियन वाले दावा करते हैं कि हम ज़ुबान पर क़ाबू रखते हैं, डिक्शनरीज़ बनाने के ज़रिए। डिक्शनरी जब आप पैदा करते हैं तो आप एक ऑथॉरिटी बन जाते हैं। तो वह ऑथॉरिटी आप अपनी ज़ुबान पर भी लागू करने लगते हैं जो पहले नहीं था। ज़ुबानें बन जाती हैं, और डिक्शनरीज़ बहुत बाद में आती हैं। तो यह कि ऑथॉरिटी का एक तसव्वुर बन गया जिसे जोड़ते हैं अट्ठारवीं सदी की फ़ारसी से।

दिल्लीवालों ने दक्खिनी के जो असर थे ज़ुबान पर उसे दूर करने की कोशिश की। उनको निकाला। शाह हातिम ने अपनी शायरी से तकनीकी अल्फ़ाज़ निकाले। और दूसरे लोगों ने यह किया। इसी तरीक़े से लखनऊ में आतिश और नासिर ने ज़ुबान की सफ़ाई की। उर्दू के साथ यह अवधारणा जुड़ी हुई है। उर्दू ज़ुबान के बारे में सोचने में, उसकी लिटरेरी हिस्ट्री में सही भाषा की अवधारणा की बहुत अहम भूमिका है।

यह भी एक बहुत अहम बात रही है कि दिल्लीवालों ने दक्खिनी के जो असर थे ज़ुबान पर उसे दूर करने की कोशिश की। उनको निकाला। शाह हातिम ने अपनी शायरी से तकनीकी अल्फ़ाज़ निकाले। और दूसरे लोगों ने यह किया। इसी तरीक़े से लखनऊ में आतिश और नासिर ने ज़ुबान की सफ़ाई की। उर्दू के साथ यह अवधारणा जुड़ी हुई है। उर्दू ज़ुबान के बारे में सोचने में, उसकी लिटरेरी हिस्ट्री में सही भाषा की अवधारणा की बहुत अहम भूमिका है। साथ में यह भी कि भाषा किसी ऑथॉरिटी के मीडियम के ज़रिए सही की जा सकती है। चाहे वह ऑथॉरिटी डिक्शनरी के फ़ॉर्म में हो, किसी कविता के रूप में हो या कवि के रूप में। कोई लैक्सिकोग्राफ़र भी हो सकता है, कोई मास्टर फ़िगर हो सकता है, कोई टीचर, कोई उस्ताद हो सकता है। उर्दू में उस्ताद-शागिर्द की परम्परा है। उस्ताद का यह भी काम था कि वह शागिर्द की ज़ुबान को ठीक करे। मुहावरा वह सही इस्तेमाल करे। मुहावरे के ऊपर बहुत ज़ोर होता था कि मुहावरा क्या है। ज़ाहिर है कि ये दो कांसेप्ट्स बड़े अहम रहे हैं। बेग़माती ज़ुबान या औरतों की ज़ुबान के ताल्लुक़ से ये दो बातें ज़हन में रखता हूँ।

मुहम्मद हुसैन आज़ाद की प्रसिद्ध किताब है *आब-ए-हयात,* उसमें उन्होंने क़िस्सा लिखा है मीर तक़ी मीर का। कहाँ से लिया है उन्होंने क़िस्सा यह, सही भी है या ग़लत है, पता नहीं। बहरहाल, यह क़िस्सा अपने-आप में एक हैसियत रखता है। मीर साहब जब लखनऊ में थे, मीर के बारे में यह ध्यान रहे कि वे पैदा आगरे में हुए थे, दिल्ली में नहीं, पंद्रह-सोलह बरस की उम्र में वे दिल्ली में आ कर बसे, तो उसके बाद ख़ासे जब बूढ़े हो गए, दिल्ली ख़ासी बरबाद हो चुकी थी, तब वे दिल्ली छोड़ कर लखनऊ गए थे आसफ़ुद्दौला के ज़माने में। तब उनका १८१० में देहांत हुआ। आज़ाद ने लिखा है कि मीर के पास लखनऊ के कुछ अमीर लोग आए। आप यह ज़ेहन में रखिए कि मुहम्मद हुसैन आज़ाद दिल्ली वाले हैं और

लिख रहे हैं अपनी किताब में। वो आए मीर साहब के पास और कहा कि मीर साहब अपना क़लाम कुछ सुनाइए। देखिए, यहाँ मैं बहुत सी बातें अपनी याद से कहूँगा जो बाद में चैक करने पर ग़लत निकलें तो बुरा मत मानिएगा। मीर साहब ने उनसे कहा कि भई देखिए आप मेरी शायरी पसंद नहीं करेंगे। तो इस पर उन लोगों ने कहा कि कैसी बात करते हैं आप। उन लोगों ने हाफ़िज़ के और दूसरों के नाम लिए कि उनके क़लाम तक पढ़ते हैं और समझते हैं। तो मीर ने एक शेर पढ़ा उनके सामने : *इश्क़ बुरे ही ख़ाल पड़ा है, चैन गया आराम गया। जी का जाना ठहर गया है सुब्ह गया या शाम गया।* अब यह मीर साहब ने ख़ाल कहा, जबकि लफ़्ज़ है ख़याल। अब उर्दू वाला इसे पढ़ेगा तो कहेगा कि *इश्क़ बुरे ही ख़याल पड़ा है।* फिर वह टोकेगा और कहेगा कि मीर साहब की ज़ुबान ख़राब है। यह शेर सुनाने के बाद मीर साहब ने कहा कि आप लोग तो मुझसे कहेंगे कि ख़याल की ये दिखाइए, तो मैं कहूँगा कि यह मेरा दिल्ली का मुहावरा है। तो आप मेरी बात नहीं समझ सकते। तो मीर साहब लखनऊ में अट्ठारहवीं सदी के गुज़रे हुए सालों में, १८१० में तो उनका देहांत ही हुआ, सौदा की मृत्यु के बाद आए थे। वे दावेदारी करते हैं दिल्ली की भाषा की। लेकिन कहना मैं यह चाहता हूँ कि वे दिल्ली की ज़ुबान की बात बोलते हैं और कहते हैं कि आप लोग लखनऊ के रहने वाले हैं आप लोग क्या जानें दिल्ली की ज़ुबान के बारे में। आज़ाद ने कुछ और जगह *आब-ए-हयात* में दिल्ली के गली-कूचे और दिल्ली की जामा मस्जिद की सीढ़ियों की ज़ुबान वग़ैरह के बारे में बताया है।

उसी ज़माने में इंशा अल्ला खाँ, रानी केतकी वाले, की मशहूर किताब है *दरियाए लताफ़त,* जो उन्होंने मुहम्मद हुसैन क़तील के साथ लिखी थी। आधी इंशा ने लिखी, आधी क़तील ने लिखी। एक हिस्से में इसके उर्दू की हिस्ट्री और ग्रामर वगैरह है, दूसरे हिस्से में काव्यशास्त्र पर है। यह बहुत दिलचस्प किताब है। फ़ारसी में इसका तरजुमा भी छपा है पंडित दत्तात्रेय क़ैफ़ी ने किया था। उसमें बहुत दिलचस्प यह है कि उन्होंने कई नमूने दिए हैं लोगों के कि कैसे बोलते हैं, किस तरह से बोलते हैं। अट्ठारहवीं सदी के आख़िर में एक शैली उभरती है लखनऊ में रेख़्ती के नाम से जिसको कहा जाता है एक शायर सादत यार ख़ाँ रंगीन दावा करते हैं कि उन्होंने इसकी खोज की है। उनके घनिष्ठ दोस्त हैं मीर इंशा अल्ला ख़ाँ जो *दरियाए लताफ़त* लिखते हैं तो इसका ज़िक्र करते हैं कि रंगीन ने ही रेख़्ती ईजाद की है। रेख़्ती की खुसूसियत यह है वह औरतों की ज़ुबान में औरतों की बातें करती है। यानी औरतों की बहुत ही प्राइवेट लाइफ़ की। हालाँकि बाक़ी रिसर्च से साफ़ हो गया कि रंगीन का यह दावा ग़लत था। वे झूठा दावा कर रहे हैं क्योंकि इससे पहले इससे मिलती-जुलती चीज़ दक्खन में लिखी जा चुकी थी। हाशमी यह कर चुके थे बीजापुर में। और फिर सादत यार ख़ाँ ने एक ग्लॉसरी भी प्रोड्यूस की थी औरतों की ज़ुबान की, वह भी चुराई हुई थी। वह सिराजुद्दीन ख़ाँ आरज़ू की थी। तो प्लेज़रिज़म तो पुरानी चीज़ है। यह हमारी रवायत का एक हिस्सा है। जो भी जो, कहना मैं यह चाहता हूँ कि रेख़्ती जब उभरती है तो हमें तीन बयान मिलते हैं। एक तो खुद रंगीन कहते हैं कि अपने दीवान की शुरुआत में और दावा करते हैं कि मैंने यह चीज़

ईजाद की है और मुझे क़ाबू है औरतों की ज़ुबान पर। मैंने यह कैसे सीखी? मेरी दिल्ली में ख़ानगियों से दोस्ती थी। ख़ानगी वे औरतें होती हैं जो जिस्म का पेशा करती हैं। लेकिन घरों में रह कर कोठों में रह कर। वह एक दूसरी सूरत-ए-हाल है। यानी पर्दे की औरतें हैं। लेकिन बेग़मात की सोहबत नहीं सीखी है यह ज़ुबान। ख़ानगियों से सीखी है। इंशा *दरियाए लताफ़त* से दो बयान देते हैं। एक उन्होंने किरदार ईजाद किया है बहुत ही दिलचस्प, मीर ख़फ़र ग़ैनी का। वे अजीब तरह से नाक के सुर से बोलते हैं। ग़ैनी साहब इंशा से मिलते हैं। दोनों में बात हो रही है! वे कहते हैं कि कहाँ रह गए थे। फिर कहते हैं वह पठानों की औलाद सादत यार ख़ाँ रंगीन, इसने रंडियों की सोहबत में रहते-रहते रंडियों की ज़ुबान इस्तेमाल कर ली है। रंडी उस ज़माने में औरत के अर्थ में भी इस्तेमाल होता था, उसका लाज़मी मतलब वेश्या से नहीं था। लेकिन वह इतना अच्छा लफ़्ज़ भी नहीं था। इंशा ने बेग़मात भी नहीं कहा। उसी किताब में दूसरी जगह इंशा अपने दोस्त का ज़िक्र करते हैं तो जरा सलीक़े से करते हैं। वे कहते हैं कि रंगीन ने यह ज़ुबान ज़नाने पर्दानशीन औरतों से सीखी। देखिए, एक ही ज़ुबान के बारे में दावा है कि वह ख़ानगियों से सीखी गई। इंशा ने ख़ुद भी रेख़्ती में शायरी की है। वे अपने एक क़िरदार से तो कहलवाते हैं कि यह बदमाश है, पठान का लड़का था कैसी बदमाशी कर रहा है, रंडियों की सोहबत में रह कर ख़राब हो गया। दूसरी जगह कहते हैं कि उन्होंने यह ज़नान पर्दानशीन से सीखी। यही इंशा साहब उसी किताब में उर्दू के विकास और व्याकरण पर बहस करते हुए ठीक और सही ज़ुबान के मसले से दो-चार होते हैं। इनके सामने समस्या यह है कि ख़ुद तो पैदा हुए दिल्ली में, वहीं के रहने वाले हैं, अब आ कर बसे हैं लखनऊ में जो नवाब आसफ़ुद्दौला का है। लेकिन इंशा मुलाजमत जो कर रहे हैं वह दिल्ली के शहज़ादे सुलेमान शिकोह की, जो भाग कर आए थे, वहाँ से। वह किताब तो पेश की जाएगी। अब वे किसे ख़ुश करें? लखनऊ की ज़ुबान बेहतर है या दिल्ली की? लखनऊ की ज़ुबान ख़राब तो हो नहीं सकती। लेकिन उन्हें यह भी दिखाना है कि मैं ज़ुबान को बेहतर कंट्रोल करता हूँ। तो इंशा ने भी यही तरकीब इस्तेमाल की और कहा कि लखनऊ की ज़ुबान तो बहुत अच्छी है, क्या अच्छे लोग हैं यहाँ के, लेकिन दिल्ली की ज़ुबान, ख़ास तौर से दिल्ली की बेग़मात की ज़ुबान की बात ही अलग है। इसकी वजह से हम लोगों की ज़ुबान जो बनी सँवरी है, उसमें जो थोड़ी खूबसूरती आई है, वह बेग़मात की ज़ुबान की वजह से। यानी औरत की ज़ुबान को अलग दर्जा देना, उसे मुख़्तलिफ़ तरीक़े से मुख़्तलिफ़ मक़सद से इस्तेमाल करना। यह मेरे मज़मून की मुख्य बात है जिसे मैं ट्रेस करने की कोशिश कर रहा हूँ।

इंशा के यहाँ यह मिलता है कि औरत की ज़ुबान को ऑथॉरिटी के लिए इस्तेमाल करते हैं। लेकिन, जब लखनऊ में खुद ज़ुबान की सफ़ाई शुरू होती है और उसमें से 'ख़राब लफ़्ज़' निकाले जाते हैं, और सही लफ़्ज़ उसमें रखे जाने की कोशिश होती है, आतिश की, नासिख़ की, या मरसियानिग़ार मीर अनीस हैं। फिर लखनऊ के मरसियों की ज़ुबान उर्दू के लिए सहीपन का बड़ा पैमाना बन जाती है। उस पूरी प्रक्रिया में जो बातें मिलती हैं, और इसका जिक्र तज़किरों में बहुत मिलता है, कि फ़लाँ ने ज़ुबान की सफ़ाई की। लेकिन कहीं यह जिक्र

नहीं आता कि ज़ुबान के सिलसिले में उन्होंने बेग़मों से कोई मदद ली हो। या औरतों की सोहबत में बैठने से उन्हें ख़ास प्रेरणा मिली है। या किसी ख़ास मुहावरे के प्रामाणीकरण के लिए वे किसी औरत का ज़िक्र करें, या क़िसी औरत शायर का ज़िक्र करें। हालाँकि औरत शायर बहुत कम हैं, पर कुछ न कुछ तो हैं ही। कुल मिलाकर औरत का ज़िक्र नहीं आता है। एक तरह से औरत की ज़ुबान उर्दू लिटरेरी डिस्कोर्स से ग़ायब हो जाती है। थी वह रेख़्ती की शक्ल में। जो रेख़्ती थी भी वह एक तरह की मज़ाहिया शायरी में रहती है। १८५७ के बाद मसले दूसरे हो जाते हैं। एक बड़ा मसला यह होता है कि हम शुरफ़ा का जो बुरा हाल हुआ, हम जो मुसलमान पॉवर होल्डर्स का बुरा हाल हुआ तो क्यों हुआ? इस सिलसिले में तलाशा जाता है कि हममें क्या ख़राबियाँ थीं। तो उसके भीतर रेख़्ती का भी ज़िक्र आ जाता है कि हमारे जवाल की एक निशानी रेख़्ती भी थी। हम मर्द थे और ये औरतों की ज़ुबान थी, यह एक अलामत है इस बात की कि हमारा समाज किस क़दर नीचे गिर गया था। कोई ऐसी बात नहीं होती है इस वक़्त कि औरतों ने ज़ुबान को माँजा, कुछ मुहावरे इस्तेमाल किए, ज़ुबान को संरक्षित किया।

> **जब लखनऊ में खुद ज़ुबान की सफ़ाई शुरू होती है और उसमें से 'खराब लफ़्ज़' निकाले जाते हैं, और सही लफ़्ज़ उसमें रखे जाने की कोशिश होती है, आतिश की, नासिख़ की, या मरसियानिग़ार मीर अनीस हैं। फिर लखनऊ के मरसियों की ज़ुबान उर्दू के लिए सहीपन का बड़ा पैमाना बन जाती है। उस पूरी प्रक्रिया में जो बातें मिलती हैं, और इसका ज़िक्र तज़किरों में बहुत मिलता है, कि फ़लाँ ने ज़ुबान की सफ़ाई की। लेकिन कहीं यह ज़िक्र नहीं आता कि ज़ुबान के सिलसिले में उन्होंने बेग़मों से कोई मदद ली हो। या औरतों की सोहबत में बैठने से उन्हें ख़ास प्रेरणा मिली है। या किसी ख़ास मुहावरे के प्रामाणीकरण के लिए वे किसी औरत का ज़िक्र करें, या किसी औरत शायर का ज़िक्र करें। हालाँकि औरत शायर बहुत कम हैं, पर कुछ न कुछ तो हैं ही। कुल मिला कर औरत का ज़िक्र नहीं आता है। एक तरह से औरत की ज़ुबान उर्दू लिटरेरी डिस्कोर्स से ग़ायब हो जाती है। थी वह रेख़्ती की शक्ल में। जो रेख़्ती थी भी वह एक तरह की मज़ाहिया शायरी में रहती है।**

एक बीस बरस के बाद शुरू हो जाता है उर्दू के उपन्यासों का सिलसिला। नज़ीर अहमद आते हैं और औपनिवेशिक ताक़त की बदौलत नए विचारों से हमारा परिचय होता है। साहित्य और अन्य इबारतों के निर्माण में। औरतों का अदब और बच्चों का अदब। इससे पहले कोई किताब मख़्सूस नहीं समझी जाती थी उर्दू-पर्शियन कल्चर में कि ये बच्चों के लिए है, ये औरतों के लिए है। *गुलिस्तान* वग़ैरह औरतें भी पढ़ती थीं, बच्चे भी पढ़ते थे। जिसे फ़ारसी सीखनी होती थी वह *गुलिस्तान* भी पढ़ता था, *अयार-ए-दानिश* भी पढ़ता था। लेकिन एक पाठ जो ख़ास तौर से बच्चों और स्त्रियों के लिए लिखा गया हो, वह तो १८६९ के इश्तहार के बाद से, जिस पर मैंने आर्टिकल लिखा, यह सिलसिला चल निकला। तो अब नज़ीर अहमद के उपन्यास आते हैं, जो पहला बिग हिट, बेस्ट सेलर जैसा, उनके औपनिवेशिक मालिकों की

ताईद के लिहाज़ से *मिरातुल-उरूज़* या *असग़री-अक़बरी की कहानी* जो छपने के साथ ही हिंदी और कई भाषाओं में जिसका अनुवाद भी होता है और जिसके मॉडल के ऊपर और दूसरी भाषाओं में भी कहानियाँ, उपन्यास लिखे जाते हैं। ख़राब औरत और बुरी औरत। तो, नज़ीर अहमद के उपन्यासों में अच्छी औरत और बुरी औरत के व्यवहार की बातचीत होती है, वहाँ उसके साथ-साथ एक लिंग्विस्टक मार्कर भी चलता है। बुरी औरत की ज़ुबान बड़ी मुहावरे वाली और उसमें रेख़्ती वाली सब बातें मिलती हैं जिसे औरतों की ज़ुबान कहा जाता है। और जो, अच्छी लड़की है, असग़री, उसके दाढ़ी तो नहीं है पर उसमें मुहावरे बहुत कम हैं, और बहुत ज़्यादा मर्द क़िरदारों वाली शब्दावली है उसकी। बाक़ायदा विश्लेषण किया जाए, मुहावरे गिने जाएँ, मुहावरों पर अभी भरपूर काम नहीं हुआ है कि इनकी क्या भूमिका है हमारी ज़ुबानों में, ऑथॉरिटी के सोर्स की तरह, विज़डम के सोर्स की तरह, क़िरदारों को परिभाषित करने के माध्यम के रूप में, और तरह-तरह की चीज़ें। अकबरी है जो बड़ी बहन, जो ख़राब है, फूहड़ है, वह दुनिया भर की ऐसी बातें करती है। जो नसीबन नाम की नौकरानी है, अक़बरी की ज़ुबान उसी से मिलती-जुलती है। असगरी की ज़ुबान अपने शौहर से मिलती है, बाप की ज़ुबान से मिलती है जो बहुत आलिम-फ़ाज़िल हैं। यानी नज़ीर अहमद औरत की ज़ुबान को अच्छी निगाह से नहीं देखते।

नज़ीर अहमद के उपन्यासों में अच्छी औरत और बुरी औरत के व्यवहार की बातचीत होती है, वहाँ उसके साथ-साथ एक लिंग्विस्टक मार्कर भी चलता है। बुरी औरत की ज़ुबान बड़ी मुहावरे वाली और उसमें रेख़्ती वाली सब बातें मिलती हैं जिसे औरतों की ज़ुबान कहा जाता है। और जो, अच्छी लड़की है, असग़री, उसके दाढ़ी तो नहीं है पर उसमें मुहावरे बहुत कम हैं, और बहुत ज़्यादा मर्द क़िरदारों वाली शब्दावली है उसकी।

लेकिन इसके फ़ौरन बाद एक बहुत ही दिलचस्प सूरत पेश आती है। नज़ीर अहमद अंग्रेज़ी हुकूमत का स्वागत तो नहीं करते, लेकिन उन्होंने उसके साथ तालमेल बैठा लिया है। वे अंग्रेज़ी हुकूमत में अपनी बिरादरी के भविष्य का आश्वासन तो देखते ही हैं। वे अंग्रेजी सीखने के, तालीम के, उसमें भागीदारी के हक में हैं। उन पर बीती है, निजी तौर पर १८५७ में उन पर भी बुरी गुज़री है। उनके परिवार पर। दिलचस्प बात यह है कि १८५७ में जिन लोगों पर बहुत भयानक गुज़री, उनका रवैया अपनी अंग्रेज़ी को पूरी तरह से ख़ारिज करने वाला नहीं है, भले ही निजी ज़िंदगी में कुछ निंदा-भर्त्सना कर रहे हों। वे जवाल की बात नहीं कर रहे हैं और एक तरह की संभावना देख रहे हैं। पर नज़ीर अहमद के बाद लोग आते हैं और फिर एक मिनी-इंडस्ट्री बन जाती है उर्दू में ग़दर के ताल्लुक़ से। दिल्ली की विपदा, दिल्ली के आँसू, दिल्ली की शाम। एक पूरा सिलसिला है। मैं थोड़ा सा मज़ाक़ उड़ा रहा हूँ जो मुझे नहीं करना चाहिए। लेकिन है एक मिनी इंडस्ट्री। लोग खुद को ऑथेंटिकेट कर रहे हैं कि दिल्ली से, दिल्ली के ख़ास कल्चर से, दिल्ली की तबाही-बरबादी से। वे कुछ ख़ास तरह के दावे करते हैं, और उसके दम पर एक ख़ास तरह का कॅरियर बनाते हैं। इसमें ख़्वाजा

हसन निज़ामी भी हैं। इसमें सबसे बड़े जो हैं वे राशिदुल ख़ैरी साहब हैं। ख़ैरी इसलिए अहम हस्ती हैं कि इनके ऊपर किसी ने ठोस काम नहीं किया है। ख़ुद उनकी औलाद ने भी उनकी जीवनी तैयार नहीं की। उर्दू के अकादमीय हल्क़ों ने तो उन्हें बहुत ही नज़रअंदाज़ किया है। बड़े ही अफ़सोस की बात है। ख़ैरी साहब वो हैं जो औरतों के लिए मैग़ज़ीन भी निकालते हैं *इस्मत*। छोटी लड़कियों के लिए भी निकालते हैं। सबसे बड़ी बात यह है कि वे किताबें लिखते हैं औरतों के लिए। औरतों के वे पसंदीदा लेखक बन जाते हैं। उनकी ज़ुबान बहुत ही ख़ूबसूरत दिल्ली की ज़ुबान है। इसी तरीक़े से एक आध और लोग भी हैं जिनके नाम मुझे इस वक़्त याद नहीं आ रहे हैं। मज़े की बात यह है कि जो लिखा जा रहा है, मैं अब आ गया हूँ कि बीसवीं सदी में, अब जो तारीफ़ हो रही है वह औरतों की ज़ुबान की।

मज़े की बात तो यह है कि औरतों की ज़ुबान को एकबारगी आपने कनेक्ट कर दिया था बैड करेक्टर से, अनैतिकता से, और वह उसकी सिग्नीफ़ायर बन गई थी। गाली बकने, ग़ुस्सा करने और सिवाय अंधविश्वास के उसके भीतर कुछ देखा नहीं जाता था। लेकिन अब वही औरतों की ज़ुबान कुछ और हो जाती है, एक क़ीमती चीज़ बन जाती है। अब लोग सोचने लगते हैं कि औरतों की ज़ुबान ने हमारी तहज़ीब को महफ़ूज़ कर रखा है। यह गुण मर्दों ने अंग्रेजी तालीम की वजह से, और किसी वजह से खो दिया है। इस तरह औरतों की ज़ुबान की बड़ी तारीफ़ शुरू हो जाती है।

मज़े की बात तो यह है कि औरतों की ज़ुबान को एकबारगी आपने कनेक्ट कर दिया था बैड करेक्टर से, अनैतिकता से, और वह उसकी सिग्नीफ़ायर बन गई थी। गाली बकने, ग़ुस्सा करने और सिवाय अंधविश्वास के उसके भीतर कुछ देखा नहीं जाता था। लेकिन अब वही औरतों की ज़ुबान कुछ और हो जाती है, एक क़ीमती चीज़ बन जाती है। अब लोग सोचने लगते हैं कि औरतों की ज़ुबान ने हमारी तहज़ीब को महफ़ूज़ कर रखा है। यह गुण मर्दों ने अंग्रेज़ी तालीम की वजह से, और किसी वजह से खो दिया है। इस तरह औरतों की ज़ुबान की बड़ी तारीफ़ शुरू हो जाती है। वे जो किताबें लिख रहे हैं वे रेख़्ती की किताबें तो हैं नहीं। वे तो बहुत दूसरी तरह की किताबें लिख रहे हैं। एक तरफ़ तो ये लोग हैं, और दूसरी तरफ़ १९०९ में उर्दू का औरतों का सबसे पहला अख़बार शुरू होता है, *तहज़ीब-ए-निस्वाँ*। उसके प्रकाशक हैं मौलवी मुमताज़ अली साहब और सम्पादक हैं उनकी बीवी मुहम्मदी बेग़म। मुहम्मदी बेग़म सच में एडिटर थी। उनका लेखन मौजूद है, उनकी चीज़ें मौजूद हैं, उनके इंटरएक्शन लोगों से वैल-रिकॉर्डिड हैं। कोई यह नहीं कह सकता कि अख़बार मौलवी साहब निकालते थे, और मुहम्मदी बेग़म का सिर्फ़ नाम था। अब ये *तहजीब-ए-निस्वाँ* छपना शुरू होता है, उसमें जो चीज़ें निकल रही हैं, उनमें वे चीजें हैं ही नहीं जिसे औरतों की ज़ुबान कहा जाता था। वह तो एक स्टैंडर्ड उर्दू जो होती है, जिसमें सब लोग लिख रहे थे, उसी में लिखती हैं। तो, एक तरफ़ तो वह लिटरेचर पैदा हो रहा है जो औरतें लिख रही हैं और औरतों के लिए। उनकी कोई तारीफ़ नहीं करता कि औरतें बड़ी अच्छी औरतों की ज़ुबान लिख रही

हैं, क्योंकि उनकी भाषा उस वक़्त के पुरुष-लेखकों की भाषा से क़तई अलग नहीं है। लेकिन, राशिदुल ख़ैरी और दूसरे लोगों की इस बात की बड़ी तारीफ़ हो रही है कि साहब वो औरतों की ज़ुबान पर बहुत क़ाबू रखते हैं और उसमें लिख रहे है। अब मुझे जो चीज़ तलाशनी है, समझना है, वह वही मुहावरे वाली बात है कि ईडियम के ताल्लुक़ से हमारे यहाँ क्या-क्या सोचा जाता रहा है। क्या-क्या किया जाता रहा है। क्योंकि जब मैंने ईडियम गिनने की कोशिश की मोटे तौर पर तो मुहम्मदी बेग़म और दूसरी औरतें साधारण तौर पर लिख रही हैं वे ईडियम का इतना इस्तेमाल नहीं करती हैं। ये लोग जो हैं औरतों के नाम पर लिख रहे हैं और जो ख़ुद को औरतों के साहित्य का बहुत बड़ा क्रिएटर बता रहे हैं, मुझे उनसे पूरी हमदर्दी है, उनका बड़ा काम है, वो ईडियम का बहुत इस्तेमाल कर रहे हैं। तो यह मुहावरे का इस्तेमाल एक तरह की हायपर-फ़ेमिनिटी हो जाती है, ईडियम का इस्तेमाल न करना एक तरह की मैस्कुलिनिटी बन जाती है। ये भी एक बड़ा दिलचस्प पहलू है। यह चीज़ मेरे दिमाग में पक रही है। मैं सामग्री जमा कर रहा हूँ। अभी तक लिखा नहीं है।

जब मैंने ईडियम गिनने की कोशिश की मोटे तौर पर तो मुहम्मदी बेग़म और दूसरी औरतें साधारण तौर पर लिख रही हैं वे ईडियम का इतना इस्तेमाल नहीं करती हैं। ये लोग जो हैं औरतों के नाम पर लिख रहे हैं और जो ख़ुद को औरतों के साहित्य का बहुत बड़ा क्रिएटर बता रहे हैं, मुझे उनसे पूरी हमदर्दी है, उनका बड़ा काम है, वो ईडियम का बहुत इस्तेमाल कर रहे हैं। तो यह मुहावरे का इस्तेमाल एक तरह की हायपर-फ़ेमिनिटी हो जाती है, ईडियम का इस्तेमाल न करना एक तरह की मैस्कुलिनिटी बन जाती है।

अच्छा, अब थोड़े ही दिनों के बाद बीसवीं सदी के शुरुआती सालों में ही *बहिश्ती ज़ेवर* जो किताब है मौलवी अशरफ़ अली थानवी की शाया होती है। बड़ी अहम किताब है यह जिसका बारबरा मैटकाफ़ ने तरजुमा भी किया। अब तो हिंदी में भी उसका अनुवाद मिला है। उत्तर भारतीय मुसलमान संस्कृति समझने के लिए, औरतों के लिए बहुत ही अहम किताब रही है हमेशा से। उसमें भी ये है कि औरतों को कुछ इस तरह से पेश किया गया है जैसे कि उनकी ज़ुबान ठीक नहीं है, उसे ठीक करना होगा। औरतें तो लिख रही हैं पर अशरफ़ अली साहब को ख़याल है कि उनकी ज़ुबान में थोड़ा सा ज़नानापन कुछ बाक़ी है जिसे दूर करना होगा। अब यह ज़नानापन क्या है, इसे भी मुझे ढूँढ़ना होगा।

फिर ज़ुबान के ताल्लुक़ से मैं देखता हूँ कि इस्मत चुग़ताई की ज़ुबान की बड़ी तारीफ़ होती है। मज़े की बात यह है कि इस्मत का फक्कड़पन सामने लाया जाता है। यह फक्कड़पन वही है एक तरह से नज़ीर अहमद की बुरी औरत का फक्कड़पन है। वह भी फटाक से गाली दे देती है। तो अब इस्मत के फक्कड़पन को भी हमने बड़ी आसानी से क़बूल कर लिया है, न सिर्फ़ यह बल्कि एक लेखक हैं वाहिदा तबस्सुम तो अपना पूरा कॅरियर ही बना लेती हैं इसी पर। हैदराबाद की उर्दू, उसका फक्कड़पन, उसमें सैक्शुअल इनुएंडो, वे सब चीज़ें इस्तेमाल करके उनका पूरा लिटरेरी कॅरियर बन जाता है। मेरे सामने यह भी बहुत दिलचस्प

प्रसंग है औरतों की ज़ुबान के ताल्लुक़ से। हम अब भी औरतों की ज़ुबान अलग समझ रहे हैं कि वह अलग है मर्दानी ज़ुबान से। औरतों की ज़ुबान के फक्कड़पन को हमने स्वीकार कर लिया है। इस्मत के वक़्त तक फ़ेमिनिज़म की कोई तहरीक़ नहीं चली थी। बातें तो थीं रशीद जहाँ वगैरह इस तरह से सोच रही थीं। लेकिन आंदोलन वाली बात नहीं थी। जब मैं यह देखता हूँ कि यह पोस्ट-मूवमेंट शुरुआतें जो हैं, हो सकता है कि इसके लिए मुझे आलोचना झेलनी पड़े, पोस्ट-मूवमेंट शाय़र हैं जो, जैसे क़िश्वर नाहीद और फ़हमीदा रियाज़, तो ये लिख तो रही हैं, अपनी नारीवादी शायरी। चूँकि जेंडर है उर्दू में मौजूद, तो वे फ़ेमिनिज़म जेंडर इस्तेमाल कर रही हैं। पहले तो शायरा अपने लिए मैस्कुलिन जेंडर इस्तेमाल करती थीं, मैस्कुलिन जेंडर कॉमन स्टेटमेंट के लिए आता है उर्दू में। ये तो करती हैं, पर जब परवीन शाक़िर, जो क़िश्वर नाहीद की अगली पीढ़ी की नारीवादी पोएट हैं, जब लिखती हैं अपनी नज़्में, और उसकी ज़ुबान में एक तरह का अल्हड़पन है इस्मत के फक्कड़पन की तरह। उसकी नज़्मों में औरत से ज़्यादा, ख़ास तौर से शुरू की शायरी में, लड़की आती है सामने। और जब वो लड़की वाली ज़ुबान, अल्हड़पन वाली ज़ुबान इस्तेमाल करती है, तो उसे डाँट पड़ती है फ़हमीदा रियाज़ की तरफ़ से। यानी हायपर-फ़ेमिनिटी है, या सुपर-फ़ेमिनिटी यानी अल्हड़पन है, तो वह फ़हमीदा रियाज़ को भी क़बूल नहीं है। वह भी चाहती हैं कि औरत बन कर लिखिए और ज़ुबान की हद तक आपकी भी दाढ़ी थोड़ी सी ज़रूर झलके। यह पूरा एक दौर है, इसे समझने की, व्यवस्थित करने की कोशिश कर रहा हूँ कई बरसों से। ये बातें हैं मेरे ज़ेहन में। इस तरह की चीज़ें औरत की ज़ुबान के ताल्लुक़ से हिंदी में भी उठी होंगी, बहसों में। मेरे सामने यह बड़ा दिलचस्प है कि उत्तर भारतीय मुस्लिम अभिजन की ज़िंदगी में औरत की ज़ुबान किस वक़्त उपयोगी हो जाती है किस वक़्त अनुपयोगी हो जाती है? किस वक़्त उसकी ज़ुबान हमारी क़ौमियत को सहारा देने के लिए एक बड़ी चीज़ बन जाती है, कब वह हमारे लिए जवाल की अलामत बन जाती है, और एक ही चीज़ को दो तरह से अपनी-अपनी ज़रूरत के लिहाज़ से पुरुष-संस्कृति कैसे देख़ती है? दूसरे, मैं मुहावरे को और ज़रा एक्सप्लोर करना चाहता हूँ। बस यह मुझे कहना है।

परवीन शाक़िर, जो क़िश्वर नाहीद की अगली पीढ़ी की फ़ेमिनिस्ट पोएट हैं, जब लिखती हैं अपनी नज़्में, और उसकी ज़ुबान में एक तरह का अल्हड़पन है इस्मत के फ़क्कड़पन की तरह। उसकी नज़्मों में औरत से ज़्यादा, खास तौर से शुरू की शायरी में, लड़की आती है सामने। और जब वो लड़की वाली ज़ुबान, अल्हड़पन वाली ज़ुबान इस्तेमाल करती है, तो उसे डाँट पड़ती है फ़हमीदा रियाज़ की तरफ़ से। यानी हायपर-फ़ेमिनिटी है, या सुपर-फ़ेमिनिटी यानी अल्हड़पन है, तो वह फ़हमीदा रियाज़ को भी क़बूल नहीं है। वह भी चाहती हैं कि औरत बन कर लिखिए और ज़ुबान की हद तक आपकी भी दाढ़ी थोड़ी सी ज़रूर झलके।

बद्री : नईम साहब को इतने अच्छे पर्चे के लिए सबकी तरफ़ से बहुत-बहुत आभार। अब यह पर्चा प्रश्न और टिप्पणियों के लिए खुला है।

▣ बहस

आदित्य : जो पहले लिख रहे थे, मर्द लिख रहे थे रेख़्ती वग़ैरह। बाद में आपने कहा कि *तहज़ीब-ए-निस्वाँ* में लिखना शुरू किया औरतों ने। तो उससे जो सवाल उठाया, उससे मेरे दिमाग़ में यह सवाल उठा कि क्या यह मुमकिन है कि औरतें जो बाद में लिख रही थीं वह लिखित डिस्कोर्स की ज़रूरतों के हिसाब से लिख रही थीं और इससे लाज़मी तौर से यह नतीजा नहीं निकाला जा सकता कि मुहावरों की जो बहुतायत दूसरे संग्रहों में मिलती है, वह ग़लत है। रोज़मर्रा की बातचीत में हम घरों में देखते हैं कि लिखित और की जाने वाली बातचीत में फ़र्क़ है।

नईम : मैं यही जानना चाहता हूँ कि मर्द की ज़ुबान में जब वे मुहावरे नहीं आ रहे हैं तो उस जगह को कौन सी चीज़ भर रही है। अगर मुहावरा नहीं है तो क्या हमने कोई शास्त्रीय शब्द फ़िट कर दिया है क्योंकि मुहावरे का इस्तेमाल तो एक तरह से ऑथॉरिटी या विज़डम के सोर्स की तरह से है। मैं प्रोवर्ब वग़ैरह को भी उसमें शामिल कर रहा हूँ। जैसे कि कल सुर्ख़ी थी कि पाकिस्तान ने हिंदुस्तान के छक्के छुड़ा दिए। उसकी जगह यह भी लिखा जा सकता है कि पाकिस्तान ने हिंदुस्तान को शिकस्त दी। मुझे यह देखना होगा कि मर्द क्या चीज़ ला रहे हैं उसकी जगह। क्या उनकी ज़ुबान में छक्के छुड़ाना नहीं है ? और उनके लिए शिकस्त देना ज़्यादा जरूरी है ?

बद्री : थोड़ा सा हमने जो लोक-संस्कृति पर काम किया है, उसमें यह देखने में आता है कि मुहावरे का इस्तेमाल एक ऑथॉरिटी तो है ही, साथ ही सम्प्रेषण का माध्यम भी है। ठीक से समझा देने का ताकि सामने वाला ठीक से समझ जाए। गाँव में औरतें भी मुहावरों का इस्तेमाल करती हैं, और पुरुष भी किसी को समझाने के लिए, किसी को बोलेगा तो मुहावरों का इस्तेमाल करता है। तो मुहावरों के इस्तेमाल में जेंडर डिवीज़न बहुत मुश्किल से दिखाई पड़ता है। लेकिन, जहाँ पर मुहावरे नहीं होते हैं वहाँ वर्णन, डिस्क्रिप्शन बढ़ जाता है। मुहावरे संक्षेप और सटीक ढंग से सम्प्रेषण

मर्द की ज़ुबान में जब वे मुहावरे नहीं आ रहे हैं तो उस जगह को कौन सी चीज़ भर रही है। अगर मुहावरा नहीं है तो क्या हमने कोई शास्त्रीय शब्द फ़िट कर दिया है क्योंकि मुहावरे का इस्तेमाल तो एक तरह से ऑथॉरिटी या विज़डम के सोर्स की तरह से है। मैं प्रोवर्ब वग़ैरह को भी उसमें शामिल कर रहा हूँ।

का माध्यम होते हैं। इसलिए आधुनिक भाषा में मुहावरे कम होते गए हैं, और वर्णन बढ़ते गए हैं। मुहावरों का जाना साहित्य में विस्तार का आना है।

शीबा : आपने *बहिश्ती ज़ेवर* का ज़िक्र किया, और *तहज़ीब-ए-निस्वाँ* का ज़िक्र किया। उसके बाद से औरतों ने लगातार सहाफ़त करके, एडिटर बन कर काम किया। इसका एक लम्बा सिलसिला है। चूँकि हम आधुनिकता की थीम पर बात कर रहे हैं यहाँ *(**नईम :** मेरा पेपर आधुनिकता की थीम से अलग है।)* आपसे मैं अपनी जानकारी के लिए जानना चाह रही थी कि मुसलमान ख़वातीन का एडिटर के रूप में सामने आना ये अपने-आप में उस वक़्त की आधुनिकता के रूप में लें, या वह औरतों के लिए जिस तरह के कल्चर को प्रमोट करती है उसके कंटेंट को जज करें? *बहिश्ती ज़ेवर* तो बहुत प्रॉब्लेमेटिक भी है।

नईम : मैंने इसीलिए अलग-अलग रखा। मैंने *बहिश्ती ज़ेवर* और *तहज़ीब-ए-निस्वाँ* को हिस्टोरिकली लिया। नज़ीर अहमद के नॉवेल, उसके बाद राशिदुल ख़ैरी वग़ैरह, और उससे ज़रा पहले आ कर *तहज़ीब-बे-निस्वाँ* और बहुत बाद में *बहिश्ती ज़ेवर* जो एक तरह से प्रतिक्रिया है। मौलाना थानवी तो नर्वस थे शिक्षित औरत के प्रति। वे जो लिख रहे हैं उसमें तो यही डर है कि यह तो ग़लत हिसाब बनाया जा रहा है औरतों के लिए। औरतें अगर जुग़राफ़िया पढ़ लेंगी तो घर से भाग जाएँगी। इसलिए वे जो सेलेबस बनाते हैं उसमें जुग़राफ़िया नहीं रखते हैं। मैं इसे क्रोनोलॉजिकली ले रहा हूँ। मैं तो यह देख रहा हूँ कि यह पलटे कैसे-कैसे खाता है। यह मेरा मक़सद है। औरत की ज़ुबान, उसे चाहे औरत की तालीम से जोड़ कर देखा गया, या औरत की हैसियत से जोड़ कर देखा गया, या फिर फ़ेमिनिज़्म आया, तो औरतनेस को खुद फ़ेमिनिस्ट पोएट ने अच्छे ढंग से नहीं लिया। फ़हमीदा रियाज़ की बात मेरे पास नहीं है, बल्कि परवीन शाक़िर ने एक बड़ी अच्छी नज़्म लिखी है फ़हमीदा रियाज़ का नाम लेकर नहीं, पर उस तरह से। मेरा मक़सद ही यही है—यह चेंज कैसे होता है।

सदन : आपने कहा कि मुहावरों के साथ प्रोवर्ब को भी जोड़ रहे हैं। मैं कुछ खास प्रोवर्ब जो बिहार में घाघ-वचन के नाम से जाना जाता था। जब मैं फ़ील्डवर्क कर रहा था जो ख़ास कर जो मिडिल क्लास वालों से बातचीत कर रहा था जो एग्रेरियन यूनिवर्स से तो आते हैं, पर सीधे-सीधे खेती के काम से नहीं जुड़े हैं। ये खेती से संबंधित और वर्षा कब होगी आदि उससे संबंधित मुहावरे हैं। तो, मेरे ९५ फ़ीसदी रिस्पांडेंट थे वे शुरू में तो एंगेज करते थे, पर बाद में बोलते थे कि आप अपनी माँ से, नानी से पूछिए। एक चीज़ और है जो आपकी बात में नहीं आई कि वे बोलते थे कि आप घर के नौकरों से जा कर पूछिए। सीधी बात यह थी कि जो दलित हैं उनसे जा कर पूछिए। फिर मैंने इसे ट्रेस करना शुरू किया और देखा कि लेट नाइंटींथ सेंचुरी में कोलोनियल एडमिनिस्ट्रेटर-एंथ्रोपॉलॉजिस्ट लिखते हैं तो उनके ख़यालात भी कुछ इसी तरह के थे मुहावरों के बारे में। रस्टिक विज़डम के सेंस में वे लोग इसे ले रहे

हैं। मैं भी इस सवाल से जूझ रहा हूँ। कहीं न कहीं वे इसे एक रिपोज़िटरी के रूप में ले रहे हैं। चाहे, वह कोलोनियल एडमिनिस्ट्रेटर हों, चाहे आज का मिडिल क्लास हो। पता नहीं मेरी बात से कितनी तर्कपूर्ण बात निकलेगी? अंत में जब आप बोल रहे थे कि आपकी बात मॉडर्निटी से संबंधित नहीं है तो मैं कहता हूँ कि यह आधुनिकता से संबंधित है। ख़ास कर नॉलेज के बारे में कोलोनियल डिस्कोर्स को लेकर। *(**नईम :** मेरा तो कहना यह था कि मैं इस विषय से खुद को नहीं जोड़ना चाहता।)*

अभय : मेरे लिए तो आपका पर्चा काफ़ी शिक्षाप्रद है कि चीज़ों को कैसे देखा जाना चाहिए, किस तरह के उसमें पेचो-ख़म तलाशने चाहिए। आपके पर्चे का पहला हिस्सा था, बिल्कुल शुरुआती जिसमें आपने ज़ुबान की सफ़ाई की तरफ़ इशारा किया था कि इस तरह की मुहिम चल रही थी। दिल्ली में शाह हातिम *(**नईम :** अब भी चल रही है।)* यह कह कर आपने तो मेरे सवाल का एक तरह से जवाब ही दे दिया। मैं यह जानना चाहता हूँ कि एक ज़ुबान के रूप में उर्दू के ऊपर, जो मेरी टूटी-फूटी जानकारी है इसे मतरूक़ात की मुहिम के नाम से जाना जाता है, ग़लत हो तो आप ठीक कर दीजिएगा, मतरूक़ात यानी कुछ शब्दों की छँटाई, इसमें भाखा के शब्दों को निकालने की बात थी, और शुद्ध शब्दों को लाने का आग्रह था, अट्ठारहवीं सदी में यह मुहिम चली तो उससे उर्दू का एक रूप बना, दिल्ली और लखनऊ में जो बोली गई, वली दक्खनी वाला प्रसंग भी उसमें शामिल है, किस तरह उनकी ज़ुबान बदली, पहले वे दक्खनी हिंदी में करते थे शायरी, फिर फ़ारसीनिष्ठ उर्दू में करने लगे, तो आपको क्या लगता है कि क्या उर्दू में कोई ऐसा भी आंदोलन चला, मतरूक़ात के कारण उर्दू को जन-भाषा बनने से रोका, मुसलमान शुरफ़ा या हिंदी इलीट की ज़ुबान बन कर रह गई, जिसने इसे पलटा हो, इस प्रक्रिया को ठीक करने की कोशिश की हो?

उर्दू के ऊपर, जो मेरी टूटी-फूटी जानकारी है इसे मतरूक़ात की मुहिम के नाम से जाना जाता है, ग़लत हो तो आप ठीक कर दीजिएगा, मतरूक़ात यानी कुछ शब्दों की छँटाई, इसमें भाखा के शब्दों को निकालने की बात थी, और शुद्ध शब्दों को लाने का आग्रह था, अट्ठारहवीं सदी में यह मुहिम चली तो उससे उर्दू का एक रूप बना, दिल्ली और लखनऊ में जो बोली गई, वली दक्खनी वाला प्रसंग भी उसमें शामिल है, किस तरह उनकी ज़ुबान बदली, पहले वे दक्खनी हिंदी में करते थे शायरी, फिर फ़ारसीनिष्ठ उर्दू में करने लगे, तो आपको क्या लगता है कि क्या उर्दू में कोई ऐसा भी आंदोलन चला, मतरूक़ात के कारण उर्दू को जन-भाषा बनने से रोका, मुसलमान शुरफ़ा या हिंदी इलीट की ज़ुबान बन कर रह गई, जिसने इसे पलटा हो, इस प्रक्रिया को ठीक करने की कोशिश की हो?

नईम : मैंने इन चीज़ों को ज़्यादा सीरियस नहीं लिया कभी। हिस्टोरिकल मोमेंट के तौर पर लिया। अंच्छा भई, दिल्ली में उन्होंने दक्खनी के शब्दों को निकाला, लेकिन सही मायनों में, यह तज़किरों में लिखा होता है कि ज़ुबान की सफ़ाई की गई। मुहम्मद हुसैन आज़ाद ने

लिखा। जब आप पीरियडाइज़ेशन करेंगे तो आपको बताना होगा कि यह पीरियड किसी दूसरे पीरियड से किस तरह ख़ास है। तब एक बात निकाल कर आप दिखा देंगे। बड़ी प्रॉब्लम्स हो जाती हैं। शम्सुर्रहमान फ़ारूक़ी ने बड़ा अच्छा मज़मून लिखा था कि यह दिल्ली की ज़ुबान और सफ़ाई की बात हो रही है, पर यह तो पूरबी ज़ुबान है जिसमें ये लफ़्ज़ और मुहावरे तो पूरब के हैं। ये तो कुछ दूसरी पॉलिटिक्स है जो चल रही है। ऐसे ही हम देखते हैं साहब कि दास्तानों में लखनऊ में ज़ुबानों की सफ़ाई हो रही है। दास्तानों को पढ़िए तो उसमें जितने रजिस्टर हो सकते हैं ज़ुबान के वे सब मौजूद हैं। किसी को रिजेक्ट नहीं किया गया है। सभी अल्फ़ाज़ आ रहे हैं। मीर अनीस के जो मरसिए हैं उसके भीतर तमाम अल्फ़ाज़ आ रहे हैं। तो एक तरफ़ तो कहा जा रहा है कि हम यों छाँट रहे हैं, यों काट रहे हैं, ऐसा बना रहे हैं, और दूसरी तरफ़ ज़ुबान अपने तौर पर आगे भी बढ़ रही है। इसे भी ले रही है, उसे भी ले रही है। नज़ीर अकबराबादी को लाख मुहम्मद हुसैन आज़ाद शामिल करने के लिए तैयार नहीं हैं, मगर हैं वे मौजूद इतनी बड़ी हस्ती हैं कोई घटा नहीं सकता उनको। *रानी केतकी की कहानी* को तो उर्दू वाले अब नहीं पढ़ते हैं। उन्होंने निकाल दिया है। हिंदी वाले ले जाएँ। लेकिन नज़ीर अहमद को तो नहीं निकाल सकते।

दास्तानों में लखनऊ में ज़ुबानों की सफ़ाई हो रही है। दास्तानों को पढ़िए तो उसमें जितने रजिस्टर हो सकते हैं ज़ुबान के वे सब मौजूद हैं। किसी को रिजेक्ट नहीं किया गया है। सभी अल्फ़ाज़ आ रहे हैं। मीर अनीस के जो मरसिए हैं उसके भीतर तमाम अल्फ़ाज़ आ रहे हैं। तो एक तरफ़ तो कहा जा रहा है कि हम यों छाँट रहे हैं, यों काट रहे हैं, ऐसा बना रहे हैं, और दूसरी तरफ़ ज़ुबान अपने तौर पर आगे भी बढ़ रही है। इसे भी ले रही है, उसे भी ले रही है।

रविकांत : मैं सदन वाली बात को आगे बढ़ाते हुए कहूँगा। पीटर बर्क ने एक किताब एडिट की थी *सोशल हिस्ट्री ऑफ़ लैंग्वेज़*। उसमें एक लेख है मुहावरों पर। इतिहासकार रहे हैं, ख़ासकर रिनेसाँ पर अच्छा काम किया है। तो वह लेख मैं हाल में पढ़ रहा था। उसमें अंग्रेज़ी का ज़िक्र है मुहावरों के सिलसिले में इसी तरह की परेशानियाँ आईं, पीरियड को लेकर घालमेल है वहाँ, कभी लोग मुहावरों को पसंद करने लगते हैं, कभी ख़ारिज़ करने लगते हैं, पर आधुनिकता को लेकर यह रिश्ता जरूर है कि, जो बद्री भी कह रहे थे, आप मुहावरा-पसंद नहीं रहते हैं जब आधुनिक होते हैं। मुहावरे से दूर जाते हैं, वर्णनधर्मी हो जाते हैं। फ़ैलन को एक बार फिर मुझे याद करना पड़ेगा। वे कहते हैं कि मुझे बार-बार कहना पड़ेगा कि हमने जो यह डिक्शनरी बनाई है बाक़ी डिक्शनरी से अलग है। चंदनछाप, तिलकछाप और दाढ़ीछाप से अलग है। इसलिए भी अलग है कि गाँव में जा कर औरतों के बीच जाकर चीज़ें जमा की हैं। और, औरतों की ज़ुबान अलग है, चूँकि उन्होंने ज़ुग़राफ़िया नहीं पढ़ा, और उन्हें अलग रखा गया है इसलिए थोड़ा सा रोमांटिक लग सकता है। लेकिन वे यह भी कहते हैं कि इस ज़ुबान का एक भविष्य भी है कि लोग जब जागेंगे तो उनकी समझ में आएगा कि यही

असली जुबान है। अंग्रेज़ी में लैंग्वेज़ को लेकर जो रोमांटिसिज़म है, उसे हिंदुस्तान में भी लोग लगा रहे हैं, लेकिन मुहावरों का औरतों से कोई न कोई रिश्ता ज़रूर है। उदाहरण के तौर पर हिंदी में अनामिका हाल का उदाहरण हैं। इससे पहले कृष्णा सोबती की रचना *दिलो-दानिश* पढ़िए आप। उसकी कहानी पीछे जा रही है, वकील साहब की कहानी है जो पुरानी दिल्ली में रहते हैं। उनके दो रिश्ते हैं, दोनों परिवारों के साथ कैसी चल रही है। उसमें नए-नए मुहावरे गढ़े हैं, इतने ज़्यादा मुहावरे एक साथ किसी एक उपन्यास में नहीं देखे हैं मैंने। और सिर्फ़ वही नहीं जो कोशों में नहीं मिलेंगे। कुछ तो रिश्ता है।

मुहावरों का औरतों से कोई न कोई रिश्ता ज़रूर है। उदाहरण के तौर पर हिंदी में अनामिका हाल का उदाहरण हैं। इससे पहले कृष्णा सोबती की रचना *दिलो-दानिश* पढ़िए आप। उसकी कहानी पीछे जा रही है, वकील साहब की कहानी है जो पुरानी दिल्ली में रहते हैं। उनके दो रिश्ते हैं, दोनों परिवारों के साथ कैसी चल रही है। उसमें नए-नए मुहावरे गढ़े हैं, इतने ज़्यादा मुहावरे एक साथ किसी एक उपन्यास में नहीं देखे हैं मैंने। और सिर्फ़ वही नहीं जो कोशों में नहीं मिलेंगे। कुछ तो रिश्ता है।

नईम : अनामिकाजी तो हैं नहीं, यहाँ पर। औरतों में केवल शीबाजी हैं लेखिका के तौर पर। तो उन्हीं को बताना होगा कि औरतें मुहावरा क्यों इस्तेमाल करती हैं ?

शीबा : असल में औरतें छोटी सी बात बोलती हैं इसलिए कम बोलने के लिए वे मुहावरे से काम चला लेती हैं।

पंकज : शुक्रिया, बहुत दिल से, हमजुबानी के लिए। मुझे लगा कि मेरे घर की बात हो रही है। अपने बचपन की बात याद आ रही है। मेरे बाग़ में खटिया डाल कर मेरे पिताजी बैठे थे, वहीं मैं खड़ा था सिरहाने पर। वहाँ सुनने को मिला, बड़ा पेचीदा मामला था, विवाद की स्थिति चल रही थी। दो पक्ष थे। एक ने कहा कि भइया रे भइया, अम्मा ने खसम कर लिया। बड़ा अच्छा किया। दूसरे ने कहा, भइया रे भइया, अम्मा ने करके छोड़ दिया। बड़ा बुरा किया। हमारे बाग़ को रखाने वाले मेहमान थे दो महीनों के लिए, मुस्लिम मर्द के मुँह से मैंने सुना। अब, आपने इस बात को बेग़मात की ज़ुबान, मुहावरों की बात, मर्दों द्वारा उसे कई मक़सदों के लिए इस्तेमाल करना, वग़ैरह के ताल्लुक़ से कहा। इसमें मैं दो-तीन बातें और सुझाना चाहता हूँ। क्या यह केवल मर्द और औरत का मामला है या पढ़े-लिखे या बेपढ़े-लिखे का अंतर भी है ? जैसा कि बद्री ने इशारा किया कि एक तो बातफ़रोश क़िस्म की शख़्सियत है और एक महाख्यान क़िस्म का व्यक्तित्व है, और एक तो उत्तरदायी यानी रिस्पांसिबिल के अर्थ में, जैसे कि बांग्ला नवजागरणवादी थी, दूसरा अनुत्तरदायी, इररिस्पांसिबिल क़िस्म के लोगों के बीच का अंतर है ? क्या यह गाँव और शहर का अंतर है ? ये कुछ मोटी-मोटी बातें हैं।

क्या यह अंतर खेती-किसानी के लोगों और इंडस्ट्री से जुड़े लोगों का अंतर है ? मैं एक अलग चश्मे से देखने की कोशिश करूँ तो मुझे यह दिखेगा कि जो अम्हेड़े थे *(**अभय :** मुहावरा यह है कि अम्मा ने खसम किया, बुरा.हुआ। खसम करके छोड़ दिया, और बुरा हुआ।)* मैंने जो सुना वह अच्छे के रूप में सुना। उसमें कितनी बाइनरीज़ उभरती हैं। उसमें किसको पहला मानें, किसको दूसरा, किसको मानीख़ेज़ मान लें, किसे यूँ ही मान लें। कौन ज़्यादा ज़रूरी है, कौन कम। आप जैसा आदमी इसे हैंडल कर सकता है। *(**नईम :** आपकी अनपढ़ और पढ़ वाली बात बहुत अहम है। उसे नोट कर लिया। उसके लिए थैंक्स।)*। मैं तजवीज़ यह करना चाहता हूँ कि उसके लिए हम प्रिंटिंग प्रेस को धन्यवाद दें या ब्रिटिश को दें ? ब्रिटिश यहाँ एडजेक्टिव है, या नाउन है ?

*(**नईम :** मैं तो १८६९ का जो सरकारी गज़ट है, सरकार ने इश्तहार दिया कि हमको किताबें चाहिए जो औरतों और बच्चों के लिए हों। इससे पहले यह कांसेप्ट नहीं था कि कोई किताब जो ख़ासतौर से बच्चों, मर्दों या औरतों को लिए मुफ़ीद हो। उपयोगी किताबें तो थीं। इसलिए मैं यह कह रहा हूँ। **शीबा :** एक ऑथॉरिटेरियनिज़म भी तो है कि जिन्हें सुधारना है उन्हीं के लिए किताबें बना रहे हैं। **नईम :** पता नहीं भाई, उनके लिए ट्रेन भी तो चला रहे हैं। अब आप ट्रेन में भी न बैठिए। **मीना तिवारी :** मेरी दादी बताती हैं कि जो पहले तवायफ़ें होती थीं, उन्हें ज़ुबान सुधारने के लिए बुलाया जाता था। **नईम :** माफ़ कीजिए, आप अपनी दादी का हवाला दे रही हैं। मैं इस पर यक़ीन तभी करूँगा जब आपकी दादी मेरे सामने बैठ कर कहेंगी या कोई लिखित प्रमाण होगा। क्योंकि यह भी कहा जाता रहा है कि लखनऊ के शुरफ़ा अपने बच्चों को तवायफ़ों के घर पर तहज़ीब सीखने के लिए भेजते थे। ज़ुबान सीखने के लिए भेजते थे। अब तक कोई प्रमाण नहीं मिल पाया है इसका सिवाय इसके कि ऐसा होता था। किसी ने नहीं लिखा है कि मैं अपने बचपन में ज़ुबान सीखने के लिए फलाँ तवायफ़ के घर जाता था। मेरे घर में यह तरीक़ा था कि बच्चे वहाँ जाएँगे। इसका सबूत नहीं है, पर यह कहा ज़रूर जाता है। यह पूरा डिस्कोर्स है तवायफ़ के ताल्लुक़ से। **मीना :** दादी ने बताया था कि वे घर में भी आती थीं। **नईम :** हाँ, आना-जाना तो था। **शीबा :** नईम साहब, यह कन्फ़ेशन वाला मामला है कि किसी ने यह बात लिखी नहीं। पर, जो सज्जाद ज़हीर और बेग़म अख़्तर के कज़न रिलेशनशिप की बात है, वह भी कहीं साफ़ तौर पर नहीं है। **नईम :** आपको कैसे मालूम उस रिलेशनशिप के बारे में। **शीबा :** वह किताब आ गई है। जो चचा थे वो उनकी बेटी थीं। बेग़म अख़्तर ने ... **नईम :** उनके चचा की गलती आप सज्जाद ज़हीर पर क्यों डाल रही हैं। **शीबा :** मैं सिर्फ़ कन्फ़ेशन की बात कर रही हूँ कि उन्होंने न उनको अपना रिश्तेदार माना, न बहिन माना, और यह बेग़म अख़्तर ने अपनी बेटी को, जिसे वे अपनी छोटी बहिन बताया करती थीं, उसके हवाले से लिखी है और यह लिखा है कि मैं तो खुद सैयद शिया हूँ। इसका हवाला दे कर पूछा गया तो सज्जाद ज़हीर ने इससे इनकार कर दिया।)*

सुधीर : नईम साहब, बहुत-बहुत शुक्रिया। क्या-क्या चीज़ें दिमाग़ में चल निकली हैं।

मैं अक्सर यह बात सोचा करता था, और कल मैं प्रताप नारायण मिश्र की हिंदी की बात कर भी रहा था। प्रताप नारायण मिश्र की ही हिंदी हारनी थी। अब जब वो हिंदी आती है, तो *राग दरबारी* में आती है, काशीनाथ सिंह बनारस का चित्रण करेंगे तो आएगी, एक हद तक *आधा गाँव* में आएगी, तो क्या अब वह उतनी ही सीमित रह जाएगी? क्या वह केवल विषयवस्तु पर निर्भर करेगा कि मुहावरा आएगा या नहीं आएगा? नईम साहब, जब-जब प्रताप नारायण मिश्र को पढ़ता हूँ तो, भारतेंदु मंडल के और लोगों में भी है, पर यह नहीं है कि हर पैराग्राफ़ कुछ न कुछ ढाक के तीन पात आने ही आने हैं, हाथी के खाए कैथे आदि। आए वक़्त वे अपने बारे में कहा करते थे कि खरी बात सैदुल्ला कहें। यह खरी बात सैदुल्ला कहें, मैं पढ़ता रहा, अचानक मेरा एक चचाज़ात भाई, कानपुर में वह बड़ा हुआ था, टी-एस्टेट का मैनेजर हो गया, वहाँ उसने मुझे बुलाया, किसी बात पर वह बोला कि देखो भइया, अपओं तो जे है कि खरी बातं सैदुल्ला कहें, सबके मन से उतरे रहें। अरे, मैंने कहा कि सबके मन से उतरे रहें तो मुझे मिल ही नहीं रहा था। ज़ाहिर है कि एक परम्परा चली आ रही है जो अब स्थानिक हो कर रह गई है। उस स्थानिक में भी कितने लोगों की होगी, कितने लोगों के बीच में होगी। तो, कोई एक बड़ी चीज़ हो रही है। मुहावरे का जाना। मैं सिर्फ़ इशारे से, ये तो सिर्फ़ अंदाज़ की बात है, मैं रविकांत की बात की तरफ़ जाना चाहता हूँ। तुम कृष्णा सोबती की जो बात कह रहे हो, वह उनके बारे में पूरी लागू नहीं होती। *दिलो-दानिश* पढ़ो, *ज़िंदगीनामा* पढ़ो, अलग-अलग तरह के मुहावरे आएँगे। लेकिन, *सूरजमुखी अँधेरे के* पढ़ोगे तो क्या वे मुहावरे आएँगे? वही कृष्णा सोबती हैं। एक तो यह है कि हमारी ज़िंदगी से मुहावरे जा रहे हैं। कृष्णा सोबती तो अब बातचीत के दौरान भी उतने मुहावरे इस्तेमाल नहीं करतीं। जब लेखन की माँग होती है तो हो जाता है। नईम साहब, थोड़ी देर पहले जब आपने प्लेज़रिज़्म की बात कही थी, हम लोग प्राइवेटली बात कर रहे थे, मुझे लगता है कि जब ये ऑथर की आइडिया आने लगता है, कॉपीराइट आने लगता है, रॉयल्टी का चांस होने लगता है, बंकिम शिकायत करते हैं कि भई हिंदी वाले मेरे उपन्यासों का तरजुमा कर देते हैं और मुझे पता भी नहीं लगता है। पैसा मिलने की बात तो दूर रही। बंकिम की शिकायत है यह। डिप्टी कलेक्टर साहब बहुत नाराज़ हैं। उनका बस चलता तो मुक़द्दमा दायर कर देते। नईम साहब, मुझे लगता है कि जो मौलिकता की ज़रूरत हो गई है, जिसको एंग्ज़ाइटी ऑफ़ इनफ्लुएंस हैरल्ड ब्लूम कहेगा, अब भाष्यकार नहीं हो रहे, मीमांसाकार नहीं हो रहे, अपना पद लिख कर मीरा के नाम से लिखने वाले नहीं हो रहे, जब वह मानस बनेगा, वह मैंटेलिटी बनेगी, जो बद्री ने कहा, भई, जब एक मुहावरे से ही सारी बात बन गई तो फिर तुम्हारा कमाल क्या है, फ़ियर ऑफ़ रिपीटिंग से अब वह नहीं कहोगे। यह तो सारा आधुनिकता का खेल खुल रहा है। यह जो पश्चिम का प्रभाव हमारे ऊपर पड़ रहा है, वह ज्ञानमीमांसा आ रही है, नई शिक्षा-प्रणाली आ रही है, अपनी भाषा से अपने सोचने के तरीक़े से हम दूर जा रहे हैं, जब लगातार हमें अंग्रेज़ी से हिंदी में अनुवाद करना पड़ रहा है, इतना सब होगा, अंग्रेज़ी की कोई प्रोवर्ब भी हमें मिलेगी, तो पहले यह कोशिश होती थी कि इसकी कोई समानार्थक कहावत मिल जाए, है या नहीं है,

आज यह तलाश करने वाले भी कम लोग बच गए हैं। (**नईम :** *जब हमने इम्तहान दिया हाईस्कूल का तो पाँच नंबर अंग्रेज़ी के पर्चे में थे : यूज़ इन यौर ओन सेटेंसिज़ दि फालोइंग फाइव ऑफ़ दि टेन ईडियम्स। ईडियम तो अंग्रेज़ी की शिक्षा की हद तक बहुत ज़रूरी समझा जाता था।*) मैं अपने मुहावरों के इस्तेमाल की बात कर रहा हूँ। (**नईम :** *चूँकि आधुनिक इंग्लिश गद्य से ईडियम ग़ायब हो रहा है। लेकिन दलित ईडियम आना चाहिए था, जैसे ब्लैक ईडियम आ गया। हिप और जैज़ के ताल्लुक़ से। मैं सवाल करना चाहता था कि हिंदी के नए लिटरेरी क्रिटिसिज़्म में क्या दलित साहित्य से या औरतों के साहित्य से कोई नई शब्दावली आई है या नहीं ।* **बद्री:** *यह जो दलित साहित्य है, उसमें से भी मुहावरे तो ग़ायब हो रहे हैं। एक टेक्स्ट को अगर आप विश्लेषित करें तो मुश्किल से तीन या पाँच मुहावरे होंगे। उनका ख़त्म होना एक सिस्टम का हिस्सा है। मुहावरा हमेशा ऊपर का आदमी बोलता है नीचे के आदमी से। यानी ऑथॉरिटी का मामला बनता है। समझाने के लिए, कुछ कहने के लिए। नीचे वाला जब वह मुहावरा बोलता है तो सामने नहीं पीछे जा कर बोलता है। यानी मुहावरा कहने का लोकेशन और मीनिंग अलग-अलग संदर्भ में अलग-अलग होती है। हमेशा बूढ़ी औरत बोलेगी नई बहू से। देखो तुम ग़लत कर रही हो, होता तो ऐसा है। मालिक दलित से बोलेगा। दलित व्यंग्य करेगा पीछे से। ऐसा सुनाएगा कि दूसरे लोग हँसने लगेंगे। हम आपसे पूछना चाहते हैं कि सूरीनाम में जो यहाँ से लोग गए, वे मुहावरों का इस्तेमाल नहीं करते। वे मसला शब्द इस्तेमाल करते हैं।* **नईम :** *हम लोग ईडियम और प्रोवर्ब दोनों को मिलाकर इस्तेमाल कर रहे हैं। मसला या मसल जो है वह तो प्रोवर्ब है।*)

जो दलित साहित्य है, उसमें से भी मुहावरे तो ग़ायब हो रहे हैं। एक टेक्स्ट को अगर आप विश्लेषित करें तो मुश्किल से तीन या पाँच मुहावरे होंगे। उनका ख़त्म होना एक सिस्टम का हिस्सा है। मुहावरा हमेशा ऊपर का आदमी बोलता है नीचे के आदमी से। यानी ऑथॉरिटी का मामला बनता है। समझाने के लिए, कुछ कहने के लिए। नीचे वाला जब वह मुहावरा बोलता है तो सामने नहीं पीछे जा कर बोलता है। यानी मुहावरा कहने का लोकेशन और मीनिंग अलग-अलग संदर्भ में अलग-अलग होती है। हमेशा बूढ़ी औरत बोलेगी नई बहू से। देखो तुम ग़लत कर रही हो, होता तो ऐसा है। मालिक दलित से बोलेगा। दलित व्यंग्य करेगा पीछे से। ऐसा सुनाएगा कि दूसरे लोग हँसने लगेंगे।

अध्यक्ष ◙ अपूर्वानंद

प्रमोद रंजन ◙ मीडिया में दलित, पिछड़े और स्त्री की हिस्सेदारी का सवाल

मीडिया में हिस्सेदारी से मेरा आशय केवल मीडिया की आंतरिक संरचना में हिस्सेदारी से नहीं है। मेरा मतलब है कि वंचित तबक़ों की अभिव्यक्ति की कितनी हिस्सेदारी है उसमें। उसकी एक भूमिका के तौर पर मैंने कुछ काम किया था यह देखने के लिए कि कितने लोग हैं वंचित तबक़ों के मीडिया में। उससे यह जुड़ता है। हमारे सामने सवाल है कि हिंदी-क्षेत्र की पत्रकारिता अपने डेढ़ सौ साल के इतिहास में कितनी आधुनिक हुई है। मुझे यह आरंभ में ही स्पष्ट कर देना चाहिए कि मेरा आशय समाचार माध्यमों की तकनीक या इसके आर्थिक पक्ष से नहीं, बल्कि सामाजिक सरोकारों से है। इस एक-डेढ़ सदी में हम कहाँ पहुँचे हैं? आधुनिकता के नाम पर हमने सिर्फ़ लिबास तो नहीं बदल लिया? इन सवालों का उत्तर तलाशते हुए हम मीडिया की आधुनिकता को संकटग्रस्त पाते हैं और हिंदी-क्षेत्र के मीडिया की आंतरिक संरचना और उसके द्वारा संप्रेषित विचारों में हिंदी समाज के विभिन्न तबक़ों की हिस्सेदारी तलाशने के लिए मजबूर होते हैं।

१८९० में प्रतापनारायण मिश्र ने कहा था कि 'सामाजिक सुधारों को आगे बढ़ाने की पहली शर्त समाज में ब्राह्मणों का नेतृत्व क़ायम करना है। यह देश जब सुधरेगा, तब इसी से सुधरेगा।'[१] मिश्र 'आधुनिक हिंदी' के निर्माताओं में से एक थे। यह वह समय था जब आर्य समाज ने वेदों और शिक्षा पर ब्राह्मणों के एकाधिकार को ख़ारिज कर उन्हें गंभीर सांस्कृतिक-राजनीतिक चुनौती दी थी। इस समय ऐसी ही चुनौती उन्हें रानाडे और उनके सहयोगियों के नेतृत्व वाली सोशल कान्फ्रेंस की ओर से भी मिल रही थी।[२] इसके सौ साल बाद १९९० के आसपास भी भारतीय प्रभु-वर्ग को दलित-पिछड़ों की ओर से तीखी राजनीतिक चुनौती मिलती है। इस समय हिंदी पत्रकारिता पूरी चेतनता से कारसेवकों की प्रशंसा और आरक्षण-विरोधियों के गुणगान में जुट जाती है। हम इसे लगातार 'एक राष्ट्र में एक संविधान, एक भाषा, एक राष्ट्रीय ध्वज' तो 'एक राष्ट्रधर्म क्यों नहीं'[३] की माँग को प्रमुखता देते देखते हैं। इतना ही नहीं,

इस चुनौती के लगातार बढ़ते जाने पर 'आधुनिक हिंदी पत्रकारिता' के उन्नायकों में से एक उद्घोष करते हैं कि ब्राह्मण जाति विभिन्न कौशलों में श्रेष्ठ है।[४] वह मीडिया संस्थानों में विभिन्न सामाजिक समूहों की हिस्सेदारी की ज़रूरत को सिरे से ख़ारिज़ कर देते हैं।[५] ज़ाहिर है, इस तरह की बातें अपवाद नहीं हैं, बल्कि १८९० से २००९ तक की हिंदी और उसकी पत्रकारिता की मूल प्रवृत्तियों का प्रतिनिधित्व करती हैं।

राष्ट्रीय हिंदी मीडिया में फ़ैसला लेने वाले पदों पर दलितों और आदिवासियों की उपस्थिति शून्य है, लेकिन अन्य पिछड़ी जाति के लोग ८ फ़ीसदी, मुसलमान दो फ़ीसदी और महिलाएँ १४ फीसदी हैं। बिहार के मीडिया में 'फ़ैसला लेने वाले पदों' पर इन सभी तबक़ों की मौजूदगी शून्य है। क्या यह संभव है कि मीडिया की ऐसी आंतरिक सामाजिक संरचना उसके विचारों, पक्षधरताओं को प्रभावित न करे? इसकी सामाजिक संरचना में विविधता की ज़रूरत पर बल दिए बिना आधुनिकता की जो भी बात की जाएगी वह मेरे नज़रिये से सिर्फ़ लिबास के परिवर्तन तक सिमट कर रह जाएगी।

मैं इसी पृष्ठभूमि में सामाजिक रूप से वंचित तबक़ों की मीडिया में हिस्सेदारी की ज़रूरत पर बात करना चाहता हूँ। श्रमण चेतना केंद्र, पटना के साथियों के साथ मैंने बिहार के मीडिया संस्थानों में कार्यरत लोगों की सामाजिक पृष्ठभूमि का सर्वेक्षण किया है। सर्वेक्षण में हमने पाया कि बिहार के हिंदी अख़बारों में प्रमुख पदों पर वंचित तबक़ों की उपस्थिति शून्य है। निचले पदों पर भी दलित और पिछड़ी जातियों की मौजूदगी महज़ १२ फीसदी है।[६] ऐसा ही एक सर्वे दिल्ली के मीडिया स्टडीज़ ग्रुप ने राष्ट्रीय मीडिया के संदर्भ में किया था। उसमें पाया गया था कि राष्ट्रीय हिंदी मीडिया में फ़ैसला लेने वाले पदों पर दलितों और आदिवासियों की उपस्थिति शून्य है, लेकिन अन्य पिछड़ी जाति के लोग ८ फीसदी, मुसलमान २ फीसदी और महिलाएँ १४ फीसदी हैं। बिहार के मीडिया में 'फ़ैसला लेने वाले पदों' पर इन सभी तबक़ों की मौजूदगी शून्य है। क्या यह संभव है कि मीडिया की ऐसी आंतरिक सामाजिक संरचना उसके विचारों, पक्षधरताओं को प्रभावित न करे? इसकी सामाजिक संरचना में विविधता की ज़रूरत पर बल दिए बिना आधुनिकता की जो भी बात की जाएगी वह मेरे नज़रिये से सिर्फ़ लिबास के परिवर्तन तक सिमट कर रह जाएगी।

हिंदी पत्रकारिता के पिछले १५० सालों में क्या बदला है? वास्तव में यही वह सवाल है, जिसे हमें ऐसी किसी भी चर्चा के आरंभ में पूछना चाहिए। क्या पत्रकारिता आज़ादी के बाद पतित हुई है? क्या पत्रकारिता ज्ञान की सत्ता का ही एक हिस्सा नहीं, जिसके चारों ओर द्विजों ने चारदीवारियाँ खींच रखी थीं और जिसका दुरुपयोग वे १९४७ के बहुत पहले से और उसके बाद भी अपनी सामाजिक, आर्थिक, राजनैतिक सत्ता को बचाए रखने, पुनर्स्थापित करने के लिए करते रहे हैं?

बदलाव भारतीय प्रेस की मानसिकता में नहीं, तकनीक में हुआ है। यह दुनिया के पहले

अख़बार के प्रकाशन का चार सौवाँ साल है। जर्मनी में सामान्य अभिरुचि का पहला अख़बार 'अविका रिलेशंस ओडर जोइतुंग' १६०९ में शुरू हुआ था। इसके लगभग दो सौ साल बाद भारत में अख़बारों का छपना शुरू हुआ। संचार व्यवस्था की अद्यतन प्रौद्योगिकी के लिए भारत हमेशा यूरोप का मुखापेक्षी रहा है। जबकि वहाँ 'दूसरे विश्वयुद्ध से लेकर आज तक प्रौद्योगिकी, ख़ासकर संचार की प्रौद्योगिकी, की परिकल्पना और उसका विकास पूँजीवाद के हितों और उसकी विशेष ज़रूरतों से जुड़ा रहा है।'[७] ब्रिटिश चिंतक रेमंड विलियम्स ने तर्कपूर्ण ढंग से प्रमाणित किया है कि 'रेडियो और दूरदर्शन के प्रसारण का आरंभ और विकास बाज़ार द्वारा शासित विकास का अनिवार्य परिणाम है।'[८]

नई तकनीक ने कई मायनों में ब्राह्मणवाद के अस्त्र के प्रभाव को व्यापक बनाया है। लेकिन क्या कारण है कि इसके दुष्परिणामों में से सिर्फ़ एक यानी स्त्री-देह के प्रदर्शन को ही चिह्नित किया जाता है? वस्तुतः यही वह दुष्परिणाम है, जिससे भारत का सामंती समाज सबसे ज़्यादा प्रभावित हुआ है। अन्यथा इस बाज़ारवाद ने अनेक प्रकार की मनोरंजन-विधियों, जो सिर्फ़ धनिकों तक सीमित थीं, की पहुँच बहुसंख्यक लोगों तक संभव कर दी है। निश्चित तौर पर यह छलावा पिछड़ी और दलित जातियों का ध्यान मूल मुद्दों से भटकाता है, उन्हें यथास्थिति के लिए अनुकूलित करता है और उनकी संघर्ष-चेतना को कुंद कर उन्हें अराजनीतिक बनाए रखने की साज़िश में शामिल रहता है।

मीडिया के बाज़ारवाद के ख़तरे और दुष्परिणाम बहुआयामी हैं। नई तकनीक ने कई मायनों में ब्राह्मणवाद के अस्त्र के प्रभाव को व्यापक बनाया है। लेकिन क्या कारण है कि इसके दुष्परिणामों में से सिर्फ़ एक यानी स्त्री-देह के प्रदर्शन को ही चिह्नित किया जाता है? वस्तुतः यही वह दुष्परिणाम है, जिससे भारत का सामंती समाज सबसे ज़्यादा प्रभावित हुआ है। अन्यथा इस बाज़ारवाद ने अनेक प्रकार की मनोरंजन-विधियों, जो सिर्फ़ धनिकों तक सीमित थीं, की पहुँच बहुसंख्यक लोगों तक संभव कर दी है। निश्चित तौर पर यह छलावा पिछड़ी और दलित जातियों का ध्यान मूल मुद्दों से भटकाता है, उन्हें यथास्थिति के लिए अनुकूलित करता है और उनकी संघर्ष-चेतना को कुंद कर उन्हें अराजनीतिक बनाए रखने की साज़िश में शामिल रहता है। वह इन तबक़ों में परिवर्तनकामी बौद्धिक विकास को बाधित करता है तथा इनके नायकों की पहचान को धुँधला कर डालता है। किंतु यह बातें इस देश में बाज़ारवाद के ख़तरे और दुष्परिणामों पर विमर्श का हिस्सा क्यों नहीं बनतीं? असली सवाल यह है।

पिछले लोकसभा चुनाव में हमने देखा कि हिंदी के प्रायः सभी प्रमुख अख़बारों ने बिकी हुई ख़बरें किस कदर छापीं। पत्रकारिता के मूल्यों में ऐसे भयावह क्षरण से नुक़सान दलित, पिछड़ों की राजनीतिक ताक़तों, वाम आंदोलनों तथा प्रतिरोध की उन शक्तियों को भी हुआ है, जो इसके प्रगतिशील तबक़े से नैतिक और वैचारिक समर्थन की उम्मीद करते हैं। मीडिया के ब्राह्मणवादी पूँजीवाद ने इन्हें उपेक्षित, अपमानित और बुरी तरह दिग्भ्रमित किया है। लेकिन

इस दौरान मीडिया की गिरती विश्वसनीयता पर ज़ाहिर की जा रही चिंता का कारण यह नहीं है। इसके ख़िलाफ़ बोलने, लिखने वालों की चिंता है कि 'यदि मीडिया की ताक़त ही नहीं रहेगी तो कोई अख़बार मालिक किसी सरकार को किसी तरह प्रभावित नहीं कर सकेगा, फिर उसे अख़बार निकालने का क्या फ़ायदा मिलेगा? यदि साख नष्ट हो गई तो कौन सा सत्ताधारी नेता, अफ़सर या फिर व्यापारी मीडिया की परवाह करेगा?'[१]

यह तर्क पूँजीवाद से मनुहार करता है कि वह ब्राह्मणवाद से गठजोड़ बनाए रखे। कौड़ी-दो-कौड़ी के लिए इस गठबंधन को नष्ट न करे। सलाह स्पष्ट है, अगर हम गलबहियाँ डाल चलते रहें तो ज़्यादा फ़ायदे में रहेंगे। सरकार, अफ़सर, व्यापार सब रहेंगे हमारी मुट्ठी में। अभी लोकतंत्र की तूती बोल रही है। इसलिए वह छद्म बनाए रखना जरूरी है, जिससे बहुसंख्यक आबादी का विश्वास हम पर बना रहे। मीडिया की 'विश्वसनीयता' बनाए रखना इनके लिए 'समय का तक़ाज़ा' है। अपवादों से इंकार न करने के बावजूद वस्तुनिष्ठ तथ्य यह है कि भारतीय मीडिया के चरित्र में बदलाव को चिह्नित करने के लिए १९४७ या १९९० आदि को पैमाना नहीं बनाया जा सकता। १९९० के दशक में भी परिवर्तन उसके मूल चरित्र में नहीं, प्रौद्योगिकी में आया था। पत्रकारिता आरंभ से ही द्विजों के क़ब्ज़े में रही है। भारत के इस पारंपरिक प्रभुवर्ग ने हर दौर में अपने हितों के लिए इस अस्त्र का इस्तेमाल किया है। स्थितियाँ आज भी बदली नहीं हैं।

वास्तव में लोकतंत्र और पत्रकारिता अपने आप में ही आधुनिक अवधारणाएँ हैं। स्वतंत्रता, समानता और बंधुत्व के मूल्य इसमें समाहित हैं। भारत का सामाजिक प्रभु-वर्ग इनकी आधुनिकता को ज़बरन दबाये रखने के लिए निरंतर सक्रिय रहा है। पत्रकारिता को लोकतंत्र में आज़ादी मिली है। हमें देखना चाहिए कि उसकी इस आज़ादी का उपयोग कौन अपने हित की सूचनाओं के प्रसारण के लिए कर रहा है? आप अगर भारत के आर्थिक-सामाजिक प्रभुवर्ग के क्रूर लचीलेपन और संकट के समय आपसी गठजोड़ की आश्चर्यजनक क्षमता का इतिहास नहीं जानते तो प्रसन्न हो सकते हैं कि अब अभिव्यक्ति की आज़ादी है। किसी सूचना को फैलाने के लिए न किसी की जीभ काटी जाती है, न ही कानों में पिघला सीसा डाला जाता है। फ्री प्रेस सबके लिए उपलब्ध है। उसकी आज़ादी पर कभी-कंभार (जैसे १९७५ में आपातकाल के समय) संकट के बादल मँडराते हैं लेकिन लोकतंत्र के दबाव में जल्दी ही छँट भी जाते हैं। इस तरह के निष्कर्ष पर पहुँचना अव्वल तो फ्री प्रेस, स्वतंत्र पत्रकारिता और अभिव्यक्ति की आज़ादी को पर्यायवाची समझने की भूल करना है। दूसरे, इस तथ्य को नज़रअंदाज़ करना है कि 'प्रेस' पर उन्हीं प्रभुवर्गों का आर्थिक और बौद्धिक प्रभुत्व है, जिनके हितों को अभिव्यक्ति की आज़ादी से निर्णायक नुक़सान पहुँचेगा। हमें यह सवाल ख़ुद से और सार्वजनिक रूप से भी पूछना ही चाहिए कि प्रेस किससे, कैसे और किन शर्तों पर आज़ाद है? मेरी समझ में मौजूदा परिदृश्य में इस सवाल का एक ही उत्तर होगा कि पत्रकारिता की आज़ादी यानी फ्री प्रेस का मतलब ऊँचे वर्ग और ऊँची जाति के हितों का पोषण करने वाली सूचनाओं, विचारों को प्रसारित करने की आज़ादी है।

एक सभ्य समाज में 'अभिव्यक्ति की आज़ादी' का मतलब होना चाहिए सभी को, अपना मत हर संभव तरीक़े से, समाज के सामने रखने का साधन मुहैया करवाना। और दूसरों के मत पर तर्क करने, जिरह कर सकने का माहौल बनाए रखना। क्या हमारा लोकतंत्र और हमारी पत्रकारिता सामाजिक, आर्थिक और सांस्कृतिक ग़ुलामी झेल रहे लोगों को यह सुविधा देती है? पत्रकारिता या ख़बरनवीसी मूल रूप से प्रसारण योग्य सूचनाओं के चुनाव का उपक्रम है। वह ख़बरों के निर्माण अथवा बिक्री का व्यवसाय नहीं है, जैसा कि प्राय: कहा जाता है। यह अनैतिक तब हो जाता है जब ख़बरों के चुनाव में घपला होता है या उसके आंतरिक तथ्यों को धुँधला किया जाता है। पत्रकारिता के जन्म के पहले भी सूचनाएँ थीं और 'ख़बरें' भी। इन ख़बरों के प्रसारण के पारंपरिक माध्यम खलिहान, दालान, पूजा-स्थलों का चबूतरा, चौपाल, हाट, मेला आदि थे। सूचनाओं को 'ख़बर' बनाने के दौरान प्रभावशाली समूह घपलेबाजी उस समय भी करता था। मनुस्मृतियाँ इसी प्रक्रिया में रची जाती थीं। कानों में पिघला सीसा डालने और जीभ काटने की धमकी से उन सूचनाओं को फैलने से रोका जाता था, जिनके 'ख़बर' बनने से प्रभुवर्ग को ख़तरा महसूस होता था।

पत्रकारिता के जन्म के पहले भी सूचनाएँ थीं और 'ख़बरें' भी। इन ख़बरों के प्रसारण के पारंपरिक माध्यम खलिहान, दालान, पूजा-स्थलों का चबूतरा, चौपाल, हाट, मेला आदि थे। सूचनाओं को 'ख़बर' बनाने के दौरान प्रभावशाली समूह घपलेबाजी उस समय भी करता था। मनुस्मृतियाँ इसी प्रक्रिया में रची जाती थीं। कानों में पिघला सीसा डालने और जीभ काटने की धमकी से उन सूचनाओं को फैलने से रोका जाता था, जिनके 'ख़बर' बनने से प्रभुवर्ग को ख़तरा महसूस होता था।

क्या हमें इस पर विचार नहीं करना चाहिए कि कभी सूचनाओं के लिए जीभ काटी जाती थी, आज गोली मारी जाती है। कभी कानों में पिघला सीसा डाला जाता था, आज जेलों में ठूँसा जाता है और मीडिया संस्थानों में कथित 'ख़बर' होती है—'मारे गये नक्सलियों से मिला नक्सली साहित्य का ज़ख़ीरा', 'माओवादी साहित्य समेत चार पुरुष और दो महिलाएँ गिरफ़्तार'।

राजनीतिक, आर्थिक, सामाजिक और सांस्कृतिक—सभी क़िस्म की आज़ादियों की शुरुआत ग़ुलामी की समझ और उसकी अभिव्यक्ति से ही संभव है। भारतीयों ने अंग्रेज़ों से राजनीतिक आज़ादी छीनी थी। अब स्थानीय प्रभुवर्गों से आर्थिक आज़ादी की लड़ाई चल रही है। सामाजिक व सांस्कृतिक आज़ादी के बारे में तो अभी हमने ढंग से सोचना भी शुरू नहीं किया है।

बहरहाल, 'प्रेस की आज़ादी' और 'अभिव्यक्ति की आज़ादी' अलग-अलग चीज़ें हैं। लगभग विरोधाभासी। प्रेस चाहे आर्थिक उदारवाद, गुड गवर्नेंस, विकास की वकालत कर रहा हो या राममंदिर की, या फिर देश में द्वि-दलीय लोकतंत्र की अनिवार्यता पर बहस करवा रहा हो, वह वास्तव में द्विज-हितों को सँवारने की कोशिश में लगा होता है। वह प्रभुवर्ग की शत्रु

शक्तियों—बहुसंख्यक पिछड़े, दलित हिंदुओं तथा मुसलमानों को बाँटने, तोड़ने, भ्रमित करने, उनके विचारों को ऊँची जाति के हिंदुओं के हितों के अनुरूप अनुकूलित करने वाली सूचनाएँ प्रसारित करने में अभिरुचि रखता है। इस प्रकार प्रसारण के लिए चयनित 'ख़बर' उपभोक्ता वस्तु नहीं, बल्कि प्रभुवर्गों का एक अमूर्त अस्त्र होती है। इसके अलावा फ्री प्रेस उन्हें इन तबक़ों के आक्रोश से बचाने के लिए सेफ़्टी-वाल्व का काम भी लगातार करता रहता है। अब 'पत्रकारिता की विश्वसनीयता' में गिरावट की बात होती है तो वास्तव में उसका आशय इसी सेफ़्टी-वाल्व की कार्य-दक्षता में कमी आने से होता है। यह सेफ़्टी-वाल्व ही मीडिया संस्थानों की शक्ति का स्रोत है। इन्हीं द्वारा बरक़रार रखे गये नियंत्रित वायु-दाब में प्रभुवर्गों के राजनीतिक, आर्थिक, सामाजिक, सांस्कृतिक हितों का नरम भात तैयार होता है।

भारतीय लोकतंत्र यदि कमज़ोर है तो हमें कारणों की तलाश करनी चाहिए। लोकतंत्र के चार खंभों में से विधायिका तो एक हद तक सामाजिक रूप से समावेशी बनती जा रही है। और आरक्षण के बूते कार्यपालिका भी अब नितांत एकपक्षीय नहीं है, लेकिन न्यायपालिका और मीडिया के बारे में क्या कहा जाएगा? और इसी प्रसंग में मेरा मानना है कि जब तक लोकतंत्र का चौथा खंभा सामाजिक रूप से सर्वसमावेशी नहीं होगा, तब तक विरोधी मत रखने वाले विचारों, समानता और बंधुत्व के लिए उसमें जगह नहीं होगी। और इसके बिना इसके आधुनिक हो चुकने की सभी बातें बेमानी बनी रहेंगी। धन्यवाद।

संदर्भ

१. *प्रताप नारायण मिश्र ग्रंथावली,* नागरी प्रचारिणी सभा, काशी। *हिंदी साहित्य कोश ज्ञानमंडल* के अनुसार प्रताप नारायण मिश्र आधुनिक हिंदी के निर्माताओं की बृहत्रयी (भारतेंदु, बालकृष्ण भट्ट, प्रताप नारायण मिश्र) में से एक थे। उन्होंने *ब्राह्मण* पत्र का प्रकाशन १५ मार्च, १८८३ ई. में शुरू किया था। यह १८९४ तक प्रकाशित हुआ। बीच में कुछ दिनों के लिए मिश्र कालाकाँकर से प्रकाशित होने वाले 'हिंदुस्तान' में संपादक होकर चले गये थे। *ब्राह्मण* और *हिंदी प्रदीप* (सम्पादक : बालकृष्ण भट्ट) उस युग के प्रमुख पत्र थे जो उग्र राजनीतिक धारा के लिए जाने जाते थे।

२. वीरभारत तलवार, *रस्साकशी,* 'धर्म और समाज सुधार', सारांश प्रकाशन, दिल्ली।

३. *दैनिक जागरण,* पटना संस्करण में प्रकाशित समाचार, 'एक राष्ट्रधर्म घोषित करे सरकार', २९ जुलाई, २००९

४. देखें, *जनसत्ता* के संस्थापक-संपादक प्रभाष जोशी का *देशबंधु* के संपादक आलोकप्रकाश पुतुल द्वारा लिया गया साक्षात्कार, *रविवार डॉट कॉम* पर।

५. देखें, *जनसत्ता,* दिल्ली के ६ सितम्बर, २००९ के अंक में प्रभाष जोशी का लेख 'काले धंधे के रक्षक'।

६. प्रमोद रंजन की पुस्तिका *मीडिया में हिस्सेदारी* में बिहारी मीडिया का सामाजिक सर्वेक्षण, प्रज्ञा सामाजिक संस्थान, पटना।

७. हरबर्ट आई. शिलर, *संचार माध्यम और सांस्कृतिक वर्चस्व,* ग्रंथशिल्पी, दिल्ली, पृष्ठ ६५

८. वही, रेमंड विलियम्स का उद्धरण, ग्रंथ शिल्पी, पृष्ठ ६१

९. पत्रकार सुरेंद्र किशोर की टिप्पणी, *प्रथम प्रवक्ता* (सम्पादक : रामबहादुर राय), प्रभाष जोशी के निर्देशन में पैकेज पर केंद्रित अंक, १६ जुलाई, २००९

◙ बहस

विनीत : सबसे पहले प्रमोद का बहुत-बहुत शुक्रिया, क्योंकि उन्होंने मीडिया के उन पहलुओं को उठाया है जो मीडिया पर होने वाली रिसर्च में सामने नहीं आते हैं। इस तरह के काम करना दरअसल बहुत मुश्किल है। मुझे नहीं लगता कि इस तरह का अनुसंधान कहीं और हुआ है। प्रमोद की बातों से असहमत होने का मतलब है मीडिया के भीतर सरोकारों को लेकर सोचे जा रहे सवालों से ख़ुद को अलग कर लेना। इसलिए मैं प्रमोद की बातों से काफ़ी हद तक सहमत हूँ। मैं उसमें केवल दो-तीन चीज़ें जोड़ देना चाहता हूँ। एक उन्होंने कहा कि हम केवल यह नहीं कह रहे हैं कि मीडिया के भीतर समाज के दलित, अल्पसंख्यक और हाशियाग्रस्त लोगों की कितनी उपस्थिति और दख़ल है, बल्कि हम यह भी देख रहे हैं कि उनकी ख़बरें कितनी आ रही हैं। शायद आप यही कहना चाहते हैं। लेकिन मैं उसके आगे भी जोड़ रहा हूँ। मैं सिर्फ़ इलेक्ट्रॉनिक चैनलों के हवाले से कहूँ तो मैं कहूँगा कि आज दलितों और अल्पसंख्यकों की ख़बरें छूटती नहीं हैं, बहुत कम छूटती हैं। क्योंकि यह सवाल जब न्यूज़रूम में सोचा जाता है तो अल्पसंख्यक और दलित के हिसाब से नहीं सोचा जाता, बल्कि ख़बरों से खेलने के औजार के रूप में सोचा जाता है। कहा जाता है कि इस तरह की ख़बर से खेल हो जाएगा। यह मीडिया की भाषा है। दलित, अल्पसंख्यक और इस तरह के समुदायों से आए लोग खेलने के लिहाज़ से सबसे बड़ी ख़बर बनते हैं। इसलिए आप देखेंगे कि जब भी टॉप टेन ख़बरें बनती हैं तो इन लोगों से संबंधित ख़बरें पहले या दूसरे नंबर पर होती हैं। मैंने उन्हें बॉटम में नहीं देखा।

तो मसला यहाँ दिखाने या न दिखाने का नहीं है, मसला यहाँ दिखाई जाने वाली ख़बरों के कोडिफ़िकेशन का है। उसे दिखाने के पीछे मीडिया की क्या समझ है? मतलब चैनलों में जो भी दलित आएगा, अल्पसंख्यकों से जुड़ी जो भी ख़बरें आएँगी, वह किस रूप में आएँगी? उससे जो छवि-निर्माण होगा, इमेज बिल्डिंग होगी, वह किस क़िस्म की होगी? इसीलिए दिल्ली में बैठे हुए मैं ऐसी कई चीज़ों पर चौंक जाता हूँ। ऐसा इसलिए है कि माध्यमों में यह रवैया फ़िक्स हो गया है। टेलीविज़न सीरियलों की भाषा देखें या न्यूज़ चैनलों की भाषा देखें तो यहाँ

मसला यहाँ दिखाने या न दिखाने का नहीं है, मसला यहाँ दिखाई जाने वाली ख़बरों के कोडिफ़िकेशन का है। उसे दिखाने के पीछे मीडिया की क्या समझ है? मतलब चैनलों में जो भी दलित आएगा, अल्पसंख्यकों से जुड़ी जो भी ख़बरें आएँगी, वह किस रूप में आएँगी? उससे जो छवि-निर्माण होगा, इमेज बिल्डिंग होगी, वह किस क़िस्म की होगी?

बैठ कर मुझे लगता है कि ऐसा नहीं होना चाहिए। लेकिन, करोड़ों लोगों के ड्राइंग रूमों में यह बहुत स्वाभाविक तरीक़े से देखा और सुना जाता है। यह मान लिया जाता है कि दलित है तो ऐसा होगा ही, मुस्लिम होगा तो ऐसा होगा ही। इसलिए जब आप इतना महत्त्वपूर्ण काम कर रहे हैं तो यह भी देखें कि ख़बरों की प्रस्तुति अख़बारों और चैनलों में किस तरह से की जा रही है। अभी विमल थोराट मुझे कुछ अख़बारों की कतरनें देकर बता रही थीं कि *जूठन* पर किस-किस तरह की रिपोर्टिंग हुई। किस तरह की ख़बरें आईं।

देखना होगा आप अकादमिक क्षेत्र के लिहाज़ से या फिर राष्ट्रीय स्तर पर दो-तीन ऐसे संस्थान खोलें या वाईएमसीए कोई पहल करे कि वे संस्थान दलित और अल्पसंख्यक समाज के लोगों के लिए ही बनाए जाएँ। यह काम बड़ी तेज़ी से होना चाहिए, वरना गैप ख़त्म नहीं होगा। कई विश्वविद्यालय हैं जो सिर्फ़ दलितों और अल्पसंख्यकों के लिए हैं। तो क्या यह संभव नहीं है कि कुछ मीडिया संस्थान भी ऐसे बनें जो दलितों और अल्पसंख्यकों की भागीदारी का वायदा न करें, बल्कि सिर्फ़ उनके लिए ही हों।

दूसरी बात, मीडिया में ब्राह्मणवाद इसलिए बढ़ा है, किसी ख़ास जाति का प्रभाव इसलिए बढ़ा है, मैंने भी पूरी पोस्ट लिखी है और जाति के हिसाब से चैनलों को कैटेगराइज़्ड कर दिया है। *आज तक* है तो किसका, *एनडीटीवी* है तो किस जाति का। मज़ाक़ में किया था, पर बाद में मामला गंभीर हो गया। यह सवाल सिर्फ़ मीडिया के भीतर का नहीं है। अभी मीडिया में जो नई स्थिति पनपी है, वह यह है कि वहाँ एंट्री के लिए डिप्लोमा ऑफ़ मास कम्युनिकेशन होना चाहिए। जैसे ही हम डिग्री की बात करते हैं, हमारा रुख अकादमिक क्षेत्र की तरफ़ चला जाता है। माफ़ कीजिए गैप नहीं ख़त्म होगा, ऐसा नहीं होगा कि दोनों बराबर में आ जाएँगे। यह मेरी निराशावादी सोच हो सकती है। आपको यह, वह भले ही एक राजनीतिक स्टेटमेंट हो, पर बिना इसके मीडिया में इनकी संख्या बढ़ने वाली नहीं है। बिना डिप्लोमा के मीडिया उन्हें घुसने ही नहीं देगा।

तीसरी अंतिम बात। आप बार-बार कह रहे हैं कि बाज़ारवाद-पूँजीवाद वग़ैरह। देखिए, जब आप बड़े पैमाने पर मीडिया-तंत्र की बात कर रहे हैं तो उसमें पूँजी तो लगेगी ही। इससे इनकार नहीं कीजिए। मैं एक पिद्दी सी ख़बर करने जाता हूँ, मेरे ऊपर सात से आठ हज़ार का खर्चा आ जाता है। पूँजी की ज़रूरत तो रहेगी ही। मुझे रविकांत की एक लाइन याद आ रही है जो उन्होंने दीवान पर लिखी थी कि पूँजी का कोई चरित्र नहीं होता। पैसे का रंग नहीं होता। मैं पिछले एक महीने से मीडिया के चरित्र पर देख सुन-समझ रहा हूँ, मुझे लगता है कि पूँजी का भी एक चरित्र होता है। अगर पूँजी का चरित्र नहीं होता तो दो तरह के मीडिया हाउसिज़ काम कर रहे हैं, एक मीडिया को मल्टीप्लाई करने वाला है। एक चैनल खोला, उससे कमा कर दूसरा खोला। पूँजी के ज़रिए वे अपने एक्सपेंशन में लगे हैं। दूसरा बिल्डरों की पूँजी है। कांट्रेक्टरों की पूँजी लग रही है। पानी से सोना पैदा करना चाहते हैं वे। रातों-रात पूँजी मल्टीप्लाई करना चाहते हैं। अब यह इन लोगों की जब पूँजी लगती है तो सरोकार के मामले में, अन्य चैनलों का तो आम लोगों से सरोकार नहीं है, पर इन लोगों को तो मीडियाकर्मियों

से भी मतलब नहीं है। जो चैनल से चैनल पैदा कर रहे हैं उनकी स्थिति कम से कम मीडियाकर्मियों के बीच ठीक-ठाक है, पर जो प्लॉट और ईंटों से चैनल बना रहे हैं उन्हें तो मीडियाकर्मियों में भी दिलचस्पी नहीं है। यही कारण है कि साढ़े तीन सौ करोड़ विज्ञापन पर खर्च करने वाले वॉयस ऑफ़ इंडिया पर सात-आठ महीनों में ताला लग जाता है, और साढ़े चार सौ मीडियाकर्मी नोएडा की सड़कों पर आ जाते हैं। देखिए, एक नए क़िस्म की समस्या पैदा हो रही है। जिनका काम आवाज़ उठाने का है, लोकतंत्र की ताक़त को मज़बूत करने का है, वे सबसे बेचारे की स्थिति में हैं। हम और आप तो किसी तरह धरना-प्रदर्शन करके किसी तरह दबाव बना सकते हैं, पर आवाज़ उठाने की जिम्मेदारी है जिन पर, जो दावा करते हैं कि वे लोकतंत्र को मज़बूत बनाएँगे, वे सबसे ज़्यादा दयनीय स्थिति में हैं। इस स्तर पर भी आप काम करें तो आपको यह खेल केवल पूँजी और बाज़ार का नहीं लगेगा। हिंदी चैनलों में जो एक नए क़िस्म की समस्या पनप रही है, उस पर भी सोचना होगा।

अभय : मैं प्रमोदजी को धन्यवाद देता हूँ कि वे मेरे आग्रह पर आए और अपनी बात पेश की। मैंने उनसे ख़ुद ही सम्पर्क किया था कि वे वर्कशॉप में आएँ और इस मुद्दे को वहाँ भी उठाएँ। हिंदी की आधुनिकता के लिए, ख़ास कर भारतीय आधुनिकता के लिए यह मसला बहुत महत्त्वपूर्ण है। यह जो विनीत ने बात कही, मैं उसके सार-तत्त्व से सहमत होते हुए उसके एक पहलू से असमहत हूँ। उस असहमति को मैं एक प्रश्न के रूप में पेश करूँगा। दलित, पिछड़ी और मुस्लिम पूँजी इस समय कहाँ है? इसमें कोई शक नहीं कि इस समय पूँजी के ऊपर ऊँचे तबक़ों का, ऊँची जातियों का, हिंदुस्तान के पारम्परिक रूप से अभिजात लोगों का क़ब्ज़ा है। लेकिन ऐसी बात भी नहीं है कि पिछड़ों के पास पूँजी न हो। भारत में पिछड़े तबक़ों का एक प्रभुवर्ग उभर आया है। भारत में दलितों का भी एक प्रभुवर्ग उभर रहा है जिसके पास अच्छी-ख़ासी पूँजी है। मुसलमानों के पास भी अपना एक प्रभुवर्ग है। जब इन लोगों की समझ में आ गया है कि मीडिया, यानी लोकतंत्र का चौथा ख़ंभा, में हमारी बात नहीं आती। और, वे अपने-आप को हाशियाग्रस्त लोगों की श्रेणी में रखते हुए इस प्रश्न को बड़े रैडिकल अंदाज़ में उठाते हैं। उनकी यह बात ठीक है। हम भी उनके साथ हैं। उनके संघर्ष में उनके हमसफ़र हैं। उनकी आवाज़ में आवाज़ मिलाते हैं और आगे भी मिलाते रहेंगे। पर यह एक पेचीदा सवाल है कि उनकी प्राथमिकताओं में अपना मीडिया चालू करने का मुद्दा कहाँ स्थित है? यह हो ही नहीं सकता है कि जब तक हिंदुस्तान के पिछड़े, दलित और अल्पसंख्यक अपने प्रभाव का

> **भारत में पिछड़ों का एक प्रभुवर्ग उभर आया है। भारत में दलितों का भी एक प्रभुवर्ग उभर रहा है जिसके पास अच्छी-ख़ासी पूँजी है। मुसलमानों के पास भी अपना एक प्रभुवर्ग है। ... जब तक हिंदुस्तान के पिछड़े, दलित और अल्पसंख्यक अपने प्रभाव का मीडिया नहीं बनाएँगे, तब तक जिस तरह का देश है, जिस तरह का समाज है, और जिस तरह की राजनीति यहाँ होती है, उसमें यह असम्भव है कि उनकी बात सामने आ सके।**

मीडिया नहीं बनाएँगे, तब तक जिस तरह का देश है, जिस तरह का समाज है, और जिस तरह की राजनीति यहाँ होती है, उसमें यह असम्भव है कि उनकी बात सामने आ सके।

मैं आपको एक व्यक्तिगत उदाहरण बताता हूँ। १९९३ में जब मुलायम सिंह यादव भारतीय जनता पार्टी को हरा कर दलित-पिछड़े-अल्पसंख्यक गठजोड़ के मुख्यमंत्री बने उत्तर प्रदेश में, उनका *जागरण* अख़बार से बहुत बड़ा टकराव हुआ। *जागरण* अख़बार ने उनके ख़िलाफ़ लिखना शुरू किया, क्योंकि जहाँ तक मेरी समझ है *जागरण* के मालिक राष्ट्रीय स्वयंसेवक संघ के आदमी थे। उन्हीं की तरफ़ से वे राज्यसभा में पहुँचाए जाते थे। उन्होंने हिंदुत्व पर किताब भी लिखी थी जिसका विमोचन आरएसएस के सरसंघचालक ने किया था। उन्होंने सपा-बसपा सरकार पर ज़बरदस्त हमला किया। प्रतिक्रिया में मुलायम सिंह ने एक 'हल्ला बोल' नामक आंदोलन चलाया और सपा कार्यकर्ताओं ने जागरण के दफ़्तर को घेर लिया। जागरण का प्रकाशन नामुमकिन हो गया। नरेंद्र मोहन को माफ़ी माँगनी पड़ी। विवाद वहीं समाप्त हो गया। हल्ला बोल आंदोलन वापिस ले लिया गया। नरेंद्र मोहन ने भी मुनाफ़ा कमाने के लिए विचारधारा को स्थगित करना मुनासिब समझा और सपा-बसपा सरकार के ख़िलाफ़ चल रही अख़बारी मुहिम स्थगित हो गई। उसके बाद समाजवादी पार्टी ने अपना अख़बार निकालने के बारे में सोचा। वह संसाधन जुटा सकती थी। उसके नेताओं ने अपनी जान-पहचान के पत्रकारों से सलाह की। भाई, एक बड़ा दैनिक कैसे निकाला जाए। एक सोलह पेज का अख़बार निकल जाए जिसमें आठ पेज रंगीन हों, हम उसके लिए एक बड़ा प्रेस और सारा पैराफर्नेलिया क़ायम करने के लिए तैयार हैं। जब उनकी जान-पहचान के पत्रकारों ने उन्हें बताया कि दैनिक अख़बार निकालना चुनाव लड़ने या पार्टी चलाने से एकदम अलग तरह की चीज़ है। इसमें आपको क्या-क्या दिक़्क़तें आएँगी। और, यह आपको तुरंत फ़ायदा नहीं पहुँचा सकता। अगर इसने आपकी पार्टी और सरकार का समर्थन करना शुरू कर दिया तो अख़बार बिकेगा ही नहीं। इसके लिए आपको एक लम्बे गैस्टेशन पीरियड से गुज़रना होगा। जिस तरह पब्लिक सेक्टर की स्थापना होती है, उसी तरह दैनिक अख़बार की स्थापना होती है। इसमें बीस-पच्चीस साल बाद मुनाफ़ा होना शुरू होता है। बहुत ही बारीक़ और नफ़ीस प्रक्रियाओं के ज़रिए आप एक ख़ास तरह की राजनीति का दूरगामी नज़रिए से समर्थन करते हैं, तब धीरे-धीरे वह ख़ास तरह की परिस्थिति बनती है जिसके तहत मीडिया एक सांस्कृतिक-राजनीतिक-आर्थिक-सामाजिक निहित स्वार्थ को मज़बूत करने की स्थिति में आ पाता है। अगर मीडिया का कोई हिस्सा अधकचरे तरीक़े से किसी को समर्थन देना शुरू करता है तो पाठक वर्ग उसका साथ छोड़ देता है। जब यह बात उन्हें बताई गई तो उन्हें लगा कि इससे तो हमारा कोई फ़ायदा नहीं होगा। हमारे करोड़ों-अरबों ख़र्च हो जाएँगे, पर हमारा वोट तो बढ़ेगा नहीं। तो उन्होंने वह विचार त्याग दिया। वही पुराना हथकंडा अपनाया जिसके तहत पाँच-छह पत्रकारों को अपनाया जाता है, जो अख़बार में समर्थन की खबरें लगाते रहते हैं। हर्र लगे न फिटकरी, रंग चोखा का चोखा।

जब मीडिया में हस्तक्षेप करेंगे तो आपको एक दूरगामी नज़रिया अपनाना होगा। लेकिन

जो दलित बुर्जुआज़ी है, पिछड़ी बुर्जुआज़ी है जो तक़रीबन उभर चुकी है, मुस्लिम बुर्जुआज़ी है जो शुरू से जमी हुई है, मेरा मानना है कि उसके पास दूरगामी दृष्टि का अभाव है। अपने फ़ौरी फ़ायदों को थोड़ा सा स्थगित करके यह लोग मीडिया की दुनिया में हस्तक्षेप नहीं करेंगे, यह समस्या वैसी की वैसी ही बनी रहेगी।

दूसरी बात यह है कि जैसे ही वे लोग अपना अख़बार निकालना शुरू करेंगे, मैं यह देख सकता हूँ कि हाशियाकृत लोगों का जो मैटानैरेटिव बन रहा है, जो हम लोगों को रैडिकल लगता है, मुझे भी रैडिकल लगता है, उसमें एक डिस्टेबिलाइज़ेशन होना शुरू हो जाएगा। अस्थिरता पैदा होगी। तब समझ में आएगा कि आज हम सब लोगों को मुख्यधारा के ख़िलाफ़ एक हाशिए पर रख कर देखते हैं, पर हाशियाग्रस्त लोगों का मैटानैरेटिव टिकाना भी इतना आसान नहीं है।

दलित बुर्जुआज़ी है, पिछड़ी बुर्जुआज़ी है जो तक़रीबन उभर चुकी है, मुस्लिम बुर्जुआज़ी है जो शुरू से जमी हुई है, मेरा मानना है कि उसके पास दूरगामी दृष्टि का अभाव है। अपने फ़ौरी फ़ायदों को थोड़ा सा स्थगित करके यह लोग मीडिया की दुनिया में हस्तक्षेप नहीं करेंगे, यह समस्या वैसी की वैसी ही बनी रहेगी। ... मैं यह देख सकता हूँ कि हाशियाकृत लोगों का जो मैटानैरेटिव बन रहा है, जो हम लोगों को रैडिकल लगता है, मुझे भी रैडिकल लगता है, उसमें एक डिस्टेबिलाइज़ेशन होना शुरू हो जाएगा। अस्थिरता पैदा होगी। तब समझ में आएगा कि आज हम सब लोगों को मुख्यधारा के ख़िलाफ़ एक हाशिए पर रख कर देखते हैं, पर हाशियाग्रस्त लोगों का मैटानैरेटिव टिकांना भी इतना आसान नहीं है।

पंकज : सबसे पहली बात तो मैं यह कहना चाहता हूँ कि आपका एक ख़ास तरह का न्याय-बोध है, न्याय-दृष्टि है। हिस्सेदारी को आप व्यापक अर्थों में देखते हैं। मैं केवल यह याद दिलाऊँ और आप लोग इसके प्रति सचेत भी हैं कि योगेंद्र यादव, अनिल चमड़िया और जितेंद्रजी ने मिल कर काम किया है, बातचीत के स्तर पर मैं भी इसमें शरीक रहा हूँ। परिकल्पना के स्तर पर भी मैं साझेदार था। उनके भी साथ था, उस विरासत के भी साथ था, आपके भी साथ हूँ। लेकिन, हम जिस घोड़े पर सवारी कर रहे हैं, हमें मुहब्बत उस घोड़े से तो है नहीं। हम तो कहीं पहुँचना चाहते हैं न। तो अब तक जो सवारी गाँठी है, उससे सबक़ सीखें। दो दिन पहले योगेंद्र यादवजी का एक पर्चा मुझे मिला, जर्मनी से भेजा हुआ, बहुत से साथियों को मिला है। सोशल जस्टिस को लेकर जो एक पूरा विमर्श खड़ा किया गया है, उसके वारिसों में वे ख़ुद को सीधे-सीधे शामिल मानते हैं। और भी लोग ऐसा मानते हैं। जिसमें मंडल की राजनीति है, पिछड़े पावें सौ में साठ वाली राजनीति है। और उसका विस्तार मीडिया में भी हो, न्यायपालिका में भी हो, फ़ौज में भी है। इस तरह से साझा रहा है। लेकिन इसमें अब एक अंतर-मंथन शुरू हुआ है। जिन लोगों से तीस वर्ष पहले यह कहा जा रहा था कि यह भागीदारी होनी चाहिए, पहले नहीं माना लेकिन अब एक बहुत बड़ा समुदाय है जो मान

रहा है। जाति एक बुनियादी चीज़ है जिसे समझ कर हम आगे बढ़ रहे हैं। लेकिन जब हम सोचते हैं कि हमें कहाँ पहुँचना था तो घोड़े के अलावा और चीज़ों का भी ज़िक्र करना ज़रूरी हो जाता है। उसके बाद जो विमर्श और समझदारी उभर रही है, उसका ज़िक्र करने वाले, उस पर बात करने वाले लोगों का एक टोटा हो गया है। योगेंद्रजी के अपने कुनबे में जो समाजवादियों का है, उसमें योगेंद्रजी के अकेलेपन का मैं साझीदार हूँ। बाक़ी जो हैं वे ख़ारिज़ इसलिए कर देंगे कि वे आपके बेसिक प्रेमाइज़ को लेकर ही संदिग्ध हैं। एक तो सारी बात यह है।

नए मीडिया का नीतिशास्त्र क्या हो? उसका सौंदर्यशास्त्र क्या होगा? अधिक से अधिक रंगों का होना अधिक से अधिक सुंदर होना है, अधिक से अधिक चिकना होना अधिक से अधिक सुंदर होना है? या मेरा हमदम भी बड़ा सादा है, यह बात होगी, इसकी एस्थेटिक्स की भी कहीं कोई गुंजाइश होगी? उसकी ज्ञान-मीमांसा क्या होगी?... नए तरह का मीडिया ज़्यादा समावेशी होगा, ज़्यादा समतामूलक होगा, न्यायप्रिय होगा, बनेगा कैसे? उपाय बता दो, जिसकी जितनी भागीदारी, उसकी उतनी हिस्सेदारी वाला तर्क लगा दो। पर इससे नहीं बनेगा।

दूसरी बात पूँजी का सवाल, ओनरशिप का सवाल। पुरानी कैटेगरी को याद करते हुए उसे केवल दर्ज कर दूँ। केवल समाजशास्त्र और जाति के समाजशास्त्र की नहीं, जैसा मीडिया है, और जैसा होना चाहिए, उस पर। उस नए मीडिया का नीतिशास्त्र क्या हो? उसका सौंदर्यशास्त्र क्या होगा? अधिक से अधिक रंगों का होना अधिक से अधिक सुंदर होना है, अधिक से अधिक चिकना होना अधिक से अधिक सुंदर होना है? या मेरा हमदम भी बड़ा सादा है, यह बात होगी, इसकी एस्थेटिक्स की भी कहीं कोई गुंजाइश होगी? उसकी ज्ञान-मीमांसा क्या होगी? इसकी तरफ़ आदित्य निगम बार-बार ध्यान दिलाते हैं कि आपके सवाल कैसे उठते हैं, कहाँ से जन्म लेते हैं? उसका मैथड क्या है, उसके औज़ार क्या हैं? जब हम दूसरे को देख रहे होते हैं तो क्या साथ-साथ ख़ुद को भी देख रहे होते हैं और या ख़ुद को देखने का काम बीस साल बाद हाथ में लेते हैं? यह ज्ञानमीमांसात्मक मुद्दे हैं जिन पर हमें तैयारी के साथ बैठना, सोचना चाहिए।

दूसरी बात उसके व्यावहारिक पहलू पर। नए तरह का मीडिया ज़्यादा समावेशी होगा, ज़्यादा समतामूलक होगा, न्यायप्रिय होगा, बनेगा कैसे? उपाय बता दो, जिसकी जितनी भागीदारी, उसकी उतनी हिस्सेदारी वाला तर्क लगा दो। पर इससे नहीं बनेगा। नहीं इसलिए कि पूँजी एक चीज है, पर कई और भी चीज़ें हैं जो कारक की भूमिका अदा कर रही हैं। यह मदद करेंगी चीज़ों के होने में। इसमें मासूम सा बाज़ारवादी कैपिटलिस्ट लॉजिक यह दिया जाएगा कि बाज़ार तो एकदम फ्री एंड फ़ेयर है। सबके लिए समान स्थिति उपलब्ध है। लेकिन इस समान स्थिति को डिकोड करना ज़रूरी है। वह यह कि पूँजी के मामले में जिस तरह पूँजीवाद एक समतामूलक दृष्टि अपनाता है, जिस पर पूँजी है वे लगा रहे हैं, अभयभाई ने इशारा भी किया है कि दलित अपनी पूँजी क्यों नहीं लगा रहे हैं, जहाँ पूँजी के मामले में असमानता है, वहाँ राज्य की अ-हस्तक्षेप वाली नीति हो जाती है। भई, खेलो अपने-अपने

तरीक़ों से कौन रोक रहा है। लेकिन उसमें बड़ी गड़बड़ छुपी हुई है। मैं कह रहा हूँ पूँजी एक कमोडिटी है, एक फ़ैक्टर है, पर जो संरक्षण है, सुरक्षा है, आप जैसा करना चाहते हैं, वैसा करने का आपको मौक़ा उपलब्ध है, वह भी तो है न, उसमें स्टेट हस्तक्षेप करता है। मतलब आप कुछ लिखते हैं, कहते हैं तो स्टेट आपको प्रोटेक्ट करता है कि अगले दिन आपको दो चपत न मार दे। स्टेट उसके लंबे प्रोसीजरल तरीक़े से हस्तक्षेप करता है कि अगर किसी ने आपको आहत कर दिया है और आपको उससे हिसाब साफ़ करना है तो वहाँ ताक़त की असमानता है। वहाँ स्टेट उसके साथ खड़ा रहता है उस कमज़ोर शहरी पिलपिले शहरी आदमी के साथ और आदिवासी गिरेबान पकड़ कर कभी नहीं झिंझोड़ सकता। तो पूँजी की असमानता में राज्य कहता है पूँजी ज़्यादा है या कम है, आप अपने स्तर पर निबटो, दलित पूँजी पूल-अप करो और खेलो। लेकिन दूसरी कई चीज़ों में, आपकी ऊर्जा की कई माँगें हैं, मूतने के बाद आप पंद्रह लीटर पानी फ्लश करके बहा देते हो, आपकी जो डिमांड्स हैं, एमेनिटीज़ की, बेसिक नीड्स की वे अलग-अलग हैं। उसमें स्टेट पार्टीज़न होता है। तो समतामूलक बात को और ज़्यादा क़रीने से हमें सोचना होगा।

सदन : मुझे बहुत अच्छा लगा। दो-तीन चीज़ें और पर्चे से नहीं। पर्चे के बाहर से और उसके आगे से। एक बात जो पूँजी को लेकर हुई। मुझे लगता है कि पूँजी का चरित्र जिस पर अभयजी बात कर रहे थे। दूसरी बात है बाज़ार और दलित के बीच का समीकरण। वहाँ पूँजी और बाज़ार का संबंध ज़ो क्लासिकल अर्थशास्त्र का होता है, वही नहीं रह जाता। थोड़ा सा संश्लिष्ट सा है। पर बहुत सी संभावनाएँ हो जाती हैं। पर, पूँजी और बाज़ार दलितों ने इस्तेमाल किया है और वह कैसे एक लिबरेटिंग एक्सपीरिएंस देता है। उसमें अपनी कुछ कमियाँ हो सकती हैं। पर वहाँ से कुछ अंतर्दृष्टि ली जा सकती है चीज़ों को देखने की।

दूसरी बात यह है कि आपके पर्चे में एक क्रूशियल स्टेटमेंट है कि नब्बे के दशक में परिवर्तन उसके मूल चरित्र में नहीं हुआ। एक तो यह तरीक़ा है जिससे यह स्टेटमेंट इस्टेब्लिश किया है आपने। इसके अलावा भी कुछ दूसरे तरीक़े हो सकते हैं क्या? इसे सब्सटेंशिएट करने के, उसे फ़ोरग्राउंड करने के। कहने का मतलब यह कि इसके लिए सर्वे शायद उतना उपयोगी न हो। जैसे, ब्राह्मणवादी मीडिया को किस प्रकार इस्तेमाल किया गया है प्रतिरोध के लिए। और भी तरीक़े हो सकते हैं, सवाल हो सकते हैं। जैसे प्रौद्योगिकी के परिवर्तन का सवाल। वरना यह सपाट स्टेटमेंट हो जाएगा। इसके साथ अगर और भी आप इसे बढ़ाएँगे तो और भी नए-नए आयाम खुलेंगे। ऐसा मुझे लगता है।

रविकांत : पहले मैं संदर्भ साफ़ कर दूँ जिसमें मैंने कहा था कि पैसे का कोई रंग नहीं होता। बात यह थी कि कुछ लोग आरोप लगा रहे थे हम पर कि हम लोग तो बिके हुए हैं विदेशी ताक़तों के हाथ। उस संदर्भ में मैंने कहा था कि पैसे का कोई रंग नहीं होता। हमने लिया है और हम जो कर रहे हैं ठीक कर रहे हैं। आपको नहीं लगता तो ठीक है, हम दलाल

ही सही। दीवान-लिस्ट पर बहुत से लोग हैं, और प्रमोद रंजन उस पर पोस्टिंग करते रहे हैं। हमें बहुत कुछ पता चलता रहा है उसके ज़रिए। उनमें बिहार को लेकर जो आलोचनात्मक दृष्टि होनी चाहिए, वह है। फ़ायदा यह है कि नई-नई चीज़ों का आप तुरंत आकलन भी करते हैं। एक ख़ास नज़रिए से निश्चित तौर पर।

हाशिये के लोग मीडिया का इस्तेमाल कैसे कर सकते हैं, इस बारे में एक संस्मरण सुनाऊँगा, हो सकता है पहले भी कभी सुनाया हो। कश्मीर गया था इंडिक वर्कशॉप के चक्कर में कि कश्मीरी भाषा में भी करना है हमें। कश्मीर विश्वविद्यालय में क़रीब सौ लोग आए थे। लड़के, लड़कियाँ और प्रोफ़ेसर्स वग़ैरह। पूरी तैयारी के साथ गए थे बताने के लिए कि कैसे-कैसे काम आगे बढ़ाना है कश्मीरी ज़ुबान में लाने के लिए कम्प्यूटरों को। लेकिन, हमने सोचा कि पहले पूछ लेते हैं कि आख़िर हमारा ऑडिएंस कौन है। तो पूछा कि सबसे पहले तो यह बताइए कि आपमें से कितने लोग कम्प्यूटर इस्तेमाल करते हैं। तो मुश्किल से चार-पाँच हाथ उठे। तो हमारी तो ऊधौ वाली हालत हो गई। तब हमें अपना इरादा बदलना पड़ा कि क्या बोलें वहाँ पर। हमने कहा कि हमें तो कम ज़रूरत है। हम दिल्ली में बैठे हुए हैं। तमाम तरह की ख़बरें हम तक आ जाती हैं। लेकिन आपकी ख़बरें जिस तरह हम तक आती हैं, उन्हें देखने से लगता है कि आपको उस चीज़ को पकड़ने की ज़रूरत है कि जिस तरह लोग मध्यस्थता कर रहे हैं, और मध्यस्थता करते हुए काफ़ी बेईमानियाँ भी कर रहे हैं। तो हम लोगों ने कह तो दिया, उपदेश तो दे दिया, लेकिन इतना आसान भी है क्या। लेकिन मैं अक्सर सोचता हूँ कि छोटे-मोटे प्रयास लोग कर रहे हैं दुनिया में, आप यह कहते हुए आलोचना करते हैं चैनलों की कि मिस्टर इंडिया और मिस इंडिया हो रहा है। आप यह क्यों नहीं देख रहे कि मिस पटपड़गंज भी हो रहा है। और, जो यह किसी कोने में जागरण हो रहा है वह भी टेलिवाइज़ हो रहा है। उसके लिए कोई बड़ी पूँजी की दरकार नहीं होती है। उसका अलग नेटवर्क बनाया जा सकता है। मुझे लगता है कि छोटी पूँजी से सोचने में कोई बुराई नहीं है। छोटे नेटवर्क बनाने में भी कोई बुराई नहीं है। हमेशा यह सोचना कि टक्कर देने के लिए वहीं चलेंगे तो ठीक नहीं होगा। विनीत की यह व्यावहारिक सलाह एकदम सही है कि आपको तैयार करने होंगे ऐसे लोग जो उस ख़ौफ़ में और ज़्यादा न जिएँ, क्योंकि मीडिया पर आप कुछ ख़ास लोगों का क़ब्ज़ा देख रहे हैं और उससे भी आप डरे हुए हैं कि हमारा क़ब्ज़ा नहीं हो सकता उस पर, जो कि हो

मुझे लगता है कि छोटी पूँजी से सोचने में कोई बुराई नहीं है। छोटे नेटवर्क बनाने में भी कोई बुराई नहीं है। हमेशा यह सोचना कि टक्कर देने के लिए वहीं चलेंगे तो ठीक नहीं होगा। विनीत की यह व्यावहारिक सलाह एकदम सही है कि आपको तैयार करने होंगे ऐसे लोग जो उस ख़ौफ़ में और ज़्यादा न जिएँ, क्योंकि मीडिया पर आप कुछ ख़ास लोगों का क़ब्ज़ा देख रहे हैं और उससे भी आप डरे हुए हैं कि हमारा क़ब्ज़ा नहीं हो सकता उस पर, जो कि हो सकता है समाज में उस चीज़ को देखते हुए। ट्रेनिंग की ज़रूरत है, और ख़ुद को तैयार करने की ज़रूरत है।

सकता है समाज में उस चीज़ को देखते हुए। ट्रेनिंग की ज़रूरत है, और ख़ुद को तैयार करने की ज़रूरत है।

पंकज : रविभाई से केवल यह गुज़ारिश करूँगा कि सनद पूँजी को न दें कि पैसे का रंग नहीं होता। सनद तो रविकांत को दी जानी चाहिए। दरअसल, पैसे का रंग होता है, लेकिन सवाल यह कि आप कितने अच्छे धोबी हैं जो उसके पुराने रंग को धो दें, कितने अच्छे रँगरेज़ हैं कि एक नया रंग चढ़ा दें। तो यहाँ सवाल यह है। कृपा करके इतना बड़ा सर्टिफ़िकेट पैसे को न दें।

नवीन : प्रमोद से कोई सवाल नहीं है। अक्सर ऐसा होता है कि मीडिया में, राज्य की संस्था में या अन्य संस्थाओं में, दलित और उत्पीड़ित तबक़े की भागीदारी को लेकर दो तरह की समझदारियाँ अक्सर उठती रहती हैं। एक, अपनी लोकतांत्रिक माँगें मनवाने के लिए राज्य के एजेंडे में अपना एजेंडा शामिल करवाने की कोशिश करना। उसके कई तरह के उदाहरण हैं। आंदोलन से लेकर और तरीक़े हैं। दूसरा, यह बात अक्सर छूट जाती है। मीडिया की अगर जाँच-पड़ताल करें कि एक संस्था के रूप में यह समाज में कर क्या रहा है? क्या यह एक क़िस्म का विचारधारात्मक उपकरण भी है राज्य का? उसमें कितनी रैडिकल संभावनाएँ हैं। इस सवाल को देखा जाना चाहिए। उसकी सापेक्षिक स्वायत्तता बनी रहती है, पर उसका अपना ट्रैप भी है कि वहाँ जा कर आपका एजेंडा ट्रांसफ़र हो जाता है। दलित आंदोलन के संदर्भ में यह बात पीछे आ रही थी। जब हम जनतंत्र की बात करते हैं, रैडिकल जनतंत्र की बात करते हैं और अक्सर अधिकारों की बात राज्य के पाले में जा कर ख़त्म हो जाती है। मीडिया में हिस्सेदारी का सवाल अपने-आप में रैडिकल है, पर उसके बाद के एजेंडे पर सोचने की बात भी होती है। इसलिए मुझे लगता है कि मीडिया के इस चरित्र को समझते हुए भी उत्पीड़ित तबक़ों के रैडिकल एजेंडे को राज्य की चौहद्दी में किस हद तक ले जाना चाहिए। क्या आप अपनी पूँजी के ज़रिए राज्य की चौहद्दी में रहते हुए अपनी रैडिकल बात को ले जा सकते हैं? यह कोई सवाल नहीं है, मन में जिज्ञासा थी, वह पूछ ली।

राकेश : सवाल सारे आ गए हैं। मुझे इस बात से भी कोई आपत्ति नहीं है कि दलितों की अपनी पूँजी का इस्तेमाल हो, जो हाशिये पर हैं उनका मीडिया खड़ा हो। ठीक है ऐसा होना चाहिए। पर, पढ़ाई करने की जगह नहीं बनी दलितों की विश्वविद्यालय में तो दलित अपनी यूनिवर्सिटी बना लें। मीडिया में अपनी जगह नहीं मिली तो अपना मीडिया बना लें। न्यायपालिका अगर हमारी नहीं सुन रही है तो क्या नई न्यायपालिका खड़ी की जाएगी? यह कौन सा रास्ता है? बहुत पहले एक लेख छपा था कि यह काम नहीं कर रहा है तो प्राइवेटाइज़्ड कर दो। वह काम नहीं कर रहा है तो प्राइवेटाइज़्ड कर दो। संसद को भी कर दें प्राइवेटाइज़्ड? मेरे ख़याल से यह हल नहीं है। फिर काहे की डेमोक्रैसी है। जिसकी लाठी उसकी भैंस वाली बात हो गई। दूसरी बात, चार नर्स दिल्ली के जंतर-मंतर पर माला पहन

कर बैठ जाएँ तो अख़बारों में फोटो समेत आ जाता है। बीस हज़ार दलित देश भर से आ रहे हैं, उनके बच्चे को उल्टी हो रही है, कोई ख़बर नहीं है। इसके लिए या तो हम इंतज़ार करें कि दलित डायसपोरा पैसा भेजे। लेकिन मैं कहना यह चाहता हूँ कि यह लोग जो मीडिया में काम कर रहे हैं वे दलितों का टैक्स नहीं खा रहे हैं? उनके दिए गए पैसे पर नहीं जी रहे हैं? ऐसी बात नहीं कि लोग हैं नहीं मीडिया में। इसी मेनस्ट्रीम मीडिया में कुछ लोग हैं जो उठाते हैं मुद्दे। सवाल यह है कि कब तक चाटते रहोगे। फिर, अपना धोबी, अपना नाई, सारी व्यवस्था अपनी करनी होगी। अपनी ज्युडिशियरी भी खड़ी करनी होगी क्या? फिर वह ख़ास पंचायत चलेगी। यह एक विकल्प तो है, पर अल्टीमेट सोल्यूशन नहीं है प्लीज़।

मुझे इस बात से भी कोई आपत्ति नहीं है कि दलितों की अपनी पूँजी का इस्तेमाल हो, जो हाशिये पर हैं उनका मीडिया खड़ा हो। ठीक है ऐसा होना चाहिए। पर, पढ़ाई करने की जगह नहीं बनी दलितों की विश्वविद्यालय में तो दलित अपनी यूनिवर्सिटी बना लें। मीडिया में अपनी जगह नहीं मिली तो अपना मीडिया बना लें। न्यायपालिका अगर हमारी नहीं सुन रही है तो क्या नई न्यायपालिका खड़ी की जाएगी? यह कौन सा रास्ता है?

आदित्य : मैं दरअसल राकेश और अभय की बातों के दरम्यान कुछ बोलना चाहता हूँ। पर्चे से तो बहुत आँखें खोल देने वाली स्थिति बनी है। जो बात हमें आभास की तरह मालूम थी, अब वह ठोस तरीक़े से पता चलती है। मुझे जो चीज़ परेशान कर रही है, वह राकेश ने भी कही। मैं ख़ुद मेनस्ट्रीम मीडिया का कायल नहीं हूँ। अभय से कह भी रहा था कि सात दिनों तक न अख़बार पढ़ा, न टीवी देखा, वाक़ई कोई ख़ला महसूस नहीं हुई। मज़े में हूँ। मेरे पास आधी ख़बरें ब्लॉग और ई-मेल से आ जाती हैं। लेकिन, जहाँ सत्ता में दावेदारियों का सवाल है वह अपना मंदिर और मस्जिद अलग बना कर नहीं हो सकती। ऐसा नहीं है अभय कि मुसलमानों के अख़बार नहीं हैं, बहुत अख़बार हैं। दलित भी अपने निकाल लेंगे। चंद्रभान प्रसाद का अपना एजेंडा है। वे चाहते हैं नैशनल अख़बार निकले, पूँजीपति वर्ग ऐसा चाहिए। मुमकिन है कि देर-सबेर निकले भी। दलितों के, पिछड़ों के निकलेंगे, वे एक तरह का दबाव पैदा कर सकते हैं, इससे ज़्यादा नहीं। अगर मेनस्ट्रीम मीडिया पर दबाव पैदा कर सकते हैं तो एक बात है। वरना अगर डिफ़ॉल्ट पोज़ीशन यह है कि आबादी का सात या आठ या पंद्रह-बीस फ़ीसदी हिस्सा अस्सी से नब्बे फ़ीसदी नौकरियों पर क़ाबिज रहेगा, मीडिया में, तो अलग-अलग दुकानें खोल कर ज़्यादा फ़ायदा नहीं होगा। हालाँकि उसका असर किस तरह पड़ता है, यह भी देखने वाली बात है। मैं उसे भी कम करके नहीं आँकना चाहता हूँ। ओबामा के इलेक्शन कैम्पेन का रहा, वह भी काफ़ी दिलचस्प है। एक हद तक पूरा मीडिया उसे नज़रअंदाज़ करता रहा। एक बार जब वह वैकल्पिक और समांतर मीडिया के ज़रिए बनने लगा, लोगों की समझ में आने लगा कि वाक़ई एक बड़ी गोलबंदी हो रही है, तो फिर मुख्य-धारा के मीडिया में भी आना शुरू हो गया। इसलिए ख़बरों के आने की गारंटी तो की जा

सकती है, चारों तरफ़ से दबाव बनेगा तो, पर जैसा कि विनीत कह रहे थे कि वह ख़बर किस तरह परोसी जा रही है, यह देखना भी जरूरी है। कभी-कभी यह हो सकता है जैसा कि राकेश ने कहा कि बीस हज़ार का प्रदर्शन हुआ और उसक़ी ख़बर नहीं आई। लेकिन, अक्सर यह होता है कि आ भी जाए तो किस तरह से आई है। तो अंदर की उसकी जो बनावट है, वह सिर्फ़ वैकल्पिक सरअंजाम खड़े करके नहीं हो सकता। वहाँ सत्ता की दावेदारियों का है। एक छोटी सी बात उसी से जुड़ी हुई है। उर्दू अख़बार हैं, पर्याय हैं मुसलमानों के। इन अख़बारों का तर्क फिर भी अलग होता है। स्टैंड पर बीस अख़बार पड़े होते हैं, हिंदी अख़बार लेना है, अंग्रेज़ी अख़बार लेना है, अपनी पसंद का लिया और चले आए। उसमें क्या हो रहा है, क्या नहीं हो रहा है, आपको लिपि की पहचान नहीं है। आप नहीं जानते कि उसमें क्या हो रहा है। जिस दिन चैनल में उसकी सियासत दिखाई देगी, अभी भी कुछ उर्दू चैनल हैं, पर वे अभी बैलेंस तरीक़े की सियासत कर रहे हैं, मान लीजिए कि बहुत हमलावर क़िस्म का पोस्चर लेकर कोई चैनल खड़ा होता है, तो उसके रिज़ल्ट क्या होंगे, यह जानने के लिए तो लिपि जानने की ज़रूरत नहीं है। आप हाथ में रिमोट लिये बैठे हैं और सर्फ़ कर रहे हैं और अचानक देखना-सुनना शुरू करते हैं सारी चीज़ें। आते वक़्त शायद सुधीर ही बता रहे थे कि हाई वे पर ईद की तस्वीर का नज़ारा आपने बताया था। अब यही चीज़ टेलीविज़न चैनल पर हक़ के साथ होती है, और मुस्लिम टेलीविज़न चैनल पर तो उसके क्या फलितार्थ हो सकते हैं। ... इसलिए मैं अभय की बात से मूलत: सहमत हूँ कि जब तक वहाँ नहीं है, तब तक यह सब करना होगा, पर इसको मैं उससे जोड़ना चाहता हूँ कि उससे अंदरूनी सत्ता के ढाँचे नहीं बदलेंगे। उसके लिए अंदरूनी सत्ता के ढाँचे और दावेदारियों की ज़रूरत है।

उर्दू अख़बार हैं, पर्याय हैं मुसलमानों के। इन अख़बारों का तर्क फिर भी अलग होता है। स्टैंड पर बीस अख़बार पड़े होते हैं, हिंदी अख़बार लेना है, अंग्रेज़ी अख़बार लेना है, अपनी पसंद का लिया और चले आए। उसमें क्या हो रहा है, क्या नहीं हो रहा है, आपको लिपि की पहचान नहीं है। आप नहीं जानते कि उसमें क्या हो रहा है। जिस दिन चैनल में उसकी सियासत दिखाई देगी, अभी भी कुछ उर्दू चैनल हैं, पर वे अभी बैलेंस तरीक़े की सियासत कर रहे हैं, मान लीजिए कि बहुत हमलावर क़िस्म का पोस्चर ले कर कोई चैनल खड़ा होता है, तो उसके रिज़ल्ट क्या होंगे, यह जानने के लिए तो लिपि जानने की ज़रूरत नहीं है।

अभय : जैसा कि कॉमरेड लेनिन ने कहा था कि सभी तुलनाएँ लँगड़ी होती हैं। फिर भी लोग तुलना तो करते ही हैं। तो राकेशजी ने भी तुलना की। न्यायपालिका और मीडिया के बीच में। अब मैं यह तो नहीं बताऊँगा कि यह तुलना कितनी लँगड़ी थी, दोनों पैरों पर चल रही थी या एक पैर पर। पर, मेरा निवेदन है कि अगर भारतीय मीडिया के इतिहास की तरफ़ देखें तो आप पाएँगे कि तोप मुक़ाबिल हो तो अख़बार निकालो का सिद्धांत यहाँ चलता है।

अकबर इलाहाबादी का शेर था ये! खींचो न कमानों को न बंदूक़ निकालो, जब तोप मुक़ाबिल हो तो अख़बार निकालो। मेरा कहना यह कि आप शुरू से देखें। आज़ादी की लड़ाई लड़नी है तो अपने अख़बार निकालने पड़े। अपना मीडिया खड़ा करना ही होगा। वह कितनी दूर तक जाएगा, पता नहीं। और, उसके भीतर एक बहुत बड़ा ख़तरा है जो पंकज पुष्कर ने अपनी बातचीत में बताया। कि जैसे ही आप अपना मीडिया खोलते हैं, तो उन लक्ष्यों को ज़रूर वेध पाते हैं जिनके बारे में अभी सोच रहे हैं, पर आपको एक असली चुनौती का सामना भी करना पड़ेगा। यानी जिस मीडिया की आप आज आलोचना कर रहे हैं उसके मुक़ाबले आप वह पत्रकारिता कर पाते हैं जिसमें, प्रमोद ने अपना अंतिम वाक्य लिखा है : 'तब तक विरोधी मत रखने वाले विचारों, समानता और बंधुत्व के लिए उसमें जगह नहीं होगी। और इसके बिना इसके आधुनिक हो चुकने की सभी बातें बेमानी बनी रहेंगी।' हम देख सकते हैं कि एक पिछड़ा मीडिया होगा, दलित मीडिया होगा, पर क्या पिछड़ा मीडिया दलित मीडिया को जगह देगा? ज़रूरत तो यह है कि यह सब करना होगा पर जो स्थिति है, मैं जानता हूँ। मैं १९८६ की बात बताता हूँ। मेरी *जनसत्ता* में नियुक्ति हुई, तो मैंने देखा कि वहाँ पिछड़ी जातियों के जो पत्रकार थे उनमें इसे लेकर कितना असंतोष था। और, किस तरह एक ख़ामोश प्रतिरोध करते हुए जैसे ही *इंडिया टुडे* की हिंदी पत्रिका निकली, वे *जनसत्ता* छोड़ कर उसमें चले गए। और, इस इस्तीफ़े को लेकर एक बात यह भी थी कि एक ब्राह्मण को लाकर आपने हमारे ऊपर बैठा दिया। जब कि वे वहाँ १९८३ से ही काम कर रहे थे। पर इस नए व्यक्ति को लाया गया जिसकी तनख़्वाह हमसे ज़्यादा है। बाक़ायदा उन्होंने इसका लिखित प्रतिरोध किया। प्रभाष जोशी उस समय हर एक को पंडित अभय कुमार दुबे, पंडित जगदीश उपासनेय कह कर संबोधित करते थे। तो उससे बड़ी दिक़्क़त होती थी वहाँ। अब वे रविवार डॉट कॉम पर कहते हैं कि केवल ब्राह्मण ही ब्रह्म संवाद कर सकता है। इसलिए वही श्रेष्ठ काम कर सकता है। सचिन तेंदुलकर सारस्वत ब्राह्मण, सुनील गावस्कर सारस्वत ब्राह्मण। यह सब उनके बयान हैं। पंद्रह दिन पहले ही उनकी विविध मुद्राओं में तस्वीरों के साथ प्रसारित किया गया है। मेरा निवेदन के तौर पर एक पहले क़दम के रूप में, मैंने सोलह साल मीडिया की दुनिया में गुज़ारे हैं, ख़ास तौर से हिंदी मीडिया में, अंग्रेज़ी मीडिया की हालत थोड़ी बेहतर है, जब तक वे अपना मीडिया नहीं बनाएँगे, फिर उनके साम़ने भी संकट आएगा और मुख्यधारा के मीडिया के सामने भी संकट आएगा तब फिर बीच का रास्ता निकलेगा।

मेरा निवेदन है कि अगर भारतीय मीडिया के इतिहास की तरफ़ देखें तो आप पाएँगे कि तोप मुक़ाबिल हो तो अख़बार निकालो का सिद्धांत यहाँ चलता है। अकबर इलाहाबादी का शेर था ये! खींचो न कमानों को न बंदूक़ निकालो, जब तोप मुक़ाबिल हो तो अख़बार निकालो। मेरा कहना यह कि आप शुरू से देखें। आज़ादी की लड़ाई लड़नी है तो अपने अख़बार निकालने पड़े। अपना मीडिया खड़ा करना ही होगा। वह कितनी दूर तक जाएगा, पता नहीं।

अपूर्वानंद : प्रमोद का पर्चा सुनते हुए मुझे आरक्षण पर हाल की बहस का ध्यान आया। मुझे लगता है कि वह दो अख़बारों और एक चैनल का खड़ा किया गया आंदोलन था। अर्जुन सिंह के उस बयान के बाद शुरू हुआ। एक अंग्रेज़ी चैनल के पत्रकार कैमरे के साथ और एक दूसरे अंग्रेज़ी अख़बार के पत्रकार आल इंडिया इंस्टीट्यूट ऑफ़ मेडिकल साइंस और आईआईटी में गए और पूछना शुरू किया कि इसमें आपकी क्या प्रतिक्रिया है। इससे आंदोलन आरम्भ हुआ। आंदोलन का अगर शाब्दिक अर्थ ले लें— जब कोई एक हिस्सा आंदोलित होता है, तो वह आंदोलन था। पर पूरी तरह से मीडिया उत्पादित आंदोलन था। फिर मीडिया ने ही सोचना शुरू किया कि कितना प्रतिनिधित्व है। उस दरम्यान अगर दस दिनों के अख़बारों का सरसरी तौर पर अध्ययन करने की कोशिश की थी कि इसकी ख़बरों को कितना दे रहे हैं। मुखपृष्ठ पर कितनी ख़बरें दे रहे हैं, तस्वीरें लगा रहे हैं, अंदर कितनी ख़बरें दे रहे हैं, सम्पादकीय कितने लिख रहे हैं, सम्पादकीय पन्ने पर कितने निबंध छाप रहे हैं, उसके सामने वाले पन्ने पर कितने छप रहे हैं। और उनकी संख्या क़िसी भी बड़े आंदोलन के मुक़ाबले आनुपातिक रूप से सौ गुना ज़्यादा थी। अब मुझे ठीक-ठीक आँकड़ा याद नहीं है। यह तो स्थिति है।

लेकिन अभयजी ने जो रास्ता सुझाया, दलित पूँजी की वे बात कर रहे हैं। तो पूँजी का एक तर्क है। मैं जब टेलीविज़न को देखता हूँ तो उसके विज्ञापनों को भी देखता हूँ। वे विज्ञापन बनाए किस तरह जाते हैं, चाहे वे जीवन बीमा निगम के विज्ञापन हों, या दूसरे तमाम विज्ञापन हों। मुझे दिखाई पड़ता है कि वे सम्बोधित हैं प्रायः मध्यवर्गीय हिंदू ख़रीदारों को। क्योंकि उनके पास पैसा है। वे ख़रीदार हो सकते हैं। यह तर्क है। अगर आप जीवन बीमा निगम से कहेंगे कि आपके सारे विज्ञापनों में सिंदूर होता है, और चावल लुढ़काया जाता है, या एक हिंदू कर्मकांड या अनुष्ठान दिखाया जाता है विवाह का, तो मुस्लिम क्यों नहीं दिखाते हैं? उनके पास सीधा तर्क होगा कि बीमा कराने वाले कितने हैं जिन्हें हम संबोधित कर रहे हैं। सिर्फ़ एक प्रश्न मेरे दिमाग़ में आया कि यदि दलित पूँजी लगाएगा भी तो क्या अख़बार का चरित्र भिन्न होगा? वहाँ भी तो सवाल होगा कि ख़रीदार कौन है? ख़ास कर इलेक्ट्रॉनिक चैनल में कि देखने वाला कौन है? वह जो दलित मालिक होगा, अंततः उसे काम करने वाले वही चाहिए, क्योंकि उसे चैनल चलाना है, उसे मुनाफ़ा कमाना है। तो यह एक दुविधा है कि क्या आप ख़रीदारों का चरित्र बदल सकते हैं?

*(**आदित्य निगम :** नओमी क्लाइन की किताब **नो लोगो** में अस्सी और नब्बे के दशक की अमेरिकी पूँजी का चित्र है कि किस तरह से, वो, जो एक आंदोलन बन रहा था वह गोरे रैडिकल्स का था, और किस तरह से पूरे समय के दौरान पूरा विज्ञापन तंत्र और पूँजी का पूरा फ़ोकस काली आबादी और उसके प्रति रिओरिएंट किया गया। उनकी ख़ास ज़रूरतों को ध्यान में रखते हुए। पूँजी का एक यह भी तरीक़ा है कि मुनाफ़ा बनाने के लिए, विज्ञापन करने के, ख़रीदार बटोरने के लिए वह ख़ास तरीक़े अपना कर डॉयलाग कर सकती है। एक हद तक चल ही सकता है। यह अलग बात है कि एक हद के बाद उसमें भीतर जो तंबक़ाती मामले*

हैं, वे उठेंगे।)

इसलिए मैं अपनी बात ख़त्म कर लूँ कि प्रमोद का यह हिस्सेदारी का संघर्ष इसलिए बना रहता है कि अकादमिक संस्थानों में और दूसरी जगहों में अगर चरित्र नहीं बदलेगा तो बात का चरित्र नहीं बदलेगा। वह संघर्ष इससे स्वतंत्र होगा कि मिल्कियत किसकी है। मिल्कियत हो सकता है कि किसी और की हो। लेकिन लोकतांत्रिक संघर्ष का एक स्तर यह है कि अगर वह दबाव बनाए रखा जाए जिसमें मजबूर हो कर आपको वह जगह खोलनी पड़े। जैसे, अकादमिक संस्थानों ने बहुत ही मज़बूर हो कर अपने दरवाज़े खोले हैं। वे चाहें ओबीसी के लिए हों, चाहे दलित के लिए हों। किसी अकादमिक संस्थान का दिल इसमें नहीं है। इतनी मजबूरी है, इतनी खीज है, इतनी उलझन है, उनमें कि लीजिए अब हम क्लास रूम का क्या करें, भाषा का क्या करें, गुणवत्ता का क्या करें। बिना यह सोचे कि यह सब किस काम की अगर यह लोग इस दरवाज़े के बाहर खड़े हुए हैं। तो हिस्सेदारी का प्रश्न एक दूसरे स्तर पर निबटा जाएगा और दूसरे जो नुक़्ते यहाँ उठाए गए हैं वे भी निबटे जाएँगे।

प्रमोद रंजन : कई सवाल इस पर आए हैं कि किया क्या जाना चाहिए? समाधान क्या है? जब मैंने अध्ययन तैयार किया था तो पटना में कई लोगों ने कहा था कि यह तो आपने लिखा ही नहीं कि क्या करना चाहिए? मैंने उत्तर दिया था कि उस समय वह मेरा आशय भी नहीं था, मेरा काम सिर्फ़ यह बताना है कि है क्या, होना क्या चाहिए, यह सोचने के लिए दूसरे लोग हैं, ऐसा मैं समझता हूँ। बहुत सारी बातें आई हैं। तो मैं अभयजी से सहमत नहीं हो पाता। जैसा कि राकेश ने अच्छे ढंग से कहा है कि क्या दलित-पिछड़े अपनी अलग संसद और अलग न्यायपालिका बनाएँगे? मैं इससे सहमत नहीं हूँ। अब आम्बेडकर तक जाएँ, फुले तक जाएँ, कोई सहमत नहीं दिखेगा इससे कि आप हाशिया बनाएँ। यह कोई समाधान नहीं है। हमने देखा कि मुसलमानों के अख़बार हैं। वे क्या कर रहे हैं? छह अख़बार हैं मुसलमानों के बिहार में। धर्मांधता के मुद्दे पर उनकी क्या स्थिति है?... सारे मालिकान हैं, वे एक राजनीतिक पार्टी से जुड़े हैं। जद-यू और राजद से। उनका अपना एजेंडा है उस पर वे काम कर रहे हैं। उससे वह चीज़ हल नहीं होती जो हम चाहते हैं। विरोधी मतों को वे कितनी जगह देते हैं? जगह मिलती है लेकिन उस रूप में नहीं कि बहुत प्रभावी ढंग से मिलती हो। तो, यह तरीक़ा तो मेरे हिसाब से नहीं हो सकता।

दूसरी बात विनीत ने कही बहुत अच्छे ढंग से। संभवतः वे यह मान कर चल रहे थे कि मैं बाज़ार और पूँजीवाद का विरोध करता हूँ। यह बात नहीं है। मैंने एक शब्द इस्तेमाल किया है ब्राह्मणवादी पूँजीवाद। पूँजीवाद और बाज़ार को मैं एक नियामत के तौर पर देखता हूँ, पर उसका गंठजोड़ जब ब्राह्मणवाद के साथ हो जाता है, तो गड़बड़ी शुरू होती है। आख़िर बाज़ार होगा, पूँजी होगी, तभी तो मीडिया होगा। नहीं तो हम लघुपत्रिकाएँ निकालेंगे। दूसरी बात आपने कही कि हम खेलते हैं ख़बरों से। कहाँ खेलते हैं ख़बरों से? आरक्षण के समय आपने कहाँ खेला? उन ख़बरों से जो अधिक लोगों तक पहुँचती हैं। *(**अपूर्वानंद :** वे दूसरी बात*

कह रहे थे कि वह दलित है पर खेलने लायक़ है। उससे आप नए-नए खेल पैदा कर सकते हैं। इस अंदाज़ में उस ख़बर को ऊपर रखा जाता है।) ठीक है बेचते हैं, कभी-कभी बेचते भी नहीं हैं दरअसल। यहाँ आ रहा था शिमला। २१ तारीख़ को मैं दिल्ली में था। *हिंदुस्तान टाइम्स* के दफ़्तर में एक साथी ने बताया कि पूरे पन्ने का विज्ञापन सभी अख़बारों को जारी हुआ है। विज्ञापन है कि छत्तीसगढ़ में नक्सली कैसे हत्या कर रहे हैं। भारत सरकार ने विज्ञापन जारी किया है। मैं पूछता हूँ कि नक्सलवाद एक राजनीतिक धारा है तो क्या नक्सलवाद भी एक विज्ञापन जारी करेगा तो पैसा लेकर अख़बार छापेंगे? कि किस-किस को पुलिस और अर्धसैनिक बलों ने मारा है, किस-किस को राज्य ने मारा है? पैसा दे कर भी आज़ादी कहाँ है? नहीं छपेगा। पूँजी ही सब कुछ नहीं होती। सिर्फ़ राजसत्ता का भय भी नहीं है यह। मैं आपको बताता हूँ एक घटना। बिहार में लोकसभा का चुनाव था। मैं रिपोर्टिंग कर रहा था और गया था स्थानीय राजद नेता श्याम रजक के पास। वे परेशान थे। क्या हुआ जी? बोले, हमने एक विज्ञापन जारी किया है जिसे *हिंदुस्तान* ने छापने से मना कर दिया है। वह विज्ञापन आधे पन्ने का अस्सी हज़ार रुपए का था जिसे छापने से मना कर दिया गया था। किसी अख़बार ने नहीं छापा। आख़िर में *सन्मार्ग* ने छापा जो बहुत कम प्रसारित होता है। विज्ञापन में तस्वीर बनी थी नीतीश कुमार की कि उनके मुँह से पानी निकल रहा है और उससे बाढ़ आ रही है। यानी मुख्यमंत्री ने कोसी क्षेत्र को बाढ़ में डुबा दिया। अख़बार का कहना था कि हम इसे इसलिए नहीं छापेंगे कि नीतीशजी की मानहानि होती है। रजक अख़बार के मैनेजर से फ़ोन पर बहस कर रहा था कि जब लालू प्रसाद रेलमंत्री बने थे तो आपने भैंसे पर बिठा कर उसके आगे रेल का इंजन बना दिया था। भैंस के सिर की जगह रेल इंजिन दिखाया था, तो उनकी मानहानि नहीं हुई थी? आपने वह स्वेच्छा से किया था, आज आपको पैसे दिए जा रहे हैं पर आप नहीं छाप रहे हैं। जवाब मिला कि कुछ भी नहीं हो सकता है। कुल मिलाकर बात यह है कि पूँजी सब कुछ नहीं करती है। बहुत सारे पूर्वग्रह होते हैं। हालत भयानक तब हो जाती है जब पूँजी का गठजोड़ हो जाता है। पिछले दिनों मैंने एक लेख लिखा था कि बनिया और ब्राह्मण का गठजोड़ है और चूँकि ब्राह्मण हार रहा है और बनिया जीत रहा है इसलिए प्रभाष जोशी नाराज़ हैं। इस पर प्रभाषजी बहुत भड़के। मुझे काले धंधे का रक्षक और रतौंधी का शिकार कहा। धमकी दी कि टिकोगे नहीं। ग़नीमत है कि उनके श्राप के बावजूद अब तक टिका हूँ। अभयजी ने मुलायम सिंह का उदाहरण दिया था कि कैसे उन्होंने अख़बार निकालने की कोशिश की थी पर उन्हें बताया गया कि सफलता मुश्किल है। अलग अख़बार निकाले जाएँगे तो उनका हश्र क्या होगा। पाठक कौन होंगे? सिर्फ़ दलित-पिछड़े? अपनी डफली-अपना राग?

पंकजजी ने नए मीडिया के सौंदर्यशास्त्र और ज्ञानमीमांसा की बात की थी। नया मीडिया जब भी बने, उसमें लोग सभी तबक़ों के होने चाहिए, महिलाएँ होनी चाहिए, तभी बन पाएगा। ये कुछ बातें थीं जो मुझे आपके सामने रखनी थीं।

अनुक्रमणिका